本书为

国家社科基金重点项目

国家出版基金项目

『十三五』国家重点出版物出版规划项目　结项成果

中国儒学通志

丛书主编　苗润田　冯建国

两汉卷·学案篇

本册作者　臧　明

ZHEJIANG UNIVERSITY PRESS
浙江大学出版社
·杭州·

"中国儒学通志"总序

儒学是中华传统文化的主干,是中华民族的精神血脉,它不但对中国古代的政治、经济、思想、文化、教育等诸多领域产生过广泛而深刻的影响,对人类文明的发展做出了巨大贡献,而且在今天仍然具有不容忽视的现代价值。儒家的思想理论,广泛涉及人与自然、人与人、人与社会、群与己、古与今、知与行、义与利、生与死、荣与辱、苦与乐、德与刑、善与恶、战争与和平等这样一些人类所面对的、贯通古今的矛盾和问题,提出了天人合一、天下为公、大同世界,修身正己、自强不息、厚德载物,以民为本、为政以德、见利思义、清廉从政,明体达用、经世致用、知行合一、仁者爱人、以德立人、以诚待人、讲信修睦,求同存异、和而不同、和谐相处,有教无类、因材施教、温故知新、学思结合等一系列为学、为人、为事、为官、处世的常理和常道,对于正确处理人与人的关系、人与自然的关系、个体与群体的关系、群体与群体的关系、不同民族和国家间的关系、不同文化和文明间的关系等都具有普遍的指导意义,是人类走向未来不可或缺的精神资源。这也就是一种产生在两千多年前农耕时代并且随着历史的发展不断前行的思想、学说,在信息时代的今天仍然具有广泛感召力、影响力,为世人所推重、学习、研究、传承的根本原因。"研究孔子、研究儒学,是认识中国人的民族特性、认识当今中国人精神世界历史来由的一个重要途径。"(《习近平在纪念孔子诞辰 2565 周年国际学术研讨会暨国际儒学联合会第五届会员大会开幕会上的讲话》)"中国儒学通志"是研究孔子、儒学的一个窗口。

"中国儒学通志"由纪年卷、纪事卷、学案卷三个部分组成。纪年卷主要记录自孔子创立儒学至 1899 年有关儒学发展的各个方面,包括重要儒学人物的生卒,儒学发展过程中有较大影响的事件,以及重要儒学论著的完成、刊印等,全方位展现儒学发展的面貌。纪事卷以事件为线索,记录有关中国儒学发展的重大历史事件,如"焚书坑儒""罢黜百家,独尊儒术"等,内容包括事件产生的原因、经过、结果及其对儒学发展的影响。学案卷以人物为中心,主要记述对儒学发展有较大影响的人物,包括该人物的生平事迹、对儒学所持的观点、在儒学发展史上的地位和贡献,以及有关的评价等。

"中国儒学通志"是我国著名学者庞朴先生继《20 世纪儒学通志》(浙江大学出版社 2013 年 6 月)出版后主持的又一国家社会科学基金重点项目。庞先生去世后,2016 年改由苗润田、冯建国教授主持。在苗润田、冯建国的主持下,该项目组建了一支有国内知名学者参加的学养深厚的研究队伍,制定了切实可行的研究计划和实施方案。通过多次召开小型学术研讨会,邀请王钧林教授、朱汉民教授、郭沂教授等专家学者与课题组成员一起,就课题的指导思想、整体框架、重点难点问题等展开广泛深入的研究,不但达成了学术共识而且促进并深化了对课题的认识。在这个过程中,浙江大学出版社、山东大学儒学高等研究院、山东大学人文社会科学研究院、山东大学哲学与社会发展学院自始至终都给予了巨大支持和帮助。彭丹博士协助我们做了大量的事务性工作。在此,谨向他们,向关心、支持"中国儒学通志"研究、撰著的朋友、同仁致以诚挚的谢意!

苗润田　冯建国

2022 年 12 月于山东大学

目　录

西汉儒学学案

（汉王元年　公元前 206 年——
建武元年　公元 25 年）

黄老学案

战国汉初的黄老学派是道家的一个支派,由于这个学派融合道、法,主张"清静自定",适应汉初休养生息、稳定政治局势和恢复发展经济的需要,因此得到了治世者的重视而盛极一时。熊铁基先生在《秦汉新道家略论稿》一书中认为黄老之学有几个新特点:一、兼采儒、墨、名、法等学说。二、由前秦道家的逃世转而入世。三、把老庄的"无为"主张用于人生和政事。四、主张构建大一统政权。五、重礼法,任贤能。

黄老之学的代表性著作为《黄老帛书》,亦称《黄帝四经》。就成书时间而言,唐兰先生对相关的文献考证后认为:"《黄老帛书》成书年代应该是战国前期之末到中期之初,即公元前 400 年前后。"①就学派属性而言,陈鼓应先生认为:"《黄帝四经》虽然主时变,引法入道,但其仍是先秦黄老道家的重要代表文献。"②《黄老帛书》由《经法》《十大经》《称》《道原》等四篇组成。《经法》主要是讲为政的准则。《十大经》是用黄帝与臣下对话的形式来阐明为政的具体政策:一、要建立统一集权的国家制度,并实行规范化的官僚体制。二、要用雌节,守雌道。三、刑德并用,先德后刑。四、阴阳思想与政治相结合,主张"刑阴德阳"。《称》主要是一些格言与警句,用黄帝之口说出了君臣、父子、兄弟、夫妻之间的相处之道。《道原》主要言道的性质,以及如何掌握道,使用道。可见,在《黄老帛书》中,既有儒家的重德远刑思想,又有法家的重法一统思想,还有道家的清净自定思想,所以说,黄老之学的形成是诸家学说不断会通、发展的结果。

---

① 马王堆帛书整理小组:《经法》,文物出版社 1976 年版,第 149 页。
② 陈鼓应:《黄帝四经今注今译——马王堆汉墓出土帛书》,商务印书馆 2007 年版,第 1 页。

一、黄帝四经（节选）①

1.经法

道 法②

道生法。法者,引得失以绳,而明曲直者殹（也）。故执道者,生法而弗敢犯殹（也）。法立而弗敢废（也）。故能自引以绳,然后见知天下而不惑矣。虚无（刑）形,其裻裻冥冥,万物之所从生。生有害,曰欲,曰不知足。生必动,动有害,曰不时,曰时而□。动有事,事有害,曰逆,曰不称,不知所为用。事必有言,言有害,曰不信,曰不知畏人,曰自诬,曰虚夸,以不足为有余。故同出冥冥,或以死,或以生；或以败,或以成。祸福同道,莫知其所从生。见知之道,唯虚无有。虚无有,秋毫成之,必有刑（形）名。刑（形）名立,则黑白之分已。故执道者之观于天下（也）,无执殹（也）,无处也,无为殹（也）,无私殹（也）。是故天下有事,无不自为刑（形）名声号矣。刑（形）名已立,声号已建,则无所逃迹匿正矣。公者明,至明者有功。至正者静,至静者圣。无私者知（智）,至知（智）者为天下稽。称以权衡,参以天当。天下有事,必有巧验。事如直木,多如仓粟,斗石已具,尺寸已陈,则无所逃其神。度量已具,则治而制之矣。绝而复属,亡而复存,孰知其神。死而复生,以祸为福,孰知其极,反索之无刑（形）,故知祸福之所从生,应化之道,平衡而止。轻重不称,是（胃）谓失道。天地有恒常,万民有恒事,贵贱有恒立（位）,畜臣有恒道,使民有恒度。天地之恒常,四时、晦明、生杀、輮（柔）刚。万民之恒事,男农,女工。贵贱之恒立（位）,贤不宵（肖）不相放（妨）。畜臣之恒道,任能毋过其所长。使民之恒度,去私而立公。变恒过度,以奇相御。正、奇有立（位）,而名形弗去。凡事无大小,物自为舍。逆顺死生,物自为名。名刑（形）已定,物自为正。故唯执（道）者能上明于天之反,而中达君臣之半,当密察于万物之所终始,而弗为主。

---

① 这里节选的是《经法》《十大经》《称》《道原》等。

② 陈鼓应:《黄帝四经今注今译——马王堆汉墓出土帛书》,商务印书馆2007年版,第2—34页。

故能至素至精,恬(浩)弥无刑(形),然后可以为天下正。

国　次①

国失其次,则社稷大匡。夺而无予,国不遂亡。不尽天极,衰者复昌。诛禁不当,反受其央(殃)。禁伐当罪当亡,必虚(墟)其国。兼之而勿擅,是胃(谓)天功。天地无私,四时不息。天地立(位),圣人故载。过极失(当),天将降央(殃)。人强朕(胜)天,慎辟(避)勿当。天反朕(胜)人,因与俱行,先屈后信(伸),必尽天极,而毋擅天功。兼人之国,修其国郭,处其郎(廊)庙,听其钟鼓,利其齎(资)财,妻其子女。是胃(谓)重逆以芒(荒),国危破亡。故唯圣人能尽天极,能用天当。天地之道,不过三功。功成而不止,身危又(有)殃。故圣人之伐恫殹(也),兼人之国,隋(堕)其城郭,棼(焚)其钟鼓。布其齎(资)财,散其子女,列(裂)其土地,以封贤者,是胃(谓)天功。功成不废,后不奉(逢)央(殃)。毋阳窃,毋阴窃,毋土敝,毋故执,毋党别。阳窃者天夺(其光),(阴窃)者土地芒(荒),土敝者天加之以兵,人执者流之四方,党别(者)外内相功(攻)。阳窃者疾,阴窃者几(饥),土敝者亡地,人执者失民,党别者乱,此胃(谓)五逆,五逆皆成,乱天之经,逆地之刚(纲),变故乱常,擅制更爽,心欲是行,身危有(殃),(是)胃(谓)过极失当。

君　正②

一年从其俗,二年用其德,三年而民有得,四年而发号令,(五年而以刑正,六年而)民畏敬,七年而可以正(征)。一年从其俗,则知民则。二年用(其德),民则力。三年无赋敛,则民有得。四年发号令,则民畏敬。五年以刑正,则民不幸。六年民畏敬,则知刑罚。七年而可以正(征),则朕(胜)强適(敌)。俗者,顺民心殹(也)。德者,爱勉之(也)。(有)得者,发禁拕(弛)关市之正(征)殹(也)。号令者,连为什伍巽(选练)贤不宵(肖)有别殹(也)。以刑正者,罪杀不赦(也)。(也)。可以正者,民死节(也)。

① 陈鼓应:《黄帝四经今注今译——马王堆汉墓出土帛书》,商务印书馆2007年版,第35—52页。
② 陈鼓应:《黄帝四经今注今译——马王堆汉墓出土帛书》,商务印书馆2007年版,第53—76页。

若号令发，必厩而上九，壹道同心，（上）下不拆，民无它（志），然后可以守单（战）矣。号令发必行，俗也。男女劝勉，爱也。动之静之，民无不听，时也。受赏无德，受罪无怨，当也。贵贱有别，贤不宵（肖）衰也。衣备（服）不相（逾），贵贱等也。国无盗贼，诈伪不生。民无邪心，衣食足而刑伐（罚）必也。以有余守，不可拔也。以不足功（攻），反自伐也。天有死生之时，国有死生之正（政）。因天之生也以养生，胃（谓）之文。因天之杀也以伐死，胃（谓）之武。（文）武并行，则天下从矣。人之本在地，地之本在宜，宜之生在时，时之用在民，民之用在力，力之用在节。知地宜，须时而树。节民力以使则财生。赋敛有度则民富，民富则有佴（耻），有佴（耻）则号令成俗而刑伐（罚）不犯，号令成俗而刑伐（罚）不犯，则守固单（战）朕（胜）之道也。法度者，正之至也。而以法度治者，不可乱也。而生法度者，不可乱也，精公无私而赏罚信，所以治也。苛事，节赋敛，毋夺民时，治之安。无父之行，不得子之用。无母之德，不能尽民之力。父母之行备，则天地之德也。三者备，则事得矣。能收天下豪誩桀（杰）票（骠）雄，则守御之备具矣。审于行文武之道，则天下宾矣。号令阖（合）于民心，则民听令。兼爱无私，则民亲上。

六　分①

观国者观主，观家（者）观父。能为国则能为主，能为家则能为父。凡观国，有六逆：其子父，其臣主，虽强大不王。其谋臣在外立（位）者，其国不安，其主不吾（悟）则社稷残。其主失立（位）则国无本，臣不失处则下有根，（国）忧而存。主失立（位）则国芒（荒），臣失处则令不行，此之胃（谓）瑙国颓国。主暴则生杀不当，臣乱则贤不肖并立，此谓危国。主两则其失明，男女挣（争）威，国有乱兵，此胃（谓）亡国。適（嫡）子父，命曰上日费弗。群臣离志，大臣主，命曰雍（壅）塞；在强国削，在中国破，在小国亡。谋臣（在）外立（位）者，命曰逆成，国将不宁；在强国危，在中国削，在小国破。主失立（位），臣不失处，命曰外根，将与祸冷蕳（邻）；在强国忧，在中国危，在小国削。主失立（位），臣失处，命曰无本，上下无根，国将大损；在

---

① 陈鼓应：《黄帝四经今注今译——马王堆汉墓出土帛书》，商务印书馆2007年版，第77—99页。

强国破,在中国亡,在小国灭。主暴臣乱,命曰大芒(荒),外戎内戎,天将降央(殃);国无小大,又(有)者灭亡。主两,男女分威,命曰大麋(迷),国中有师;在强国破,在中国亡,在小国灭。

凡观国,有大六顺:主不失其立(位)则国有本,(臣)失其处则下无根,国忧而存。主惠臣忠者,其国安。主主臣臣,上下不菱拆者,其国强。主执度,臣循理者,其国朝(霸)昌。主得位臣辐属者,王。六顺六逆乃存亡兴坏之分也。主上者执六分以生杀,以赏罚,以必伐。天下大(太)平,正以明德,参之与天地,而兼复(覆)载而无私也,故王天下。王天(下)者之道,有天焉,有地焉,又(有)人焉。参(三)者参用之,然后而有天下矣。为人主,南面而立。臣肃敬,不敢敝(蔽)其主。下比顺,不敢敝(蔽)其上。万民和辑,而乐为其主上用,地广人众兵强,天下无适(敌)。文德厩(究)于轻细,武刃于当罪,王之本也。然而不知王述(术),不王天下。知王(术)者,驱骋驰猎而不禽芒(荒)。饮食喜乐而不面(湎)康,玩好睘(嬛)好而不惑心,俱与天下用兵,费少而有功。战胜而令行,故福生于内,则国富而民昌。圣人其留,天下其与。(不)知王述(术)者,驱骋驰猎则禽芒(荒),饮食喜乐则面(湎)康,玩好睘(嬛)好则或(惑)心;俱与天下用兵,费多而无功,单(战)朕(胜)而令不行。故福失于内,,财去而仓廪空虚,与天相逆,则国贫而民芒(荒)。至圣之人弗留,天下弗与。如此而有(又)不能重士而师有道,则国人之国已(矣)。

王天下者有玄德,有玄德独知王术,姑而王天下而天下莫知其所以。王天下者,轻县国而重士,故国重而安身;贱财而贵有知(智),故功得而财生,贱身而贵有道,故身贵而令行。故王天下者天下则之朝(霸)主积甲士而正(征)不备(服),诛禁当罪而不私其利。故令行天下而莫敢不听。此自以下,兵单(战)力挣(争),危亡无日,而莫知其所从来。夫言朝(霸)王,其无私也唯王者,能兼复(覆)载天下物曲成焉。

四　度①

君臣易立(位)胃(谓)之逆,贤不宵(肖)并立胃(谓)之乱,动静不时胃

---

① 陈鼓应:《黄帝四经今注今译——马王堆汉墓出土帛书》,商务印书馆 2007 年版,第 100—122 页。

(谓)之逆,生杀不当胃(谓)之暴。逆则失本,乱则失职,逆则失天,暴则失人。失本则亡,失职则侵,失天则几(饥),失人则疾,周蕃(迁)动作,天为之稽。天道不远,入与处,出与反。臣君当立(位)胃(谓)之静,贤不宵(肖)当立(位)胃(谓)之正,动静参与天地胃(谓)之文,诛禁时当胃(谓)之武。静则安,正则治。文则(明),武则强。安则得本,治则得人,明则得天,强则威行。参于天地,阖(合)于民心。文武并立,命之曰上同。

审知四度,可以定天下,可安一国。顺治其内,逆用于外,功成而伤。逆治其内,顺用其外,功成而亡。内外皆逆,是胃(谓)重央(殃),身危为繆(戮),国危破亡。外内皆顺,功成而不废,后不奉(逢)央(殃)。声华实寡者,用庸也。顺者,动也,正者,事之根也。执道循理,必从本始,顺为经纪,禁伐当罪,必中天理。怀(倍)约则窘,达刑则伤。怀(倍)逆合当,为若又(有)事,虽无成功,亦无天央(殃)。毋止生以死,毋御死以生,毋为虚声。声洫(溢)于实,是胃(谓)灭名。极阳以杀,极阴以生,是胃(谓)逆阴阳之命。极阳杀于外,极阴生于内,已逆阴阳,有(又)逆其立(位),大则国亡,小则身受其央(殃)。□□□□□,□□建生。当者有数,极而反,盛而衰,天地之道也,人之李(理)也。逆顺同道而异理,审知逆顺,是胃(谓)道纪。以强下弱,何国不克。以贵下贱,何人不得。以贤下不宵(肖),何事不治。

规之内曰员(圆),柜(矩)之内曰(方),悬之下曰正,水之上曰平。尺寸之度曰小大短长,权衡之称曰轻重不爽,斗石之量曰小(少)多有数。八度者,用之稽也。日月星辰之期,四时之度,动静之立(位),外内之处,天之稽也。高(下)不敝(蔽)其刑(形),美亚(恶)不匿其请(情),地之稽也。君臣不失其立(位),士不失其处,任能毋过其所长,去私而立公,人之稽也。美亚(恶)有名,逆顺有刑(形),请(情)伪有实,王公执之以为天下正。因天时,伐天毁,(谓)之武。武刃而以文随其后,则有成功矣,用二文一武者王。其(失)主道离人理,处狂惑之立(位)处不吾(悟),身必有瘳(戮)。柔弱者无罪而几,不及而翟,是胃(谓)柔弱。刚正而强者临罪而不究。名功相抱,是故长久。名功不相抱,名进实退,是胃(谓)失道,其卒必有身咎。黄金玉珠臧(藏)积,怨之本也。女乐玩好燔材,乱之基也。守怨之本,养乱之基,虽有圣人,不能为谋。

论①

人主者,天地之稽也,号令之所出也,为民之命也。不天天则失其神,不重地则失其根,不顺(四时之度)而民疾。不处外内之立(位),不应动静之化,则事窘于内而举窘于外。(八)正皆失,与天地离。天天则得其神。(重地)则得其根。顺四(时之度),顺四时之度□□□而民不有疾。处外内之位,应动静之化,则(事)得于内,而得举于外。八正不失,则与天地总矣。天执一明(三,定)二,建八正,行七法,然后施于四极,而四极之中无不听命矣。(岐)蚑行喙息,扇蜚蠕动,无□□□□□□□□□□□不失其常者,天之一也。天执一以明三,日信出信入,南北有极,(度之稽也。月信生信)死,进退有常,数之稽也。列星有数,而不失其行,信之稽也。天明三以定二,则壹晦壹明,壹阴壹阳,壹短壹长。(天)定二以建八正,则四时有度,动静有立(位),而外内有处。

天建八正以行七法:明以正者,天之道也。适者,天度也。信者,天之期也。极而(反)者,天之生(性)也,必者,天之命也。□□□□□□□□□者,天之所以为物命也。此之胃(谓)七法。七法各当其名,胃(谓)之物。物个合于道者,胃(谓)之理。理之所在,胃(谓)之顺。物有不合于道者,胃(谓)之失理。失理之所在,胃(谓)之逆。逆顺各自命也,则存亡兴坏可知也。强生威,威生惠,惠生正,(正)生静。静则平,平则宁,宁则素,素则精,精则神。至神之极,(见)知不惑。帝王者,执此道也。是以守天地之极,与天俱见,尽施与四极之中,执六枋(柄)以令天下,审三名以为万事稽,察逆顺以观于朝(霸)主危亡之理,知虚实动静之所为,达于名实相应,尽知请(情)伪而不惑,然后帝王之道成。

六枋(柄):一曰观,二曰论,三曰僮(动),四曰专,五曰变,六曰化。观则知生死之国,论则知存亡兴坏之所在,动则能破强兴弱,转则不失讳非之分,变则伐死养生,化则能明德徐(除)害。六枋(柄)备则王矣。三名:亦曰正名,一曰正名立而偃,二曰倚名法(废)而乱,三曰强主灭而无名。三名察则事有应矣。动静不时,种树失地不宜,则天地之道逆矣。臣不亲

---

① 陈鼓应:《黄帝四经今注今译——马王堆汉墓出土帛书》,商务印书馆 2007 年版,第 123—146 页。

其主,下不亲其上,百族不亲其事,则内理逆矣。逆之所在,胃(谓)之死国,死国伐之。反此之胃(谓)顺,顺之所在,胃(谓)之生国,生国养之。逆顺有理,则请(情)伪密矣。实者视(示)(人)虚,不足者视(示)人有余。以其有事,起之则天下听。以其无事安之则天下静。名实相应则定,名实必相应则静。勿(物)自正也,名自命也,事自定也。三名察则尽知请(情)伪而(不)惑矣。有国将昌,当罪先亡。

亡 论[①]

凡犯禁绝理,天诛必至。一国而服(备)六危者灭。一国而服(备)三不辜者死。废令者亡。一国之君而服(备)三壅者,亡地更君。一国而服(备)三凶者,祸反(自及)也。上洫(溢)者死,下洫(溢)者刑。德溥(簿)而功厚者隋(隳),名禁而不王者死。抹(昧)利,襦传,达刑,为乱首,为怨媒,此五者,祸皆反自及也。守国而侍(恃)其他险者削,用国而侍(恃)其强者弱。兴兵失理,所伐不当,天降二央(殃)。逆节不成,是胃(谓)得天。逆节果成,天将不盈其命而重其刑。赢极不静,动举必正。赢极而不静,是胃(谓)先天,动举而不正,(是)胃(谓)后命。大杀服民,僇(戮)降人,刑无罪,过(祸)皆反自及也。所伐当罪,其祸五之;所伐不当,其祸什之。

国受兵而不知固守,不邪恒以地界为私者□。救人而弗能存,反为祸门,是胃(谓)危根。声华实寡,危国亡土。夏起大土功,命曰绝理。犯禁绝理,天诛必至。六危:一曰适(嫡)之父。二曰大臣主。三曰谋臣外其志。四曰听诸侯之所废置。五曰左右比周以雍(壅)塞。六曰父兄党以拂。危不(朕)胜,祸及于身。(三)不辜;一曰妄杀贤。二曰杀服民。三曰刑无罪。此三不辜。三雍:内立(位)胜(朕)胃(谓)之塞,外立(位)朕(胜)胃(谓)之僨;外内皆胜(朕)则君孤直(特)。以此有国,守不固,单(战)不克。此胃(谓)一雍(壅)。从中今外胃(谓)之惑,从外令中谓之贼,外内遂诤(争),则危都国。此胃(谓)二雍(壅)。一人擅主,命曰蔽光。从中外周,此胃(谓)重雍(壅)。外内为一,国乃更。此胃(谓)三雍(壅)。三凶:一曰好凶器。二曰行逆德。三曰纵心欲。此胃(谓)(三凶)。昧天(下之)

---

① 陈鼓应:《黄帝四经今注今译——马王堆汉墓出土帛书》,商务印书馆 2007 年版,第 147—165 页。

利,受天下之患。抹(昧)一国之利者,受一国之祸。约而倍之,胃(谓)之禰传。伐当罪,见利而反,胃(谓)之达刑。上杀父兄,下走子弟,胃(谓)之乱首。外约不信,胃(谓)之怨媒。有国将亡,当罪复昌。

论 约①

始于文而卒于武,天地之道也。四时有度,天地之李(理)也。日月星晨(辰)有数,天地之纪也。三时成功,一时刑杀,天地之道也。四时而定,不爽不代(忒),常有法式,天地之理也。一立一废,一生一杀,四时代正,冬(终)而复始,(人)事之理也。逆顺是守。功洫(溢)于天,故有死刑。功不及天,退而无名。功合于天,名乃大成,人事之理也。顺则生,理则成,逆则死,失则无名。怀(倍)天之道,国乃无主。无主之国,逆顺相功(攻)。伐本隋(隳)功,乱生国亡。为若得天,亡地更君。不循天常,不节民力,周迁而无功。养死伐生,命曰逆成。不有人戮,必有天刑。逆节始生,慎毋谌正,皮(彼)且自氏(抵)其刑。故执道者之观于天下也,必审观事之所始起,审其刑(形)名。刑名已定,逆顺有立(位),死生有分,存亡兴坏有处。然后参之于天地之恒道,乃定祸福死生存亡兴坏之所在。是故万举不失理,论天下而无遗策。故能立天子,置三公,而天下化之,之胃(谓)有道。

名 理②

道者,神明之原也。神明者,处于度之内而见于度之外者也。处于度之(内)者,不言而信。见于度之外者,言而不可易也。处于度之内者,静而不可移也。见于度之外者,动而不可化也。静而不移,动而不化,故曰神。神明者,见知之稽也。有物始生,建于地而洫(溢)于天。莫见其刑(形),大盈冬(终)天地之间而莫知其名。莫能见知,故有逆成。物乃下生;故有逆刑,祸及其身。养其所以死,伐其所以生。伐本而离其亲,伐其与而□□□。后必乱而卒于无名。如燔如卒,事之反也。如繇如骄,生之反也。凡万物群财(材),挑长非恒者,其死必应之。三者皆动于度之

---

① 陈鼓应:《黄帝四经今注今译——马王堆汉墓出土帛书》,商务印书馆 2007 年版,第 166-175 页。

② 陈鼓应:《黄帝四经今注今译——马王堆汉墓出土帛书》,商务印书馆 2007 年版,第 176-194 页。

外,而欲成功者也。功必不成,祸必反自及也。以刚为柔者栝(活),以柔为刚者伐。重柔者吉,重刚者灭。若(诺)者言之符也,已者言之绝也。已若(诺)不信,则知(智)大惑矣。已若(诺)必信,则处于度之内也。天下有事,必审其名。名□□循名厩(究)理之所之,是必为福,非必为(灾)。是非有分,以法断之。虚静谨听,以法为符。审察名理冬(终)始,是胃(谓)厩(究)理。唯公无私。见知不惑,乃知奋起。故执道者之观于天下也,见正道循理,能与(举)曲直,能与(举)冬(终)始。故能循名厩(究)理。形(刑)名出声,声实调合,祸(灾)废立,如景(影)之隋(随)刑(形),如向(响)之隋(随)声,如衡之不臧(藏)重与轻。故唯执道能虚静公正,乃见正道,乃得名理之诚。乱积于内而称失于外者伐,亡刑成于内而举失于外者灭,逆则上洫(溢),而不知止者亡。国举袭虚,其事若不成,是胃(谓)得天,其若果成,身心无名。重逆以荒,守道是行,国危有央(殃)。两逆相功(攻),交相为央(殃),国皆危亡。

2. 十大经

立 命①

昔者黄宗,质始好信,作自为象,方四面,傅一心,四达自中,前参后参,左参右参,践立(位)履参,是以能为天下宗。"吾受命于天,定立(位)于地,成名于人。唯余一人德乃肥(配)天,乃立王、三公。立国置君、三卿。数日、磨(历)月、计岁,以当日月之行。允地广裕,吾类天大明。"吾畏天爱地亲(民),□无命,执虚信。吾畏天爱(地)亲民,立有命,执虚信。吾爱民而民不亡,吾爱地而地不兄(荒)。吾受民□□□□□□□□死。吾位不失。吾句(苟)能亲亲而兴贤,吾不遗亦至矣。

观②

(黄帝)令力黑浸行伏匿,周流四国,以观无恒善之法则。力黑视(示)

---

① 陈鼓应:《黄帝四经今注今译——马王堆汉墓出土帛书》,商务印书馆 2007 年版,第 196—204 页。
② 陈鼓应:《黄帝四经今注今译——马王堆汉墓出土帛书》,商务印书馆 2007 年版,第 205—232 页。

象,见黑则黑,见白则白。地□□□□□□□□[则]恶。人则视尧:人静则静,人作则作。力黑已布制建极,□□□□□曰:天地已成而民生,逆顺无纪,德疟(虐)无刑,静作无时,先后之名。今吾欲得逆顺之纪,德虐之刑,静坐之时,以为天下正,静作之时,因而勒之,为之若何。

黄帝曰:群群□□□□□为一困,无晦无明,未有阴阳。阴阳未定,吾未有以名。今始判为两,分为阴阳,离为四(时),□□□□□□□德虐之行,因以为常。其明者以为法,而微道是行。行法循□□□牝牡。牝牡相求,会刚与柔。柔刚相成,牝牡若刑(形)。下会于地,上会于天。得天之微,时若□□□□□□□□□寺(待)地气之发也,乃梦(萌)者梦(萌)而兹(滋)者兹(滋),天因而成之。弗因则不成,(弗)养则不生。夫民生也规规生食与继。不会不继,无与守地;不食不人,无与守天。

是故赢阴布德,重阳长,昼气开民功者,所以食之也;宿阳修形,童(重)阴长,夜气闭地绳(孕)者,(所)以继之也。不靡不黑,而正之以刑与德。春夏为德,秋冬为刑。先德后刑以养生。姓生已定,而適(敌)者生争,不谌不定。凡谌之极,在刑与德。刑德皇皇,日月相望,以明其当,而盈(绌)无匡。夫是故使民毋人执,举事毋阳察,力地毋阴敝。阴敝者土芒(荒),阳察者夺光,人执者纵兵。是故为人主者,时挃三乐,毋乱民功,毋逆天时。然则五谷溜孰(熟),民(乃)蕃滋。君臣上下,交得其志。天因而成之。夫并时以养民功,先德后刑,顺于天。其时赢而事绌;阴节复次,地尤复收。正名修刑,执(蛰)虫不出,雪霜复清,孟谷乃萧(肃),此材(灾)乃生。如此者举事将不成。其时绌而事赢,阳节复次;地尤不收。正名施(弛)刑,执(蛰)虫发声,草苴复荣,已阳而有(又)阳,重时而无光。如此者举事将不行。天道已既,地物乃备。散流相成,圣人之事。圣人不巧,时反是守。优未爱民,与天同道。圣人正以侍(待)之,静以须人。不达天刑,不襦不传。当天时,与之皆断;当断不断,反受其乱。

五 正①

黄帝问阉冉曰:吾欲布施五正(政),焉止焉始? 对曰:始在于身。中

---

① 陈鼓应:《黄帝四经今注今译——马王堆汉墓出土帛书》,商务印书馆2007年版,第233-240页。

有正度，后及外人。外内交绥（接），乃于于事之所成。黄帝曰：吾既正既静，吾国家愈不定，若何？对曰：后中实而外正，何患必定。左执规，右执柜（矩），何患天下？男女毕迥，何患于国，五正（政）既布，以司五明。左右执规，以寺（待）逆兵。黄帝曰：吾身未自知，若何？对曰：后身未自知，乃深伏于渊，以求内刑。内刑已得，后乃自知屈吾身。黄帝曰：吾欲屈吾身，屈吾身若何？对曰：道同者其事同，道异者其事异。今天下大争，时至矣，后能慎勿争呼？黄帝曰：勿事若何？对曰：怒者血气也，争者外脂肤也。怒若不发，浸凛是为痈疽。后能去四者，枯骨何能争矣。黄帝于是辞其国大夫，上于博望之山，谈卧三年以自求也。单才、阉冉乃上起黄帝曰：可矣。夫作争者凶，不争（者）亦无成功。何不可矣？黄帝于是出其锵钺，奋其戎兵，身提鼓鞄（袍），以禹（遇）之（蚩）尤，因而禽（擒）之。帝箸之明（盟），明（盟）曰：反义逆时，其刑视之（蚩）尤。反义怀（倍）宗，其法死亡以穷。

果　童①

黄帝问四辅曰：唯余一人，兼有天下。今余欲畜而正之，均而平之，为之若何？果童对曰：不险则不可平，不谌则不可正。观天于上，视地于下，而稽之男女。夫天有干，地有恒常。合此干常，是以有晦有明，有阴有阳。夫地有山有泽，有黑有白，有美有亚（恶）。地俗德以静，而天正名以作。静作相养，德疟（虐）相成。两若有名，相与则成。阴阳备，化变乃生。有任一则重，任百则轻。人有其中，物又（有）其刑（形），因为若成。黄帝曰：夫民印（仰）天而生，侍（待）地而食。以天为父，以地为母。今余欲畜而正之，均而平之，谁敌（适）繇由始？对曰：险若得平，谌若得正。（贵）贱不谌，贫富又（有）等。前世法之，后世既员，由果童始。果童于是衣褐而穿，负并（瓶）而峦。营行气（乞）食，周流四国，以视（示）贫贱之极。

① 陈鼓应：《黄帝四经今注今译——马王堆汉墓出土帛书》，商务印书馆 2007 年版，第 241—248 页。

姓　争①

高阳问力黑曰:天地已成,黔首乃生。莫循天德,谋相复(覆)顷(倾)。吾甚患之,为之若何?力黑对曰:勿忧勿患,天制固然。天地已定,规蚑侥(蛲)毕挣(争)。作争者凶,不争亦毋(无)以成功,顺天者昌,逆天者亡。母逆天道,则不失所守。天地已成,黔首乃生。姓生已定,敌者生争。不谌不定,凡谌之极,在刑与德。刑德皇皇,日月相望,以明其当。望失其当,环视其央。天德皇皇,非刑不行,缪(穆)缪(穆)天刑,非德必顷(倾)。刑德相养,逆顺若成。刑晦而德明,刑阴而德阳,刑微而德章。其明者以为法,而微道是行。明明至微,时反(返)以为几(机)。天道环(周),于人反为之客。争(静)作得时,天地与之。争不衰,时静不静,国家不定。可作不作,天稽环周,人反为之(客)。静作得时,天地与之。静作失时,天地夺之。夫天地之道,寒涅(热)燥湿,不能并立。刚柔阴阳,固不两行。两相养,时相成,居则有法,动作循名,其事若易成,若夫人事则无常。过极失当,变故易常,德则无有。昔(措)刑不当。居则无法,动作爽名,是以僇(戮)受其刑。

三　禁②

行非恒者,天禁之。爽事,地禁之。失令者,君禁之。三者既修,国家几矣。地之禁,不堕高,不曾(增)下,毋服川,毋逆土;毋逆土功,毋雍民明。进不氐,立不让,径遂凌节,是胃(谓)大凶。人道刚柔,刚不足以,柔不足寺(恃)。刚强而虎质者丘,康沈而流面(湎)者亡;宪古章物不实者死,专利及削浴以大居者虚。天道寿寿,番(播)于下土,施于九州。是故王公慎令,民知所繇(由)。天有恒日,民自则之,爽则损命,环(还)自服之。天之道也。

① 陈鼓应:《黄帝四经今注今译——马王堆汉墓出土帛书》,商务印书馆 2007 年版,第 263—270 页。
② 陈鼓应:《黄帝四经今注今译——马王堆汉墓出土帛书》,商务印书馆 2007 年版,第 295—301 页。

3. 称①

道无始而有应。其未来也，无之；其已来，如之。有物将来，其形先之。建以其形，名以其名。其言谓何？环□伤威，绔（弛）欲伤法，无随伤道。数举参三者，有身弗能保，何国能守？

奇从奇，正从正。奇与正，恒不同廷。凡变之道，非益而损，非进而退：首变者凶。有义（仪）而义（仪）则不过，恃表而望则不惑，案法而治则不乱。圣人不为始，不专已；不豫谋，不为得，不辥（辞）福，因天之则。失其天者死，欺其主者死，翟其上者危。心之所欲则志归之，志之所欲则力归之。故巢居者察风，穴处者知雨；忧存故也。忧之则□，安之则久；弗能令者弗能有。

帝者臣，名臣，其实师也；王者臣，名臣，其实友也，朝（霸）者臣，名臣也，其实宾也。危者臣，名臣也，其实庸也；亡者臣，名臣也，其实虏也。自光者人绝之，骄溢人者其生危、其死辱翳。居不犯凶，困不择时。不受禄者，天子弗臣也；禄泊（薄）者，弗与犯难。故以人之自为□□□□□□□□。不仕于盛盈之国，不嫁子于盛盈之家，不友骄倨慢易之人。

□□不执偃兵，不执用兵；兵者不得已而行。知天之所始，察地之理，圣人麋论天地之纪，广乎独见，□□独□，□□独□，□□独在。天子地方千里，诸侯百里，所以朕合之也。故立天子者，不使诸侯疑焉；立正嫡者，不使庶孽疑焉；立正妻者，不使婢妾疑焉；疑则相伤，杂则相方。

时若可行，亟应勿言；时若未可，涂其门，毋见其端。天制寒暑，地制高下，人制取予。取予当，立为圣王；取予不当，流之死亡。天有环刑，反受其殃。世恒不可择（释）法而用我，用我不可，是以生祸。有国存，天下弗能亡也；有国将亡，天下弗能存也。时极未至，而隐于德；既得其极，远其德，浅致以力；既成其功，环复其从，人莫能殆。诸侯不报仇，不修佴（耻），唯义所在。

隐忌妒妹贼妾，如此者，下其等而远其身；不下其等不远其身，祸乃将

① 陈鼓应：《黄帝四经今注今译——马王堆汉墓出土帛书》，商务印书馆 2007 年版，第 344—372 页。

起。内事不和,不得言外;细事不察,不得言大。利不兼,赏不倍;戴角者无上齿。提正名以伐,得所欲而止。实谷不华,至言不饰,至乐不笑。华之属,必有覈(核),覈(核)中必有意。天地之道,有左有右,有牝有牡。诰诰作事,毋从我终始。雷以为车,隆隆以为马。行而行,处而处。因地以为赍(资),因民以为师;弗因无轴也。

宫室过度,上帝所(亚)恶;为者弗居,唯(虽)居必路。减衣衿,薄棺椁,禁也,疾役可;发泽,禁也,草丛可;浅林,禁也,聚□□;堕高增下,禁也,大水至而可也。毋先天成,毋非时而荣。先天成则毁,非时而荣则不果。日为明,月为晦;昏而休,明而起。毋失天极,厩数而止。强则令,弱则听,敌则循绳而争。行憎而索爱,父弗得子;行侮而索敬,君弗得臣。有宗将兴,如伐于川;有宗将坏,如伐于山。贞良而亡,先人余殃;商(狦)阙(獗)而栝(活),先人之连。埤(卑)而正者增,高而倚者俯(崩)。

4. 道原①

恒先之初,迥同大太虚。虚同为一,恒一而止。湿湿梦梦,未有明晦。神微周盈,精静不熙(熙)。古(故)未有以,万物莫以。古(故)无有刑(形),太迥无名。天弗能复(覆),地弗能载。小以成小,大以成大。盈四海之内,又包其外。在阴不腐,在阳不焦。一度不变,能适规(蚑)侥(蛲)。鸟得而蜚(飞),鱼得而流(游),兽得而走。万物得之以生,百事得之以成。人皆以之,莫知其名,人皆用之,莫见其刑(形)。一者其号也,虚其舍也,无为其素也。和其用也。是故上道高而不可察也,深而不可则(测)也。显明弗能为名,广大弗能为刑(形)。独立不偶,万物莫之能令。天地阴阳,(四)时日月,星辰云气,规(蚑)行侥(蛲)重动,戴根之徒,皆取生,道弗为益少;皆反焉,道弗为益多。坚强而不撌,柔弱而不可化。精微之所不能至,稽极之所不能过。

故唯圣人能察无刑(形),能听无(声)。知虚之实,后能大虚;乃通天地之精,通同而无间,周袭而不盈。服此道者,是胃(谓)能精。明者固能察极,知人之所不能知,服人之所不能得。是胃(谓)察稽知极。圣王用

---

① 陈鼓应:《黄帝四经今注今译——马王堆汉墓出土帛书》,商务印书馆 2007 年版,第 398—413 页。

此,天下服。无好无亚(恶),上用□□而民不糜(迷)惑。上虚下静而道得其正。信能无欲,可为民命;上信无事,则万物周扁;分之以其分,而万民不争;授之以其名,而万物自定。不为治劝,不为乱解(懈)。广大,弗务及也;深微,弗索得也。夫为一而不化:得道之本,握少以知多;得事之要,操正以政(正)畸(奇)。前知大(太)古,后能精明。抱道执度,天下可一也。观之大(太)古,周其所以;索之未无,得之所以。

刘安学案

　　刘安(公元前179年—公元前122年),西汉时期思想家、文学家。刘安屡次谋反屡次失败,汉武帝时期被削国号改为淮南郡,其是"以道绌儒"的汉代黄老学派的代表人物。他曾招宾客方术之士数千人,编写《淮南子》(亦称《淮南鸿烈》),该书是中国思想史上划时代的学术巨著。

　　《淮南子》一书的内容是相当庞杂的,所搜集的史料尽管庞杂或有的为原始资料,但也是经刘安等人加工改造和节选的,因此《淮南子》一书基本反映了刘安的思想。历史观的史料,主要在《原道训》《俶真训》《天文训》《精神训》《泰族训》诸篇之中。如《天文训》中有"阴阳合而万物生",《泰族训》中有"天地之道,极则反,盈则损"等世界形成和发展的史料。动态发展观的史料,主要在《览冥训》《本经训》《齐俗训》《氾论训》诸篇之中。在《览冥训》中有说明原始社会"至德之世"的史料;在《氾论训》中有"先王之制,不宜则废之;末世之事,善则著之"和"法与时变,礼与俗化"的社会发展变化的史料。政治思想的史料,主要在《主术训》《齐俗训》《说林训》《兵略训》诸篇之中,体现了以"无为"反对"多欲"的主张。

　　《淮南子》一书,杂采先秦诸家的史料,编辑成书,阴阳家思想的史料,主要在《墬形训》《时则训》之中。《墬形训》中保存了邹衍的思想史料,《时则训》中的史料与《吕氏春秋》中的十二月令相同。道家思想的史料,则在《原道训》《道应训》诸篇之中,多为老庄思想的史料。儒家思想的史料,主要在《氾论训》《缪称训》诸篇之中。实际上《缪称训》与《太平御览》引《子思子》的内容相同,而《氾论训》中则有"古者民泽处复穴"的记载。①

　　西汉前期至中期,是中国古代学术思想承前启后的重要阶段。《淮南子》以道家为主,博采阴阳、儒、墨、名、法各家之精华,与董仲舒以儒家为

---

① 刘建国:《中国哲学史史料学概要》(上),吉林人民出版社1983年版,第253—256页。

主,融合各家的《天人三策》《春秋繁露》,同是中国古代学术思想这一承前启后阶段的代表作,《淮南子》以时代之思倡导"黄老之学"为治国理念,与儒学形成了鲜明的对比。①

一、淮南鸿烈(节选)②

1.缪称训③

道至高无上,至深无下,平乎准,直乎绳,圆乎规,方乎矩,包裹宇宙而无表里,洞同覆载而无所碍。是故体道者,不哀不乐,不喜不怒,其坐无虑,其寝无梦,物来而名,事来而应。

主者,国之心。心治则百节皆安,心扰则百节皆乱。故其心治者,支体相遗也;其国治者,君臣相忘也。黄帝曰:"芒芒昧昧,从天之道,与元同气。"故至德者,言同略,事同指,上下一心,无岐道旁见者,遏障之于邪,开道之于善,而民乡方矣。故《易》曰:"同人于野,利涉大川。"

道者,物之所导也;德者,性之所扶也;仁者,积恩之见证也;义者,比于人心而合于众适者也。故道灭而德用,德衰而仁义生。故上世体道而不德,中世守德而弗坏也,末世绳绳乎唯恐失仁义。君子非仁义无以生,失仁义则失其所以生;小人非嗜欲无以活,失嗜欲则失其所以活。故君子惧失仁义,小人惧失利。观其所惧,知各殊矣。

《易》曰:"即鹿无虞,惟入于林中,君子几不如舍,往吝。"其施厚者其报美,其怨大者其祸深。薄施而厚望,畜怨而无患者,古今未之有也。是故圣人察其所以往,则知其所以来者。圣人之道,犹中衢而致尊邪?过者斟酌,多少不同,各得其所宜。是故得一人,所以得百人也。人以其所愿于上以交其下,谁弗戴?以其所欲于下以事其上,谁弗喜?《诗》云:"媚兹一人,应侯慎德。"慎德大矣,一人小矣,能善小,斯能善大矣。

君子见过忘罚,故能谏;见贤忘贱,故能让;见不足忘贫,故能施。情系于中,行形于外。凡行戴情,虽过无怨;不戴其情,虽忠来恶。后稷广利

---

① 王云度:《刘安评传》,南京大学出版社1997年版,第256页。
② 这里节选的是该书《缪称训》《氾论训》等。
③ 刘文典撰,冯逸、乔华点校:《淮南鸿烈集解》(上),中华书局1989年版,第318—342页。

天下，犹不自矜；禹无废功，无废财，自视犹觖如也。满如陷，实如虚，尽之者也。

凡人各贤其所说，而说其所快。世莫不举贤，或以治，或以乱。非自遁，求同乎己者也。己未必得贤，而求与己同者，而欲得贤，亦不几矣！使尧度舜，则可；使桀度尧，是犹以升量石也。今谓狐、狸，则必不知狐，又不知狸。非未尝见狐者，必未尝见狸也。狐、狸非异，同类也，而谓狐狸，则不知狐、狸。是故谓不肖者贤，则必不知贤；谓贤者不肖，则必不知不肖者矣。

圣人在上，则民乐其治；在下，则民慕其意。小人在上位，如寝关、曝纩，不得须臾宁。故《易》曰："乘马班如，泣血涟如。"言小人处非其位，不可长也。

物莫无所不用。天雄乌喙，药之凶毒也，良医以活人。侏儒瞽师，人之困慰者也，人主以备乐。是故圣人制其剟材，无所不用矣。

勇士一呼，三军皆辟，其出之也诚。故倡而不和，意而不戴，中心必有不合者也。故舜不降席而王天下者，求诸己也。故上多故，则民多诈矣。身曲而景直者，未之闻也。

说之所不至者，容貌至焉。容貌之所不至者，感忽至焉。感乎心，明乎智，发而成形，精之至也。可以形势接，而不可以照曏。

戎翟之马，皆可以驰驱，或近或远，唯造父能尽其力；三苗之民，皆可使忠信，或贤或不肖，唯唐虞能齐其美，必有不传者。中行缪伯手搏虎，而不能生也，盖力优而克不能及也。用百人之所能，则得百人之力；举千人之所爱，则得千人之心。譬若伐树而引其本，千枝万叶则莫得弗从也。

慈父之爱子，非为报也，不可内解于心；圣人之养民，非求用也，性不能已。若火之自热，冰之自寒，夫有何修焉！及恃其力，赖其功者，若失火舟中。故君子见始，斯知终矣。媒妁誉人，而莫之德也；取庸而强饭之，莫之爱也。虽亲父慈母，不加于此，有以为，则恩不接矣。故送往者，非所以迎来也；施死者，非专为生也。诚出于己，则所动者远矣。

锦绣登庙，贵文也；圭璋在前，尚质也。文不胜质，之谓君子。故终年为车，无三寸之锚，不可以驱驰；匠人斫户，无一尺之楗，不可以闭藏。故君子行斯乎其所结。

心之精者，可以神化，而不可以导人；目之精者，可以消泽，而不可昭記。在混冥之中，不可谕于人。故舜不降席而天下治，桀不下陛而天下乱，盖情甚乎叫呼也。无诸己，求诸人，古今未之闻也。同言而民信，信在言前也。同令而民化，诚在令外也。圣人在上，民迁而化，情以先之也。动于上，不应于下者，情与令殊也。故《易》曰："亢龙有悔。"三月婴儿，未知利害也，而慈母之爱谕焉者，情也。故言之用者，昭昭乎小哉！不言之用者，旷旷乎大哉！身君子之言，信也；中君子之意，忠也。忠信形于内，感动应于外。故禹执干戚，舞于两阶之间，而三苗服。鹰翔川，鱼鳖沈，飞鸟扬，必远害也。子之死父也，臣之死君也，世有行之者矣，非出死以要名也，恩心之藏于中，而不能违其难也。故人之甘甘，非正为蹠也，而蹠焉往。君子之惨怛，非正为伪形也，谕乎人心。非从外入，自中出者也。

义正乎君，仁亲乎父。故君之于臣也，能死生之，不能使为苟简易；父之于子也，能发起之，不能使无忧寻。故义胜君，仁胜父，则君尊而臣忠，父慈而子孝。

圣人在上，化育如神。太上曰："我其性与！"其次曰："微彼，其如此乎！"故《诗》曰："执辔如组。"《易》曰："含章可贞。"运于近，成文于远。夫察所夜行，周公惭乎景，故君子慎其独也。释近斯远，塞矣。闻善易，以正身难。夫子见禾之三变也，滔滔然曰："狐乡丘而死，我其首禾乎！"故君子见善则痛其身焉。身苟正，怀远易矣。故《诗》曰："弗躬弗亲，庶民弗信。"

小人之从事也，曰苟得；君子曰苟义。所求者同，所期者异乎！击舟水中，鱼沈而鸟扬，同闻而殊事，其情一也。僖负羁以壶餐表其闾，赵宣孟以束脯免其躯，礼不隆而德有余，仁心之感恩接而憯怛生，故其入人深。俱之叫呼也，在家老则为恩厚，其在责人则生争斗。故曰："兵莫憯于意志，莫邪为下；寇莫大于阴阳，枹鼓为小。"

圣人为善，非求名而名从之，名不与利期而利归之。故人之忧喜，非为蹠，蹠焉往生也。故至人不容。故若睐而抚，若跌而据。圣人之为治，漠然不见贤焉，终而后知其可大也。若日之行，骐骥不能与之争远。今夫夜有求，与瞀师并，东方开，斯照矣。动而有益，则损随之。故《易》曰："剥之不可遂尽也，故受之以复。"积薄为厚，积卑为高，故君子日孳孳以成辉，小人日快快以至辱。其消息也，离朱弗能见也。文王闻善如不及，宿不善如不祥，非为日不足也，其忧寻推之也。故《诗》曰："周虽旧邦，其命维新。"怀情抱质，天弗能杀，地弗能埋也，声扬天地之间，配日月之光,甘乐之者也。苟乡善,虽过无怨;苟不乡善,虽忠来患。故怨人不如自怨,求诸人不如求诸己得也。

声自召也,貌自示也,名自命也,文自官也,无非己者。操锐以刺,操刃以击,何怨乎人？故筦子文锦也,虽丑登庙;子产练染也,美而不尊。虚而能满,淡而有味,被褐怀玉者。故两心不可以得一人,一心可以得百人。男子树兰,美而不芳,继子得食,肥而不泽,情不相与往来也。生所假也,死所归也。故弘演直仁而立死,王子闾张掖而受刃。不以所托害所归也。故弘演直仁而立死,王子闾张掖而受刃,不以所托害所归也。故世治则以义卫身,世乱则以身卫义。死之日,行之终也。故君子慎一用之。无勇者,非先慑也,难至而失其守也;贪婪者,非先欲也,见利而忘其害也。虞公见垂棘之璧,而不知虢祸之及己也。故至道之人,不可遏夺也。人之欲荣也,以为己也,于彼何益！圣人之行义也,其忧寻出乎中也,于己何以利！故帝王者多矣,而三王独称;贫贱者多矣,而伯夷独举。以贵为圣乎,则圣者众矣;以贱为仁乎,则贱者多矣,何圣仁之寡也！独专之意乐哉,忽乎日滔滔以自新,忘老之及己也。始乎叔季,归乎伯孟,必此积也。不身遁,斯亦不遁人,故若行独梁,不为无人不兢其容。故使人信己者易,而蒙衣自信者难。

情先动,动无不得,无不得,则无莙;发莙而后快。故唐、虞之举错也,非以偕情也,快己而天下治;桀、纣非正贼之也,快己而百事废;喜憎议而治乱分矣。圣人之行,无所合,无所离。譬若鼓,无所与调,无所不比。丝筦金石,小大修短有叙,异声而和。君臣上下,官职有差,殊事而调。夫织者日以进,耕者日以却,事相反,成功一也。申喜闻乞之歌而悲,出而视之,其母也。艾陵之战也,夫差曰:"夷声阳,句吴其庶乎！"同是声,而取信焉异,有诸情也。故心哀而歌不乐,心乐而哭不哀。夫子曰:"弦则是也,其声非也。"文者,所以接物也,情系于中而欲发外者也。以文灭情则失情,以情灭文则失文。文情理通,则凤麟极矣,言至德之怀远也。输子阳谓其子曰:"良工渐乎矩凿之中。"矩凿之中,固无物而不周,圣王以治民,造父以治马,医骆以治病,同材而各自取焉。上意而民载,诚中者也。未言而信,弗召而至,或先之也。恛于不己知者,不自知也。矜怛生于不足,华诬生于矜。诚中之人,乐而不恛,如鹓好声,熊之好经,夫有谁为矜！春女思,秋士悲,而知物化矣。号而哭,叽而哀,而知声动矣。容貌颜色,理诎伣倨佝,知情伪矣。故圣人栗栗乎其内,而至乎至极矣。

功名遂成,天也;循理受顺,人也。太公望、周公旦,天非为武王造之也;崇侯、恶来,天非为纣生之也。有其世,有其人也。教本乎君子,小人被其泽;利本乎小人,君子享其功。昔东户季子之世,道路不拾遗,耒耜余粮宿诸亩首,使君子小人各得其宜也。故一人有庆,兆民赖之。凡高者贵其左,故下之于上曰左之,臣辞也;下者贵其右,故上之于下曰右之,君让也。故上左迁则失其所尊也,臣右还则失其所贵矣。小快害道,斯须害仪。子产腾辞,狱繁而无邪,失诸情者,则塞于辞矣。成国之道,工无伪事,农无遗力,士无隐行,官无失法。譬若设网者,引其纲而万目开矣。舜、禹不再受命,尧、舜传大焉,先形乎小也。刑于寡妻,至于兄弟,禅于家国,而天下从风。故戎兵以大知小,人以小知大。君子之道,近而不可至,卑而不可登,无载焉而不胜,大而章,远而隆。知此之道,不可求于人,斯得诸己也。释己而求诸人,去之远矣。君子者乐有余而名不足,小人乐不足而名有余。观于有余不足之相去,昭然远矣。含而弗吐,在情而不萌者,未之闻也。君子思义而不虑利,小人贪利而不顾义。子曰:"钧之哭也,曰:'子予奈何兮乘我何!'其哀则同,其所以哀则异。"故哀乐之袭人情也深矣。凿地漂池,非止以劳苦民也,各从其蹠而乱生焉。其载情一也,施人则异矣。故唐、虞日孳孳以致于王,桀、纣日怏怏以致于死,不知后世之讥己也。

凡人情,说其所苦即乐,失其所乐则哀,故知生之乐,必知死之哀。有义者不可欺以利,有勇者不可劫以惧,如饥渴者不可欺以虚器也。人多欲亏义,多忧害智,多惧害勇。嫚生乎小人,蛮夷皆能之;善生乎君子,诱然与日月争光,天下弗能遏夺。故治国乐其所以存,亡国亦乐其所以亡也。金锡不消释则不流刑,上忧寻不诚则不法民。忧寻不在民,则是绝民之系也;君反本,而民系固也。至德小节备,大节举。齐桓举而不密,晋文密而不举。晋文得之乎闺内,失之乎境外;齐桓失之乎闺内,而得之本朝。水下流而广大,君下臣而聪明。君不与臣争功,而治道通矣。管夷吾、百里奚经而成之,齐桓、秦穆受而听之。照惑者以东为西,惑也,见日而寤矣。卫武侯谓其臣曰:"小子无谓我老而羸我,有过必谒之。"是武侯如弗羸之必得羸,故老而弗舍,通乎存亡之论者也。

人无能作也,有能为也;有能为也,而无能成也。人之为,天成之。终身为善,非天不行;终身为不善,非天不亡。故善否,我也;祸福,非我也。故君子顺其在己者而已矣。性者,所受于天也;命者,所遭于时也。有其材,不遇其世,天也。太公何力?比干何罪?循性而行指,或害或利。求之有道,得之在命,故君子能为善,而不能必其得福;不忍为非,而未能必免其祸。君,根本也;臣,枝叶也。根本不美,枝叶茂者,未之闻也。有道之世,以人与国;无道之世,以国与人。尧王天下而忧不解,授舜而忧释。忧而守之,而乐与贤终,不私其利矣。凡万物有所施之,无小不可;为无所用之,碧瑜粪土也。人之情,于害之中争取小焉,于利之中争取大焉。故同味而嗜厚膊者,必其甘之者也;同师而超群者,必其乐之者也。弗甘弗乐而能力表者,未之闻也。君子时则进,得之以义,何幸之有!不时则退,让之以义,何不幸之有!故伯夷饿死首阳之下,犹不自悔,弃其所贱,得其所贵也。福之萌也绵绵,祸之生也分分。福祸之始萌微,故民嫚之。唯圣人见其始而知其终,故传曰:"鲁酒薄而邯郸围,羊羹不斟而宋国危。"

明主之赏罚,非以为己也,以为国也。适于己而无功于国者,不施赏焉;逆于己便于国者,不加罚焉。故楚庄谓共雍曰:"有德者受吾爵禄,有功者受吾田宅。是二者,女无一焉,吾无以与女。"可谓不逾于理乎!其谢之也,犹未之莫与。

周政至,殷政善,夏政行。行政善,善未必至也。至至之人,不慕乎行,不惭乎善,含德履道,而上下相乐也,不知其所由然。

有国者多矣,而齐桓、晋文独名;泰山之上有七十坛焉,而三王独道。君不求诸臣,臣不假于君,修近弥远,而后世称其大。不越邻而成章,而莫能至焉。故孝己之礼可为也,而莫能夺之名也,必不得其所怀也。

义载乎宜之谓君子,宜遗乎义之谓小人。通智得而不劳,其次劳而不病,其下病而不劳。古人味而弗贪也,今人贪而弗味。歌之修其音也,音之不足于其美者也。金石丝竹,助而奏之,犹未足以至于极也。人能尊道行义,喜怒取予,欲如草之从风。

召公以桑蚕耕种之时弛狱出拘,使百姓皆得反业修职;文王辞千里之地,而请去炮烙之刑。故圣人之举事也,进退不失时,若夏就缔绤,上车授绥之谓也。

老子学商容,见舌而知守柔矣;列子学壶子,观景柱而知持后矣。故圣人不为物先,而常制之,其类若积薪樵,后者在上。

人以义爱，以党群，以群强。是故德之所施者博，则威之所行者远；义之所加者浅，则武之所制者小矣。

铎以声自毁，膏烛以明自铄，虎豹之文来射，猨狄之捷来措，故子路以勇死，苌弘以智困。能以智知，而未能以智不知也。故行险者不得履绳，出林者不得直道，夜行瞑目而前其手，事有所至，而明有所害。人能贯冥冥入于昭昭，可与言至矣。

鹊巢知风之所起，獭穴知水之高下，晖目知晏，阴谐知雨。为是谓人智不如鸟兽，则不然。故通于一伎，察于一辞，可与曲说，未可与广应也。宁戚击牛角而歌，桓公举以大政；雍门子以哭见孟尝君，涕流沾缨。歌哭，众人之所能为也；一发声，入人耳，感人心，情之至者也。故唐、虞之法可效也，其谕人心不可及也。简公以懦杀，子阳以猛劫，皆不得其道者也。故歌而不比于律者，其清浊一也。绳之外与绳之内，皆失直者也。

纣为象箸而箕子叽，鲁以偶人葬而孔子叹，见所始则知所终。故水出于山入于海，稼生乎野而藏乎仓。圣人见其所生，则知其所归矣。

水浊者鱼噞，令苛者民乱，城峭者必崩，岸崝者必陀。故商鞅立法而支解，吴起刻削而车裂。

治国譬若张瑟，大弦组，则小弦绝矣。故急辔数策者，非千里之御也。有声之声，不过百里；无声之声，施于四海。是故禄过其功者损，名过其实者蔽。情行合而名副之，祸福不虚至矣。身有丑梦，不胜正行；国有妖祥，不胜善政。是故前有轩冕之赏，不可以无功取也；后有斧钺之禁，不可以无罪蒙也。素修正者，弗离道也。

君子不谓小善不足为也而舍之，小善积而为大善；不谓小不善为无伤也而为之，小不善积而为大不善。是故积羽沈舟，群轻折轴，故君子禁于微。壹快不足以成善，积快而为德；壹恨不足以成非，积恨而成怨。故三代之善，千岁之积誉也；桀、纣之谤，千岁之积毁也。

天有四时，人有四用。何谓四用？视而形之莫明于目，听而精之莫聪于耳，重而闭之莫固于口，含而藏之莫深于心。目见其形，耳听其声，口言其诚，而心致之精，则万物之化咸有极矣。地以德广，君以德尊，上也；地以义广，君以义尊，次也；地以强广，君以强尊，下也。故粹者王，驳者霸，无一焉者亡。昔二皇凤皇至于庭，三代至乎门，周室至乎泽。德弥粗，所至弥远；德弥精，所至弥近。君子诚仁，施亦仁，不施亦仁。小人诚不仁，施亦不仁,不施亦不仁。善之由我,与其由人若,仁德之盛者也。故情胜欲者昌,欲胜情者亡。

欲知天道,察其数;欲知地道,物其树;欲知人道,从其欲。勿惊勿骇,万物将自理;勿挠勿撄,万物将自清。察一曲者,不可与言化;审一时者,不可与言大。日不知夜,月不知昼,日月为明而弗能兼也,唯天地能函之。能包天地,曰唯无形者也。

骄溢之君无忠臣,口慧之人无必信。交拱之木无把之枝,寻常之沟无吞舟之鱼。根浅则末短,本伤则枝枯。福生于无为,患生度于多欲。害生于弗备,秽生于弗耨。圣人为善若恐不及,备祸若恐不免。蒙尘而欲毋眯,涉水而欲无濡,不可得也。是故知己者不怨人,知命者不怨天。福由己发,祸由己生。圣人不求誉,不辟诽,正身直行,众邪自息。今释正而追曲,倍是而从众,是与俗俪走,而内行无绳,故圣人反己而弗由也。

道之有篇章形埒者,非至者也;尝之而无味,视之而无形,不可传于人。

大戟去水,亭历愈张,用之不节,乃反为病。物多类之而非,唯圣人知其微。

善御者不忘其马,善射者不忘其弩,善为人上者不忘其下。诚能爱而利之,天下可从也。弗爱弗利,亲子叛父。

天下有至贵而非势位也,有至富而非金玉也,有至寿而非千岁也。原心反性,则贵矣;适情知足,则富矣;明死生之分,则寿矣。

言无常是,行无常宜者,小人也。察于一事,通于一伎者,中人也。兼覆盖而并有之,度伎能而裁使之者,圣人也。

2. 氾论训[①]

古者有鍪而绻领以王天下者矣,其德生而不辱,予而不夺。天下不非其服,同怀其德。当此之时,阴阳和平,风雨时节,万物蕃息。乌鹊之巢可俯而探也,禽兽可羁而从也,岂必褒衣博带,句襟委章甫哉!

古者民泽处复穴,冬日则不胜霜雪雾露,夏日则不胜暑热蚊虻。圣人乃作为之筑土构木,以为宫室,上栋下宇,以蔽风雨,以避寒暑,而百姓安

---

① 刘文典撰,冯逸、乔华点校:《淮南鸿烈集解》(上),中华书局1989年版,第421—462页。

之。伯余之初作衣也，緂麻索缕，手经指挂，其成犹网罗。后世为之机杼胜复以便其用，而民得以掩形御寒。古者剡耜而耕，摩蜃而耨，木钩而樵，抱甀而汲，民劳而利薄。后世为之耒耜耰鉏，斧柯而樵，桔皋而汲，民逸而利多焉。古者大川名谷，冲绝道路，不通往来也，乃为窬木方版，以为舟航，故地势有无，得相委输。乃为靻蹻而超千里，肩荷负儋之勤也，而作为之楺轮建舆，驾马服牛，民以致远而不劳。为鸷禽猛兽之害伤人而无以禁御也，而作为之铸金锻铁，以为兵刃，猛兽不能为害。故民迫其难则求其便，困其患则造其备，人各以其所知，去其所害，就其所利。常故不可循，器械不可因也，则先王之法度有移易者矣。

古之制，婚礼不称主人，舜不告而娶，非礼也。立子以长，文王舍伯邑考而用武王，非制也。礼三十而娶，文王十五而生武王，非法也。夏后氏殡于阼阶之上，殷人殡于两楹之间，周人殡于西阶之上，此礼之不同者也。有虞氏用瓦棺，夏后氏墍周，殷人用椁，周人墙置翣，此葬之不同者也。夏后氏祭于闇，殷人祭于阳，周人祭于日出以朝，此祭之不同者也。尧《大章》，舜《九韶》，禹《大夏》，汤《大濩》，周《武象》，此乐之不同者也。故五帝异道而德覆天下，三王殊事而名施后世，此皆因时变而制礼乐者。譬犹师旷之施瑟柱也，所推移上下者无寸尺之度，而靡不中音。故通于礼乐之情者能作音，有本主于中，而以知榘虁之所周者也。

鲁昭公有慈母而爱之，死为之练冠，故有慈母之服。阳侯杀蓼侯而窃其夫人，故大飨废夫人之礼。先王之制，不宜则废之；未世之事，善则著之；是故礼乐未始有常也。故圣人制礼乐，而不制于礼乐。治国有常，而利民为本。政教有经，而令行为上。苟利于民，不必法古。苟周于事，不必循旧。夫夏、商之衰也，不变法而亡。三代之起也，不相袭而王。故圣人法与时变，礼与俗化，衣服器械各便其用，法度制令各因其宜。故变古未可非，而循俗未足多也。

百川异源而皆归于海，百家殊业而皆务于治。王道缺而《诗》作，周室废、礼义坏而《春秋》作。《诗》、《春秋》，学之美者也，皆衰世之造也，儒者循之以教导于世，岂若三代之盛哉！以《诗》、《春秋》为古之道而贵之，又有未作《诗》、《春秋》之时。夫道其缺也，不若道基全也。诵先王之《诗》、《书》，不若闻得其言；闻得其言，不若得其所以言。得其所以言者，言弗能言也。故道可道者，非常道也。

周公事文王也,行无专制,事无由己,身若不胜衣。言若不出口,有奉持于文王,洞洞属属,而将不能,恐失之,可谓能子矣。武王崩,成王幼少,周公继文王之业,履天子之籍,听天下之政,平夷狄之乱,诛管、蔡之罪,负扆而朝诸侯,诛赏制断,无所顾问,威动天地,声慑四海,可谓能武矣。成王既壮,周公属籍致政,北面委质而臣事之,请而后为,复而后行,无擅恣之志,无伐矜之色,可谓能臣矣。故一人之身而三变者,所以应时矣。何况乎君数易世,国数易君,人以其位达其好憎,以其威势供嗜欲,而欲以一行之礼,一定之法,应时偶变,其不能中权,亦明矣。

故圣人所由曰道,所为曰事。道犹金石,一调不更;事犹琴瑟,每弦改调。故法制礼义者,治人之具也,而非所以为治也。故仁以为经,义以为纪,此万世不更者也。若乃人考其才,而时省其用,虽日变可也。天下岂有常法哉!当于世事,得于人理,顺于天地,祥于鬼神,则可以正治矣。

古者人醇工庞,商朴女重,是以政教易化,风俗易移也。今世德益衰,民俗益薄,欲以朴重之法,治既弊之民,是犹无镝衔橜策锻而御駻马也。昔者,神农无制令而民从,唐、虞有制令而无刑罚,夏后氏不负言,殷人誓,周人盟。逮至当今之世,忍诟而轻辱,贪得而寡羞,欲以神农之道治之,则其乱必矣。伯成子高辞为诸侯而耕,天下高之。今之时人,辞官而隐处,为乡邑之下,岂可同哉!古之兵,弓剑而已矣,槽矛无击,修戟无刺。晚世之兵,隆冲以攻,渠幨以守,连弩以射,销车以斗。古之伐国,不杀黄口,不获二毛。于古为义,于今为笑。古之所以为荣者,今之所以为辱也。古之所以为治者,今之所以为乱也。

夫神农、伏羲不施赏罚而民不为非,然而立政者不能废法而治民。舜执干戚而服有苗,然而征伐者不能释甲兵而制强暴。由此观之,法度者,所以论民俗而节缓急也;器械者,因时变而制宜适也。

夫圣人作法而万物制焉,贤者立礼而不肖者拘焉。制法之民,不可与远举;拘礼之人,不可使应变。耳不知清浊之分者,不可令调音;心不知治乱之源者,不可令制法。必有独闻之耳,独见之明,然后能擅道而行矣。

夫殷变夏,周变殷,春秋变周,三代之礼不同,何古之从!大人作而弟子循。知法治所由生,则应时而变;不知法治之源,虽循古,终乱。今世之法籍与时变,礼义与俗易,为学者循先袭业,据籍守旧教,以为非此不治,是犹持方枘而周员凿也,欲得宜适致固焉,则难矣。今儒墨者称三代,文武而弗行,是言其所不行也;非今时之世而弗改,是行其非也。称其所是,行其所非,是以尽日极虑而无益于治,劳形竭智而无补于主也。今夫图工好画鬼魅,而憎图狗马者,何也? 鬼魅不世出,而狗马可日见也。夫存危治乱,非智不能;道而先称古,虽愚有余。故不用之法,圣王弗行;不验之言,圣王弗听。

天地之气,莫大于和。和者,阴阳调,日夜分,而生物。春分而生,秋分而成,生之与成,必得和之精。故圣人之道,宽而栗,严而温,柔而直,猛而仁。太刚则折,太柔则卷,圣人正在刚柔之间,乃得道之本。积阴则沉,积阳则飞,阴阳相接,乃能成和。

夫绳之为度也,可卷而伸也,引而伸之,可直而睎,故圣人以身体之。夫修而不横,短而不穷,直而不刚,久而不忘者,其唯绳乎! 故恩推则懦,懦则不威;严推则猛,猛则不和;爱推则纵,纵则不令;刑推则虐,虐则无亲。昔者,齐简公释其国家之柄,而专任大臣,将相摄威擅势,私门成党,而公道不行,故使陈成田常、鸱夷子皮得成其难。使吕氏绝祀而陈氏有国者,此柔懦所生也。郑子阳刚毅而好罚,其于罚也,执而无赦。舍人有折弓者,畏罪而恐诛,则因猘狗之惊以杀子阳,此刚猛之所致也。今不知道者,见柔懦者侵,则矜为刚毅;见刚毅者亡,则矜为柔懦。此本无主于中,而见闻舛驰于外者也,故终身而无所定趋。譬犹不知音者之歌也,浊之则郁而无转,清之则燋而不讴。及至韩娥、秦青、薛谈之讴,侯同、曼声之歌,愤于志,积于内,盈而发音,则莫不比于律而和于人心。何则? 中有本主以定清浊,不受于外而自为仪表也。今夫盲者行于道,人谓之左则左,谓之右则右,遇君子则易道,遇小人则陷沟壑。何则? 目无以接物也。故魏两用楼翟、吴起而亡西河,湣王专用淖齿而死于东庙,无术以御之也。文王两用吕望、召公奭而王,楚庄王专任孙叔敖而霸,有术以御之也。

夫弦歌鼓舞以为乐,盘旋揖让以修礼,厚葬久丧以送死,孔子之所立也,而墨子非之。兼爱尚贤,右鬼非命,墨子之所立也,而杨子非之。全性保真,不以物累形,杨子之所立也,而孟子非也。趋舍人异,各有晓心。故是非有处,得其处则无非,失其处则无是。丹穴、太蒙、反踵、空同、大夏、北户、奇肱、修股之民,是非各异,习俗相反,君臣上下,夫妇父子,有以相使也。此之是,非彼之是也;此之非,非彼之非也;譬若斤斧椎凿之各有所施也。

禹之时,以五音听治,县钟鼓磬铎,置鞀,以待四方之士,为号曰:"教寡人以道者击鼓,谕寡人以义者击钟,告寡人以事者振铎,语寡人以忧者击磬,有狱讼者摇鞀。"当此之时,一馈而十起,一沐而三捉发,以劳天下之民,此而不能达善效忠者,则才不足也。秦之时,高为台榭,大为苑囿,远为驰道,铸金人,发谪戍,入刍藁,头会箕赋,输于少府。丁壮丈夫,西至临洮、狄道,东至会稽、浮石,南至豫章、桂林,北至飞狐、阳原,道路死人以沟量。当此之时,忠谏者谓之不祥,而道仁义者谓之狂。逮至高皇帝,存亡继绝,举天下之大义,身自奋袂执锐,以为百姓请命于皇天。当此之时,于下雄俊豪英暴露于野泽,前蒙矢石,而后堕溪壑,出百死而绐一生,以争天下之权,奋武厉诚,以决一旦之命。当此之时,丰衣博带而道儒墨者,以为不肖。逮至暴乱已胜,海内大定,继文之业,立武之功,履天子之图籍,造刘氏之貌冠,总邹、鲁之儒墨,通先圣之遗教,戴天子之旗,乘大路,建九斿,撞大钟,击鸣鼓,奏《咸池》,扬干戚。当此之时,有立武者见疑。一世之间,而文武代为雌雄,有时而用也。今世之为武者则非文也,为文者则非武也,文武更相非,而不知时世之用也。此见隅曲之一指,而不知八极之广大也。故东面而望,不见西墙;南面而视,不睹北方;唯无所响者,则无所不通。

国之所以存者,道德也;家之所以亡者,理塞也。尧无百户之郭,舜无置锥之地,以有天下。禹无十人之众,汤无七里之分,以王诸侯。文王处岐周之间也,地方不过百里,而立为天子者,有王道也。夏桀、殷纣之盛也,人迹所至,舟车所通,莫不为郡县,然而身死人手,而为天下笑者,有亡形也。故圣人见化以观其征。德有盛衰,风先萌焉。故得王道者,虽小必大;有亡形者,虽成必败。夫夏之将亡,太史令终古先奔于商,三年而桀乃亡。殷之将败也,太史令向艺先归文王,期年而纣乃亡。故圣人之见存亡之迹,成败之际也,非待鸣条之野,甲子之日也。今谓强者胜则度地计众,富者利则量粟称金,若此,则千乘之君无不霸王者,而万乘之国无不破亡者矣。存亡之迹,若此其易知也,愚夫惷妇皆能论之。

赵襄子以晋阳之城霸,智伯以三晋之地擒;湣王以大齐亡,田单以即墨有功。故国之亡也,虽大不足恃;道之行也,虽小不可轻。由此观之,存在得道而不在于大也,亡在失道而不在于小也。《诗》云:"乃眷西顾,此惟与宅。"言去殷而迁于周也。故乱国之君,务广其地而不务仁义,务高其位而不务道德，是释其所以存，而造其所以亡也。故桀囚于焦门，而不能自非其所行，而悔不杀汤于夏台；纣居于宣室，而不反其过，而悔不诛文王于羑里。二君处强大势位，修仁义之道，汤、武救罪之不给，何谋之敢当！若上乱三光之明，下失万民之心，虽微汤武，孰弗能夺也？今不审其在己者，而反备之于人，天下非一汤、武也，杀一人，则必有继之者也。且汤、武之所以处小弱而能以王者，以其有道也；桀、纣之所以处强大而见夺者，以其无道也。今不行人之所以王者，而反益己之所以夺，是趋亡之道也。

武王克殷，欲筑宫于五行之山。周公曰："不可！夫五行之山，固塞险阻之地也。使我德能覆之，则天下纳其贡职者迥也。使我有暴乱之行，则天下之伐我难矣。"此所以三十六世而不夺也。周公可谓能持满矣。

昔者，《周书》有言曰："上言者，下用也；下言者，上用也。上言者，常也；下言者，权也。"此存亡之术也。唯圣人为能知权。言而必信，期而必当，天下之高行也。直躬其父攘羊而子证之，尾生与妇人期而死之。直而证父，信而溺死，虽有直信，孰能责之！夫三军矫命，过之大者也。秦穆公兴兵袭郑，过周而东。郑贾人弦高将西贩牛，道遇秦师于周、郑之间，乃矫郑伯之命，犒以十二牛，宾秦师而却之，以存郑国。故事有所至，信反为过，诞反为功。何谓失礼而有大功？昔楚恭王战于阴陵，潘尪、养由基、黄衰微、公孙丙相与篡之。恭王惧而失体，黄衰微举足蹴其体，恭王乃觉。怒其失礼，夺体而起，四大夫载而行。昔苍吾绕娶妻而美，以让兄，此所谓忠爱而不可行者也。是故圣人论事之局曲直，与之屈伸偃仰，无常仪表，时屈时伸。卑弱柔如蒲韦，非摄夺也；刚强猛毅，志厉青云，非本矜也；以乘时应变也。

夫君臣之接，屈膝卑拜，以相尊礼也；至其迫于患也，则举足蹴其体，天下莫能非也。是故忠之所在，礼不足以难之也。孝子之事亲，和颜卑体，奉带运履；至其溺也，则捽其发而拯，非敢骄侮，以救其死也。故溺则捽父，祝则名君，势不得不然也。此权之所设也。故孔子曰："可以共学矣，而未可以适道也。可与适道，未可以立。可以立，未可与权。"权者，圣人之所独见也。故忤而后合者，谓之知权；合而后舛者，谓之不知权。不知权者，善反丑也。故礼者，实之华而伪之文也，方于卒迫穷遽之中也，则无所用矣。是故圣人以文交于世，而以实从事于宜，不结于一迹之涂，凝滞而不化，是故败事小而成事多，号令行于天下而莫之能非矣。

猩猩知往而不知来,乾鹄知来而不知往,此修短之分也。昔者苌弘,周室之执数者也。天地之气,日月之行,风雨之变,律历之数,无所不通,然而不能自知,车裂而死。苏秦,匹夫徒步之人也,靷蹻嬴盖,经营万乘之主,服诺诸侯,然不自免于车裂之患。徐偃王被服慈惠,身行仁义,陆地之朝者三十二国,然而身死国亡,子孙无类。大夫种辅翼越王句践,而为之报怨雪耻,擒夫差之身,开地数千里,然而身伏属镂而死。此皆达于治乱之机,而未知全性之具者。故苌弘知天道而不知人事,苏秦知权谋而不知祸福,徐偃王知仁义而不知时,大夫种知忠而不知谋。圣人则不然,论世而为之事,权事而为之谋,是以舒之天下而不窕,内之寻常而不塞。使天下荒乱,礼义绝,纲纪废,强弱相乘,力征相攘,臣主无差,贵贱无序,甲胄生虮虱,燕雀处帷幄,而兵不休息,而乃始服属臾之貌,恭俭之礼,则必灭抑而不能兴矣。天下安宁,政教和平,百姓肃睦,上下相亲,而乃始立气矜,奋勇力,则必不免于有司之法矣。是故圣人者,能阴能阳,能弱能强,随时而动静,因资而立功,物动而知其反,事萌而察其变,化则为之象,运则为之应,是以终身行而无所困。

故事有可行而不可言者,有可言而不可行者,有易为而难成者,有难成而易败者。所谓可行而不可言者,趋舍也;可言而不可行者,伪诈也;易为而难成者,事也;难成而易败者,名也。此四策者,圣人之所独见而留意也。诎寸而伸尺,圣人为之;小枉而大直,君子行之。周公有杀弟之累,齐桓公有争国之名,然而周公以义补缺,桓公以功灭丑,而皆为贤。今以人之小过掩其大美,则天下无圣王贤相矣。故目中有疵,不害于视,不可灼也;喉中有病,无害于息,不可凿也。河上之丘冢,不可胜数,犹之为易也。水激兴波,高下相临,差以寻常,犹之为平。昔者曹子为鲁将兵,三战不胜,亡地千里。使曹子计不顾后,足不旋踵,刎颈于陈中,则终身为破军擒将矣。然而曹子不羞其败,耻死而无功,柯之盟,揄三尺之刃,造桓公之胸,三战所亡,一朝而反之,勇闻于天下,功立于鲁国。管仲辅公子纠而不能遂,不可谓智;遁逃奔走,不死其难,不可谓勇;束缚桎梏,不讳其耻,不可谓贞。当此三行者,布衣弗友,人君弗臣。然而管仲免于累绁之中,立齐国之政,九合诸侯,一匡天下。使管仲出死捐躯,不顾后图,岂有此霸功哉!

今人君论其臣也,不计其大功,总其略行,而求其小善,则失贤之数也。故人有厚德,无问其小节;而有大誉,无疵其小故。夫牛蹄之涔不能生鳣鲔,而蜂房不容鹄卵,小形不足以包大体也。夫人之情莫不有所短。诚其大略是也,虽有小过,不足以为累。若其大略非也,虽有闾里之行,未足大举。夫颜啄聚,梁父之大盗也,而为齐忠臣。段干木,晋国之大驵也,而为文侯师。孟卯妻其嫂,有五子焉,然而相魏,宁其危,解其患。景阳淫酒,被发而御于妇人,威服诸侯。此四人者,皆有所短,然而功名不灭者,其略得也。季襄、陈仲子立节抗行,不入洿君之朝,不食乱世之食,遂饿而死。不能存亡接绝者何?小节伸而大略屈。故小谨者无成功,訾行者不容于众,体大者节疏,蹎距者举远。

自古及今,五帝三王,未有能全其行者也。故《易》曰:"小过亨,利贞。"言人莫不有过,而不欲其大也。

夫尧、舜、汤、武,世主之隆也;齐桓、晋文,五霸之豪英也。然尧有不慈之名,舜有卑父之谤,汤、武有放弑之事,五伯有暴乱之谋。是故君子不责备于一人,方正而不以割,廉直而不以切,博通而不以訾,文武而不以责。求于一人则任以人力,自修则以道德。责人以人力,易偿也;自修以道德,难为也。难为则行高矣,易偿则求澹矣。夫夏后氏之璜,不能无考;明月之珠,不能无颣;然而天下宝之者,何也?其小恶不足妨大美也。今志人之所短,而忘人之所修,而求得其贤乎天下,则难矣。

夫百里奚之饭牛,伊尹之负鼎,太公之鼓刀,宁戚之商歌,其美有存焉者矣。众人见其位之卑贱,事之洿辱,而不知其大略,以为不肖。及其为天子三公,而立为诸侯贤相,乃始信于异众也。夫发于鼎俎之间,出于屠酤之肆,解于累绁之中,兴于牛颔之下,洗之以汤沐,被之以燎火,立之于本朝之上,倚之于三公之位,内不惭于国家,外不愧于诸侯,符势有以内合。故未有功而知其贤者,尧之知舜;功成事立而知其贤者,市人之知舜也。为是释度数而求之于朝肆草莽之中,其失人也必多矣。何则?能效其求,而不知其所以取人也。

夫物之相类者,世主之所乱惑也;嫌疑肖象者,众人之所眩耀。故狠者类知而非知,愚者类仁而非仁,戆者类勇而非勇。使人之相去也,若玉之与石,美之与恶,则论人易矣。夫乱人者,苈莠之与藁本也,蛇床之与麋芜也,此皆相似者。故剑工惑剑之似莫邪者,唯欧冶能名其种;玉工眩玉之似碧卢者,唯猗顿不失其情;暗主乱于奸臣小人之疑君子者,唯圣人能见微以知明。故蛇举首尺，而修短可知也；象见其牙，而大小可论也；薛烛庸子，见若狐甲于剑而利钝识矣；臾儿，易牙，淄、渑之水合者，尝一哈水而甘苦知矣。故圣人之论贤也，见其一行而贤不肖分矣。孔子辞廪丘，终不盗刀钩；许由让天子，终不利封侯。故未尝灼而不敢握火者，见其有所烧也；未尝伤而不敢握刃者，见其有所害也。由此观之，见者可以论未发也，而观小节可以知大体矣。故论人之道，贵则观其所举，富则观其所施，穷则观其所不受，贱则观其所不为，贫则观其所不取。视其更难，以知其勇；动以喜乐，以观其守；委以财货，以论其仁；振以恐惧，以知其节；则人情备矣。

古之善赏者，费少而劝众；善罚者，刑省而奸禁；善予者，用约而为德；善取者，人多而无怨。赵襄子围于晋阳，罢围而赏有功者五人，高赫为赏首。左右曰："晋阳之难，赫无大功，今为赏首，何也？"襄子曰："晋阳之围，寡人社稷危，国家殆，群臣无不有骄侮之心，唯赫不失君臣之礼。"故赏一人，而天下为忠之臣者莫不终忠于其君，此赏少而劝善者众也。齐威王设大鼎于庭中，而数无盐令曰："子之誉，日闻吾耳，察子之事，田野芜，仓廪虚，囹圄实，予以奸事我者也。"乃烹之。齐以此三十二岁道路不拾遗。此刑省奸禁者也。秦穆公出游而车败，右服失马，野人得之。穆公追而及之岐山之阳，野人方屠而食之。穆公曰："夫食骏马之肉，而不还饮酒者，伤人。吾恐其伤汝等。"遍饮而去之。处一年，与晋惠公为韩之战。晋师围穆公之车，梁由靡扣穆公之骖，获之。食马肉者三百余人皆出死为穆公战于车下，遂克晋，虏惠公以归。此用约而为德也。齐桓公将欲征伐，甲兵不足，令有重罪者出犀甲一戟，有轻罪者赎以金分，讼而不胜者出一束箭。百姓皆说，乃矫箭为矢，铸金而为刃，以伐不义而征无道，遂霸天下，此入多而无怨者也。故圣人因民之所喜而劝善，因民之所恶而禁奸，故赏一人而天下誉之，罚一人而天下畏之。故至赏不费，至刑不滥。孔子诛少正卯而鲁国之邪塞，子产诛邓析而郑国之奸禁，以近喻远，以小知大也。故圣人守约而治广者，此之谓也。

天下莫易于为善，而莫难于为不善也。所谓为善者，静而无为也；所谓为不善者，躁而多欲也。适情辞余，无所诱惑，循性保真，无变于己。故曰为善易。越城郭，逾险塞，奸符节，盗管金，篡弑矫诬，非人之性也，故曰为不善难。今之所以犯囹圄之罪，而陷于刑戮之患者，由嗜欲无厌，不循度量之故也。何以知其然？天下县官法曰：“发墓者诛，窃盗者刑。”此执政之所司也。夫法令者罔其奸邪，勒率随其踪迹，无愚夫惷妇，皆知为奸之无脱也，犯禁之不得免也。然而不材子不胜其欲，蒙死亡之罪，而被刑戮之羞，然而立秋之后，司寇之徒继踵于门，而死市之人血流于路。何则？惑于财利之得，而蔽于死亡之患也。夫今陈卒设兵，两军相当，将施令曰：“斩首拜爵，而屈挠者要斩。”然而队阶之卒皆不能前遂斩首之功，而后被要斩之罪，是去恐死而就必死也。故利害之反，祸福之接，不可不审也。

事或欲之，适足以失之；或避之，适足以就之。楚人有乘船而遇大风者，波至而自投于水。非不贪生而畏死也，惑于恐死而反忘生也。故人之嗜欲，亦犹此也。齐人有盗金者，当市繁之时，至掇而走，勒问其故曰：“而盗金于市中，何也？”对曰：“吾不见人，徒见金耳。”志所欲，则忘其为矣。是故圣人审动静之变，而适受与之度，理好憎之情，和喜怒之节。夫动静得，则患弗过也；受与适，则罪弗累也；好憎理，则忧弗近也；喜怒节，则怨弗犯也。故达道之人，不苟得，不让福，其有弗弃，非其有弗索，常满而不溢，恒虚而易足。今夫霤水足以溢壶榼，而江河不能实漏卮，故人心犹是也。自当以道术度量，食充虚，衣御寒，则足以养七尺之形矣。若无道术度量而以自俭约，则万乘之势不足以为尊，天下之富不足以为乐矣。孙叔敖三去令尹而无忧色，爵禄不能累也。荆佽非两蛟夹绕其船而志不动，怪物不能惊也。圣人心平志易，精神内守，物莫足以惑之。

夫醉者，俯入城门，以为七尺之闺也；超江淮，以为寻常之沟也，酒浊其神也。怯者，夜见立表，以为鬼也；见寝石，以为虎也；惧掩其气也。又况无天地之怪物乎！夫雌雄相接，阴阳相薄，羽者为雏鷇，毛者为驹犊，柔者为皮肉，坚者为齿角，人弗怪也；水生蠬蜄，山生金玉，人弗怪也；老槐生火，久血为燐，人弗怪也。山出枭阳，水生罔象，木生毕方，井生坟羊，人怪之，闻见鲜而识物浅也，天下之怪物，圣人之所独见；利害之反复，知者之所独明达也。

同异嫌疑者，世俗之所眩惑也。夫见不可布于海内，闻不可明于百姓。是故因鬼神禨祥而为之立禁，总形推类而为之变象。何以知其然也？世俗言曰：“飨大高者而彘为上牲，葬死人者裘不可以藏，相戏以刃者太祖軵其肘，枕户橉而卧者鬼神蹠其首。”此皆不著于法令，而圣人之所不口传也。夫豮大高而彘为上牲者，非彘能贤于野兽麋鹿也，而神明独豮之，何也？以为彘者，家人所常畜而易得之物也，故因其便以尊之。裘不可以藏者，非能具绨绵曼帛温暖于身也。世以为裘者，难得贵贾之物也，而不可传于后世，无益于死者，而足以养生，故因其资以奢之。相戏以刃太祖軵其肘者，夫以刃相戏，必为过失，过失相伤，其患必大，无涉血之仇争忿斗，而以小事自内于刑戮，愚者所不知忌，故因太祖以累其心。枕户橉而卧，鬼神履其首者，使鬼神能玄化，则不待户牖之行。若循虚而出入，则亦无能履也，夫户牖者，风气之所从往来，而风气者，阴阳相捬角也，离者必病，故托鬼神以伸诫之也。凡此之属，皆不可胜著于书策竹帛而藏于官府者也，故以礼祥明之。为愚者之不知其害，乃借鬼神之威以声其教，所由来者远矣。而愚者以为礼祥，而狠者以为非，唯有道者能通其志。

今世之祭井灶、门户、箕帚、臼杵者，非以其神为能飨之也，恃赖其德，烦苦之无已也。是故以时见其德，所以不忘其功也。触石而出，肤寸而合，不崇朝而雨天下者，唯太山。赤地三年而不绝流，泽及百里而润草木者，唯江、河也。是以天子秩而祭之。故马免人于难者，其死也葬之。牛，其死也，葬以大车为荐。牛马有功，犹不可忘，又况人乎！此圣人所以重仁袭恩。故炎帝于火，死而为灶；禹劳天下，死而为社；后稷作稼穑，列而为稷；羿除天下之害，死而为宗布。此鬼神之所以立。

北楚有任侠者，其子孙数谏而止之，不听也。县有贼，大搜其庐，事果发觉，夜惊而走，追，道及之，其所施德者皆为之战，得免而遂反，语其子曰："汝数止吾为侠。今有难，果赖而免身。而谏我，不可用也。"知所以免于难，而不知所以无难，论事如此，岂不惑哉！

宋人有嫁子者，告其子曰："嫁未必成也。有如出，不可不私藏。私藏而富，其于以复嫁易。"其子听父之计，窃而藏之。若公知其盗也，逐而去之。其父不自非也，而反得其计。知为出藏财，而不知藏财所以出也。为论如此，岂不勃哉！

今夫僦载者，救一车之任，极一牛之力，为轴之折也，有如辕轴其上以为造，不知轴辕之趣轴折也。楚王之佩玦而逐菟，为走而破其玦也，因佩两玦以为之豫，两玦相触，破乃逾疾。乱国之治，有似于此。

夫鸱目大而眦不若鼠，蚈足众而走不若蛇，物固有大不若小，众不若少者。及至夫强之弱，弱之强，危之安，存之亡也，非圣人，孰能观之！大小尊卑,未足以论也,唯道之在者为贵。何以明之?天子处于效亭,则九卿趋,大夫走,坐者伏,倚者齐。当此之时,明堂太庙,悬冠解剑,缓带而寝。非郊亭大而庙堂狭小也,至尊居之也。天道之贵也,非特天子之为尊也,所在而众仰之。夫蛰虫鹊巢,皆向天一者,至和在焉尔。帝者诚能包禀道,合至和,则禽兽草木莫不被其泽矣,而况兆民乎!

王充学案

　　王充(公元 27 年—约公元 100 年),东汉思想家、哲学家。王充做过著名学者班彪的学生,为学不守章句,"博通众流百家之言"。王充立足于社会现实,在肯定有汉一代对大一统政权的稳定、完善、繁荣作出贡献的同时,又对东汉时依靠政治权力而甚嚣尘上的天人感应、鬼神迷信、儒家神话等虚妄之风加以否定,并批判了知识分子在现实政治压力下和经学教条主义束缚下的堕落。

　　王充的主要著作为《论衡》,在现存的八十四篇著作中,《问孔》《刺孟》《非韩》是对古代思想及古书的批判;《书虚》《道虚》《语增》《儒增》《艺增》《对作》是对当时伪书的批判;《变虚》《异虚》《感虚》《福虚》《龙虚》《雷虚》是刘纬书中的天人感应说的批判;《寒温》《谴告》《变动》是对当时儒者天人感应说的批判;《讲瑞》《指瑞》《是应》是对祥瑞思想的批判;《死伪》《纪妖》《订鬼》《四讳》《調时》《讥日》《卜筮》《难岁》《诘术》是对当时迷信思想的批判。

　　王充对孔、孟、荀的批判,主要在《问孔》《刺孟》《本性》《率性》《自然》诸篇之中。如在问难孔子的凡十六条,揭露"孔之言上下多相违,其文前后多相伐"。《本性》批判了孟子的性善说,也批判了荀子的性恶说。对汉代儒生的批判,则主要在《谢短》《案书》等篇中。王充以先秦道家"天道自然无为"思想来对抗儒家"天人感应"说,先秦道家关于"自然""天""气"的理论是王充反对儒家"天人感应"说的理论基础,也是王充"疾虚妄"的理论基础。《问孔》《刺孟》两篇是以道家思想为理论基础,以实事求是的态度来"疾"汉儒对孔子的"虚妄"和孟子思想体系中存在的问题。《自然》《谴告》两篇,则集中以"自然无为"的自然观来批判汉儒所鼓吹的自然灾异是上天用来谴告君王的谬论。但王充并非想推翻整个儒学,而是想对东汉儒学甚至是先秦儒学中不合理的观点进行批判,排除儒学中的宗教化内容,试图构建以"自然元气"为基础的哲学体系。[1]

一、论衡(节选)[2]

1. 问孔篇[3]

世儒学者,好信师而是古,以为贤圣所言皆无非,专精讲习,不知难问。夫贤圣下笔造文,用意详审,尚未可谓尽得实,况仓卒吐言,安能皆是? 不能皆是,时人不知难;或是,而意沉难见,时人不知问。案贤圣之言,上下多相违;其文,前后多相伐者。世之学者,不能知也。

论者皆云:"孔门之徒,七十子之才,胜今之儒。"此言妄也。彼见孔子为师,圣人传道,必授异才,故谓之殊。夫古人之才,今人之才也,今谓之英杰,古以为圣神,故谓七十子历世希有。使当今有孔子之师,则斯世学者,皆颜、闵之徒也;使无孔子,则七十子之徒,今之儒生也。何以验之? 以学于孔子,不能极问也;圣人之言,不能尽解;说道陈义,不能辄敕。不能辄敕,宜问以发之;不能尽解,宜难以极之。皋陶陈道帝舜之前,浅略未极。禹问难之,浅言复深,略指复分。盖起问难此说,激而深切,触而著明也。

孔子笑子游之弦歌,子游引前言以距孔子。自今案《论语》之文,孔子之言,多若笑弦歌之辞,弟子寡若子游之难,故孔子之言遂结不解。以七十子不能难,世之儒生,不能实道是非也。

凡学问之法,不为无才,难于距师,核道实义,证定是非也。问难之道,非必对圣人及生时也。世之解说说人者,非必须圣人教告乃敢言也。苟有不晓解之问,追难孔子,何伤于义? 诚有传圣业之知,伐孔子之说,何逆于理? 谓问孔子之言,难其不解之文,世间弘才大知生,能答问、解难之人,必将贤吾世间难问之言是非。

---

① 详见:刘建国:《中国哲学史史料学概要》中"王充的思想史料",吉林人民出版社1983年版。李维武:《王充与中国文化》,贵州人民出版社2000年版。颜莉:《王充儒道思想评价》,社会科学文献出版社2020年版。
② 这里节选的是该书《问孔篇》《刺孟篇》《谈天篇》《实知篇》等。
③ 黄晖撰著:《论衡校释》,中华书局1990年版,第395—429页。

孟懿子问孝,子曰:"毋违。"樊迟御,子告之曰:"孟孙问孝于我,我对曰'毋违'。"樊迟曰:"何谓也?"子曰:"生,事之以礼;死,葬之以礼〔祭之以礼〕。"

问曰:孔子之言"毋违"〔者〕,毋违礼也。孝子亦当先意承志,不当违亲之欲。孔子言"毋违",不言"违礼",懿子听孔子之言,独不为嫌于毋违志乎?樊迟问何谓,孔子乃言"生,事之以礼;死,葬之以礼,祭之以礼"。使樊迟不问,毋违之说,遂不可知也。懿子之才,不过樊迟,故《论语》篇中,不见言行,樊迟不晓,懿子必能晓哉?

孟武伯问孝,子曰:"父母,唯其疾之忧。"武伯善忧父母,故曰"唯其疾之忧"。武伯忧亲,懿子违礼。攻其短,答武伯云"父母,唯其疾之忧",对懿子亦宜言"唯水火之变乃违礼"。周公告小才敕,大材略。〔樊迟〕大材也,孔子告之敕;懿子,小才也,告之反略,违周公之志。攻懿子之短,失道理之宜,弟子不难,何哉!

如以懿子权尊,不敢极言,则其对武伯,亦宜但言"毋忧"而已。俱孟氏子也,权尊钧同,敕武伯而略懿子,未晓其故也。使孔子对懿子极言毋违礼,何害之有?专鲁莫过季氏,讥八佾之舞庭,刺太山之旅祭,不惧季氏憎邑不隐讳之害,独畏答懿子极言之罪,何哉?且问孝者非一,皆有御者,对懿子言,不但心服臆肯,故告樊迟。

孔子曰:"富与贵,是人之所欲也,不以其道得之,不居也;贫与贱,是人之所恶也,不以其道得之,不去也。"此言人当由道义得,不当苟取也;当守节安贫,不当妄去也。

夫言不以其道得富贵,不居,可也;不以其道得贫贱,如何?富贵顾可去,去贫贱何之?去贫贱,得富贵也;不得富贵,不去贫贱。如谓得富贵不以其道,则不去贫贱邪?则所得富贵,不得贫贱也。贫贱何故当言"得之"?顾当言"贫与贱是人之所恶也,不以其道去之,则不去也"。当言"去",不当言"得"。"得"者,施于得之也。今去之,安得言"得"乎?独富贵当言"得"耳。何者?得富贵,乃去贫贱也。

是则以道去贫贱如何?修身行道,仕得爵禄富贵,得爵禄富贵,则去贫贱矣。不以其道"去"贫贱如何?毒苦贫贱,起为奸盗,积聚货财,擅相官秩,是为不以其道。

七十子既不问,世之学者亦不知难,使此言意〔结〕不解,而文不分,是谓孔子不能吐辞也；使此言意结，文又不解，是孔子相示未救悉也。弟子不问，世俗不难，何哉？

孔子曰："公冶长可妻也，虽在缧绁之中，非其罪也。"以其子妻之。

问曰：孔子妻公冶长者，何据见哉？据年三十可妻邪，见其行贤可妻也？如据其年三十，不宜称在缧绁；如见其行贤，亦不宜称在缧绁。何则？诸入孔子门者，皆有善行，故称备徒役。徒役之中，无妻则妻之耳，不须称也。如徒役之中多无妻，公冶长尤贤，故独妻之，则其称之，宜列其行，不宜言其在缧绁也。何则？世间强受非辜者多，未必尽贤人也。恒人见枉，众多非一。必以非辜为孔子所妻，则是孔子不妻贤，妻冤也。案孔子之称公冶长，有非辜之言，无行能之文。实不贤，孔子妻之，非也；实贤，孔子称之不具，亦非也。诚似妻南容云。"国有道不废，国无道免于刑戮。"具称之矣。

子谓子贡曰："汝与回也孰愈？"曰："赐也何敢望回？回也闻一以知十，赐也闻一以知二。"子曰："弗如也，吾与汝俱不如也。"是贤颜渊，试以问子贡也。

问曰：孔子所以教者，礼让也。子路为国以礼，其言不让，孔子非之。使子贡实愈颜渊，孔子问之，犹曰不如；使实不及，亦曰不如，非失对欺师，礼让之言，宜谦卑也。今孔子出言，欲何趣哉？使孔子知颜渊愈子贡，则不须问子贡；使孔子实不知，以问子贡，子贡谦让，亦不能知。使孔子徒欲表善颜渊，称颜渊贤，门人莫及，于名多矣，何须问于子贡？子曰："贤哉回也！"又曰："吾与回言，终日不违如愚。"又曰："回也，其心三月不违仁。"三章皆直称，不以他人激，至是一章，独以子贡激之，何哉？

或曰："欲抑子贡也。当此之时，子贡之名，凌颜渊之上，孔子恐子贡志骄意溢，故抑之也。"夫名在颜渊之上，当时所为，非子贡求胜之也。实子贡之知何如哉？使颜渊才在己上，己自服之，不须抑也；使子贡不能自知，孔子虽言，将谓孔子徒欲抑已。由此言之，问与不问，无能抑扬。

宰我昼寝，子曰："朽木不可雕也，粪土之墙不可圬也。于予，予何诛？"是恶宰予之昼寝。

问曰：昼寝之恶也，小恶也；朽木、粪土，败毁不可复成之物，大恶也。责小过以大恶，安能服人？使宰我性不善，如朽木、粪土，不宜得入孔子之门，序在四科之列；使性善，孔子恶之，恶之太甚，过也。"人之不仁，疾之已甚,乱也。"孔子疾宰予,可谓甚矣。

使下愚之人,涉耐罪之狱,吏令以大辟之罪,必冤而怨邪,将服而自咎也?使宰我愚,则与涉耐罪之人同志;使宰我贤,知孔子责之,几微自改矣。明文以识之,流言以过之,以其言示端而已自改。自改不在言之轻重,在宰予能更与否。

《春秋》之义,采毫毛之善,贬纤介之恶。褒毫毛以巨大,以巨大贬纤介,观《春秋》之义,肯是之乎?不是,则宰我不受;不受,则孔子之言弃矣。圣人之言,与文相副,言出于口,文立于策,俱发于心,其实一也。孔子作《春秋》,不贬小以大,其非宰予也,以大恶细,文语相违,服人如何?

子曰:"始吾于人也,听其言而信其行;今吾于人也,听其言而观其行。于予,予改是。"盖起宰予昼寝,更知人之术也。

问曰:人之昼寝,安足以毁行?毁行之人,昼夜不卧,安足以成善?以昼寝而观人善恶,能得其实乎?案宰予在孔子之门,序于四科,列在赐上。如性情怠,不可雕琢,何以致此?使宰我以昼寝自致此,才复过人远矣。如未成就,自谓已足,不能自知,知不明耳,非行恶也。晓敕而已,无为改术也。如自知未足,倦极昼寝,是精神索也。精神索,至于死亡,岂徒寝哉?

且论人之法,取其行则弃其言,取其言则弃其行。今宰予虽无力行,有言语。用言,令行缺,有一概矣。今孔子起宰予昼寝,听其言,观其行,言行相应,则谓之贤,是孔子备取人也。"毋求备于一人"之义何所施?

子张问:"令尹子文三仕为令尹,无喜色;三已之,无愠色。旧令尹之政,必以告新令尹。何如?"子曰:"忠矣。"曰:"仁矣乎?"曰:"未知,焉得仁?"子文曾举楚子玉代己位而伐宋,以百乘败而丧其众,不知如此,安得为仁?

问曰:子文举子玉,不知人也。智与仁,不相干也。有不知之性,何妨为仁之行?五常之道,仁、义、礼、智、信也。五者各别,不相须而成,故有智人,有仁人者;有礼人,有义人者。人有信者未必智,智者未必仁,仁者未必礼,礼者未必义。子文智蔽于子玉,其仁何毁?谓仁,焉得不可?

且忠者,厚也。厚人,仁矣。孔子曰:"观过,斯知仁矣。"子文有仁之实矣。孔子谓忠非仁,是谓父母非二亲,配匹非夫妇也。

哀公问:"弟子孰谓好学?"孔子对曰:"有颜回者,不迁怒,不贰过,不幸短命死矣！今也则亡，未闻好学者也。"

夫颜渊所以死者，审何用哉？令自以短命，犹伯牛之有疾也。人生受命，皆〔当〕全洁，今有恶疾，故曰"无命"。人生皆当受天长命，今得"短命"，亦宜曰"无命"。如天〔命〕有短长，则亦有善恶矣。言颜渊"短命"，则宜言伯牛"恶命"；言伯牛"无命"，则宜言颜渊"无命"。一死一病，皆痛云命，所禀不异，文语不同，未晓其故也。

哀公问孔子孰为好学，孔子对曰："有颜回者好学，今也则亡。不迁怒，不贰过。"何也？曰："并攻哀公之性迁怒贰过故也。因其问，则并以对之，兼以攻上之短，不犯其罚。"

问曰：康子亦问好学，孔子亦对之以颜渊。康子亦有短，何不并对以攻康子？康子非圣人也，操行犹有所失。成事：康子患盗，孔子对曰："苟子之不欲，虽赏之不窃。"由此言之，康子以欲为短也，不攻，何哉？

孔子见南子，子路不悦。子曰："予所鄙者，天厌之！天厌之！"南子，卫灵公夫人也，聘孔子，子路不说，谓孔子淫乱也。孔子解之曰："我所为鄙陋者，天厌杀我！"至诚自誓，不负子路也。

问曰：孔子自解，安能解乎？使世人有鄙陋之行，天曾厌杀之，可引以誓。子路闻之，可信以解。今未曾有为天所厌者也，曰"天厌之"，子路肯信之乎？行事：雷击杀人，水火烧溺人，墙屋压填人。如曰"雷击杀我，水火烧溺我，墙屋压填我"，子路颇信之。今引未曾有之祸，以自誓于子路，子路安肯解而信之？行事：适有卧厌不悟者，谓此为天所厌邪？案诸卧厌不悟者，未皆为鄙陋也。子路入道虽浅，犹知事之实。事非实，孔子以誓，子路必不解矣。

孔子称曰："死生有命，富贵在天。"若此者，人之死生，自有长短，不在操行善恶也。成事：颜渊早死，孔子谓之短命。由此知短命夭死之人，□必有邪行也。子路入道虽浅，闻孔子之言，知死生之实。孔子誓以"予所鄙者，天厌之"，独不为子路言："夫子惟命未当死，天安得厌杀之乎？"若此，誓子路以"天厌之"，终不见信。不见信，则孔子自解，终不解也。

《尚书》曰："毋若丹朱敖，惟慢游是好。"谓帝舜敕禹毋予不肖子也。重天命，恐禹私其子，故引丹朱以救戒之。禹曰："予娶，若时辛壬；癸甲开呱呱而泣，予弗子。"陈己行事，以往推来，以见卜隐，效己不敢私不肖子也。不曰"天厌之"者，知俗人誓，好引天也。孔子为子路行所疑，不引行事,效己不鄙而云"天厌之",是与俗人解嫌,引天祝诅,何以异乎。

孔子曰:"凤鸟不至,河不出图,吾已矣夫!"夫子自伤不王也。己王致太平,太平则凤鸟至,河出图矣。今不得王,故瑞应不至,悲心自伤,故曰"吾已矣夫"。

问曰:凤鸟河图,审何据始起?始起之时,鸟图未至。如据太平,太平之帝,未必常致凤鸟与河图也。五帝三王,皆致太平,案其瑞应,不皆凤皇为必然之瑞。于太平,凤皇为未必然之应,孔子,圣人也,思未必然以自伤,终不应矣。

或曰:"孔子不自伤不得王也,伤时无明王,故己不用也。凤鸟河图,明王之瑞也。瑞应不至,时无明王;明王不存,己遂不用矣。"夫致瑞应,何以致之?任贤使能,治定功成。治定功成,则瑞应至矣。瑞应至后,亦不须孔子。孔子所望,何其末?不思其本,而望其末;不相其主,而名其物。治有未定,物有不至,以至而效明王,必失之矣。孝文皇帝可谓明矣,案其《本纪》,不见凤鸟与河图。使孔子在孝文之世,犹曰"吾已矣夫"。

子欲居九夷,或曰:"陋,如之何?"子曰:"君子居之,何陋之有?"孔子疾道不行于中国,恚恨失意,故欲之九夷也。或人难之曰:"夷狄之鄙陋无礼义,如之何?"孔子曰:"君子居之,何陋之有?"言以君子之道,居而教之,何为陋乎?

问之曰:孔子欲之九夷者,何起乎?起道不行于中国,故欲之九夷。夫中国且不行,安能行于夷狄?"夷狄之有君,不若诸夏之亡。"言夷狄之难,诸夏之易也。不能行于易,能行于难乎?

且孔子云:"以君子居之者,何谓陋邪?"谓修君子之道自容乎?谓以君子之道教之也?如修君子之道苟自容,中国亦可,何必之夷狄?如以君子之道教之,夷狄安可教乎?禹入裸国,裸入衣出,衣服之制不通于夷狄也。禹不能教裸国衣服,孔子何能使九夷为君子?

或〔曰〕:"孔子实不欲往,患道不行,动发此言。或人难之,孔子知其陋,然而犹曰'何陋之有'者,欲遂已然,距或人之谏也。"实不欲往,志动发言,是伪言也。君子于言,无所苟矣。如知其陋,苟欲自遂,此子路对孔子以子羔也。子路使子羔为费宰,子曰:"贼夫人之子。"子路曰:"有社稷焉,有民人焉,何必读书,然后为学?"子曰:"是故恶夫佞者!"子路知其不可,苟欲自遂,孔子恶之,比夫佞者。孔子亦知其不可,苟应或人,孔子、子路皆以佞也。

孔子曰:"赐不受命,而货殖焉,亿则屡中。"何谓不受命乎?说曰:"〔不〕受当富之命,自以术知,数亿中时也。"

夫人富贵,在天命乎,在人知也?如在天命,知术求之不能得;如在人,孔子何为言"死生有命,富贵在天"?夫谓富不受命,而自〔以〕知术得之,贵亦可不受命,而自以努力求之。世无不受贵命而自得贵,亦知无不受富命而自得富者。成事:孔子不得富贵矣,周流应聘,行说诸侯,智穷策困,还定《诗》《书》,望绝无翼,称"已矣夫"。自知无贵命,周流无补益也。孔子知己不受贵命,周流求之不能得,而谓赐不受富命,而以术知得富,言行相违,未晓其故。

或曰:"欲攻子贡之短也。子贡不好道德,而徒好货殖,故攻其短,欲令穷服而更其行节。"夫攻子贡之短,可言"赐不好道德,而货殖焉",何必立"不受命",与前言"富贵在天"相违反也?

颜渊死,子曰:"噫!天丧予!"此言人将起,天与之辅;人将废,天夺其佑。孔子有四友,欲因而起。颜渊早夭,故曰"天丧予"。

问曰:颜渊之死,孔子不王,天夺之邪?不幸短命,自为死也?如短命不幸,不得不死,孔子虽王,犹不得生。辅之于人,犹杖之扶疾也。人有病,须杖而行,如斩杖本得短,可谓天使病人不得行乎?如能起行,杖短,能使之长乎?夫颜渊之短命,犹杖之短度也。

且孔子言"天丧予"者,以颜渊贤也。案贤者在世,未必为辅也。夫贤者未必为辅,犹圣人未必受命也。为帝有不圣,为辅有不贤。何则?禄命骨法,与才异也。由此言之,颜渊生未必为辅,其死未必有丧,孔子云"天丧予",何据见哉?

且天不使孔子王者,本意如何?本禀性命之时,不使之王邪?将使之王,复中悔之也?如本不使之王,颜渊死,何丧?如本使之王,复中悔之,此王无骨法,便宜自在天也。且本何善所见,而使之王?后何恶所闻,中悔不命?天神论议,误不谛也?

孔子之卫,遇旧馆人之丧,入而哭之。出,使子贡脱骖而赙之。子贡曰:"于门人之丧,未有所脱骖;脱骖于旧馆,毋乃已重乎?"孔子曰:"予乡者入而哭之,遇于一哀而出涕。予恶夫涕之无从也,小子行之!"孔子脱骖以赙旧馆者,恶情不副礼也。副情而行礼,情起而恩动。礼情相应,君子行之。

颜渊死,子哭之恸。门人曰:"子恸矣!""吾非斯人之恸而为?"夫恸,哀之至也。哭颜渊恸者,殊之众徒,哀痛之甚也。死有棺无椁,颜路请车以为之椁,孔子不予,为大夫不可以徒行也。

吊旧馆,脱骖以赙,恶涕无从;哭颜渊恸,请车不与,使恸无副。岂涕与恸殊,马与车异邪?于彼则礼情相副,于此则恩义不称,未晓孔子为礼之意。

孔子曰:"鲤也死,有棺无椁,吾不徒行以为之椁。"鲤之恩深于颜渊,鲤死无椁,大夫之仪,不可徒行也。鲤,子也;颜渊,他姓也。子死且不礼,况其礼他姓之人乎?

曰:"是盖孔子实恩之效也。"副情于旧馆,不称恩于子,岂以前为士,后为大夫哉?如前为士,士乘二马;如为大夫,大夫乘三马。大夫不可去车徒行,何不截卖两马以为椁,乘其一乎?为士时,乘二马,截一以赙旧馆,今亦何不截其二以副恩,乘一以解不徒行乎?不脱马以赙旧馆,未必乱制;葬子有棺无椁,废礼伤法。孔子重副旧人之恩,轻废葬子之礼,此礼得于他人,制失亲子也。然则孔子不粥车以为鲤椁,何以解于贪官好仕恐无车?而自云"君子杀身以成仁",何难退位以成礼?

子贡问政,子曰:"足食,足兵,民信之矣。"曰:"必不得已而去,于斯三者何先?"曰:"去兵。"曰:"必不得已而去,于斯二者何先?"曰:"去食。自古皆有死,民无信不立。"信最重也。

问〔曰〕:使治国无食,民饿,弃礼义。礼义弃,信安所立?传曰:"仓廪实,知礼节;衣食足,知荣辱。"让生于有余,争生于不足。今言去食,信安得成?春秋之时,战国饥饿,易子而食析,骸而炊。口饥不食,不暇顾恩义也。夫父子之恩,信矣,饥饿弃信,以子为食。孔子教子贡去食存信,如何?夫去信存食,虽不欲信,信自生矣;去食存信,虽欲为信,信不立矣。

子适卫,冉子仆。子曰:"庶矣哉!"曰:"既庶矣,又何加焉?"曰:"富之。"曰:"既富矣,又何加焉?"曰:"教之。"语冉子先富而后教之,教子贡去食而存信,食与富何别?信与教何异?二子殊教,所尚不同,孔子为国,意何定哉?

蘧伯玉使人于孔子,孔子曰:"夫子何为乎?"对曰:"夫子欲寡其过而未能也。"使者出,孔子曰:"使乎!使乎!"非之也。说《论语》者,曰:"非之者,非其代人谦也。"

夫孔子之问使者曰"夫子何为",问所治为,非问操行也。如孔子之问也,使者宜对曰"夫子为某事,治某政",今反言"欲寡其过而未能也",何以知其□对失指,孔子非之也?

且实孔子何以非使者?非其代人谦乎?〔非〕其对失指也?所非犹有一实,不明其过,而徒云"使乎使乎!"后世疑惑,不知使者所以为过。韩子曰:"书约则弟子辨。"孔子之言"使乎",何其约也?

或曰:"《春秋》之义也,为贤者讳。蘧伯玉贤,故讳其使者。"夫欲知其子,视其友,欲知其君,视其所使。伯玉不贤,故所使过也。《春秋》之义,为贤者讳,亦贬纤介之恶。今不非而讳,贬纤介安所施哉?使孔子为伯玉讳,宜默而已。扬言曰"使乎! 使乎!"时人皆知孔子非〔之〕也。出言如此,何益于讳?

佛肸召,子欲往。子路不说,曰:"昔者,由也闻诸夫子曰:'亲于其身为不善者,君子不入也。'佛肸以中牟畔,子之往也,如之何?"子曰:"有是〔言〕也。不曰'坚乎磨而不磷'?不曰'白乎涅而不淄'?吾岂匏瓜也哉?焉能系而不食也?"子路引孔子往时所言以非孔子也。

往前孔子出此言,欲令弟子法而行之。子路引之以谏,孔子晓之,不曰"前言戏",若"非"而"不可行",而曰"有是言"者,审有,当行之也。"不曰坚乎磨而不磷;不曰白乎涅而不淄",孔子言此言者,能解子路难乎?"亲于其身为不善者,君子不入也",解之宜〔曰〕"佛肸未为不善,尚犹可入",而曰"坚,磨而不磷;白,涅而不淄"。如孔子之言,有坚白之行者,可以入之。"君子"之行,软而易污邪?何以独"不入"也?

孔子不饮盗泉之水,曾子不入胜母之间,避恶去污,不以义,耻辱名也。盗泉、胜母有空名,而孔、曾耻之;佛肸有恶实,而子欲往。不饮盗泉是,则欲对佛肸非矣。"不义而富且贵,于我如浮云。"枉道食篡畔之禄,所谓浮云者,非也。

或〔曰〕:"权时欲行道也。"即权时行道,子路难之,当云"行道",不〔当〕言"食"。有权时以行道,无权时以求食。"吾岂匏瓜也哉?焉能系而不食?"自比以匏瓜者,言人当仕而食禄。我非匏瓜系而不食,非子路也。孔子之言,不解子路之难。子路难孔子,岂孔子不当仕也哉?当择善国而入之也。孔子自比匏瓜,孔子欲安食也。且孔之言,何其鄙也! 何徒仕为食哉？君子不宜言也。匏瓜系而不食，亦系而不仕等也。距子路可云："吾岂匏瓜也哉，系而不仕也？"今言"系而不食"，孔子之仕，不为行道，徒求食也。

人之仕也，主贪禄也，礼义之言，为行道也。犹人之娶也，主为欲也，礼义之言，为供亲也。仕而直言食，娶可直言欲乎？孔子之言，解情而无依违之意，不假义理之名，是则俗人，非君子也。儒者说孔子周流应聘不济，闵道不行，失孔子情矣。

公山弗扰以费畔，召，子欲往。子路曰："未如也已！何必公山氏之之也？"子曰："夫召我者，而岂徒哉？如用我，吾其为东周乎？""为东周"，欲行道也。公山、佛肸俱畔者，行道于公山，求食于佛肸，孔子之言，无定趋也。言无定趋，则行无常务矣。周流不用，岂独有以乎？

阳货欲见之，不见；呼之仕，不仕，何其清也？公山、佛肸召之，欲往，何其浊也？公山不扰与阳虎俱畔，执季桓子，二人同恶，呼召礼等，独对公山，不见阳虎，岂公山尚可，阳虎不可乎？

子路难公山之召，孔子宜解以尚及佛肸未甚恶之状也。

2. 刺孟篇[①]

孟子见梁惠王。王曰："叟！不远千里而来，将何以利吾国乎？"孟子曰："仁义而已，何必曰利？"

夫利有二：有货财之利，有安吉之利。惠王曰"何以利吾国"？何以知不欲安吉之利，而孟于径难以货财之利也？《易》曰："利见大人。""利涉大川。""乾，元享利贞。"《尚书》曰："黎民亦尚有利哉？"皆安吉之利也。行仁义得安吉之利。孟子必且诘问惠王："何谓'利吾国'？"惠王言货财之利，乃可答若设。今惠王之问未知何趣，孟子径答以货财之利。如惠王实问货财，孟子无以验效也；如问安吉之利，而孟子答以货财之利，失对上之指，违道理之实也。

齐王问时子："我欲中国而授孟子室，养弟子以万钟，使诸大夫、国人皆有所矜式。子盍为我言之？"时子因陈子而以告孟子。孟子曰："夫时子恶知其不可也？如使予欲富，辞十万而受万，是为欲富乎？"

---

① 黄晖撰著：《论衡校释》，中华书局 1990 年版，第 450—468 页。

夫孟子辞十万,失谦让之理也。夫富贵者,人之所欲也,不以其道得之,不居也。故君子之于爵禄也,有所辞,有所不辞。岂以己不贪富贵之故,而以距逆宜当受之赐乎?

陈臻问曰:"于齐,王馈兼金一百镒而不受;于宋,归七十镒而受;于薛,归五十镒而受取。前日之不受是,则今受之非也;今日之受是,则前日之不受非也。夫君子必居一于此矣。"孟子曰:"皆是也。当在宋也,予将有远行,行者必以赆,辞曰:'归赆。'予何为不受? 当在薛也,予有戒心,辞曰:'闻戒,故为兵戒归之备乎!'予何为不受? 若于齐,则未有处也。无处而归之,是货之也,焉有君子而可以货取乎?"夫金归,或受或不受,皆有故,非受之时己贪,当不受之时己不贪也。金有受不受之义,而室亦宜有受不受之理。今不曰"己无功",若"己致仕,受室非理",而曰"己不贪富〔贵〕",引前辞十万以况后万。前当受十万之多,安得辞之?

彭更问曰:"后车数十乘,从者数百人,以传食于诸侯,不亦泰乎?"孟子曰:"非其道,则一箪食而不可受于人;如其道,则舜受尧之天下,不以为泰。"受尧天下,孰与十万? 舜不辞天下者,是其道也。今不曰"受十万非其道",而曰"己不贪富贵",失谦让也,安可以为戒乎?

沈同以其私问曰:"燕可伐与?"孟子曰:"可。子哙不得与人燕,子之不得受燕于子哙。有士于此,而子悦之,不告于王,而私与之子之爵禄。夫士也,亦无王命,而私受之于子,则可乎? 何以异于是?"齐人伐燕。或问曰:"劝齐伐燕,有诸?"曰:"未也。沈同曰:'燕可伐与?'吾应之曰:'可!'彼然而伐之。〔彼〕如曰:'孰可以伐之?'则应之曰:'为天吏则可以伐之。'今有杀人者,或问之:'人可杀与?'则将应之曰:'可!'彼如曰:'孰可以杀之?'则应之曰:'为士师则可以杀之。'今以燕伐燕,何为劝之也?"

夫或问孟子劝王伐燕,不诚是乎? 沈同问燕可伐与? 此挟私意,欲自伐之也。知其意慊于是,宜曰:"燕虽可伐,须为天吏,乃可以伐之。"沈同意绝,则无伐燕之计矣。不知有此私意而径应之,不省其语,是不知言也。公孙丑问曰:"敢问夫子恶乎长?"孟子曰:"我知言。"又问:"何谓知言?"曰:"诐辞知其所蔽,淫辞知其所陷,邪辞知其所离,遁辞知其所穷。生于其心,害于其政;发于其政,害于其事。虽圣人复起,必从吾言矣。"孟子,知言者也,又知言之所起之祸,其极所致之害。见彼之问,则知其措辞所欲之矣,知其所之,则知其极所当害矣。

孟子有云:"民举安,王庶几改诸!予日望之。"孟子所去之王,岂前所不朝之王哉?而是,何其前轻之疾,而后重之甚也?如非是前王,前不去,而于后去之,是后王不肖甚于前,而去,三日宿,于前不甚,不朝而宿于景丑氏。何孟子之操,前后不同?所以为王,终始不一也?

且孟子在鲁,鲁平公欲见之。嬖人臧仓毁孟子,止平公。乐正子以告。曰:"行,或使之;止,或尼之。行、止非人所能也。予之不遇鲁侯,天也。"前不遇于鲁,后不遇于齐,无以异也。前归之天,今则归之于王,孟子论称,竟何定哉?夫不行于齐,王不用,则若臧仓之徒毁谗之也,此亦"止,或尼之"也。皆天命不遇,非人所能也。去,何以不径行,而留三宿乎?天命不当遇于齐,王不用其言,天岂为三日之间,易命使之遇乎?在鲁则归之于天,绝意无冀;在齐则归之于王,庶几有望。夫如是,不遇之议,一在人也。或曰:"初去,未可以定天命也。冀三日之间,王复追之,天命或时在三日之间,故可也。"夫言如是,齐王初使之去者,非天命乎?如使天命在三日之间,鲁平公比三日,亦〔或〕时弃臧仓之议,更用乐正子之言,往见孟子。孟子归之于天,何其早乎?如三日之间,公见孟子,孟子奈前言何乎?

孟子去齐,充虞涂问曰:"夫子若不豫色然。前日,虞闻诸夫子曰:'君子不怨天,不尤人。'"曰:"彼一时也,此一时也。五百年必有王者兴,其间必有名世者矣。由周以来,七百有余岁矣。以其数则过矣,以其时考之,则可矣。夫天未欲平治天下乎?如欲平治天下,当今之世,舍我而谁也?吾何为不豫哉?"

夫孟子言"五百年有王者兴",何以见乎?帝喾王者,而尧又王天下;尧传于舜,舜又王天下;舜传于禹,禹又王天下。四圣之王天下也,继踵而兴。禹至汤且千岁;汤至周亦然。始于文王,而卒传于武王。武王崩,成王、周公共治天下。由周至孟子之时,又七百岁而无王者。五百岁必有王者之验,在何世乎?云"五百岁必有王者",谁所言乎?论不实事考验,信浮淫之语,不遇去齐,有豫之色,非孟子之贤效,与俗儒无殊之验也。

"五百年"者,以为天出圣期也。又言以"天未欲平治天下也",其意以为天欲平治天下,当以五百年之间生圣王也。如孟子之言,是谓天故生圣人也。然则五百岁者,天生圣人之期乎?如是其期,天何不生圣?圣王非其期故不生,孟子犹信之,孟子不知天也。

"自周已来,七百余岁矣。以其数则过矣,以其时考之,则可矣。"何谓"数过"? 何谓"〔时〕可"乎? 数则时,时则数矣。"数过",过五百年也。从周到今,七百余岁,逾二百岁矣。设或王者,生失时矣,又言"时可",何谓也?

云"五百年必有王者兴",又言"其间必有名世",与"王者"同乎? 异也? 如同,〔何〕为再言? 如异,"名世"者,谓何等也? 谓孔子之徒,孟子之辈,教授后生,觉悟顽愚乎? 已有孔子,己又以生矣。如谓圣臣乎? 当与圣〔王〕同时,圣王出,圣臣见矣。言"五百年"而已,何为言"其间"? 如不谓五百年时,谓其中间乎? 是谓二三百年之时也,圣〔人〕不与五百年时圣王相得。夫如是,孟子言"其间必有名世者",竟谓谁也?

"夫天未欲平治天下也。如欲治天下,舍予而谁也?"言若此者,不自谓当为王者,有王者,若为王臣矣。为王者臣,皆天也。己命不当平治天下,不浩然安之于齐,怀恨有不豫之色,失之矣。

彭更问曰:"士无事而食,可乎?"孟子曰:"不通功易事,以羡补不足,则农有余粟,女有余布。子如通之,则梓匠轮舆皆得食于子。于此有人焉,入则孝,出则悌,守先王之道,以待后世之学者,而不得食于子。子何尊梓匠轮舆,而轻为仁义者哉?"曰:"梓匠轮舆,其志将以求食也。君子之为道也,其志亦将以求食与?孟子曰:"子何以其志为哉? 其有功于子,可食而食之矣。且子食志乎? 食功乎?"曰:"食志。"曰:"有人于此,毁瓦画墁,其志将以求食也,则子食之乎?"曰:"否。"曰:"然则子非食志,食功也。"

夫孟子引毁瓦画墁者,欲以诘彭更之言也。知毁瓦画墁无功而有志,彭更必不食也。虽然,引毁瓦画墁,非所以诘彭更也。何则? 诸志欲求食者,毁瓦画墁者不在其中。不在其中,则难以诘人矣。夫人无故毁瓦画墁,此不痴狂则遨戏也。痴狂之〔人〕,志不求食,遨戏之人,亦不求食。求食者,皆多人所共得利之事,以〔所〕作鬻卖于市,得贾以归,乃得食焉。今毁瓦画墁,无利于人,何志之有? 有知之人,知其无利,固不为也;无知之人,与痴狂比,固无其志。夫毁瓦画墁,犹比童子击壤于涂,何以异哉? 击壤于涂者,其志亦欲求食乎? 此尚童子,未有志也。巨人博戏,亦画墁之类也。博戏之人,其志复求食乎? 博戏者,尚有相夺钱财,钱财众多,己亦得食，或时有志。夫投石超距，亦画墁之类也。投石超距之人，其志有求食者乎？然则孟子之诘彭更也，未为尽之也。如彭更以孟子之言，可谓"御人以口给"矣。

匡章子曰："陈仲子岂不诚廉士乎？居于於陵，三日不食，耳无闻，目无见也。井上有李，螬食实者过半，扶服往，将食之。三咽，然后耳有闻，目有见也。"孟子曰："于齐国之士，吾必以仲子为巨擘焉！虽然，仲子恶能廉？充仲子之操，则蚓而后可者也。夫蚓，上食槁壤，下饮黄泉。仲子所居〔之〕室，伯夷之所筑与，抑亦盗跖之所筑与？所食之粟，伯夷之所树与，抑亦盗跖之所树与？是未可知也。"曰："是何伤哉？彼身织屦，妻辟纑，以易之也。"曰："仲子，齐之世家，兄戴，盖禄万钟。以兄之禄为不义之禄，而不食也；以兄之室为不义之室，而弗居也。辟兄离母，处于於陵。他日归，则有馈其兄生鹅者也，己频蹙曰：'恶用是鶂鶂者为哉？'他日，其母杀是鹅也，与之食之。其兄自外〔来〕至，曰：'是鶂鶂之肉也。'出而吐之。以母则不食，以妻则食之；以兄之室则不居，以於陵则居之。是尚能为充其类也乎？若仲子者，蚓而后充其操者也。

夫孟子之非仲子也，不得仲子之短矣。仲子之怪鹅如吐之者，岂为在母〔则〕不食乎？乃先谴鹅曰："恶用鶂鶂者为哉？"他日，其母杀以食之，其兄曰："是鶂鶂之肉。"仲子耻负前言，即吐而出之。而兄不告，则不吐；不吐，则是食于母也。谓之"在母则不食"，失其意矣。使仲子执不食于母，鹅膳至，不当食也。今既食之，知其为鹅，怪而吐之，故仲子之吐鹅也，耻食不合己志之物也，非负亲亲之恩，而欲勿母食也。

又"仲子恶能廉？充仲子之性，则蚓而后可者也。夫蚓，上食槁壤，下饮黄泉"。是谓蚓为至廉也，仲子如蚓，乃为廉洁耳。今所居之宅，伯夷之所筑，所食之粟，伯夷之所树，仲子居而食之，于廉洁可也。或时食盗跖之所树粟，居盗跖之所筑室，污廉洁之行矣。用此非仲子，亦复失之。室因人故，粟以屦纑易之，正使盗之所树筑，己不闻知。今兄之不义，有其操矣。操见于众，昭晰议论，故避於陵，不处其宅，织屦辟纑，不食其禄也。而欲使仲子处於陵之地，避若兄之宅，吐若兄之禄，耳闻目见，昭晰不疑，仲子不处不食，明矣。今於陵之宅，不见筑者为谁，粟，不知树者为谁，何得成室而居之？〔何〕得成粟而食之？孟子非之，是为太备矣。

仲子所居，或时盗之所筑，仲子不知而居之，谓之不充其操，唯蚓然后可者也。夫盗室之地中，亦有蚓焉，食盗宅中之槁壤，饮盗宅中之黄泉，蚓恶能为可乎？充仲子之操，满孟子之议，鱼然后乃可。夫鱼处江海之中，食江海之土，海非盗所凿，士非盗所聚也。

然则仲子有大非，孟子非之，不能得也。夫仲子之去母辟兄，与妻独处於陵，以兄之宅为不义之宅，以兄之禄为不义之禄，故不处不食，廉洁之至也，然则其徙於陵归候母也，宜自赍食而行。鹅膳之进也，必与饭俱。母之所为饭者，兄之禄也，母不自有私粟以食仲子，明矣。仲子食兄禄也。伯夷不食周粟，饿死于首阳之下，岂一食周粟而以污其洁行哉？仲子之操，近不若伯夷，而孟子谓之若蚓乃可，失仲子之操所当比矣。

孟子曰："莫非天命也，顺受其正。是故知命者，不立乎岩墙之下。尽其道而死者，为正命也；桎梏而死者，非天命也。"

夫孟子之言，是谓人无触值之命也。顺操行者得正命，妄行苟为得非正〔命〕，是天命于操行也。夫子不王，颜渊早夭，子夏失明，伯牛为疠，四者行不顺与？何以不受正命？比干剖，子胥烹，子路菹，天下极戮，非徒桎梏也。必以桎梏效非正命，则比干、子胥行不顺也。人禀性命，或当压溺兵烧，虽或慎操修行，其何益哉？窦广国与百人俱卧积炭之下，炭崩，百人皆死，广国独济，命当封侯也。积炭与岩墙何以异？命不〔当〕压，虽岩崩，有广国之命者，犹将脱免。行，或使之；止，或尼之。命当压，犹或使之立于墙下。孔甲所入主人〔之〕子，天命当贱，虽载入宫，犹为守者。不立岩墙之下，与孔甲载子入宫，同一实也。

3. 谈天篇[①]

儒书言："共工与颛顼争为天子，不胜，怒而触不周之山，使天柱折，地维绝。女娲销炼五色石以补苍天，断鳌足以立四极。天不足西北，故日月移焉；地不足东南，故百川注焉。"此久远之文，世间是之言也。文雅之人，怪而无以非，若非而无以夺，又恐其实然，不敢正议。以天道人事论之，殆虚言也。

与人争为天子，不胜，怒触不周之山，使天柱折，地维绝，有力如此，天下无敌。以此之力，与三军战，则士卒蝼蚁也，兵革毫芒也，安得不胜之

---

① 黄晖撰著：《论衡校释》，中华书局 1990 年版，第 469—484 页。

恨,怒触不周之山乎? 且坚重莫如山,以万人之力,共推小山,不能动也。如不周之山,大山也。使是天柱乎? 折之固难。使非〔天〕柱乎? 触不周山而使天柱折,是亦复难。信,颛顼与之争,举天下之兵,悉海内之众,不能当也,何不胜之有?

且夫天者,气邪,体也? 如气乎,云烟无异,安得柱而折之? 女娲以石补之,是体也。如审然,天乃玉石之类也。石之质重,千里一柱,不能胜也。如五岳之巅,不能上极天乃为柱,如触不周,上极天乎? 不周为共工所折,当此之时,天毁坏也。如审毁坏,何用举之? “断鳌之足,以立四极”,说者曰:“鳌,古之大兽也,四足长大,故断其足,以立四极。”夫不周,山也;鳌,兽也。夫天本以山为柱,共工折之,代以兽足,骨有腐朽,何能立之久? 且鳌足可以柱天,体必长大,不容于天地,女娲虽圣,何能杀之? 如能杀之,杀之何用? 足可以柱天,则皮革如铁石,刀剑矛戟不能刺之,强弩利矢不能胜射也。

察当今天去地甚高,古天与今无异。当共工缺天之时,天非坠于地也。女娲,人也,人虽长,无及天者。夫其补天之时,何登缘阶据而得治之? 岂古之天,若屋庑之形,去人不远,故共工得败之,女娲得补之乎? 如审然者,女娲以前,齿为人者,人皇最先。人皇之时,天如盖乎?

说《易》者曰:“元气未分,浑沌为一。”儒书又言:“溟涬蒙澒,气未分之类也。及其分离,清者为天,浊者为地。”如说《易》之家、儒书之言,天地始分,形体尚小,相去近也。近则或枕于不周之山,共工得折之,女娲得补之也。

含气之类,无有不长。天地,含气之自然也,从始立以来,年岁甚多,则天地相去,广狭远近,不可复计。儒书之言,殆有所见。然其言触不周山而折天柱,绝地维,销炼五石补苍天,断鳌之足以立四极,犹为虚也。何则? 山虽动,共工之力不能折也。岂天地始分之时,山小而人反大乎? 何以能触而折之? 以五色石补天,尚可谓五石若药石治病之状。至其断鳌之足以立四极,难论言也。从女娲以来,久矣,四极之立自若,鳌之足乎?

邹衍之书,言天下有九州,《禹贡》之上所谓九州也。《禹贡》九州,所谓一州也。若《禹贡》以上者,九焉。《禹贡》九州,方今天下九州也,在东南隅,名曰赤县神州。复更有八州,每一州者四海环之,名曰裨海。九州之外,更有瀛海。此言诡异,闻者惊骇,然亦不能实然否,相随观读讽述以谈。故虚实之事，并传世间，真伪不别也。世人惑焉，是以难论。

案邹子之知不过禹。禹之治洪水，以益为佐。禹主治水，益之记物。极天之广，穷地之长，辨四海之外，竟四山之表，三十五国之地，鸟兽草木、金石水土，莫不毕载，不言复有九州。淮南王刘安，召术士伍被、左吴之辈，充满宫殿，作道术之书，论天下之事。《地形》之篇，道异类之物，外国之怪，列三十五国之异，不言更有九州。邹子行地不若禹、益，闻见不过被、吴，才非圣人，事非天授，安得此言？案禹之《山经》，淮南之《地形》，以察邹子之书，虚妄之言也。

太史公曰："《禹本纪》言：河出昆仑，其高二千五百余里，日月所相辟隐为光明也，其上有玉泉、华池。今自张骞使大夏之后，穷河源，恶睹《本纪》所谓昆仑者乎？故言九州山川，《尚书》近之矣。至《禹本纪》、《山经》所有怪物，余不敢言也。"夫弗敢言者，谓之虚也。昆仑之高，玉泉、华池，世所共闻，张骞亲行无其实。案《禹贡》，九州山川，怪奇之物，金玉之珍，莫不悉载，不言昆仑山上有玉泉、华池。案太史公之言，《山经》、《禹纪》，虚妄之言。凡事难知，是非难测。

极为天中，方今天下，在极之南，则天极北，必尚多民。《禹贡》："东渐于海，西被于流沙。"此非天地之极际也。日刺径千里，今从东海之上，会稽鄞、鄮，则察日之初出径二尺，尚远之验也。远则东方之地尚多。东方之地尚多，则天极之北，天地广长，不复訾矣。夫如是，邹衍之言未可非，《禹纪》、《山经》、《淮南·墬形》未可信也。

邹衍曰："方今天下，在地东南，名赤县神州。"天极为天中，如方今天下，在地东南，视极当在西北。今正在北，今天下在极南也。以极言之，不在东南，邹衍之言非也。如在东南，近日所出，日如出时，其光宜大。今从东海上察日，及从流沙之地视日，小大同也。相去万里，小大不变，方今天下，得地之广，少矣。

雒阳，九州之中也。从雒阳北顾，极正在北。东海之上，去雒阳三千里，视极亦在北。推此以度，从流沙之地视极，亦必复在北焉。东海、流沙，九州东西之际也，相去万里，视极犹在北者，地小居狭，未能辟离极也。日南之郡，去雒且万里，徙民还者，问之，言日中之时，所居之地，未能在日南也。度之复南万里，日在日之南。是则去雒阳二万里，乃为日南也。今从雒地察日之去远近，非与极同也，极为远也。今欲北行三万里，未能至极下也。假令之至，是则名为距极下也。以至日南五万里，极北亦五万里也。极北亦五万里，极东西亦皆五万里焉。东西十万，南北十万，相承百万里。邹衍之言："天地之间，有若天下者九。"案周时九州，东西五千里，南北亦五千里。五五二十五，一州者二万五千里。天下若此九之，乘二万五千里，二十二万五千里。如邹衍之书，若谓之多，计度验实，反为少焉。

儒者曰："天，气也，故其去人不远。人有是非，阴为德害，天辄知之，又辄应之，近人之效也。"如实论之，天，体，非气也。人生于天，何嫌天无气？独有体在上，与人相远。秘传或言：天之离天下，六万余里。数家计之，三百六十五度一周天。下有周度，高有里数。如天审气，气如云烟，安得里度？又以二十八宿效之，二十八宿为日月舍，犹地有邮亭为长吏廨矣。邮亭著地，亦如星舍著天也。案附书者，天有形体，所据不虚。犹此考之，则无恍惚，明矣。

4. 知实篇 [①]

凡论事者，违实不引效验，则虽甘义繁说，众不见信。论圣人不能神而先知，先知之间，不能独见，非徒空说虚言，直以才智准况之工也，事有证验，以效实然。何以明之？

孔子问公叔文子于公明贾曰："信乎，夫子不言、不笑、不取，有诸？"对曰："以告者过也。夫子时然后言，人不厌其言；乐然后笑，人不厌其笑；义然后取，人不厌其取。"孔子曰："岂其然乎？岂其然乎？"天下之人，有如伯夷之廉，不取一芥于人，未有不言、不笑者也。孔子既不能如心揣度，以决然否，心怪不信，又不能达视遥见，以审其实，问公明贾乃知其情。孔子不能先知，一也。

陈子禽问子贡曰："夫子至于是邦也，必闻其政。求之与，抑与之与？"子贡曰："夫子温良恭俭让以得之。"温良恭俭让，尊行也。有尊行于人，人亲附。人亲附之，则人告语之矣。然则孔子闻政以人言，不神而自知之也。齐景公问子贡曰："夫子贤乎？"子贡对曰："夫子乃圣，岂徒贤哉！"景公不知孔子圣，子贡正其名；子禽亦不知孔子所以闻政，子贡定其实。对景公云："夫子圣，岂徒贤哉！"则其对子禽，亦当云："神而自知之，不闻人

---

① 黄晖撰著：《论衡校释》，中华书局 1990 年版，第 1086—1102 页。

言。"以子贡对子禽言之,圣人不能先知,二也。

颜渊炊饭,尘落甑中,欲置之则不清,投地则弃饭,掇而食之。孔子望见,以为窃食。圣人不能先知,三也。

涂有狂夫,投刃而候;泽有猛虎,厉牙而望。知见之者,不敢前进。如不知见,则遭狂夫之刃,犯猛虎之牙矣。匡人之围孔子,孔子如审先知,当早易道,以违其害。不知而触之,故遇其患。以孔子围言之,圣人不能先知,四也。

子畏于匡,颜渊后。孔子曰:"吾以汝为死矣。"如孔子先知,当知颜渊必不触害,匡人必不加悖。见颜渊之来,乃知不死;未来之时,谓以为死。圣人不能先知,五也。

阳货欲见孔子,孔子不见,馈孔子豚。孔子时其亡也,而往拜之,遇诸涂。孔子不欲见,既往,候时其亡,是势必不欲见也。反,遇于路。以孔子遇阳虎言之,圣人不能先知,六也。

长沮、桀溺耦而耕。孔子过之,使子路问津焉。如孔子知津,不当更问。论者曰:"欲观隐者之操。"则孔子先知,当自知之,无为观也。如不知而问之,是不能先知,七也。

孔子母死,不知其父墓,殡于五甫之衢。人见之者,以为葬也。盖以无所合葬,殡之谨,故人以为葬也。邻人邹曼甫之母告之,然后得合葬于防。有茔自在防,殡于衢路,圣人不能先知,八也。

既得合葬,孔子反。门人后,雨甚至。孔子问曰:"何迟也?"曰:"防墓崩。"孔子不应。三,孔子泫然流涕曰:"吾闻之,古不修墓。"如孔子先知,当先知防墓崩,比门人至,宜流涕以俟之。人至乃知之,圣人不能先知,九也。

子入太庙,每事问。不知故问,为人法也。孔子未尝入庙,庙中礼器,众多非一,孔子虽圣,何能知之?□□□:"以尝见,实已知,而复问,为人法?"孔子曰:"疑思问。"疑乃当问邪?实已知,当复问,为人法?孔子知五经,门人从之学,当复行问,以为人法,何故专口授弟子乎?不以已知五经复问为人法,独以已知太庙复问为人法,圣人用心,何其不一也?以孔子入太庙言之,圣人不能先知,十也。

主人请宾饮食,宾顿若舍。宾如闻其家有轻子泊孙,必教亲彻馔退膳,不得饮食;闭馆关舍,不得顿。宾之执计,则必不往。何则?知请呼无喜,空行劳辱也。如往无喜,劳辱复还,不知其家,不晓其实。人实难知,吉凶难图。如孔子先知,宜知诸侯惑于谗臣,必不能用,空劳辱己,聘召之到,宜寝不往。君子不为无益之事,不履辱身之行。无为周流应聘,以取削迹之辱;空说非主,以犯绝粮之厄。由此言之,近不能知。论者曰:"孔子自知不用,圣思闵道不行,民在涂炭之中,庶几欲佐诸侯,行道济民,故应聘周流,不避患耻。为道不为己,故逢患而不恶;为民不为名,故蒙谤而不避。"曰:此非实也。孔子曰:"吾自卫反鲁,然后乐正,《雅》《颂》各得其所。"是谓孔子自知时也。何以自知?鲁、卫,天下最贤之国也,鲁、卫不能用己,则天下莫能用己也,故退作《春秋》,删定《诗》、《书》。以自卫反鲁言之,知行应聘时,未自知也。何则?无兆象效验,圣人无以定也。鲁、卫不能用,自知极也;鲁人获麟,自知绝也。道极命绝,兆象著明,心怀望沮,退而幽思。夫周流不休,犹病未死,祷卜使痊也,死兆未见,冀得活也。然则应聘未见绝证,冀得用也。死兆见舍,卜还医绝,揽笔定书。以应聘周流言之,圣人不能先知,十一也。

孔子曰:"游者可为纶,走者可为矰。至于龙,吾不知。其乘云风上升!今日见老子,其犹龙邪!"圣人知物知事。老子与龙,人、物也;所从上下,事也,何故不知?如老子神,龙亦神,圣人亦神,神者同道,精气交连,何故不知?以孔子不知龙与老子言之,圣人不能先知,十二也。

孔子曰:"孝哉,闵子骞!人不间于其父母昆弟之言。"虞舜大圣,隐藏骨肉之过,宜愈子骞。瞽叟与象,使舜治廪、浚井,意欲杀舜。当见杀己之情,早谏豫止;既无如何,宜避不行,若病不为。何故使父与弟得成杀己之恶,使人闻非父弟,万世不灭?以虞舜不豫见,圣人不能先知,十三也。

武王不豫,周公请命。坛墠既设,筮祝已毕,不知天之许己与不,乃卜三龟。三龟皆吉。如圣人先知,周公当知天已许之,无为顿复卜三龟知。圣人不以独见立法,则更请命,秘藏不见。天意难知,故卜而合兆,兆决心定,乃以从事。圣人不能先知,十四也。

晏子聘于鲁,堂上不趋,晏子趋;授玉不跪,晏子跪。门人怪而问于孔子。孔子不知,问于晏子。晏子解之,孔子乃晓。圣人不能先知,十五也。

陈贾问于孟子曰:"周公何人也?"曰:"圣人。""使管叔监殷,管叔畔也。二者有诸?"曰:"然。""周公知其畔而使,不知而使之与?"曰:"不知也。""然则圣人且有过与?"曰:"周公,弟也;管叔,兄也。周公之过也,不亦宜乎?"孟子,实事之人也,言周公之圣,处其下,不能知管叔之畔。圣人不能先知,十六也。

孔子曰:"赐不受命,而货殖焉,亿则屡中。"罪子贡善居积,意贵贱之期,数得其时,故货殖多,富比陶朱。然则圣人先知也,子贡亿数中之类也。圣人据象兆,原物类,意而得之;其见变名物,博学而识之。巧商而善意,广见而多记,由微见较,若揆之今睹千载,所谓智如渊海。孔子见窍睹微,思虑洞达,材智兼倍,强力不倦,超逾伦等耳!目非有达视之明,知人所不知之状也。使圣人达视远见,洞听潜闻,与天地谈,与鬼神言,知天上地下之事,乃可谓神而先知,与人卓异。今耳目闻见,与人无别;遭事睹物,与人无异,差贤一等尔,何以谓神而卓绝?

夫圣犹贤也,人之殊者谓之圣,则圣贤差小大之称,非绝殊之名也。何以明之?

齐桓公与管仲谋伐莒,谋未发而闻于国。桓公怪之,问管仲曰:"与仲甫谋伐莒,未发,闻于国,其故何也?"管仲曰:"国必有圣人也。"少顷,当东郭牙至,管仲曰:"此必是已。"乃令宾延而上之,分级而立。管〔仲〕曰:"子邪,言伐莒?"对曰:"然。"管仲曰:"我不〔言〕伐莒,子何故言伐莒?"对曰:"臣闻君子善谋,小人善意,臣窃意之。"管仲曰:"我不言伐莒,子何以意之?"对曰:"臣闻君子有三色:骤然喜乐者,钟鼓之色;愁然清净者,衰绖之色;怫然充满,手足〔矜〕者,兵革之色。君口垂不噮,所言莒也;君举臂而指,所当又莒也。臣窃虞国小诸侯不服者,其唯莒乎!臣故言之。"夫管仲,上智之人也,其别物审事矣。云"国必有圣人"者,至诚谓国必有也。东郭牙至,云"此必是已",谓东郭牙圣也。如贤与圣绝辈,管仲知时无十二圣之党,当云"国必有贤者",无为言"圣"也。谋未发而闻于国,管仲谓"国必有圣人",是谓圣人先知也。及见东郭牙,云"此必是已",谓贤者圣也。东郭牙知之审,是与圣人同也。

客有见淳于髡于梁惠王者,再见之,终无言也。惠王怪之,以让客曰:"子之称淳于生,言管、晏不及。及见寡人,寡人未有得也。寡人未足为言邪?"客谓髡。〔髡〕曰:"固也!吾前见王志在远,后见王志在音,吾是以默然。"客具报。王大骇曰:"嗟乎!淳于生诚圣人也?前淳于生之来,人有献龙马者,寡人未及视,会生至。后来,人有献讴者,未及试,亦会生至。寡人虽屏左右,私心在彼。"夫髡之见惠王在远与音也,虽汤、禹之察,不能过也。志在胸臆之中,藏匿不见,觉能知之。以觉等为圣,则觉圣人也;如以觉等非圣,则圣人之知,何以过觉之知惠王也?观色以窥心,皆有因缘以准的之。

楚灵王会诸侯。郑子产曰:"鲁、邾、宋、卫不来。"及诸侯会,四国果不至。赵尧为符玺御史,赵人方与公谓御史大夫周昌曰:"君之史赵尧且代君位。"其后尧果为御史大夫。然则四国不至,子产原其理也;赵尧之为御史大夫,方与公睹其状也。原理睹状,处著方来,有以审之也。鲁人公孙臣,孝文皇帝时,上书言汉土德,其符黄龙当见。后黄龙见成纪。然则公孙臣知黄龙将出,案律历以处之也。

贤圣之知事宜验矣。贤圣之才,皆能先知。其先知也,任术用数,或善商而巧意,非圣人空知。神怪与圣贤,殊道异路也。圣贤知不逾,故用思相出入;遭事无神怪,故名号相贸易。故夫贤圣者,道德智能之号;神者,眇茫恍惚无形之实。实异,质不得同;实钧,效不得殊。圣神号不等,故谓圣者不神,神者不圣。东郭牙善意,以知国情;子贡善意,以得货利。圣人之先知,子贡、东郭牙之徒也。与子贡、东郭同,则子贡、东郭之徒亦圣也。夫如是,圣贤之实同而名号殊,未必才相悬绝,智相兼倍也。

太宰问于子贡曰:"夫子圣者欤?何其多能也?"子贡曰:"故天纵之将圣,又多能也。"将者,且也。不言已圣,言"且圣"者,以为孔子圣未就也。夫圣若为贤矣,治行厉操,操行未立,则谓"且贤"。今言"且圣",圣可为之故也。孔子曰:"吾十有五而志于学,三十而立,四十而不惑,五十而知天命,六十而耳顺。"从知天命至耳顺,学就知明,成圣之验也。未五十、六十之时,未能知天命、至耳顺也,则谓之"且"矣。当子贡答太宰时,殆三十、四十之时也。

魏昭王问于田诎曰:"寡人在东宫之时,闻先生之议曰'为圣易'有之乎?"田诎对曰:"臣之所学也。"昭王曰:"然则先生圣乎?"田诎曰:"未有功而知其圣者,尧之知舜也。待其有功而后知其圣者,市人之知舜也。今诎未有功,而王问诎曰:'若圣乎?'敢问王亦其尧乎?"夫圣可学为,故田诎谓之易。如卓与人殊,禀天性而自然,焉可学?而为之安能成?田诎之言"为圣易",未必成;田诎之言为易,未必能是。言"臣之所学",盖其实也。贤可学为,劳佚殊,故贤圣之号,仁智共之。子贡问于孔子:"夫子圣矣乎?"孔子曰:"圣则吾不能,我学不厌,而教不倦。"子贡曰:"学不厌者,智也;教不倦者,仁也。仁且智,孔子既圣矣。"由此言之,仁智之人,可谓圣矣。孟子曰:"子夏、子游、子张得圣人之一体,冉牛、闵子骞、颜渊具体而微。"六子在其世,皆有圣人之才,或颇有而不具,或备有而不明,然皆称圣人,圣人可勉成也。孟子又曰:"非其君不事,非其民不使,治则进,乱则退,伯夷也。何事非君,何使非民,治亦进,乱亦进,伊尹也。可以仕则仕,可以已则已,可以久则久,可以速则速,孔子也。皆古之圣人也。"又曰:"圣人,百世之师也,伯夷、柳下惠是也。故闻伯夷之风者,顽夫廉,懦夫有立志;闻柳下惠之风者,薄夫敦,鄙夫宽。奋乎百世之上,百世之下闻之者,莫不兴起,非圣而若是乎? 而况亲炙之乎?"夫伊尹、伯夷、柳下惠不及孔子,而孟子皆曰"圣人"者,贤圣同类,可以共一称也。宰予曰:"以予观夫子,贤于尧、舜远矣。"孔子圣,宜言"圣于尧、舜",而言"贤"者,圣贤相出入,故其名称相贸易也。

孔安国学案

　　孔安国,孔子第十一代孙,生卒年大致在汉景帝中元元年(公元前149年)左右至汉武帝征和三年(公元前90年)之间,曾为汉武帝时的经学博士。孔安国为西汉大儒,汉代《尚书》有今文和古文两个传授系统,孔安国为《尚书》博士,曾授业弟子兒宽,与西汉时期今文《尚书》学的兴盛有密切关系。同时他还整理、认读孔壁古文《尚书》,上献朝廷,并初步训解,传授弟子与后人,开创了古文《尚书》学派。故孔安国兼通今、古文《尚书》学,对两家之兴均有发起之功,为汉代《尚书》学的发展作出了重要的贡献。此外,孔安国所著《论语孔氏训解》一书被清代学者目为伪书。但事实上《论语》孔注绝非后人伪造,孔安国和《论语》有一定的联系,他确曾考论古今文字,为《古文论语训解》,但流传下来的《孔注》屡经后人的口传笔抄及增删,已经失去了原来的模样。孔安国对《论语》的注解,重在训诂,兼及大义。《论语孔氏训解》是迄今尚存的最古老的《论语》注本,也是儒家经典中"行于世"的最早注本。《史记》《汉书》记载孔安国生平事迹及学术虽不详,但孔安国却是两汉经学传承的重要人物之一,又是汉代孔氏家学的重要代表。①

---

① 详见:陈以凤.《孔安国学术研究》,山东人民出版社2013年版。唐明贵.《孔安国〈论语孔氏训解〉探微》,《古籍整理研究学刊》2010年第4期。孙少华.《孔安国及其孔臧的生卒与学术》,《中国社会科学院研究生院学报》2007年第6期。

一、尚书正义（节选）^①

1. 尚书序^②

《尚书序》○"此孔氏所作,述《尚书》起之时代,并叙为注之由,故相承讲之,今依旧为音。"

古者伏牺氏之王天下也,始画八卦,造书契,以代结绳之政,由是文籍生焉。○伏牺氏,伏古作虙,牺,本又作羲,亦作戏,许皮反。《说文》云:"贾侍中说此牺非古字。"张揖《字诂》云:"羲,古字,戏,今字。"一号包牺氏,三皇之最先,风姓,母曰华胥,以木德王,即太皞也。王,于况反。画,乎麦反。卦,俱卖反。契,苦计反。书者,文字;契者,刻木而书其侧:故曰"书契"也。一云以书契约其事也。郑玄云:"以书书木边,言其事,刻其木,谓之书契也。"结绳,《易·系辞》云:"上古结绳以治,后世圣人易之以书契。"文,字也;籍,籍书。

伏牺、神农、黄帝之书谓之三坟,言大道也,少昊、颛顼、高辛、唐、虞之书谓之《五典》,言常道也。○神农,炎帝也,姜姓,母曰女登。以火德王,三皇之二也。黄帝,轩辕也,姬姓,少典之子,母曰付宝。以土德王,三皇之三也。《史记》云:姓公孙,名轩辕,一号有熊氏。三坟,扶云反。坟,大也。少,施照反。昊,胡老反。少昊金天氏,名挚字青阳,一曰玄器。己姓,黄帝之子,母曰女节。以金德王,五帝之最先。颛音专。项音许玉反。颛顼高阳氏,姬姓,黄帝之孙,昌意之子,母曰景仆,谓之女枢。以水德王,五帝之二也。高辛,帝喾也,姬姓。喾音口毒反。母不见。以木德王,五帝之三也。唐,帝尧也,姓伊耆氏。尧初为唐侯,后为天子,都陶,故号陶唐氏。帝喾之子、帝挚之弟,母曰庆都。以火德王,五帝之四也。虞,帝舜也。姓姚氏,国号有虞,颛顼六世孙,瞽叟之子,母曰握登。以土德王,五帝之五也。先儒解三皇、五帝,并与孔子同,并见发题。

至于夏、商、周之书,虽设教不伦,雅诰奥义,其归一揆。○夏,禹天下

---

① 这里节选的是该书《尚书序》。
② 孔安国传,孔颖达正义,黄怀信整理:《尚书正义》,上海古籍出版社 2007 年版,第 1—26 页。

号也。以金德王,三王之最先。商,汤天下号也。亦号殷。以水德王,三王之二也。周,文王、武王有天下号也。以木德王,三王之三也。雅诰,故报反,告也,示也。奥义,乌报反,深也。一揆,葵癸反,度也。

是故历代宝之,以为大训。

八卦之说,谓之"八索",求其义也。九州之志,谓之"九丘"。丘,聚也。言九州所有土地所生、风气所宜,皆聚此书也。○八索,所白反,下同,求也。徐音素。本或作〔素〕。

《春秋左氏传》曰:楚左史倚相,"能读三坟、五典、八索、九丘",即谓上世帝王遗书也。○左史,史官,在左。倚,于绮反,刘琴绮反。相,息亮反。倚相,楚灵王时史官也。

先君孔子,生于周末。睹史籍之烦文,惧览者之不一,遂乃定《礼》、《乐》,明旧章,删《诗》为三百篇,约史记而修《春秋》,赞《易》道以黜八索,述《职方》以除九丘。○删,色奸反。以黜,丑律反。

讨论坟、典,断自唐、虞以下,讫于周。芟夷烦乱,翦截浮辞,举其宏纲,撮其机要,足以垂世立教,典、谟、训、诰、誓、命之文,凡百篇。○断,丁乱反。讫,居乙反,又许乙反。芟,色咸反。翦,咨浅反。撮,七活反。机,本又作〔几〕。典,凡二十五篇,正典二,摄十三,十一篇亡。谟,莫胡反。凡三篇,正二摄一。训,凡十六篇,正二篇,亡;摄十四,三篇亡。诰,凡三十八篇,正八摄三十,十八篇亡。誓,市制反。凡十篇,正八摄二,一篇亡。命,凡十八篇,正十二,三篇亡;摄六,四篇亡。

所以恢弘至道,示人主以轨范也。帝王之制,坦然明白,可举而行。三千之徒,并受其义。○恢,苦回反,大也。坦,土但反。

及秦始皇灭先代典籍,焚书坑儒,天下学士逃难解散,我先人用藏其家书于屋壁。○秦始皇,名政,二十六年初并六国,自号始皇帝。焚书坑儒,苦庚反。焚《书》《诗》在始皇之三十四年,坑儒在三十五年。逃难,乃旦反。解音蟹。

汉室龙兴,开设学校,旁求儒雅,以阐大猷。济南伏生,年过九十,失其本经,口以传授,裁二十余篇。以其上古之书,谓之《尚书》。百篇之义,世莫得闻。○学校,户教反。《诗笺》云:"郑国谓学为校。"阐,尺善反,大也,明也。济,子礼反,郡名也。伏生,名胜。年过,古卧反。后同。以传,直专反。下"传之子孙"同。裁"二十余篇",即马、郑所注二十九篇是也。

至鲁共王,好治宫室,坏孔子旧宅以广其居,于壁中得先人所藏古文虞、夏、商、周之书及传、《论语》《孝经》,皆科斗文字。王又升孔子堂,闻金石丝竹之音,乃不坏宅。○鲁共,音恭。亦作〔龚〕,又作〔恭〕。共王,汉景帝之子,名余。好治,呼报反。下〔好古〕同。坏音怪。下同。《字林》作〔数〕,云:"公坏反,毁也。"及传,谓《春秋》也。一云:《周易》十翼,非纯谓之传。论语,上如字,又音伦。科斗,上苦禾反。科斗,虫名,虾蟆子,书形似之。

悉以书还孔氏。科斗书废已久,时人无能知者。以所闻伏生之书考论文义,定其可知者为隶古定,更以竹简写之,增多伏生二十五篇。伏生又以《舜典》合于《尧典》,《益稷》合于《皋陶谟》,《盘庚》三篇合为一,《康王之诰》合于《顾命》,复出此篇并序,凡五十九篇,为四十六卷。其余错乱摩灭,弗可复知,悉上送官,藏之书府,以待能者。○隶古,上音丽,谓用隶书写古文。增多伏生二十五篇,谓《虞书·大禹谟》《夏书·五子之歌》《胤征》《商书·仲虺之诰》《汤诰》《伊训》《太甲》三篇、《咸有一德》《说命》三篇,《周书·泰誓》三篇、《武成》《旅獒》《微子之命》《蔡仲之命》《周官》《君陈》《毕命》《君牙》《同命》。合于,旧音阁,又如字。下同。皋音高,本又作〔咎〕。陶音遥,本又作〔繇〕。盘,步干反,本又作〔般〕。复出,上扶九反。下同。凡五十九篇,即今所行五十八篇,其一是百篇之序。其余错乱磨灭,谓《虞书·汨作》《九共》九篇、《膏饫》《夏书·帝告》《釐沃》《汤征》《汝鸠》《汝方》《商书·夏社》《疑至》《且嚣》《典宝》《明居》《肆命》《祖后》《沃丁》《咸乂》四篇、《伊陟》《原命》《仲丁》《河亶甲》《祖乙》《高宗之训》《周书·分器》《旅巢命》《归禾》《嘉禾》《成王政》《将蒲姑》《贿肃慎之命》《亳姑》,凡四十二篇亡。悉上,时掌反。

承诏为五十九篇作传,于是遂研精覃思,博考经籍,採摭群言,以立训传。约文申义,敷畅厥旨,庶几有补于将来。○为,于伪反。覃,徒南反,深也。思,息嗣反。採,本又作〔采〕。摭,之石反,一音之若反。敷,芳夫反。畅,丑亮反。

《书序》,序所以为作者之意,昭然义见,宜相附近,故引之各冠其篇首,定五十八篇。既毕,会国有巫蛊事,经籍道息,用不复以闻。传之子孙,以贻后代。若好古博雅君子,与我同志,亦所不隐也。○序所以为,于伪反,又如字。义见,贤遍反。各冠,工乱反。巫音无。蛊音古。汉武帝末征和中,江充造蛊败戾太子,故经籍道息焉。贻,以之反,遗也。

陆贾学案

陆贾(公元前 240 年—公元前 170 年),西汉思想家、政治家、外交家。楚汉相争时以幕僚的身份追随高祖刘邦,刘邦平定中原后,赵佗以南越称王,因国家初定,刘邦便派陆贾出使南越,成功游说赵佗归附汉朝,被任为太中大夫。得天下后,陆贾还向刘邦进献《新语》十二篇。汉文帝前元十年(公元前 170 年),陆贾寿终正寝。

陆贾的主要著作有《新语》等。《汉书·艺文志》著录:"《陆贾》二十三篇。"现存《新语》十二篇,《道基》第一、《术事》第二、《辅政》第三、《无为》第四、《辨惑》第五、《慎微》第六、《资质》第七、《至德》第八、《怀虑》第九、《本行》第十、《明诫》第十一、《思务》第十二。

陆贾经历了战国末年和秦汉之际的两次政治变动。他凭借着丰富的政治阅历,直接总结秦亡的教训,提出以"仁义"治天下的主张,旨在通过教诲,辅之以赏罚,建立君臣、上下、尊卑、长幼、大小、强弱、贤愚、廉鄙协和的社会秩序,使不同等级、不同类别的人们和谐相处。陆贾还是在西汉构建儒学制度化的第一人,对儒学法律化、儒学礼仪化、儒学习俗化等问题进行了有益的探索,董仲舒正是沿着陆贾的理路完成了儒学的制度化建设。陆贾尝试建构儒学形而上的宇宙论,意图实现儒学在思想上的一统,完成儒学与王权政治的契合统一。①

---

① 徐平华:《陆贾治道研究·导论》,中山大学出版社 2017 年版,第 1—9 页。

一、新语(节选)①

1. 辅政②

夫居高者自处不可以不安,履危者任杖不可以不固。自处不安则坠,任杖不固则仆。是以圣人居高处上,则以仁义为巢,乘危履倾,则以圣贤为杖,故高而不坠,危而不仆。

昔者,尧以仁义为巢,舜以稷、契为杖,故高而益安,动而益固。处宴安之台,承克让之涂,德配天地,光被八极,功垂于无穷,名传于不朽,盖自处得其巢,任杖得其人也。秦以刑罚为巢,故有覆巢破卵之患以李斯、赵高为杖,故有顿仆跌伤之祸,何者? 所任者非也。故杖圣者帝,杖贤者王,杖仁者霸,杖义者强,杖谗者灭,杖贼者亡。

故怀刚者久而缺,持柔者久而长,躁疾者为厥速,迟重者为常存,尚勇者为悔近,温厚者行宽舒,怀急促者必有所亏,柔懦者制刚强,小慧者不可以御大,小辨者不可以说众,商贾巧为贩卖之利,而屈为贞良,邪臣好为诈伪,自媚饰非,而不能为公方,藏其端巧,逃其事功。

故智者之所短,不如愚者之所长。文公种米,曾子驾羊。相士不熟,信邪失方。察察者有所不见,恢恢者何所不容。朴质者近忠,便巧者近亡。

君子远荧荧之色,放铮铮之声,绝恬美之味,疏嗌呕之情。天道以大制小,以重颠轻。以小治大,乱度干贞。谗夫似贤,美言似信,听之者惑,观之者冥。故苏秦尊于诸侯,商鞅显于西秦。世无贤智之君,孰能别其形。故尧放驩兜,仲尼诛少正卯;甘言之所嘉,靡不为之倾,惟尧知其实,仲尼见其情。故干圣王者诛,遏贤君者刑,遭凡王者贵,触乱世者荣。郑儋亡齐而归鲁,齐有九合之名,而鲁有乾时之耻。夫据千乘之国,而信谗佞之计,未有不亡者也。故《诗》云:"谗人罔极,交乱四国。"众邪合心,以倾一君,国危民失,不亦宜乎!

---

① 这里节选的是该书《辅政》《明诫》《术事》《至德》等。

② 王利器撰:《新语校注》,中华书局1986年版,第50—58页。

2. 明诚①

君明于德，可以及于远；臣笃于义，可以至于大。何以言之？昔汤以七十里之封，升帝王之位；周公自立三公之官，比德于五帝三王；斯乃口出善言，身行善道之所致也。故安危之要，吉凶之符，一出于身；存亡之道，成败之事，一起于善行；尧、舜不易日月而兴，桀、纣不易星辰而亡，天道不改而人道易也。

夫持天地之政，操四海之纲，屈申不可以失法，动作不可以离度，谬误出口，则乱及万里之外，何况刑无罪于狱，而诛无辜于市乎？

故世衰道失，非天之所为也，乃君国者有以取之也。恶政生恶气，恶气生灾异。螟虫之类，随气而生；虹蜺之属，因政而见。治道失于下，则天文变于上；恶政流于民，则螟虫生于野。贤君智则知随变而改，缘类而试思之，于□□□变。圣人之理，恩及昆虫，泽及草木，乘天气而生，随寒暑而动者，莫不延颈而望治，倾耳而听化。圣人察物，无所遗失，上及日月星辰，下至鸟兽草木昆虫，□□□鹢之退飞，治五石之所隕，所以不失纤微。至于鸲鹆来，冬多麋，言鸟兽之类□□□也。十有二月陨霜不煞菽，言寒暑之气，失其节也。鸟兽草木尚欲各得其所，纲之以法，纪之以数，而况于人乎？

圣人承天之明，正日月之行，录星辰之度，因天地之利，等高下之宜，设山川之便，平四海，分九州，同好恶，一风俗。《易》曰："天垂象，见吉凶，圣人则之；天出善道，圣人得之。"言御占图历之变，下衰风化之失，以匡盛衰，纪物定世，后无不可行之政，无不可治之民，故曰："则天之明，因地之利。"观天之化，推演万事之类，散之于□□之闲，调之以寒暑之节，养之以四时之气，同之以风雨之化，故绝国异俗，莫不知□□□，乐则歌，哀则哭，盖圣人之教所齐一也。

夫善道存乎心，无远而不至也；恶行着乎己，无近而不去也。周公躬行礼义，郊祀后稷，越裳奉贡而至，麟凤白雉草泽而应。殷纣无道，微子弃骨肉而亡。行善者则百姓悦，行恶者则子孙怨。是以明者可以致远，否者可以失近。故《春秋》书卫侯之弟鱄出奔晋，书鱄绝骨肉之亲，弃大夫之

---

① 王利器撰：《新语校注》，中华书局1986年版，第152—162页。

位,越先人之境,附他人之域,穷涉寒饥,织履而食,不明之效也。

3. 术事①

善言古者合之于今,能述远者考之于近。故说事者上陈五帝之功,而思之于身,下列桀、纣之败,而戒之于己,则德可以配日月,行可以合神灵,登高及远,达幽洞冥,听之无声,视之无形,世人莫睹其兆,莫知其情,校修五经之本末,道德之真伪,既□其意,而不见其人。

世俗以为自古而传之者为重,以今之作者为轻,淡于所见,甘于所闻,惑于外貌,失于中情。圣人不贵寡,而世人贱众,五谷养性,而弃之于地,珠玉无用,而宝之于身。圣人不用珠玉而宝其身,故舜弃黄金于崭岩之山,捐珠玉于五湖之渊,将以杜淫邪之欲,绝琦玮之情。

道近不必出于久远,取其致要而有成。春秋上不及五帝,下不至三王,述齐桓、晋文之小善,鲁之十二公,至今之为政,足以知成败之效,何必于三王?故古人之所行者,亦与今世同。立事者不离道德,调弦者不失宫商,天道调四时,人道治五常,周公与尧、舜合符瑞,二世与桀、纣同祸殃。

文王生于东夷,大禹出于西羌,世殊而地绝,法合而度同。故圣贤与道合,愚者与祸同,怀德者应以福,挟恶者报以凶,德薄者位危,去道者身亡,万世不易法,古今同纪纲。

故良马非独骐骥,利剑非惟干将,美女非独西施,忠臣非独吕望。今有马而无王良之御,有剑而无砥砺之功,有女而无芳泽之饰,有士而不遭文王,道术蓄积而不舒,美玉韫椟而深藏。故怀道者须世,抱朴者待工,道为智者设,马为御者良,贤为圣者用,辩为智者通,书为晓者传,事为见者明。故制事者因其则,服药者因其良。书不必起仲尼之门,药不必出扁鹊之方,合之者善,可以为法,因世而权行。

故性藏于人,则气达于天,纤微浩大,下学上达,事以类相从,声以音相应,道唱而德和,仁立而义兴,王者行之于朝廷,疋夫行之于田,治末者调其本,端其影者正其形,养其根者则枝叶茂,志气调者即道冲。故求远者不可失于近,治影者不可忘其容,上明而下清,君圣而臣忠。或图远而

---

① 王利器撰:《新语校注》,中华书局1986年版,第37—49页。

失近,或道塞而路穷。季孙贪颛臾之地,而变起萧墙之内。夫进取者不可不顾难,谋事者不可不尽忠;故刑立则德散,佞用则忠亡。诗云:"式讹尔心,以蓄万邦。"言一心化天下,而□□国治,此之谓也。

4. 至德①

夫欲富国强威,辟地服远者,必得之于民;欲建功兴誉,垂名烈,流荣华者,必取之于身。故据万乘之国,持百姓之命,苞山泽之饶,主士众之力,而功不存乎身,名不显于世者,乃统理之非也。

天地之性,万物之类,怀德者众归之,恃刑者民畏之,归之则充其侧,畏之则去其域。故设刑者不厌轻,为德者不厌重,行罚者不患薄,布赏者不患厚,所以亲近而致远也。

夫形重者则心烦,事众者则身劳;心烦者则刑罚纵横而无所立,身劳者则百端回邪而无所就。是以君子之为治也,块然若无事,寂然若无声,官府若无吏,亭落若无民,闾里不讼于巷,老幼不愁于庭,近者无所议,远者无所听,邮无夜行之卒,乡无夜召之征,犬不夜吠,鸡不夜鸣,耆老甘味于堂,丁男耕耘于野,在朝者忠于君,在家者孝于亲。于是赏善罚恶而润色之,兴辟雍庠序而教诲之,然后贤愚异议,廉鄙异科,长幼异节,上下有差,强弱相扶,大小相怀,尊卑相承,雁行相随,不言而信,不怒而威,岂待坚甲利兵、深牢刻令、朝夕切切而后行哉?

昔者,晋厉、齐庄、楚灵、宋襄,乘大国之权,杖众民之威,军师横出,陵轹诸侯,外骄敌国,内刻百姓,邻国之雠结于外,群臣之怨积于内,而欲建金石之统,继不绝之世,岂不难哉?故宋襄死于泓之战,三君弑于臣之手,皆轻师尚威,以致于斯,故《春秋》重而书之,嗟叹而伤。三君强其威而失其国,急其刑而自贼,斯乃去事之戒,来事之师也。

鲁庄公一年之中,以三时兴筑作之役,规虞山林草泽之利,与民争田渔薪菜之饶,刻桷丹楹,眩曜靡丽,收民十二之税,不足以供邪曲之欲,缮不用之好,以快妇人之目,财尽于骄淫,力疲于不急,上困于用,下饥于食,乃遣臧孙辰请滞积于齐,仓廪空匮,外人知之,于是为齐、卫、陈、宋所伐,贤臣出,邪臣乱,子般杀,鲁国危也。公子牙、庆父之属,败

① 王利器撰:《新语校注》,中华书局1986年版,第116—128页。

上下之序，乱男女之别，继位者无所定，逆乱者无所惧。于是齐桓公遣大夫高子立僖公而诛夫人，逐庆父而还季子，然后社稷复存，子孙反业，岂不谓微弱者哉？故为威不强还自亡，立法不明还自伤，鲁庄公之谓也。故《春秋》谷（缺）

贾谊学案

贾谊(公元前 200 年—公元前 168 年),西汉初年著名的政论家、文学家。文帝二年(公元前 178 年),针对当时"背本趋末"(弃农经商)、"淫侈之风,日日以长"的现象,贾谊上《论积贮疏》,提出重农抑商的经济政策,主张发展农业生产,加强粮食贮备,预防饥荒。汉文帝十一年,贾谊去世,年仅三十三岁。其主要著作有《新书》五十八篇和《鹏鸟赋》等。

贾谊《新书》以政论文章为主,在《过秦论》中,贾谊总结了秦统一中国的历史经验和很快亡国的教训。贾谊在《宇首》中强调加强中央集权,不能给同姓诸王权力。在《藩伤》中主张削藩,要藩臣"权力不足以侥幸,势不足以行逆"。在《藩强》中指出"强者先反,众建诸侯而少其力,力少则易使。"《大都》《等齐》《服疑》《益壤》《权重》《五美》皆是一些加强中央集权和削藩权的思想史料。《俗激》《瑰玮》《时变》都主张加强礼义的治世之用,不能只用刑罚。《孽产子》《铜布》《壹通》《属远》《忧民》《铸钱》是经济思想的史料,主张"铸钱收官,强本抑末"。《傅职》《保傅》《连语》《辅佐》《礼》皆是伦理道德的内容。《先醒》《劝学》《道术》《道德说》诸篇中有他的认识论和方法论方面的史料。《道德说》中则吸收了黄老之学,认为"变及诸生之理,皆道之化也",并提出许多对立范畴。在《大政》《修政》中还有许多以民为本的思想。[①]

贾谊身处秦亡汉兴之初,其思想的主题是为新兴的汉朝提供一种理想的政治制度,以达到汉朝的长治久安,"礼治"则是完成这一目标的主要手段。贾谊认为,礼的目的就是"使君无失其民",即"得民";礼的本质即为爱民,民本则是其理想政治——礼治的目的与本质。此外,贾谊还主张礼法同源,二者都是道的产物,赋予了"礼"与"法"同等的合理性与合法

---

① 刘建国:《中国哲学史史料学概要》(上),吉林人民出版社 1983 年版,第 249—250 页。

性,在实际的治国中,要礼法并用。贾谊的思想体现了儒法兼采的特点,为汉初儒学会通诸家思想提供了良好的范式。①

一、新书(节选)②

1. 过秦(上)③

秦孝公据殽函之固,拥雍州之地,居臣固守以窥周室,有席卷天下,包举宇内,囊括四海之意,并吞八荒之心。当是时也,商君佐之,内立法度,务耕织,修守战之具;外连衡而斗诸侯。于是秦人拱手而取西河之外。

孝公既没,惠文、武、昭襄蒙故业,因遗策,南取汉中,西举巴蜀,东割膏腴之地,北收要害之郡。诸侯恐惧,会盟而谋弱秦,不爱珍器重宝肥饶之地,以致天下之士,合从缔交,相举为一。当此之时,齐有孟尝,赵有平原,楚有春申,魏有信陵。此四君者,皆明智而忠信,宽厚而爱人,尊贤而重士,约从离衡,兼韩、魏、燕、赵、宋、卫、中山之众。于是六国之士,有宁越、徐尚、苏秦、杜赫之属为之谋,齐明、周最、陈轸、召滑、楼缓、翟景、苏厉、乐毅之徒通其意,吴起、孙膑、带佗、倪良、王廖、田忌、廉颇、赵奢之朋制其兵。尝以什倍之地,百万之师,仰关而攻秦。秦人开关延敌,九国之师逡巡而不敢进。秦无亡矢遗镞之费,而天下诸侯已困矣。于是从散约败,争割地而赂秦。秦有余力而制其弊,追亡逐北,伏尸百万,流血漂橹,因利乘便,宰割天下,分裂山河,强国请伏,弱国入朝。

施及孝文王、庄襄王,享国之日浅,国家无事。

及至始皇,奋六世之余烈,振长策而御宇内,吞二周而亡诸侯,履至尊而制六合,执敲朴而鞭笞天下,威振四海,南取百越之地,以为桂林、象郡;百越之君,俯首系颈,委命下吏。乃使蒙恬北筑长城而守藩篱,却匈奴七百余里。胡人不敢南下而牧马,士不敢弯弓而报怨。于是废先王之道,焚百家之言,以愚黔首。堕名城,杀豪杰,收天下之兵,聚之咸阳,销锋镝,铸

---

① 唐雄山:《贾谊礼治思想研究》,中山大学出版社 2005 年版,第 291—297 页。
② 这里节选的是该书《过秦(上)》《过秦(下)》《宗首》《藩伤》《俗激》《时变》《瑰玮》《傅职》《保傅》《连语》《辅佐》《礼》《大政(上)》《大政(下)》《修政语(上)》《修政语(下)》等。
③ 贾谊著,阎振益、钟夏注:《新书校注》,中华书局 2000 年版,第 1—13 页。

以为金人十二,以弱天下之民。然后践华为城,因河为池,据亿丈之高,临不测之渊以为固。良将劲弩,守要害之处;信臣精卒,陈利兵而谁何。天下已定,始皇之心,自以为关中之固,金城千里,子孙帝王万世之业也。

始皇既没,余威振于殊俗。然而陈涉,瓮牖绳枢之子,氓隶之人,而迁徙之徒也才能不及中人,非有仲尼、墨翟之贤,陶朱、猗顿之富。蹑足行伍之间,而俛起阡陌之中,率疲弊之卒,将数百之众,转而攻秦。斩木为兵,揭竿为旗,天下云合响应,赢粮而景从。山东豪俊遂并起而亡秦族矣。

且夫天下非小弱也,雍州之地,殽函之固,自若也。陈涉之位,非尊于齐、楚、燕、赵、韩、魏、宋、卫、中山之君也;锄櫌棘矜,非铦于钩戟长铩也;適戍之众非亢九国之师也;深谋远虑,行军用兵之道,非及乡时之士也。然而成败异变,功业相反,何也?试使山东之国,与陈涉度长絜大,比权量力,则不可同年而语矣。然秦以区区之地,致万乘之势,序八州而朝同列,百有余年矣。然后以六合为家,殽函为宫。一夫作难而七庙堕,身死人手,为天下笑者,何也?仁义不施,攻守之势异也。

2. 过秦(下)[①]

秦灭周祀,并海内,兼诸侯,南面称帝,以四海养。天下之士斐然向风,若是,何也?曰:近古而无王者久矣。周室卑微,五霸既灭,令不行于天下,是以诸侯力正,强凌弱,众暴寡,兵革不休,士民罢弊。今秦南面而王天下,是上有天子也。即元元之民冀得安其性命,莫不虚心而仰上。当此之时,专威定功,安危之本,在于此矣。

秦王怀贪鄙之心,行自奋之智,不信功臣,不亲士民,废王道而立私爱,焚文书而酷刑法,先诈力而后仁义,以暴虐为天下始。夫并兼者高诈力,安危者贵顺权,以此言之,取与、攻守不同术也。秦虽离战国而王天下,其道不易,其政不改,是其所以取之也,孤独而有之,故其亡可立而待也。借使秦王论上世之事,并殷周之迹,以制御其政,后虽有淫骄之主,犹未有倾危之患也。故三王之建天下,名号显美,功业长久。

今秦二世立,天下莫不引领而观其政,夫寒者利短褐而饥者甘糟糠,天下嚣嚣,新主之资也。此言劳民之易为仁也。向使二世有庸主之行而

---

① 贾谊著,阎振益、钟夏注:《新书校注》,中华书局2000年版,第13—25页。

任忠贤，臣主一心，而忧海内之患，缟素而正先帝之过；裂地分民以封功臣之后，建国立君以礼天下；虚囹圄而免刑戮，去收孥污秽之罪，使各反其乡里；发仓廪，散财币，以振孤独穷困之士；轻赋少事，以佐百姓之急；约法省刑，以持其后，使天下之人皆得自新，更节循行，各慎其身；塞万民之望，而以盛德与天下，天下息矣。即四海之内，皆欢然各自安乐其处，唯恐有变。虽有狡害之民，无离上之心，则不轨之臣无以饰其智，而暴乱之奸弥矣。二世不行此术，而重以无道：坏宗庙与民，更始作阿房之宫；繁刑严诛，吏治刻深；赏罚不当，赋敛无度。天下多事，吏不能纪；百姓困穷，而主不收恤。然后奸伪并起，而上下相遁；蒙罪者众，刑僇相望于道，而天下苦之。自群卿以下至于众庶，人怀自危之心，亲处穷苦之实，咸不安其位，故易动也。是以陈涉不用汤、武之贤，不藉公侯之尊，奋臂于大泽，而天下响应者，其民危也。

故先王者见终始之变，知存亡之由，是以牧之以道，务在安之而已矣。下虽有逆行之臣，必无响应之助。故曰"安民可与行义，而危民易与为非"，此之谓也。贵为天子，富有四海，身在于戮者，正之非也。是二世之过也。

秦兼诸侯山东三十余郡，循津关，据崄塞，缮甲兵而守之。然陈涉率散乱之众数百，奋臂大呼，不用弓戟之兵，鉏櫌白梃，望屋而食，横行天下。秦人阻崄不守，关梁不闭，长戟不刺，强弩不射。楚师深入，战于鸿门，曾无藩篱之难。于是山东诸侯并起，豪俊相立。秦使章邯将而东征。章邯因其三军之众要市于外，以谋其上。群臣之不相信，可见于此矣。

子婴立，而遂不悟。借使子婴有庸主之材，而仅得中佐，山东虽乱，三秦之地可全而有，宗庙之祀宜未绝也。秦地被山带河以为固，四塞之国也。自缪公以来，至于秦王二十余君，常为诸侯雄，此岂世贤哉？其势居然也。且天下尝昔日同心并力攻秦矣，当此之世，贤智并列，良将行其师，贤相通其谋，然困于阻险而不能进，秦乃延入战而为之开关，百万之徒逃北而遂坏。然困于阻险不能进者，岂勇力智慧不足哉？形不利，势不便也。秦虽小邑伐并大城，守险塞而军，高垒毋战，闭关据阨，荷戟而守之。诸侯起于匹夫，以利会，非有素王之行也。其交未亲，其名未附，名曰亡秦，其实利之也。彼见秦阻之难犯，必退阵。案土息民以待其弊，承解诛罢以令国君，不患不得意于海内。贵为天子，富有四海，而身为禽者，其捄败非也。

秦王足己而不问,遂过而不变。二世受之,因而不改,暴虐以重祸。子婴孤立无亲,危弱无辅。三主之惑,终身不悟,亡不亦宜乎?当此时也,世非无深谋远虑知化之士也,然所以不敢尽忠拂过者,秦俗多忌讳之禁也,忠言未卒于口,而身糜没矣。故使天下之士倾耳而听,重足而立,阖口而不言。是以三主失道,而忠臣不谏,智士不谋也。天下已乱,奸臣不上闻,岂不悲哉!先王知壅蔽之伤国也,故置公卿大夫士,以饰法设刑而天下治。其强也,禁暴诛乱而天下服;其弱也,五霸征而诸侯从;其削也,内守外附而社稷存。故秦之盛也,繁法严刑而天下震;及其衰也,百姓怨而海内叛矣。故周王序得其道,千余载不绝;秦本末并失,故不能长。由是观之,安危之统相去远矣。

鄙谚曰:"前事之不忘,后之师也。"是以君子为国,观之上古,验之当世,参之人事,察盛衰之理,审权势之宜,去就有序,变化因时,故旷日长久而社稷安矣。

3. 宗首①

今或亲弟谋为东帝,亲兄之子西向而击,今吴又见告矣。天子春秋鼎盛,行义未过,德泽有加焉,犹尚若此,况莫大诸侯权势十此者乎!

然而天下少安者,何也?大国之王幼在怀衽,汉所置傅相方握其事。数年之后,诸侯王大抵皆冠,血气方刚,汉之所置傅归休而不肯住,汉所置相称病而赐罢,彼自丞尉以上遍置其私人,如此有异淮南、济北之为耶!此时而乃欲为治安,虽尧、舜不能。臣故曰:时且过矣,上弗蚤图,疑且岁闻所不欲焉。

黄帝曰:"日中必熭,操刀必割。"今令此道顺,而全安甚易;弗肯早为,已乃堕骨肉之属而抗刭之,岂有异秦之季世乎!且谓天何?权不甚奇而数制人,岂可得也!夫以天子之位,用天子之力,乘今之时,因天之助,尚惮以危为安,以乱为治;假设陛下居齐桓之处,将不合诸侯匡天下乎?至此则陛下误甚矣。时且失矣,心窃踊跃,离今春难为已。天倾、时倾,足力倾,能孰视而弗肯理以倾时之失,岂不靡哉!可以良天下而称,特以为此

---

① 贾谊著,阎振益、钟夏注:《新书校注》,中华书局 2000 年版,第 25—29 页。

籍也。窃为陛下痛之,其在上幸少留计焉。

4. 藩伤[1]

夫树国必审相疑之势,下数被其殃,上数爽其忧。凶饥数动,彼必将有怪者生焉。祸之所杂,岂可预知。故甚非所以安主上,非所以活大臣者也,甚非所以全爱子者也。

既已令之为藩臣矣,为人臣下矣,而厚其力,重其权,使有骄心而难服从也,何异于善砥镆铘而予射子?自祸必矣。爱之固使饱粱肉之味,玩金石之声,臣民之众,土地之博,足以奉养宿卫其身。然而权力不足以徼幸,势不足以行逆,故无骄心无邪行。奉法畏令,听从必顺,长生安乐,而无上下相疑之祸,活大臣,全爱子,孰精于此!

且藩国与制,力非独少也。制令:其有子以国其子,未有子者建分以须之,子生而立。其身而子,夫将何失?于实无丧,而葆国无患,子孙世世与汉相须,长沙可以久矣。所谓生死而肉白骨,何以厚此?

5. 俗激[2]

大臣之俗,特以牒书不报,小期会不答耳,以为大故,以为大故不可矣。天下之大指,举之而激。俗流失,世坏败矣。因恬弗知怪,大故也。如刀笔之吏,务在筐箧,而不知大体,陛下又弗自忧,故如哉。

夫邪俗日长,民相然席于无廉丑,行义非循也。岂且为人子背其父,为人臣因忠于主哉?岂为人弟欺其兄,为人下因信其上哉?陛下虽有权柄事业,将所寄之?管子曰:“四维,一曰礼,二曰义,三曰廉,四曰耻。”“四维不张,国乃灭亡。”云使管子愚无识人也,则可;使管子而少知治体,则是岂不可为寒心?今世以侈靡相竞,而上无制度,弃礼义,捐廉丑,日甚,可为月异而岁不同矣。逐利乎不耳,虑念非顾行也。今其甚者,到父矣,财大母矣,踝姬矣,刺兄矣。盗者虑探柱下之金,剟寝户之帘,搴两庙之器,白昼大都之中,剽吏而夺之金。矫伪者出几十万石粟,赋六百余万钱,乘传而行郡诸侯,此靡无行义之尤至者已。其余猖蹶而趋之者,乃豕羊驱而

---

[1] 贾谊著,阎振益、钟夏注:《新书校注》,中华书局 2000 年版,第 36—39 页。

[2] 贾谊著,阎振益、钟夏注:《新书校注》,中华书局 2000 年版,第 91—96 页。

往。是类管子谓"四维不张"者也与！窃为陛下惜之。

以臣之意吏，虑不动于耳目，以为是特适然耳。夫移风易俗，使天下移心而向道，类非俗吏之所能为也。陛下又不自忧，窃为陛下惜之。夫立君臣等上下，使父子有礼，六亲有纪，此非天所设也。夫人之所设，弗为持此则僵，不循则坏。秦灭四维不张，故君臣乖而相攘，上下乱僭而无差，父子六亲殃僇而失其宜，奸人并起，万民离畔，凡十三岁而社稷为墟。今而四维犹未备也，故奸人冀幸，而众下疑惑矣。岂如今定经制，令主主臣臣，上下有差，父子六亲各得其宜，奸人无所冀幸，群众信上而不疑惑哉。此业一定，世世常安，而后有所持循矣。若夫经制不定，是犹渡江河无维楫，中流而遇风波也，船必覆败矣。悲夫，备不豫具之也，可不察乎？

6. 时变[①]

秦国失理，天下大败。众掩寡，知欺愚，勇劫惧，壮凌衰，攻击夺者为贤，贵人善突盗者为忻，诸侯设诈而相赵，饰诈而相绍者为知，天下乱至矣！是以大贤起之，威振海内，德从天下。曩之为秦者，今转而为汉矣。

今有何如，进取之时去矣，并兼之势过矣。胡以孝弟循顺为？善书而为吏耳。胡以行义礼节为？家富而出官耳。骄耻偏而为祭尊，黥劓者攘臂而为政。行为狗彘也，苟家富财足，隐机盱视而为天子耳。唯告罪昆弟，欺突伯父，逆于父母乎，然钱财多也，衣服修也，我何妨为世之基公。唯爱季母、妻公之接女乎，车马严也，走犬良也。矫诬而家美，盗贼而财多，何伤？欲交，吾择贵宠者而交之；欲势，择吏权者而使之。取妇嫁子，非有权势，吾不与婚姻；非贵有戚，不与兄弟；非富大家，不与出入。因何也？今俗侈靡，以出伦逾等相骄，以富过其事相竞。今世贵空爵而贱良，俗靡而尊奸；富民不为奸而贫为里侮也；廉吏释官而归为邑笑；居官敢行奸而富为贤吏，家处者犯法为利为材士。故兄劝其弟，父劝其子，则俗之邪至于此矣。

商君违礼义，弃伦理，并心于进取，行之二岁，秦俗日败。秦人有子，家富子壮则出分，家贫子壮则出赘。假父耰耝杖篲，虑有德色矣；母取瓢碗箕箒，虑立讯语。抱哺其子，与公并踞；妇姑不相说，则反唇而睨。其

[①] 贾谊著，阎振益、钟夏注：《新书校注》，中华书局 2000 年版，第 96—102 页。

慈子嗜利而轻简父母也,虑非有伦理也,亦不同禽兽僅焉耳。然犹并心而赴时者,曰功成而败义耳。蹶六国,兼天下,求得矣;然不知反廉耻之节、仁义之厚,信并兼之法,遂进取之业,凡十三岁而社稷为墟。不知守成之数,得之之术也,悲夫!

7. 瑰玮[①]

天下有瑰政于此:予民而民愈贫,衣民而民愈寒,使民乐而民愈苦,使民知而民愈不知避县网,甚可瑰也! 今有玮术于此:夺民而民益富也,不衣民而民益暖,苦民而民益乐,使民愈愚而民愈不罗县网。陛下无意少听其数乎?

夫雕文刻镂周用之物繁多,纤微苦窳之器日变而起,民弃完坚而务雕镂纤巧以相竞高。作之宜一日,今十日不轻能成。用一岁,今半岁而弊。作之费日挟功,用之易弊。不耕而多食农人之食,是天下之所以困贫而不足也。故以末予民,民大贫;以本予民,民大富。

黼黻文绣纂组害女工。且夫百人作之,不能衣一人,方且万里不轻能具天下之力,势安得不寒? 世之俗侈相耀,人慕其所不如,悚迫于俗,愿其所未至,以相竞高,而上非有制度也。今唯刑余鬻妾下贱,衣服得过诸侯、拟天子,是使天下公得冒主而夫人务侈也。冒主务侈,则天下寒而衣服不足矣。故以文绣衣民而民愈寒;以褊民,民必暖,而有余布帛之饶矣。

夫奇巧末技、商贩游食之民,形佚乐而心县愆,志苟得而行淫侈,则用不足而蓄积少矣;即遇凶旱,必先困穷迫身,则苦饥甚焉。今驱民而归之农,皆着于本,则天下各食于力。末技、游食之民转而缘南亩,则民安性劝业而无县愆之心,无苟得之志,行恭俭蓄积而人乐其所矣,故曰“苦民而民益乐”也。

世淫侈矣,饰知巧以相诈利者为知士,敢犯法禁昧大奸者为识理。故邪人务而日形,奸诈繁而不可止,罪人积下众多而无时已。君臣相冒,上下无辨,此生于无制度也。今去淫侈之俗,行节俭之术,使车舆有度,衣服器械各有制数。制数已定,故君臣绝尤,而上下分明矣。擅退则让,上僭者诛,故淫侈不得生,知巧诈谋无为起,奸邪盗贼自为止,则民离罪远矣。

---

① 贾谊著,阎振益、钟夏注:《新书校注》,中华书局 2000 年版,第 102—107 页。

知巧诈谋不起,所谓愚。故曰"使民愚而民愈不罗县网"。

此四者,使君臣相冒,上下无别,天下困贫,奸诈盗贼并起,罪人蓄积无已者也,故不可不急速救也。

8. 傅职①

或称《春秋》,而为之耸善而抑恶,以革劝其心。教之《礼》,使知上下之则宜。或称《诗》,而为之广道显德,以驯明其志。教之《乐》,以疏其秽,而填其浮气。教之语,使明于上世而知先王之务明德于民也。教之故志,使知废兴者,而戒惧焉。教之任术,使能纪万官之职任,而知治化之仪。教之训典,使知族类疏戚,而隐比驯焉。此所谓学太子以圣人之德者也。

或明惠施以道之忠,明长复以道之信,明度量以道之义,明等级以道之礼,明恭俭以道之孝,明敬戒以道之事,明慈爱以道之仁,明傯雅以道之文,明除害以道之武,明精直以道之伐,明正德以道之赏,明斋肃以道之敬,此所谓教太子也。

左右前后,莫非贤人以辅相之,揔威仪以先后之,摄体貌以左右之,制义行以宣翼之,章恭敬以监行之,勤劳以劝之,孝顺以内之,敦笃以固之,忠信以发之,德言以扬之,此所谓顺者也。

此傅人之道也,非贤者不能行。

天子不谕于先圣人之德,不知君国畜民之道,不见礼义之正,不察应事之理,不博古之典传,不傯于威仪之数,《诗》《书》《礼》《乐》无经,天子学业之不法,凡此其属,太师之任也。古者齐太公职之。

天子不恩于亲戚,不惠于庶民,无礼于大臣,不忠于刑狱,无经于百官,不哀于丧,不敬于祭,不直于戎事,不信于诸侯,不诚于赏罚,不厚于德,不强于行,赐予侈于左右近臣,吝授于疏远卑贱,不能惩忿忘欲,大行、大礼、大义、大道,不从太师之教,凡此其属,太傅之任也。古者鲁周公职之。

天子处位不端,受业不敬,教诲讽诵《诗》《书》《礼》《乐》之不经不法不古,言语不序,音声不律;将学趋让,进退即席不以礼,登降揖让无容,视瞻俯仰周旋无节,咳唾数顾,趋行不得,色不比顺,隐琴肆瑟,凡此其属,太

---

① 贾谊著,阎振益、钟夏注:《新书校注》,中华书局 2000 年版,第 172—183 页。

保之任也。古者燕召公职之。

天子燕业反其学,左右之习诡其师;答远方诸侯,遇贵大人,不知大雅之辞;答左右近臣,不知已诺之适,偭问小诵之不博不习,凡此之属,少师之任也,古者史佚职之。

天子居处,出入不以礼,衣服冠带不以制,御器在侧不以度,杂彩从美不以彰德,忿怒说喜不以义,赋与嚵让不以节,小行、小礼、小义、小道,不从少师之教,凡此之属,少傅之任也。

天子居处燕私,安所易,乐而湛,夜漏屏人而数,饮酒而醉,食肉而饱,饱而强食,饥而馁,暑而喝,寒而懦,寝而莫宥,坐而莫恃,行而莫先莫后。帝自为开户,自取玩好,自执器皿,亟顾还面,而器御之不举不臧,折毁丧伤,凡此其属,少保之任也。

干戚戈羽之舞,管籥琴瑟之会,号呼歌谣声音不中律,燕乐《雅》《讼》逆乐序,凡此其属,诏工之任也。

不知日月之不时节,不知先王之讳与国之大忌,不知风雨雷电之眚,凡此其属,太史之任也。

9. 保傅[1]

殷为天子三十余世而周受之,周为天于三十余世而秦受之,秦为天子二世而亡。人性非甚相远也,何殷周之君有道而长也,而秦无道之暴也?其故可知也。

古之王者,太子初生,固举以礼,使士负之,有司斋肃端冕,见之南郊,见于天也。过阙则下,过庙则趋,孝子之道也。故自为赤子而教固以行矣。昔者周成王幼在襁褓之中,召公为太保,周公为太傅,太公为太师。保,保其身体;傅,傅之德义;师,道之教训;三公之职也。于是为置三少,皆上大夫也,曰少保、少傅、少师,是与太子燕者也。故咳喔,三公三少固明孝仁礼义,以道习之,逐去邪人,不使见恶行。于是皆选天下之端士,孝悌博闻有道术者,以卫翼之,使与太子居处出入。故太子初生而见正事,闻正言,行正道,左右前后皆正人也。习与正人居之,不能无正也,犹生长于楚,不能不楚言也。故择其所嗜,必先受业,乃得尝之;择其所乐,必先

---

[1] 贾谊著,阎振益、钟夏注:《新书校注》,中华书局 2000 年版,第 183－197 页。

有习,乃能为之。孔子曰:"少成若天性,习贯如自然。"是殷周之所以长有道也。

及太子少长,知好色,则入于学。学者,所学之官也。《学礼》曰:"帝入东学,上亲而贵仁,则亲疏有序而恩相及矣。帝入南学,上齿而贵信,则长幼有差而民不诬矣。帝入西学,上贤而贵德,则圣智在位而功不遗矣。帝入北学,上贵而尊爵,则贵贱有等而下不逾矣。帝入太学,承师问道,退习而考于太傅,太傅罚其不则而匡其不及,则德智长而理道得矣。此五学既成于上,则百姓黎民化辑于下矣。"学成治就,是殷周所以长有道也。

及太子既冠成人,免于保傅之严,则有司直之史,有彻膳之宰。太子有过,史必书之,史之义,不得书过则死;过书而宰收其膳,宰之义,不得收膳即死。于是有进善之旌,有诽谤之木,有敢谏之鼓,瞽史诵诗,工诵箴谏,大夫进谋,士传民语。习与智长,故切而不愧;化与心成,故中道若性。是殷周之所以长有道也。

三代之礼:天子春朝朝日,秋暮夕月,所以明有敬也;春秋入学,坐国老,执酱而亲馈之,所以明有孝也;行以鸾和,步中《采荠》,趋中《肆夏》,所以明有度也;其于禽兽也,见其生不忍其死,闻其声不尝其肉,故远庖厨,所以长恩,且明有仁也。食以礼,收以乐。失度,则史书之,工诵之,三公进而读之,宰夫减其膳,是天子不得为非。

《明堂之位》曰:"笃仁而好学,多闻而道顺。天子疑则问,应而不穷者谓之道。道者,道天子以道者也,常立于前,是周公也。诚立而敦断,辅善而相义者谓之辅。辅者,辅天子之意者也,常立于左,是太公也。洁廉而切直,匡过而谏邪者谓之拂。拂者,拂天子之过者也,常立于右,是召公也。博闻强记,捷给而善对者谓之承。承者,承天子之遗忘者也,常立于后,是史佚也。故成王中立听朝,则四圣维之,是以虑无失计而举无过事。"殷周之所以长久者,其辅翼太子有此具也。

及秦而不然,其俗固非贵辞让也,所上者告讦也;固非贵礼义让也,所上者刑罚也。使赵高傅胡亥而教之狱,所习者非斩劓人,则夷人之三族也。故今日即位,明日射人,忠谏者谓之诽谤,深为之计者谓之妖言,其视杀人若艾草菅然。岂胡亥之性恶哉?其所以集道之者非理故也。

鄙谚曰:"不习为吏,而视已事。"又曰:"前车覆而后车戒。"夫殷周之所以长久者,其已事可知也;然而不能从,是不法圣智也。秦之亟绝者,其轨迹可见也,然而不避,是后车又覆也。夫存亡之反,治乱之机,其要在是矣。天下之命,县于太子;太子之善,在于蚤谕教与选左右。心未滥而先谕教,则化易成也;夫开于道术,知义理之指,则教之功也。若其服习积贯,则左右而已矣。

夫胡越之人,生而同声,嗜欲不异,及其长而成俗也,累数译而不能相通;行有虽死而不相为者,则教习然也。臣故曰:"选左右、蚤谕教最急。"夫教得而左右正,则太子正矣,太子正而天下定矣。《书》曰:"人有庆,兆民赖之。"此时务也。

10. 连语①

纣,圣天子之后也,有天下而宜然。苟背道弃义,释敬慎而行骄肆,则天下之人,其离之若崩,其背之也不约而若期。夫为人主者,诚奈何而不慎哉?纣将与武王战,纣陈其卒,左臆右臆,鼓之不进;皆还其刃,顾以乡纣也。纣走还于寝庙之上,身斗而死,左右弗肯助也。纣之官卫与纣之躯,弃之玉门之外。民之观者皆进蹴之,蹈其腹,蹶其肾,践其肺,履其肝。周武王乃使人帷而守之。民之观者褰帷而入,提石之者犹未肯止。可悲也! 夫执为民主,直与民为仇,殃忿若此。夫民尚践盘其躯,而况有其民政教乎? 羞甚! 臣窃闻之曰:"善不可谓小而无益,不善不可谓小而无伤。"夫牛之为胎也,细若鼷鼠。纣损天下,自象箸始。故小恶大恶一类也。过败虽小,皆纣之罪也。周谚曰:"前车覆而后车戒。"今前车已覆矣,而后车不知戒,不可不察也。

梁尝有疑狱,群臣半以为当罪,半以为不当。虽梁王亦疑。梁王曰:"陶之朱叟,以布衣而富侔国,是必有奇智。"乃召朱公而问之,曰:"梁有疑狱,吏半以为当罪,半以为不当,虽寡人亦疑,为吾决是奈何?"朱公曰:"臣鄙人也,不知当狱,然臣家有二白璧,其色相如也,其径相如也,其泽相如也。然其价也,一者千金,一者五百金。"王曰:"径与色泽皆相如也,一者千金,一者五百金。何也?"朱公曰:"侧而视之,其一者厚倍之,是以千金。"王曰:"善。"故狱疑则从去,赏疑则从予,梁国说。以臣谊窃观之。墙薄咫亟坏,缯薄咫亟裂,器薄咫亟毁,酒薄咫亟酸。夫薄而可以旷日持久

---

① 贾谊著,阎振益、钟夏注:《新书校注》,中华书局 2000 年版,第 197—204 页。

者,殆未有也。故有国畜民施政教者,臣窃以为厚之而可耳。

抑臣又窃闻之曰,有上主者,有中主者,有下主者。上主者,可引而上,不可引而下;下主者,可以引而下,不可引而上;中主者,可引而上,可引而下。故上主者,尧舜是也。夏禹、契、后稷与之为善则行,鲧、骢兜欲引而为恶则诛。故可与为善,而不可与为恶。下主者,桀纣是也,虽侈、恶来进与为恶则行,比干、龙逢欲引而为善则诛。故可与为恶,而不可与为善。所谓中主者,齐桓公是也。得管仲、隰朋则九合诸侯,任竖貂、易牙则饿死胡宫,虫流而不得葬。故材性乃上主也,贤人必合,而不肖人必离,国家必治,无可忧者也。若材性下主也,邪人必合,贤正必远,坐而须亡耳,又不可胜忧矣。故其可忧者,唯中主尔,又似练丝,染之蓝则青,染之缁则黑,得善佐则存,无善佐则亡,此其不可不忧者耳。《诗》曰:"芃芃棫朴,薪之槱之;济济辟王,左右趋之。"此言左右日以善趋也,故臣窃以为练左右急也。

11. 辅佐^①

大相上承大义而启治道,总百官之要,以调天下之宜,正身行,广教化,修礼乐,以美风俗;兼领而和一之,以合治安。故天下失宜,国家不治,则大相之任也。上执政职。

大拂秉义立诚,以翼上志;直议正辞,以持上行;批天下之患,匡诸侯之过。令或郁而不通,臣或螯而不义,大拂之任也。中执政职。

大辅闻善则以献,知善则以献,明号令,正法则,颁度量,论贤良,次官职,以时巡循,使百吏敬率其业。故经义不衷,贤不肖失序,大辅之任也。下执事职。

道行典知变化,以为规是非,明利害,掌仆及舆马之度,羽旄旌旗之制,步骤徐疾之节,春夏秋冬马之伦色;居车之容,登降之礼,见规宜谕,见过则谏。故职不率义,则道行之任也。

调讯典博闻,以掌驷乘,领时从,此贤能,天子出则为车右,坐立则为位,承圣帝之德,畜民之道,礼乐之正,应事之理,则职以箴;刑狱之衷,赏罚之诚,已诺之信,百官之经,丧祭之共,戎事之诚,身行之强,则职以谂;

---

① 贾谊著,阎振益、钟夏注:《新书校注》,中华书局 2000 年版,第 204—212 页。

遇大臣之敬,遇小臣之惠,坐立之端,言默之序,音声之适,揖让之容,俯仰之节,立事之色,则职以证;出入不从礼,衣服不从制,御器不以度,迎送非其章,忿说忘其义,取予失其节,安易而乐湛,则职以谏。故善不彻,过不闻,侍从不谏,则调讯之任也。

典方典容仪,以掌诸侯、远方之君,讃之班爵、列位、轨任之约,朝觐、宗遇、会同、享聘、贡职之数;辨其民人之众寡,政之治乱。率德道顺,僻淫犯禁之差第;天子巡狩,则先循于其方。故或有功德而弗举,或有淫僻犯禁而不知,典方之任也。

奉常典天,以掌宗庙社稷之祀,天神地祇人鬼,凡山川四望国之诸祭,吉凶妖祥占相之事;序礼乐丧纪,国之礼仪,毕居其宜,以识宗室;观民风俗,审诗商,修宪命,禁邪言,息淫声;于四时之交,有事于南郊,以报祈天明。故历天事不得,事鬼神不序,经礼仪人伦不正,奉常之任也。

桃师典春,以掌国之众庶,四民之序,以礼义伦理教训人民。方春三月,缓施生遂,动作百物,是时有事于皇考祖考□□□□□□。

12. 礼[①]

昔周文王使太公望傅太子发,太子嗜鲍鱼,而太公弗与,太公曰:"礼,鲍鱼不登于俎,岂有非礼而可以养太子哉?"寻常之室无奥剽之位,则父子不别;六尺之舆无左右之义,则君臣不明。寻常之室、六尺之舆,处无礼,即上下蹄逆,父子悖乱,而况其大者乎!故道德仁义,非礼不成;教训正俗,非礼不备;分争辩讼,非礼不决;君臣、上下、父子、兄弟,非礼不定;宦学事师,非礼不亲;班朝治军、莅官行法,非礼威严不行;祷祠祭祀,供给鬼神,非礼不诚不庄。是以君子恭敬、撙节、退让以明礼。

礼者,所以固国家,定社稷,使君无失其民者也。主主臣臣,礼之正也;威德在君,礼之分也;尊卑大小,强弱有位,礼之数也。礼,天子爱天下,诸侯爱境内,大夫爱官属,士庶各爱其家,失爱不仁,过爱不义。故礼者,所以守尊卑之经、强弱之称者也。礼,天子适诸侯之宫,诸侯不敢自阼阶,阼阶者,主之阶也。天子适诸侯,诸侯不敢有宫,不敢为主人礼也。君惠臣忠,父慈子孝,兄爱弟敬,夫和妻柔,姑慈妇听,礼之至也。君惠则不

---

① 贾谊著,阎振益、钟夏注:《新书校注》,中华书局 2000 年版,第 214—226 页。

厉,臣忠则不贰,父慈则教,子孝则协,兄爱则友,弟敬则顺。夫和则义,妻柔则正,姑慈则从,妇听则婉,礼之质也。

礼者,臣下所以承其上也。故《诗》云:"一发五豝,吁嗟乎驺虞。"驺者,天子之圃也。虞者,圃之司兽者也。天子佐舆十乘,以明贵也。二牲而食,以优饱也。虞人翼五豝以待一发,所以复中也。人臣于其所尊敬,不敢以节待,敬之至也。甚尊其主,敬慎其所掌职,而志厚尽矣。作此诗者,以其事深见良臣顺上之志也。良臣顺上之志者,可谓义矣。故其叹之也长,曰"吁嗟乎"。虽古之善为人臣者,亦若此而已。

礼者,所以节义而没不还,故飨饮之礼,先爵于卑贱,而后贵者始羞,殽膳下浃而乐人始奏。筋不下遍,君不尝羞;殽不下浃,上不举乐。故礼者,所以恤下也。由余曰:"干肉不腐,则左右亲;苞苴时有,筐篚时至,则群臣附;官无蔚藏,腌陈时发,则载其上。"《诗》曰:"投我以木瓜,报之以琼琚;匪报也,永以为好也。"上少投之,则下以躯偿矣,弗敢谓报,愿长以为好。古之蓄其下者,其施报如此。

国无九年之蓄,谓之不足;无六年之蓄,谓之急;无三年之蓄,国非其国也。民三年耕,必余一年之食;九年而余三年之食,三十岁相通,而有十年之积。虽有凶旱水溢,民无饥馑。然后天子备味而食,日举以乐。诸侯食珍不失,钟鼓之县可使乐也。乐也者,上下同之。故礼,国有饥人,人主不飧;国有冻人,人主不裘;报囚之日,人主不举乐。岁凶谷不登,台扉不涂,榭彻干侯,马不食谷,驰道不除,食减膳,飨祭有阙。故礼者,自行之义,养民之道也。受计之礼,主所亲拜者二:闻生民之数则拜之,闻登谷则拜之。《诗》曰:"君子乐胥,受天之祜。"胥者,相也。祜,大福也。夫忧民之忧者,民必忧其忧;乐民之乐者,民亦乐其乐。与士民若此者,受天之福矣。

礼,圣王之于禽兽也,见其生不忍见其死,闻其声不尝其肉,隐弗忍也。故远庖厨,仁之至也。不合围,不掩群,不射宿,不涸泽。豺不祭兽,不田猎;獭不祭鱼,不设网罟;鹰隼不鸷,睢而不逮,不出植罗;草木不零落,斧斤不入山林;昆虫不蛰,不以火田。不麛,不卵,不刳胎,不殀夭,鱼肉不入庙门,鸟兽不成毫毛不登庖厨。取之有时,用之有节,则物蕃多。汤曰:"昔蛛蝥作罟,不高顺、不用命者,宁丁我网。"其惮害物也如是。《诗》曰:"王在灵囿,麀鹿攸伏,麀鹿濯濯,白鸟皜皜。王在灵沼,于牣鱼跃。"言德至也。圣主所在,鱼鳖禽兽犹得其所,况于人民乎?

故仁人行其礼,则天下安而万理得矣。逮至德渥泽洽,调和大畅,则天清彻,地富煴,物时熟;民心不挟诈贼,气脉淳化;攫啮搏挈之兽鲜,毒螫猛蚗之虫密,毒山不蕃,草木少薄矣。铄乎大仁之化也。

13. 大政(上)[①]

闻之于政也,民无不为本也。国以为本,君以为本,吏以为本。故国以民为安危,君以民为威侮,吏以民为贵贱。此之谓民无不为本也。闻之于政也,民无不为命也。国以为命,君以为命,吏以为命,故国以民为存亡,君以民为盲明,吏以民为贤不肖。此之谓民无不为命也。闻之于政也,民无不为功也。故国以为功,君以为功,吏以为功。国以民为兴坏,君以民为强弱,吏以民为能不能。此之谓民无不为功也。闻之于政也,民无不为力也。故国以为力,君以为力,吏以为力。故夫战之胜也,民欲胜也;攻之得也,民欲得也;守之存也,民欲存也。故率民而守,而民不欲存,则莫能以存矣;故率民而攻,民不欲得,则莫能以得矣;故率民而战,民不欲胜,则莫能以胜矣。故其民之为其上也,接敌而喜,进而不可止,敌人必骇,战由此胜也。夫民之于其上也,接而惧,必走去,战由此败也。故夫菑与福也,非粹在天也,又在士民也。呜呼,戒之! 戒之! 夫士民之志,不可不要也。呜呼,戒之! 戒之!

行之善也,粹以为福己矣;行之恶也,粹以为菑己矣。故受天之福者,天不攻焉。被天之菑,则亦无怨天矣,行自为取之也。知善而弗行,谓之不明;知恶而弗改,必受天殃。天有常福,必与有德;天有常菑,必与夺民时。故夫民者,至贱而不可简也,至愚而不可欺也。故自古至于今,与民为雠者,有迟有速,而民必胜之。知善而弗行谓之狂,知恶而不改谓之惑。故夫狂与惑者,圣王之戒也,而君子之愧也。呜呼,戒之! 戒之! 岂其以狂与惑自为分? 明君而君子乎,闻善而行之如争,闻恶而改之如雠,然后祸菑可离,然后保福也。戒之! 戒之!

诛赏之慎焉,故与其杀不辜也,宁失于有罪也。故夫罪也者,疑则附之去已;夫功也者,疑则附之与已。则此毋有无罪而见诛,毋有有功而无

---

① 贾谊著,阎振益、钟夏注:《新书校注》,中华书局 2000 年版,第 338—347 页。

赏者矣。戒之哉,戒之哉! 诛赏之慎焉,故古之立刑也,以禁不肖,以起怠惰之民也。是以一罪疑则弗遂诛也,故不肖得改也;故一功疑则必弗倍也,故愚民可劝也。是以上有仁誉而下有治名。疑罪从去,仁也;疑功从予,信也。戒之哉! 戒之哉! 慎其下,故诛而不忌,赏而不曲,不反民之罪而重之,不灭民之功而弃。故上为非,则谏而止之,以道纪之;下为非,则矜而恕之,道而赦之,柔而假之。故虽有不肖民,化而则之。故虽昔者之帝王,其所贵其臣者,如此而已矣。

人臣之道,思善则献之于上,闻善则献之于上,知善则献之于上。夫民者,唯君者有之;为人臣者助君理之。故夫为人臣者,以富乐民为功,以贫苦民为罪。故君以知贤为明,吏以爱民为忠。故臣忠则君明,此之谓圣王。故官有假,而德无假,位有卑,而义无卑,故位下而义高者,虽卑,贵也,位高而义下者,虽贵,必穷。呜呼,戒之哉! 戒之哉! 行道不能,穷困及之。

夫一出而不可反者,言也;一见而不可掩者,行也。故夫言与行者,知愚之表也,贤不肖之别也。是以知者慎言慎行,以为身福;愚者易言易行,以为身菑。故君子言必可行也,然后言之,行必可行也,然后行之。呜呼,戒之哉! 戒之哉! 行之者在身,命之者在人,此福菑之本也。道者,福之本;祥者,福之荣也。无道者必失福之本,不祥者必失福之荣。故行而不缘道者,其言必不顾义矣。故纣自谓天王也,桀自谓天子也,已灭之后,民以相骂也。以此观之,则位不足以为尊,而号不足以为荣矣。故君子之贵也,士民贵之,故谓之贵也;故君子之富也,士民乐之,故谓之富也。故君子之贵也,与民以福,故士民贵之;故君子之富也,与民以财,故士民乐之。故君子富贵也,至于子孙而衰,则士民皆曰:"何君子之道衰也,数也?"不肖暴者,祸及其身,则士民皆曰:"何天诛之迟也?"

夫民者,万世之本也,不可欺。凡居于上位者,简士苦民者是谓愚,敬士爱民者是谓智。夫愚智者,士民命之也。故夫民者,大族也,民不可不畏也。故夫民者,多力而不可适也。呜呼,戒之哉! 戒之哉! 与民为敌者,民必胜之。君能为善,则吏必能为善矣;吏能为善,则民必能为善矣。故民之不善也,吏之罪也;吏之不善也,君之过也。呜呼,戒之! 戒之! 故夫士民者,率之以道,然后士民道也;率之以义,然后士民义也;率之以忠,然后士民忠也;率之以信,然后士民信也。故为人君者,其出令也,其如声;士民学之,其如响;曲折而从君,其如景矣。呜呼,戒之哉! 戒之哉! 君乡善于此则失然协,民皆乡善于彼矣,犹景之象形也;君为恶于此则嘤嘤然协,民皆为恶于彼矣,犹响之应声也。故是以圣王而君子乎,执事而临民者,日戒慎一日,则士民亦日戒慎一日矣,以道先民也。

道者,圣王之行也;文者,圣王之辞也,恭敬者,圣王之容也,忠信者,圣王之教也。圣人也者,贤智之师也。仁义者,明君之性也。故尧舜禹汤之治天下也,所谓明君也,士民乐之,皆即位百年然后崩,士民犹以为大数也。桀纣所谓暴乱之君也,士民苦之,皆即位十年而灭,士民犹以为大久也。故夫诸侯者,士民皆爱之,则国必兴矣;士民皆苦之,则国必亡矣。故夫士民者,国家之所树而诸侯之本也,不可轻也。呜呼! 轻本不祥,实为身殃。戒之哉! 戒之哉!

14. 大政(下)①

易使喜、难使怒者,宜为君。识人之功而忘人之罪者,宜为贵。故曰刑罚不可以慈民,简泄不可以得士。故欲以刑罚慈民,辟其犹以鞭狎狗也,虽久弗亲矣;故欲以简泄得士,辟其犹以弧怵鸟也,虽久弗得矣。故夫士者,弗敬则弗至;故夫民者,弗爱则弗附。故欲求士必至、民必附,惟恭与敬、忠与信,古今毋易矣。渚泽有枯水,而国无枯士矣。故有不能求士之君,而无不可得之士;故有不能治民之吏,而无不可治之民。故君明而吏贤矣,吏贤而民治矣。故见其民而知其吏,见其吏而知其君矣。故君功见于选吏,吏功见于治民,故观之其上者由其下,而上睹矣,此道之谓也。故治国家者,行道之谓,国家必宁;信道而以伪,国家必空。故政不可不慎也,而吏不可不选也,而道不可离也。呜呼,戒之哉! 离道而灾至矣。

无世而无圣,或不得知也;无国而无士,或弗能得也。故世未尝无圣也,而圣不得圣王则弗起也;国未尝无士也,不得君子则弗助也。上圣明则士阁饰矣。故圣王在上位,则士百里而有一人,则犹无有也。故王者衰,则士没矣。故暴乱位上,则千里而有一人,则犹比肩也。故国者有不幸而无明君;君明也,则国无不幸而无贤士矣。故自古而至于今,泽有无水,国无无士。故士易得而难求也,易致而难留也。故求士而不以道,周

---

① 贾谊著,阎振益、钟夏注:《新书校注》,中华书局2000年版,第347—359页。

遍境内不能得一人焉。故求士而以道,则国中多有之。此之谓士易得而难求也。故待士而以敬,则士必居矣;待士而不以道,则士必去矣。此之谓士易致而难留也。

王者有易政而无易国,有易吏而无易民。故因是国也而为安,因是民也而为治。故汤以桀之乱民为治,武王以纣之北卒为强。故民之治乱在于吏,国之安危在于政。故是以明君之于政也慎之,于吏也选之,然后国兴也。故君能为善,则吏必能为善矣;吏能为善,则民必能为善矣。故民之不善也,失之者吏也;故民之善者,吏之功也。故吏之不善也,失之者君也;故吏之善者,君之功也。是故君明而吏贤,吏贤而民治矣。故苟上好之,其下必化之,此道之政也。

夫民之为言也,瞑也;萌之为言也,盲也。故惟上之所扶而以之,民无不化也,故曰民萌。民萌哉,直言其意而为之名也。夫民者,贤不肖之材也,贤不肖皆具焉。故贤人得焉,不肖者伏焉;技能输焉,忠臣饬焉。故民者积愚也。故夫民者,虽愚也,明上选吏焉,必使民与焉。故士民誉之,则明上察之,见归而举之;故士民苦之,则明上察之,见非而去之。故王者取吏不忘,必使民唱,然后和之。故夫民者,吏之程也。察吏于民,然后随之。夫民至卑也,使之取吏焉,必取而爱焉。故十人爱之有归,则十人之吏也;百人爱之有归,则百人之吏也;千人爱之有归,则千人之吏也;万人爱之有归,则万人之吏也。故万人之吏,选卿相焉。

夫民者,诸侯之本也。教者,政之本也。道者,教之本也。有道,然后教也;有教,然后政治也;政治然后民劝之;民劝之,然后国丰富也。故国丰且富,然后君乐也,忠,臣之功也;臣之忠者,君之明也。臣忠君明,此之谓政之纲也。故国也者行政之纲,然后国臧也。故君之信在于所信,所信不信,虽欲论信,终身不信矣。故所信不可不慎也。事君之道,不过于事父,故不肖者之事父也,不可以事君;事长之道,不过于事兄,故不肖者之事兄也,不可以事长;使下之道,不过于使弟,故不肖者之使弟也,不可以使下;交接之道,不过于为身,故不肖者之为身也,不可以接友;慈民之道,不过于爱其子,故不肖者之爱其子,不可以慈民;居官之道,不过于居家,故不肖者之于家也,不可以居官。夫道者,行之于父,则行之于君矣;行之于兄,则行之于长矣;行之于弟,则行之于下矣;行之于身,则行之于友矣;行之于子,则行之于民矣;行之于家,则行之于官矣。故士则未仕而能以试矣。圣王选举也,以为表也。问之,然后知其言;谋焉,然后知其极;任之以事,然后知其信。故古圣王君子不素距人,以此为明察也。

国之治政,在诸侯大夫士;察之理,在其与徒。君必择其臣,而臣必择其所与。故察明者贤乎人之辞,不出于室,而无不见也;察明者乘人,不出其官,而无所不入也。故王者居于中国,不出其国,而明于天下之政,何也?则贤人之辞也。不离其位,而境内亲之者,谓之人为之行之也。故爱人之道,言之者谓之其府;故爱人之道,行之者谓之其礼。故忠诸侯者,无以易敬士也;忠君子者,无以易爱民也。诸侯不得士,则不能兴矣;故君子不得民,则不能称矣。故士能言道而弗能行者谓之器,能行道而弗能言者谓之用,能言而能行之者谓之实。故君子讯其器,任其用,乘其实,而治安兴矣。呜呼,人耳!人耳!

诸侯即位享国,社稷血食,而政有命,国无君也;官有政长而民有所属,而政有命,国无吏也;官驾百乘而食食千人,政有命国无人也。何也?君之为言也,道也。故君也者,道之所出也。贤人不举而不肖人不去,此君无道也,故政谓此国无君也。吏之为言,理也。故吏也者,理之所出也。上为非而不敢谏,下为善而不知劝,此吏无理也,故政谓此国无吏也。官驾百乘而食食千人,近侧者不足以问谏,而由朝假不足以考度,故政谓此国无人也。呜呼,悲哉!君者,群也,无人谁据?无据必蹶,政谓此国素亡也。

15. 修政语(上)①

黄帝曰:"道若川谷之水,其出无已,其行无止。"故服人而不为仇,分人而不谲者,其惟道矣。故播之于天下而不忘者,其惟道矣。是以道高比于天,道明比于日,道安比于山。故言之者见谓智,学之者见谓贤,守之者见谓信,乐之者见谓仁,行之者见谓圣人。故惟道不可窃也,不可以为虚也。故黄帝职道义,经天地,纪人伦,序万物,以信与仁为天下先。然后济东海,入江内取绿图,西济积石,涉流沙,登于昆仑。于是还居中国,以平天下。天下太平,唯躬道而已。

帝颛顼曰:"至道不可过也,至义不可易也。"是故以后者复迹也。故

---

① 贾谊著,阎振益、钟夏注:《新书校注》,中华书局 2000 年版,第 359—369 页。

上缘黄帝之道而行之,学黄帝之道而赏之,弗加弗损,天下亦平也。

颛顼曰:"功莫美于去恶而为善,罪莫大于去善而为恶。故非吾善善而已矣,善缘善也;非恶恶而已也,恶缘恶也。吾日慎一日,其此已也。"

帝喾曰:"缘道者之辞而与为道已,缘巧者之事而学为巧已,行仁者之操而与为仁也。"故节仁之器以修其材,而身专其美矣。故上缘黄帝之道而明之,学帝颛顼之道而行之,而天下亦平矣。

帝喾曰:"德莫高于博爱人,而政莫高于博利人,故政莫大于信,治莫大于仁,吾慎此而已矣。"

帝尧曰:"吾存心于先古,加志于穷民,痛万姓之罹罪,忧众生之不遂也。故一民或饥,曰此我饥之也;一民或寒,曰此我寒之也;一民有罪,曰此我陷之也。"仁行而义立,德博而化富。故不赏而民劝,不罚而民治,先恕而后行,是以德音远也。是故尧教化及雕题、蜀、越,抚交趾,身涉流沙,地封独山,西见王母,训及大夏、渠叟,北中幽都,及狗国与人身,而鸟面及焦侥,好贤而隐不还,强于行而蔺于志,率以仁而恕,至此而已矣。

帝舜曰:"吾尽吾敬以事吾上,故见谓忠焉;吾尽吾敬以接吾敌,故见谓信焉;吾尽吾敬以使吾下,故见谓仁焉。是以见爱亲于天下之人,而归乐于天下之民,而见贵信于天下之君。故吾取之以敬也,吾得之以敬也,故欲明道而谕教,惟以敬者为忠必服之。

大禹之治天下也,诸侯万人而禹一皆知其国,其士万人而禹一皆知其体,故大禹岂能一见而知之也?岂能一闻而识之也?诸侯朝会而禹亲报之,故是以禹一皆知其国也;其士月朝而禹亲见之,故是以禹一皆知其体也。然且大禹其犹大恐,诸侯会,则问于诸侯曰:"诸侯以寡人为骄乎?"朔日,士朝,则问于士曰:"诸侯大夫以寡人为汏乎?其闻寡人之骄之汏耶,而不以语寡人者,此教寡人残道也,灭天下之教也。故寡人之所怨于人者,莫大于此也。"

大禹曰:"民无食也,则我弗能使也;功成而不利于民,我弗能劝也。"故鬶河而导之九牧,凿江而导之九路,澄五湖而定东海,民劳矣而弗苦者,功成而利于民也。禹尝昼不暇食,夜不暇寝矣。方是时也,忧务故也。故禹与士民同务,故不自言其信,而信谕矣。故治天下,以信为之也。

汤曰:"学圣王之道,譬其如日;静思而独居,譬其若火。夫人舍学圣王之道而静居独思,譬其若去日之明于庭,而就火之光于室也,然可以小见,而不可以大知。"是故明君而君子,贵尚学道而贱下独思也。故诸君得贤而举之,得贤而与之,譬其若登山乎;得不肖而举之,得不肖而与之,譬其若下渊乎。故登山而望,其何不临而何不见?凌迟而入渊,其孰不陷溺?是以明君慎其举,而君子慎其与,然后福可必归,菑可必去矣。

汤曰:"药食尝于卑,然后至于贵;药言献于贵,然后闻于卑。"故药食尝于卑,然后至于贵,教也;药言献于贵然后闻于卑,道也。故使人味食然后食者,其得味也多;使人味言然后闻者,其得言也少。故以是明上之于言也,必自也听之,必自也择之,必自也聚之,必自也藏之,必自也行之。故道以数取之为明,以数行之为章,以数施之万姓为藏。是故求道者不以目而以心,取道者不以手而以耳,致道者以言,入道者以忠,积道者以信,树道者以人。故人主有欲治安之心而无治安之政者,虽欲治安显荣也,弗得矣。故治安不可以虚成也,显荣不可以虚得也。故明君敬士、察吏、爱民以参其极,非此者,则四美不附矣。

16. 修政语(下)[①]

周文王问于粥子曰:"敢问君子将入其职,则其于民也何如?"粥子对曰:"唯,疑。请以上世之政诏于君王。政曰:君子将入其职,则其于民也,旭旭然如日之始出也。"周文王曰:"受命矣。"曰:"君子既入其职,则其于民也,何若?"对曰:"君子既入其职,则其于民也,暥暥然如日之正中。"周文王曰:"受命矣。"曰:"君子既去其职,则其于民也,何若?"对曰:"君子既去其职,则其于民也,暗暗然如日之已入也。故君子将入而旭旭者,义先闻也;既入而暥暥者,民保其福也;既去而暗暗者,民失其教也。"周文王曰:"受命矣。"

周武王问于粥子曰:"寡人愿守而必存,攻而必得,战而必胜,则吾为此奈何?"粥子曰:"唯,疑。攻守而战乎同器,而和与严其备也。故曰:和可以守而严可以守,而严不若和之固也;和可以攻而严可以攻,而严不若和之得也;和可以战而严可以战,而严不若和之胜也。则唯由和而可也。故诸侯发政施令,政平于人者,谓之文政矣;诸侯接士而使吏,礼恭于人者,谓之文礼矣;诸侯听狱断刑,仁于治,陈于行。其由此守而不存、攻而

---

① 贾谊著,阎振益、钟夏注:《新书校注》,中华书局 2000 年版,第 369—377 页。

不得、战而不胜者，自古而至于今，自天地之辟也，未之尝闻也。今也，君王欲守而必存，攻而必得，战而必胜，则唯由此也为可也。"周武王曰："受命矣。"

周武王问于王子旦曰："敢问治有必成而战有必胜乎？攻有必得而守有必存乎？"王子旦对曰："有。政曰：诸侯政平于内而威于外矣，君子行修于身而信于舆人矣，治民民治而荣于名矣。故诸侯凡有治心者，必修之以道而与之以敬，然后能以成也；凡有战心者，必修之以政，而兴之以义，然后能以胜也；凡有攻心者，必结之以约而论之以信，然后能以得也；凡有守心者，必固之以和而论之以爱，然后能有存也。"周武王曰："受命矣。"师尚父曰："吾闻之于政也，曰：天下旷旷，一人有之；万民蓁蓁，一人理之。故天下者，非一家之有也，有道者之有也。故夫天下者，唯有道者理之，唯有道者纪之，唯有道者使之，唯有道者宜处而久之。故夫天下者，难得而易失也，难常而易忘也。故守天下者，非以道则弗得而长也。故夫道者，万世之宝也。"周武王曰："受命矣。"

周成王年六岁，即位享国，亲以其身见于粥子之家而问焉，曰："昔者先王与帝修道而道修，寡人之望也，亦愿以教。敢问兴国之道奈何？"粥子对曰："唯，疑。请以上世之政诏于君王。政曰：兴国之道，君思善则行之，君闻善则行之，君知善则行之，位敬而常之，行信而长之，则兴国之道也。"周成王曰："受命矣。"

周成王曰："敢问于道之要奈何？"粥子对曰："唯，疑。请以上世之政诏于君王。政曰：为人下者敬而肃，为人上者恭而仁，为人君者敬士爱民，以终其身，此道之要也。"周成王曰："受命矣。"

周成王曰："敢问治国之道若何？"粥子曰："唯，疑。请以上世之政诏于君王。政曰：治国之道，上忠于主，而中敬其士，而下爱其民。故上忠其主者，非以道义则无以入忠也；而中敬其士，不以礼节无以谕敬也；下爱其民，非以忠信则无以谕爱也。故忠信行于民，而礼节谕于士，道义入于上，则治国之道也。虽治天下者，由此而已。"周成王曰："受命矣。"

周成王曰："寡人闻之，有上人者，有下人者，有贤人者，有不肖人者，有智人者，有愚人者。敢问上下之人，何以为异？"粥子对曰："唯，疑。请以上世之政诏于君王。政曰：凡人者，若贱若贵，若幼若老，闻道志而藏之，知道善而行之，上人矣；闻道而弗取藏也，知道而弗取行也，则谓之下人也。故夫行者善则谓之贤人矣，行者恶则谓之不肖矣。故夫言者善则谓之智矣，言者不善则谓之愚矣。故智愚之人有其辞矣，贤不肖之人别其行矣，上下之人等其志矣。"周成王曰："受命矣。"

周成王曰："寡人闻之，圣王在上位，使民富且寿云。若夫富则可为也，若夫寿则不在天乎？"鬻子曰："唯，疑。请以上世之政诏于君王。政曰：圣王在上位，则天下不死军兵之事，故诸侯不私相攻，而民不私相斗阋，不私相煞也。故圣王在上位，则民免于一死而得一生矣。圣王在上位，则君积于道，而吏积于德，而民积于用力。故妇人为其所衣，丈夫为其所食，则民无冻馁矣。故圣王在上，则民免于二死而得二生矣。圣王在上，则君积于仁，而吏积于爱，而民积于顺，则刑罚废矣。而民无夭遏之诛。故圣王在上，则民免于三死而得三生矣。圣王在上，则使民有时，而用之有节，则民无厉疾。故圣王在上，则民免于四死而得四生矣。圣王在上，则使盈境内兴贤良，以禁邪恶。故贤人必用而不肖人不作，则已得其命矣。故夫富且寿者，圣王之功也。"周成王曰："受命矣。"

韩婴学案

　　韩婴《诗》《易》兼治,是西汉初年著名的经学家。文帝时为博士,其思想以儒家学说为主体,如将孟荀二者的人性论进行了杂糅,突出了性善与礼论并治的特点。此外,在治国理政方面,韩婴主张用儒家的礼仪之说来中和法家的王霸之学,并辅以道家的无为思想,体现了汉初儒学兼采诸家的发展特点。

　　韩婴的学说主要通过诠释儒家典籍《诗经》来进行阐发,西汉三家今文《诗》学中,《韩诗》的《韩诗外传》留下的材料最为完整。透过《韩诗外传》"《诗》教"探讨,可以了解《诗》学义理,在儒者形塑理想帝国的过程中扮演的重要角色。此外,《韩诗外传》中,有大量论"士"的材料,反映作者面对崭新帝国的情境,对"士"的角色、功能的重新思考与认知;表达了儒士脱离反文化的秦帝国的全面压抑,面对崭新的汉帝国,逐步由政治的边缘人,迈入权力核心,可以有所作为的自觉。并能看出儒士面对专制帝国铺天盖地的政治威力,既期待进入统治集团,又担心遭受政治力伤害,因而希望能建立"士"阶层某种程度的独立性,以便与政治权力保持可即可离关系的特殊思考。

　　《韩诗外传》正代表此一类型的儒士,透过自我认同与群体意识的建立,争取群体地位的提升,使本来仅拥有知识与"道"的"游士",一方面可以寻找从政的机会,参与形塑新帝国的活动;另方面可以维持相当程度的独立性,与政治权力保持可即可离的关系,不致完全被统治权力钳制。①

　　除了对"儒士"形象的相关论及外,《韩诗外传》沿着六经一体的思路,在解说阐释诗义的同时,也在阐发六经的含义,在新的社会趋势下,以儒家的经义宗旨统合诸子,使《诗经》所包含的礼乐文化要义得以发扬和适

---

① 林聪舜:《儒学与汉帝国意识形态》,上海人民出版社 2017 年版,第 115 页。

时。《外传》对道（德）的重新阐释，对礼与法的统一，对礼的新依据——情（性）的阐释，都显示着这种用心，并成为汉唐儒学发展史上的重要一环。

总之，《韩诗外传》对儒学在汉初的发展有两个方面的贡献：一是为儒学在形而上学领域拓展了想象空间，二是对儒家仁义礼智信等道德原则的明晰化和通俗化的阐释。前者显示了汉代学术思想经验主义主流之外的一面，后者补充了董仲舒等人在儒学平民化、实用性上的不足。[①]

一、韩诗外传（节选）[②]

1. 卷一[③]

第一章

曾子仕于莒，得粟三秉，方是之时，曾子重其禄而轻其身。亲没之后，齐迎以相，楚迎以令尹，晋迎以上卿。方是之时，曾子重其身而轻其禄。怀其宝而迷其国者，不可与语仁。窘其身而约其亲者，不可与语孝。任重道远者，不择地而息。家贫亲老者，不择官而仕。故君子桥褐趋时，当务为急。传云：不逢时而仕，任事而敦其虑，为之使而不入其谋，贫焉故也。《诗》曰："夙夜在公，实命不同。"

第二章

传曰：夫行露之人许嫁矣，然而未往也。见一物不具，一礼不备，守节贞理，守死不往。君子以为得妇道之宜，故举而传之，扬而歌之，以绝无道之求，防污道之行乎？《诗》曰："虽速我讼，亦不尔从。"

第三章

孔子南游适楚，至于阿谷之隧，有处子佩璜而浣者。孔子曰："彼妇人

---

① 艾春明：《〈韩诗外传〉研究》，东北师范大学 2008 年博士论文，第 1—2 页。

② 这里节选的是该书卷一、卷二、卷五、卷八、卷十等。

③ 韩婴撰，许维遹校释：《韩诗外传集释》，中华书局 1980 年版，第 1—30 页。

其可与言矣乎?"抽觯以授子贡,曰:"善为之辞,以观其语。"子贡曰:"吾北
鄙之人也,将南之楚,逢天之暑,思心潭潭,顾乞一饮,以表我心。"妇人对
曰:"阿谷之隧,隐曲之氾,其水载清载浊,流而趋海,欲饮则饮,何问于婢
子!"受子贡觯,迎流而挹之,奂然而弃之,从流而挹之,奂然而溢之,坐置
之沙上。曰:"礼固不亲授。"子贡以告。孔子曰:"丘知之矣。"抽琴去其
轸,以授子贡曰:"善为之辞,以观其语。"子贡曰:"向子之言,穆如清风,不
悖我语,和畅我心。于此有琴而无轸,愿借子以调其音。"妇人对曰:"吾野
鄙之人也,僻陋而无心,五音不知,安能调琴?"子贡以告。孔子曰:"丘知
之矣。"抽绤纮五两以授子贡,曰:"善为之辞,以观其语。"子贡曰:"吾北鄙
之人也,将南之楚。于此有绤纮五两,吾不敢以当子身,敢置之水浦。"妇
人对曰:"行客之人,嗟然永久,分其资财,弃之野鄙。吾年甚少,何敢受
子? 子不早去,今窃有狂夫守之者矣。"《诗》曰:"南有乔木,不可休思,汉
有游女,不可求思。"此之谓也。

第四章

哀公问孔子曰:"有智者寿乎?"孔子曰:"然。人有三死而非命也者,
自取之也。居处不理,饮食不节,佚劳过度者,病共杀之。居下而好干上,
嗜欲无厌,求索不止者,刑共杀之。少以敌众,弱以侮强,忿不量力者,兵
共杀之。故有三死而非命也者,自取之也。"《诗》曰:"人而无仪,不死
何为。"

第五章

传曰:在天者莫明乎日月,在地者莫明于水火,在人者莫明乎礼义。
故日月不高则所照不远,水火不积则光炎不博,礼义不加乎国家则功名不
白。故人之命在天,国家之命在礼,君人者降礼尊贤而王,重法爱民而霸,
好利多诈而危,权谋倾覆而亡。《诗》曰:"人而无礼,胡不遄死。"

第六章

君子有辩善之度,以治气养性,则身后彭祖。修身自强,则名配尧禹。
宜于时则达,厄于穷则处,信礼者也。凡用心之术,由礼则理达,不由礼则
悖乱。饮食衣服,动静居处,由礼则和节,不由礼则垫陷生疾。容貌态度,

进退趋步,由礼则雅,不由礼则夷固。故人无礼则不生,事无礼则不成,国无礼则不宁,王无礼则死亡无日矣。《诗》曰:"人而无礼,胡不遄死。"

第七章

传曰:不仁之至忽其亲,不忠之至倍其君,不信之至欺其友。此三者,圣人之所杀而不赦也。《诗》曰:"人而无礼,不死何为。"

第八章

王子比干杀身以成其忠,尾生杀身以成其信,伯夷、叔齐杀身以成其廉。此四子者,皆天下之通士也。岂不爱其身哉?为夫义之不立,名之不显,则士耻之,故杀身以遂其行。由是观之,卑贱贫穷,非士之耻也。夫士之所耻者,天下举忠而士不与焉,举信而士不与焉,举廉而士不与焉。三者存乎身,名传于世,与日月并而不息,天不能杀,地不能生,当桀纣之世,不之能污也。然则,非恶生而乐死也,恶富贵好贫贱也。由其理尊贵及己而仕,不辞也。孔子曰:"富而可求也,虽执鞭之士,吾亦为之。如不可求,从吾所好。"故阨穷而不悯,劳辱而不苟,然后能有致也。《诗》曰:"我心匪石,不可转也。我心匪席,不可卷也。"此之谓也。

第九章

原宪居鲁,环堵之室,茨以蒿莱,蓬户瓮牖,揉桑而为枢,上漏下湿,匡坐而弦歌。子贡乘肥马,衣轻裘,中绀而表素,轩车不容巷而往见之。原宪楮冠黎杖而应门,正冠则缨绝,振襟则肘见,纳履则踵决。子贡曰:"嘻!先生何病也?"原宪仰而应之曰:"宪闻之,无财之谓贫,学而不能行之谓病。宪贫也,非病也。若夫希世而行,比周而友,学以为人,教以为己,仁义之匿,车马之饰,衣裘之丽,宪不忍为之也。"子贡逡巡,面有惭色,不辞而去。原宪乃徐步曳杖歌《商颂》而反,声满于天地,如出金石。天子不得而臣也,诸侯不得而友也。故养身者忘家,养志者忘身。身且不爱,孰能忝之?《诗》曰:"我心匪石,不可转也。我心匪席,不可卷也。"

第十章

传曰:所谓士者,虽不能尽乎道术,必有由也。虽不能尽乎美善,必有处也。言不务多,务审其所谓,行不务多,务审其所由而已。行既已尊之,言既已由之,若肌肤性命之不可易也。《诗》曰:"我心匪石,不可转也。我心匪席,不可卷也。"

第十一章

传曰:君子洁其身而同者合焉,善其音而类者应焉。马鸣而马应之,牛鸣而牛应之,非知也,其势然也。故新沐者必弹冠,新浴者必振衣,莫能以己之皭皭容人之混汍然。《诗》曰:"我心匪鉴,不可以茹。"

第十二章

荆伐陈,陈西门坏,因其降民使修之,孔子过而不式,子贡执辔而问曰:"礼过三人则下,二人则式。今陈之修门者众矣,夫子不为式,何也?"孔子曰:"国亡而弗知,不智也。知而不争,非忠也。争而不死,非勇也。修门者虽众,不能行一于此,吾故弗式也。《诗》曰:'忧心悄悄,愠于群小。'"小人成群,何足礼哉?

第十三章

传曰:喜名者必多怨,好与者必多辱。唯灭迹于人,能随天地自然,为能胜理而无爱名。名兴则道不用,道行则人无位矣。夫利为害本,而福为祸先。唯不求利者为无害,不求福者为无祸。《诗》曰:"不忮不求,何用不臧。"

第十四章

传曰:聪者耳闻,明者目见。聪明则仁爱着而廉耻分矣。故非其道而行之,虽劳不至,非其有而求之,虽强不得。故智者不为非其事,廉者不求非其有,是以害远而名彰也。《诗》云:"不忮不求,何用不臧。"

第十五章

传曰:安命养性者不待积委而富,名号传乎世者不待势位而显,德义畅乎中而无外求也。信哉,贤者之不以天下为名利也。《诗》曰:"不忮不求,何用不臧。"

第十六章

古者天子左五钟，右五钟。将出，则撞黄钟，而右五钟皆应之。马鸣中律，驾者有文，御者有数。立则磬折，拱则抱鼓，行步中规，折旋中矩。然后太师奏升车之乐，告出也。入则撞蕤宾，而左五钟皆应之，以治容貌。容貌得则颜色齐，颜色齐则肌肤安。蕤宾有声，鹄震马鸣，及倮介之虫，无不延颈以听。在内者皆玉色，在外者皆金声。然后少师奏升堂之乐，即席告入也。此言音乐相和，物类相感，同声相应之义也。《诗》云："钟鼓乐之。"此之谓也。

第十七章

枯鱼衔索，几何不蠹？二亲之寿，忽如过客。树木欲茂，霜露不使。贤士欲养，二亲不待。故曰：家贫亲老，不择官而仕也。《诗》曰："虽则如毁，父母孔迩。"此之谓也。

第十八章

孔子曰："君子有三忧。弗知，可无忧与？知而不学，可无忧与？学而不行，可无忧与？"《诗》曰："未见君子，忧心惙惙。"

第十九章

鲁公甫文伯死，其母不哭也。季孙闻之曰："公甫文伯之母，贞女也，子死不哭，必有方矣。"使人问焉。对曰："昔是子也，吾使之事仲尼。仲尼去鲁，送之不出鲁郊，赠之不与家珍。病不见士之来视者，死不见士之流泪者，死之日，宫女缟经而从者十人。此不足于士而有余于妇人也，吾是以不哭也。"《诗》曰："乃如之人兮，德音无良。"

第二十章

传曰：天地有合，则生气有精矣。阴阳消息，则变化有时矣。时得则治，时失则乱。故人生而不具者五。目无见，不能食，不能行，不能言，不能施化。三月微昫而后能见，八月生齿而后能食，期年膑就而后能行，三年颅合而后能言。十六精通而后能施化。阴阳相反，阴以阳变，阳以阴变。故男八月生齿,八岁而龀齿,十六而精化小通。女七月生齿,七岁而龀齿,十四而精化小通。是故阳以阴变,阴以阳变。故不肖者精化始具,而生气感动,触情纵欲,反施乱化。是以年寿亟夭而性不长也。《诗》曰:"乃如之人兮,怀婚姻也,太无信也,不知命也。"贤者不然,精气阗溢而后伤,时不可过也。不见道端,乃陈情欲,以歌道义。《诗》曰:"静女其姝,俟我乎城隅。爱而不见,搔首踟蹰。""瞻彼日月,遥遥我思。道之云远,曷云能来!"急时之辞也。甚焉故称日月也。

第二十一章

楚白公之难,有庄之善者,辞其母,将死君。其母曰:"弃母而死君可乎?"曰:"吾闻事君者,内其禄而外其身。今之所以养母者,君之禄也,请往死之。"比至朝,三废车中。其仆曰:"子惧,何不反也?"曰:"惧,吾私也,死君,吾公也。吾闻君子不以私害公。"遂往死之。君子闻之曰:"好义哉,必济矣夫。"《诗》云:"深则厉,浅则揭。"此之谓也。

第二十二章

晋灵公之时,宋人杀昭公,赵宣子请师于灵公而救之。灵公曰:"非晋国之急也。"宣子曰:"不然。夫大者天地,其次君臣,所以为顺也。今杀其君,所以反天地,逆人道也,天必加灾焉。晋为盟主而不救,天罚惧及矣。《诗》云:'凡民有丧,匍匐救之。'而况国君乎?"于是灵公乃与师而从之。宋人闻之,俨然感说,而晋国日昌。何则?以其诛逆存顺。《诗》曰:"凡民有丧,匍匐救之。"赵宣子之谓也。

第二十三章

传曰:水浊则鱼喁,令苛见民乱,城峭则崩,岸峭则陂。故吴起峭刑而车裂,商鞅峻法而支解。治国者譬若乎张琴然,大弦急则小弦绝矣。故急辔衔者,非千里之御也。有声之声不过百里,无声之声延及四海。故禄过其功者削,名过其实者损,情行合而名副之,祸福不虚至矣。《诗》云:"何其处也,必有与也。何其久也,必有以也。"故惟其无为,能长生久视,而无累于物矣。

第二十四章

传曰：衣服容貌者，所以说目也。应对言语者，所以说耳也，好恶去就者，所以说心也。故君子衣服中，容貌得，则民之目悦矣。言语逊，应对给，则民之耳悦矣。就仁去不仁，则民之心悦矣。三者存乎身，虽不在位，谓之素行。故中心存善，而日新之，则独居而乐，德充而形。《诗》曰："何其处也，必有与也。何其久也，必有以也。"

第二十五章

仁道有四，磏为下。有圣仁者，有智仁者，有德仁者，有磏仁者。上知天能用其时，下知地能用其材，中知人能安乐之，是圣仁者也。上亦知天能用其时，下知地能用其材，中知人能使人肆之，是智仁者也。宽而容众，百姓信之，道所以至，弗辱以时，是德仁者也。廉洁直方，疾乱不治，恶邪不匡，虽居乡里，若坐涂炭，命入朝廷，如赴汤火，非其民不使，非其食弗尝，疾乱世而轻死，弗顾弟兄，以法度之，比于不祥，是磏仁者也。传曰：山锐则不高，水径则不深，仁磏则其德不厚，志与天地拟者其人不祥。是伯夷、叔齐、卞随、介子推、原宪、鲍焦、袁旌目、申徒狄之行也，其所受天命之度，适至是而止，弗能改也，虽枯槁弗舍也。《诗》云："亦已焉哉，天实为之，谓之何哉！"磏仁虽下，然圣人不废者，匡民隐括，有在是中者也。

第二十六章

申徒狄非其世，将自投于河。崔嘉闻而止之曰："吾闻圣人仁士之于天地之间也，民之父母也。今为濡足之故，不救溺人，可乎？"申徒狄曰："不然。昔桀杀关龙逢，纣杀王子比干，而亡天下，吴杀子胥，陈杀泄冶，而灭其国。故亡国残家，非无圣智也，不用故也。"遂抱石而沈于河。君子闻之曰："廉矣。如仁与智，则吾未之见也。"《诗》曰："天实为之，谓之何哉！"

第二十七章

鲍焦衣弊肤见，挈畚将蔬，遇子贡于道。子贡曰："吾子何以至于此也？"鲍焦曰："天下之遗德教者众矣，吾何以不至于此也？吾闻之，世不己知而行之不已者，是爽行也。上不己用而干之不止者，是毁廉也。行爽廉毁,然且弗舍,惑于利者也。子贡曰:"吾闻之,非其世者,不生其利。污其君者,不履其土。今吾子污其君而履其土,非其世而撷其蔬,其可乎?《诗》曰:'溥天之下,莫非王土。'此谁之有哉?"鲍焦曰:"于戏!吾闻贤者重进而轻退,廉者易愧而轻死。"于是弃其蔬而立槁于洛水之上。君子闻之曰:"廉夫刚哉!夫山锐则不高,水径则不深,行碍者其德不厚,志与天地拟者其为人不祥。鲍焦可谓不祥矣。其节度浅深,适至于是矣。"《诗》云:"亦已焉哉。天实为之,谓之何哉!"

第二十八章

昔者周道之盛,邵伯在朝,有司请营邵以居。邵伯曰:"嗟!以吾一身而劳百姓,此非吾先君文王之志也。"于是出而就蒸庶于阡陌陇亩之间而听断焉。邵伯暴处远野,庐于树下,百姓大说,耕桑者倍力以劝。于是岁大稔,民给家足。其后,在位者骄奢,不恤元元,税赋繁数,百姓困乏,耕桑失时。于是诗人见邵伯之所休息树下,美而歌之。《诗》曰:"蔽芾甘棠,勿剪勿伐,召伯所茇。"此之谓也。

2. 卷二[①]

第一章

楚庄王围宋,有七日之粮,曰:"尽此而不克,将去而归。"于是使司马子反乘堙而窥宋城。宋使华元乘堙而应之。子反曰:"子之国何若矣?"华元曰:"惫矣。易子而食之,析骸而爨之。"子反曰:"嘻,甚矣惫!虽然,吾闻围者之国,箝马而秣之,使肥者应客。今何吾子之情也?"华元曰:"吾闻君子见人之困则矜之,小人见人之困则幸之。吾望见吾子似于君子,是以情也。"子反曰:"诺,子其勉之矣。吾军有七日粮尔。"揖而去。子反告庄王,庄王曰:"若何?"子反曰:"惫矣。易子而食之,析骸而爨之。"庄王曰:"嘻,甚矣惫,今得此而归尔。"子反曰:"不可,吾已告之矣。曰:军亦有七日粮尔。"庄王怒曰:"吾使子视之,子曷为而告之?"子反曰:"区区之宋犹有不欺之臣,可以楚国而无乎? 吾是以告之也。"庄王曰:"虽然,吾今得此

---

① 韩婴撰,许维遹校释:《韩诗外传集释》,中华书局1980年版,第31—78页。

而归尔。"子反曰:"王请处此,臣请归耳。"王曰:"子去我而归,吾孰与处乎此?吾将从子而归。"遂引师而归。君子善其平乎己也。华元以诚告子反,得以解围,全二国之命。《诗》云:"彼姝者子,何以告之?"君子善其以诚相告也。

第二章

鲁监门之女婴相从绩,中夜而泣涕。其偶曰:"何谓而泣也?"婴曰:"吾闻卫世子不肖,所以泣也。"其偶曰:"卫世子不肖,诸侯之忧也,子曷为泣也?"婴曰:"吾闻之,异乎子之言也。昔者宋之桓司马得罪于宋君,出奔于鲁,其马佚而马展吾园,而食吾园之葵。是岁,吾闻园人亡利之半。越王勾践起兵而攻吴,诸侯畏其威。鲁往献女,吾姊与焉。兄往视之,道畏而死。越兵威者吴也,兄死者,我也。由是观之,祸与福相及也。今卫世子甚不肖,好兵,吾男弟三人,能无忧乎?"《诗》曰:"大夫跋涉,我心则忧。"是非类与乎?

第三章

高子问于孟子曰:"夫嫁娶者非己所自亲也,卫女何以编于诗也?"孟子曰:"有卫女之志则可,无卫女之志则怠。若伊尹于太甲,有伊尹之志则可,无伊尹之志则篡。夫道二,常之谓经,变之谓权。怀其常道而挟其变权,乃得为贤。夫卫女行中孝,虑中圣,权如之何?"《诗》曰:"既不我嘉,不能旋反。视我不臧,我思不远。"

第四章

楚庄王听朝罢晏。樊姬下堂而迎之,曰:"何罢之晏也,得无饥倦乎?"庄王曰:"今日听忠贤之言,不知饥倦也。"樊姬曰:"王之所谓忠贤者,诸侯之客欤?国中之士欤?"庄王曰:"则沈令尹也。"樊姬掩口而笑。王曰:"姬之所笑者何等也?"姬曰:"妾得侍于王,尚汤沐,执巾栉,振衽席,十有一年矣。然妾未尝不遣人之梁郑之间,求美人而进之于王也。与妾同列者十人,贤于妾者二人。妾岂不欲擅王之爱,专王之宠哉?不敢以私愿蔽众美也,欲王之多见,则知人能也。今沈令尹相楚数年矣,未尝见进贤而退不肖也,又焉得为忠贤乎?"庄王旦朝,以樊姬之言告沈令尹。令尹避席而进孙叔敖。叔敖治楚三年,而楚国霸。楚史援笔而书之于策曰:"楚之霸,樊姬之力也。"《诗》曰:"百尔所思,不如我所之。"樊姬之谓也。

第五章

闵子骞始见于夫子,有菜色,后有刍豢之色。子贡问曰:"子始有菜色,今有刍豢之色,何也?"闵子曰:"吾出蒹葭之中,入夫子之门。夫子内切瑳以孝,外为之陈王法,心窃乐之。出见羽盖龙旂,旃裘相随,心又乐之。二者相攻胸中而不能任,是以有菜色也。今被夫子之教浸深,又赖二三子切瑳而进之,内明于去就之义,出见羽盖龙旂,旃裘相随,视之如坛土矣,是以有刍豢之色。"《诗》曰:"如切如瑳,如错如磨。"

第六章

传曰:雩而雨者何也?曰:无何也,犹不雩而雨也。星坠木鸣,国人皆恐,何也?是天地之变,阴阳之化,物之罕至者也。怪之可也,畏之非也。夫日月之薄蚀,怪星之党见,风雨之不时,是无世而不尝有也。上明政平,是虽并至无伤也。上暗政险,是虽无一无益也。夫万物之有灾,人妖最可畏也。曰何谓人妖?曰枯耕伤稼,枯耘伤岁,政险失民,田秽稼恶,籴贵民饥,道有死人,寇贼并起,上下乖离,邻人相暴,对门相盗,礼义不修,牛马相生,六畜作妖,臣下杀上,父子相疑,是谓人妖。妖是生于乱。传曰:天地之灾,隐而废也,万物之怪,书不说也。无用之变,不急之察,弃而不治。若夫君臣之义,父子之亲,男女之别,切瑳而不舍也。《诗》曰:"如切如瑳,如错如磨。"

第七章

孔子曰:"口欲味,心欲佚,教之以仁。心欲安,身欲劳,教之以恭。好辩论而畏惧,教之以勇。目好色,耳好声,教之以义。"易曰:"艮其限,列其夤,厉薰心。"《诗》曰:"吁嗟女兮,无与士耽。"皆防邪禁佚,调和心志。

第八章

高墙丰上激下,未必崩也。降雨兴,流潦至,则崩必先矣。草木根荄浅,未必橛也。飘风兴,暴雨坠,则橛必先矣。君子居是邦也,不崇仁义,尊其贤臣,以理万物,未必亡也。一旦有非常之变,诸侯交争,人趋车驰,迫然祸至,乃始愁忧,干喉焦唇,仰天而叹,庶几乎望其安也,不亦晚乎?孔子曰:"不慎其前而悔其后,嗟乎!虽悔无及矣。"《诗》曰:"惄其泣矣,嗟何及矣!"

第九章

曾子曰:"君子有三言,可贯而佩之。一曰无内疏而外亲,二曰身不善而怨他人,三曰患至而后呼天。"子贡曰:"何也?"曾子曰:"内疏而外亲,不亦反乎?身不善而怨他人,不亦远乎?患至而后呼天,不亦晚乎?"《诗》曰:"惄其泣矣,嗟何及矣!"

第十章

夫霜雪雨露,杀生万物者也,天无事焉,犹之贵天也。执法厌文,治官治民者,有司也,君无事焉,犹之尊君也。夫辟土殖谷者后稷也,决江疏河者禹也,听狱执中者皋陶也,然而有圣名者尧也。故有道以御之,身虽无能也,必使能者为己用也。无道以御之,彼虽多能,犹将无益于存亡矣。《诗》曰:"执辔如组,两骖如舞。"贵能御也。

第十一章

传曰:孔子云:美哉颜无父之御也,马知后有舆而轻之,知上有人而爱之。马亲其正而爱其事,如使马能言,彼将必曰:"乐哉!今日之驺也!"至于颜沦,少衰矣。马知后有舆而轻之,知上有人而敬之。马亲其正而敬其事,如使马能言,彼将必曰:"驺来,其人之使我也!"至于颜夷而衰矣。马知后有舆而重之,知上有人而畏之。马亲其正而畏其事,如使马能言,彼将必曰:"驺来!驺来!女不驺,彼将杀女。"故御马有法矣,御民有道矣。法得则马和而欢,道得则民安而集。《诗》曰:"执辔如组,两骖如舞。"此之谓也。

第十二章

颜渊侍坐鲁定公于台,东野毕御马于台下。定公曰:"善哉!东野毕之御也。"颜渊曰:"善则善矣,其马将佚矣。"定公不说,以告左右曰:"闻君子不谮人。君子亦谮人乎?"颜渊退,俄而厩人以东野毕马佚闻矣。定公蹴席而起,曰:"趣驾召颜渊。"颜渊至,定公曰:"乡寡人曰:'善哉东野毕之御也。'吾子曰:'善则善矣,然则马将佚矣。'不识吾子何以知之?"颜渊曰:"臣以政知之。昔者舜工于使人,造父工于使马。舜不穷其民,造父不极其马。是以舜无佚民,造父无佚马也。今东野毕之御,上车执辔,衔体正矣,周旋步骤,朝礼毕矣,历险致远,马力殚矣,然犹策之不已,所以知其佚也。"定公曰:"善,可少进乎?"颜渊曰:"兽穷则啮,鸟穷则啄,人穷则诈。自古及今,穷其下能不危者,未之有也。《诗》曰:'执辔如组,两骖如舞。'善御之谓也。"定公曰:"寡人之过矣!"

第十三章

崔杼弑庄公,令士大夫盟。盟者皆脱剑而入。言不疾,指不至血者死,所杀者十余人。次及晏子。晏子捧杯血,仰天而叹曰:"恶乎!崔杼将为无道而杀其君。"于是盟者皆视之。崔杼谓晏子曰:"子与我,吾将与子分国。子不与我,杀子。直兵将推之,曲兵将钩之,吾愿子图之也。"晏子曰:"吾闻留以利而倍其君者非仁也,劫以刃而失其志者非勇也。《诗》曰:'莫莫葛藟,延于条枚。恺悌君子,求富不回。'婴其可回矣?直兵推之,曲兵钩之,婴不之革也。"崔杼曰:"舍晏子。"晏子起而出,援绥而乘。其仆驰。晏子抚其手曰:"麋鹿在山林,其命在庖厨。命有所县,安在疾驰?"安行成节,然后去之。《诗》曰:"羔裘如濡,恂直且侯。彼己之子,舍命不偷。"晏子之谓也。

第十四章

楚昭王有士曰石奢,其为人也,公正而好直。王使为理。于是道有杀人者,石奢追之,则其父也。还返于廷曰:"杀人者,臣之父也。以父成政,非孝也。不行君法,非忠也。弛罪废法,而伏其辜,臣之所守也。"遂伏斧锧,曰:"命在君。"君曰:"追而不及,庸有罪乎?子其治事矣。"石奢曰:"不然。不私其父,非孝也。不行君法,非忠也。以死罪生,不廉也。君欲赦之,上之惠也。臣不能失法,下之义也。"遂不去铁锧,刎颈而死乎廷。君子闻之曰:"贞夫法哉,石先生乎!"孔子曰:"子为父隐,父为子隐,直在其中矣。"《诗》曰:"彼己之子,邦之司直。"石先生之谓也。

第十五章

外宽而内直,自设于隐括之中,直己而不直人,善废而不悒悒,蘧伯玉之行也。故为人父者则愿以为子,为人子者则愿以为父,为人君者则愿以为臣,为人臣者则愿以为君,名昭诸侯,天下愿焉。《诗》曰:"彼己之子,邦之彦兮。"此君子之行也。

第十六章

传曰:孔子遭齐程本子于郯之间,倾盖而语终日,有间,顾子路曰:"由来!取束帛以赠先生。"子路不对。有间,又顾曰:"取束帛以赠先生。"子路率尔而对曰:"昔者由也闻之于夫子,士不中道相见。女无媒而嫁者,君子不行也。"孔子曰:"夫《诗》不云乎:'野有蔓草,零露溥兮。有美一人,青阳宛兮,邂逅相遇,适我愿兮。'且夫齐程本子,天下之贤士也,吾于是而不赠,终身不之见也。大德不逾闲,小德出入可也。"

第十七章

君子有主善之心,而无胜人之色。德足以君天下,而无骄肆之容,行足以及后世,而不以一言非人之不善。故曰:君子盛德而卑,虚己以受人,旁行不流,应物而不穷。虽在下位,民愿戴之。虽欲无尊,得乎哉?《诗》曰:"彼己之子,美如英,美如英,殊异乎公行。"

第十八章

君子易和而难狎也,易惧而不可劫也,畏患而不避义死,好利而不为所非,交亲而不比,言辩而不乱,荡荡乎其义不可失也,礴乎其廉而不刿也,温乎其仁厚之宽大也,超乎其有以殊于世也。《诗》曰:"美如玉,美如玉,殊异乎公族。"

第十九章

商容尝执羽籥,冯于马徒,欲以化纣而不能。遂去,伏于太行。及武王克殷,立为太子,欲以为三公。商容辞曰:"吾常冯于马徒,欲以化纣而不能,愚也。不争而隐,无勇也。愚且无勇,不足以备乎三公。"遂固辞不受命。君子闻之曰:商容可谓内省而不诬能矣。君子哉!去素餐远矣。《诗》曰:"彼君子兮,不素餐兮。"商先生之谓也。

第二十章

晋文公使李离为理,过听杀人,自拘于廷,请死于君。君曰:"官有贵贱,罚有轻重。下吏有罪,非子之罪也。"李离对曰:"臣居官为长,不与下吏让位,受禄为多,不与下吏分利。今过听杀人而下吏蒙其死,非所闻也。"不受命。君曰:"子必自以为有罪,则寡人亦有罪矣。"李离曰:"法,失刑则刑,失死则死。君以臣为能听狱决疑,故使臣为理。今过听杀人,臣之罪当死。"君曰:"弃位委官,伏法亡国,非所望也。趣出!无忧寡人之心。"李离对曰:"政乱国危,君之忧也。军败卒乱,将之忧也。夫无能以事君,闇行以临官,是无功以食禄也。臣不能以虚自诬。"遂伏剑而死。君子闻之曰:忠矣乎!《诗》曰:"彼君子兮,不素餐兮。"李先生之谓也。

第二十一章

楚狂接舆躬耕以食。其妻之市未返,楚王使使者赍金百镒造门,曰:"大王使臣奉金百镒,愿请先生治河南。"接舆笑而不应。使者遂不得辞而去。妻从市而来,曰:"先生少而为义,岂将老而遗之哉?门外车辙何其深也!"接舆曰:"今者王使使者赍金百镒,欲使我治河南。"其妻曰:"岂许之乎?"曰:"未也。"妻曰:"君使不从,非忠也。从之,是遗义也。不如去之。"乃夫负釜甑,妻戴纴器,变易姓字,莫知其所之。《论语》曰:"色斯举矣,翔而后集。"接舆之妻是也。《诗》曰:"逝将去汝,适彼乐土。适彼乐土,爰得我所。"

第二十二章

昔者桀为酒池糟堤,纵靡靡之乐,一鼓而牛饮者三千人。群臣皆相持而歌曰:"江水沛兮,舟楫败兮。我王废兮,趣归于亳,亳亦大兮。"又曰:"乐兮乐兮,四牡骄兮,六辔沃兮。去不善兮从善,何不乐兮!"伊尹知大命之将至,曰:"君王不听臣言,大命至矣!亡无日矣!"桀拍然而抃,盍然而笑,曰:"子又妖言矣。吾有天下,犹天之有日也。日有亡乎?日亡吾亦亡也。"于是伊尹接履而趋,遂适于汤。汤以为相。可谓适彼乐土,爰得其所矣。《诗》曰:"逝将去汝,适彼乐土。适彼乐土,爰得我所。"

第二十三章

伊尹去夏入殷。田饶去鲁适燕。介子推去晋入山。田饶事鲁哀公而不见察,谓哀公曰:"臣将去君,黄鹄举矣。"哀公曰:"何谓也?"田饶曰:"君独不见夫鸡乎?头戴冠者文也,足傅距者武也,敌在前敢斗者勇也,见食相呼者仁也,守夜不失时者信也。鸡虽有此五德,君犹日瀹而食之者何也?则以其所从来者近也。夫黄鹄一举千里,止君园池,食君鱼鳖,啄君黍粱,无此五德者,君犹贵之者何也?以其所从来者远也。故臣将去君,黄鹄举矣。"哀公曰:"止!吾将书子之言也。"田饶曰:"臣闻食其食者,不毁其器。阴其树者,不折其枝。有臣不用,何书其言为?"遂去之燕。燕立以为相。三年,燕政大平,国无盗贼。哀公喟然太息,为之辟寝三月,减损上服。曰:"不慎其前而悔其后,何可复得?"《诗》云:"逝将去汝,适彼乐国。适彼乐国,爰得我直。"晋文公反国,酌士大夫酒,召舅犯而将之,召艾陵而相之,授田百万。介子推无爵,齿而就位。觞三行,介子推奉觞而起,曰:"有龙矫矫,将失其所。有蛇从之,周流天下。龙既入深渊,得其安所。蛇脂尽干,独不得甘雨。此何谓也?"文公曰:"嘻!是寡人之过也。吾为子爵与,待旦之朝也。吾为子田与,河东阳之间。"介子推曰:"推闻君子之道,谒而得位,道士不居也,争而得财,廉士不受也。"文公曰:"使我得反国者,子也。吾将以成子之名。"介子推曰:"推闻君子之道,为人子而不能承其父者,则不敢当其后。为人臣而不见察于其君者,则不敢立于其朝。然推亦无索于天下矣。"遂去而之介山之上。文公使人求之,不得。为之辟寝三月,号呼朞年。《诗》曰:"逝将去汝,适彼乐郊。适彼乐郊,谁之永号。"此之谓也。

第二十四章

子贱治单父,弹鸣琴,身不下堂,而单父治。巫马期以星出,以星入,日夜不处,以身亲之,而单父亦治。巫马期问于子贱,子贱曰:"我任人,子任力。任人者佚,任力者劳。"人谓子贱则君子矣,佚四肢,全耳目,平心气,而百官理,任其数而已。巫马期则不然。弊性事情,劳力教诏,虽治犹未至也。《诗》曰:"子有衣裳,弗曳弗搂。"

第二十五章

子路曰:"士不能勤苦,不能轻死亡,不能恬贫穷,而曰我能行义,吾不信也。"昔者申包胥立于秦廷,七日七夜,哭不绝声,是以存楚。不能勤苦,焉能行此? 比干且死,而谏愈忠,伯夷、叔齐饿于首阳,而志益彰。不轻死亡,焉能行此? 曾子褐衣缊绪,未尝完也。粝米之食,未尝饱也。义不合,则辞上卿。不恬贫穷,焉能行此? 夫士欲立身行道,无顾难易,然后能行之。欲行义白名,无顾利害,然后能行之。《诗》曰:"彼己之子,硕大且笃。"非良笃修身行之君子其孰能与之哉?

第二十六章

子路与巫马期薪于韫丘之下。陈之富人有处师氏者,脂车百乘,觞于韫丘之上。子路与巫马期曰:"使子无忘子之所知,亦无进子之所能,得此富,终身无复见夫子,子为之乎?"巫马期喟然仰天而叹,阖然投镰于地,曰:"吾尝闻之夫子'勇士不忘丧其元,志士仁人不忘在沟壑。'子不知予与? 试予与? 意者其志与?"子路心惭,负薪先归。孔子曰:"由来! 何为偕出而先返也?"子路曰:"向也由与巫马期薪于韫丘之下,陈之富人有处师氏者,脂车百乘,觞于韫丘之上。由谓巫马期曰:'使子无忘子之所知,亦无进子之所能,得此富,终身无复见夫子,子为之乎?'巫马期喟然仰天而叹,阖然投镰于地,曰:'吾尝闻之夫子,勇士不忘丧其元,志士仁人不忘在沟壑。子不知予与? 试予与? 意者其志与?'由也心惭,故先负薪归。"孔子援琴而弹。《诗》曰:"肃肃鸨羽,集于苞栩。王事靡盬,不能艺稷黍。父母何怙? 悠悠仓天,曷其有所!"予道不行邪? 使汝愿者。

第二十七章

孔子曰:"士有五。有执尊贵者,有家富厚者,有资勇悍者,有心智慧者,有貌美好者。执尊贵者,不以爱民行义理,而反以暴敖凌物。家富厚者,不以振穷救不足,而反以侈靡无度。资勇悍者,不以卫上攻战,而反以侵陵私斗。心智慧者,不以端计数,而反以事奸饰诈。貌美好者,不以统朝莅民,而反以蛊女从欲。此五者,所谓士失其美质者也。《诗》曰:"温其如玉,在其板屋,乱我心曲。"

第二十八章

上之人所遇,容色为先,声音次之,事行为后。故望而知宜为人君者容也,近而可信者色也,发而安中者言也,久而可观者行也。故君子容色,天下仪象而望之,不假言而知宜为人君者。《诗》曰:"颜如渥渥。"其君也哉!

第二十九章

子夏读书已毕。夫子问曰:"尔亦可言于书矣?"子夏对曰:"书之于事也,昭昭乎若日月之光明,燎燎乎如星辰之错行,上有尧舜之道,下有三王之义,弟子所受于夫子者,志之于心不敢忘。虽居蓬户之中,弹琴以咏先生之风,有人亦乐之,无人亦乐之,亦可发愤忘食矣。《诗》曰:'衡门之下,可以栖迟。泌之洋洋,可以疗饥。'"夫子造然变容曰:"嘻!吾子殆可以言书已矣。然子以见其表,未见其里。"颜渊曰:"其表已见,其里又何有哉?"孔子曰:"窥其门,不入其中,安知其奥藏之所在乎?然藏又非难也。丘尝悉心尽志,已入其中,前有高岸,后有深谷,泠泠然如此,既立而已矣。"不能见其里,盖未谓精微者也。

第三十章

传曰:国无道则飘风厉疾,暴雨折木,阴阳错氛,夏寒冬温,春热秋荣,日月无光,星辰错行,民多疾病,国多不祥,群生不寿,而五谷不登。当成周之时,阴阳调,寒暑平,群生遂,万物宁。故曰:其风治,其乐连,其驱马舒,其民依依,其行迟迟,其意好好。诗曰:"匪风发兮,匪车揭兮。顾瞻周道,中心怛兮。"

第三十一章

夫治气养心之术,血气刚强则务之以调和,智虑潜深则一之以易谅,勇毅强果则辅之以道术,齐给便捷则安之以静退,卑摄贪利则抗之以高志,容众驽散则劫之以师友,怠慢摽弃,则慰之以祸灾。愿婉端悫则合之以礼乐。凡治气养心之术,莫径由礼,莫优得师,莫慎一好。好一则抟,抟则精,精则神,神则化。是以君子务结心乎一也。《诗》曰:"淑人君子,其仪一兮。其仪一兮，心如结兮。"

第三十二章

玉不琢，不成器。人不学，不成行。家有千金之玉，不知治，犹之贫也。良工宰之，则富及子孙。君子谋之，则为国用。故动则安百姓，议则延民命。《诗》曰："淑人君子，正是国人。正是国人，胡不万年！"

第三十三章

嫁女之家，三夜不息烛，思相离也。取妇之家，三日不举乐，思嗣亲也。是故昏礼不贺，人之序也。三月而庙见，称来妇。厥明见舅姑，舅姑降于西阶，妇降自阼阶，授之室也。忧思三日，不杀三月，孝子之情也。故礼者，因人情为文。《诗》曰："亲结其缡，九十其仪。"言多仪也。

第三十四章

原天命，治心术，理好恶，适情性，而治道毕矣。原天命则不惑祸福，不惑祸福则动静循理矣。治心术则不妄喜怒。不妄喜怒则赏罚不阿矣。理好恶则不贪无用。不贪无用则不以物害性矣。适情性则欲不过节，欲不过节则养性知足矣。四者不求于外，不假于人，反诸己而存矣。夫人者，说人者也，形而为仁义，动而为法则。《诗》曰："伐柯伐柯，其则不远。"

3. 卷五[①]

第一章

子夏问曰："《关雎》何以为《国风》始也？"孔子曰："《关雎》至矣乎！夫《关雎》之人，仰则天，俯则地，幽幽冥冥，德之所藏，纷纷沸沸，道之所行，虽神龙化，斐斐文章。大哉《关雎》之道也，万物之所系，群生之所悬命也，河洛出书图，麟凤翔乎郊。不由《关雎》之道，则《关雎》之事将奚由至矣哉？夫六经之策，皆归论汲汲，盖取之乎《关雎》。《关雎》之事大矣哉！冯冯翊翊，自东自西，自南自北，无思不服。子其勉强之，思服之。天地之

---

① 韩婴撰，许维遹校释：《韩诗外传集释》，中华书局 1980 年版，第 164—201 页。

间,生民之属,王道之原,不外此矣。"子夏喟然叹曰:"大哉《关雎》,乃天地之基地。"《诗》曰:"钟鼓乐之。"

第二章

孔子抱圣人之心,彷徨乎道德之域,逍遥乎无形之乡,倚天理,观人情,明终始,知得失。故兴仁义,厌势利,以持养之。于时周室微,王道绝,诸侯力政,强劫弱,众暴寡,百姓靡安,莫之纪纲,礼仪废坏,人伦不理。于是孔子自东自西,自南自北,匍匐救之。

第三章

王者之政,贤能不待次而举,不肖不待须而废,元恶不待教而诛,中庸不待政而化。分未定也,则有昭穆。虽公卿大夫之子孙也,行绝礼义,则归之庶人。虽庶民之子孙也,积文学,正身行,能礼义,则归之士大夫。反侧之民,牧而试之,须而待之,安则畜,不安则弃。五疾之民,上收而事之。官施而衣食之。材行反时者,死无赦,谓之天诛。是王者之政也。《诗》曰:"人而无仪,不死何为!"

第四章

君者,民之源也。源清则流清,源浊则流浊。故有社稷者,不能爱其民,而求民亲己爱己,不可得也。民不亲不爱,而求为己用,为己死,不可得也。民弗为用,弗为死,而求兵之劲,城之固,不可得也。兵不劲,城不固,而欲不危削灭亡,不可得也。夫危削灭亡之情,皆积于此,而求安乐是闻,不亦难乎?是枉生者也。悲夫!枉生者不须时而灭亡矣。故人主欲强固安乐,莫若反己。欲附下一民,则莫若反之政。欲修政美俗,则莫若求其人。彼其人者,生今之世,而志乎古之道。以天下之王公莫之好也,而是子独好之。以民莫之为也,而是子独为之也。抑好之者贫,为之者穷,而是子犹为之,而无是须臾怠焉。差焉独明夫先王所以遇之者,所以失之者,知国之安危臧否,若别白黑,则是其人也。人主欲强固安乐,则莫若与其人用之。巨用之,则天下为一,诸侯为臣。小用之,则威行邻国。莫之能御。若殷之用伊尹,周之遇太公,可谓巨用之矣。齐之用管仲,楚之用孙叔敖,可为小用之矣。巨用之者如彼,小用之者如此也。故曰:粹而王,骏而霸,无一而亡。《诗》曰:"四国无政,不用其良。"不用其良臣而不亡者,未之有也。

第五章

造父,天下之善御者矣,无车马则无所见其能。羿,天下之善射者矣,无弓矢则无所见其巧。彼大儒者,善调一天下者也,无百里之地,则无所见其功。夫车固马选而不能以致千里者,则非造父也。弓调矢直而不能射远中微者,则非羿也。用百里之地而不能调一天下制四夷者,则非大儒也。彼大儒者,虽隐居穷巷陋室,无置锥之地,而王公不能与之争名矣,用百里之地,则千里之国不能与之争胜矣。笰笞暴国,一齐天下,莫之能倾,是大儒之勋也。其言有类,其行有礼,其举事无悔,其持险应变曲当,与时迁徙,与世偃仰,千举万变,其道一也,是大儒之稽也。故有俗人者,有俗儒者,有雅儒者,有大儒者。耳不闻学,行无正义,迷迷然以富利为隆,是俗人也。逢衣博带,略法先王而不足于乱世,术谬学杂,举不知法先王而一制度,不知隆礼义而杀诗书,其衣冠行为已同于世俗,而不知其恶也。言谈议说已无异于老墨,而不知分,是俗儒者也。法先王,一制度,言行有大法,而明不能济法教之所不及,闻见之所未至,知之为知之,不知为不知,内不自诬,外不诬人,以是尊贤敬法,而不敢怠傲焉,是雅儒者也。法先王,依礼义,以浅持博,以一行万。苟有仁义之类,虽鸟兽若别黑白。奇物变怪,所未尝闻见,卒然起一方,则举统类以应之,无所疑怎,援法而度之,奄然如合符节。是大儒者也。故人主用俗人,则万乘之国亡。用俗儒,则万乘之国存。用雅儒,则千里之国安。用大儒,则百里之地,久而三年,天下为一,诸侯为臣。用万乘之国则举错而定,一朝而白。《诗》曰:"周虽旧邦,其命维新。"可谓白矣。文王亦可谓大儒已矣。

第六章

楚成王读书于殿上,而伦扁在下,作而问曰:"不审主君所读何书也?"成王曰:"先圣之书。"伦扁曰:"此直先圣王之糟粕耳。非美者也。"成王曰:"子何以言之?"伦扁曰:"以臣轮言之。夫以规为圆,矩为方,此其可付乎子孙者也。若夫合三木而为一,应乎心,动乎体,其不可得而传者也。则凡所传直糟粕耳。"故唐虞之法可得而考也,其喻人心不可及矣。《诗》

曰："上天之载，无声无臭。"其孰能及之？

第七章

孔子学鼓琴于师襄子而不进，师襄子曰："夫子可以进矣。"孔子曰："丘已得其曲矣，未得其数也。"有间，曰："夫子可以进矣。"曰："丘已得其数矣，未得其意也。"有间，复曰："夫子可以进矣。"曰："丘已得其意矣，未得其人也。"有间，复曰："夫子可以进矣。"曰："丘已得其人矣，未得其类也。"有间，曰："邈然远望，洋洋乎，翼翼乎，必作此乐也。黯然而黑，几然而长，以王天下，以朝诸侯者，其惟文王乎。"师襄子避席再拜曰："善！师以为文王之操也。"故孔子持文王之声，知文王之为人。师襄子曰："敢问何以知其文王之操也？"孔子曰："然。夫仁者好韦，和者好粉，智者好弹，有殷勤之意者好丽。丘是以知文王之操也。"传曰：闻其末而达其本者，圣也。

第八章

纣之为主，戮无辜，劳民力，冤酷之令，加于百姓，憯凄之恶，施于大臣。群下不信，百姓疾怨，故天下叛而愿为文王臣，纣自取之也。夫贵为天子，富有天下，及周师至而令不行乎左右，悲夫！当是之时，索为匹夫，不可得也。《诗》曰："天谓殷适，使不侠四方。"

第九章

夫五色虽明，有时而渝。丰交之木，有时而落。物有成衰，不得自若。故三王之道，周则复始，穷则反本，非务变而已，将以止恶扶微，绌缪沦非，调和阴阳，顺万物之宜也。《诗》曰："亹亹我王，纲纪四方。"

第十章

礼者则天地之体，因人之情而为之节文者也。无礼，何以正身？无师，安知礼之是也？礼然而然，是情安于礼也。师云而云，是知若师也。情安礼，知若师，则是君子之道。言中伦，行中理，天下顺矣。《诗》曰："不识不知，顺帝之则。"

第十一章

上不知顺孝,则民不知反本。君不知敬长,则民不知贵亲。禘祭不敬,山川失时,则民无畏矣。不教而诛,则民不识劝也。故君子修身及孝,则民不倍矣。敬孝达乎下,则民知慈爱矣,好恶喻乎百姓,则下应其上如影响矣。是则兼制天下,定海内,臣万姓之要法也,明王圣主之所不能须臾而舍也。《诗》曰:"成王之孚,下土之式。永言孝思,孝思维则。"

第十二章

成王之时,有三苗贯桑而生,同为一秀,大几满车,长几充箱,民得而上诸成王。成王问周公曰:"此何物也?"周公曰:"三苗同为一秀,意者天下殆同一也。"比几三年,果有越裳氏重九译而至,献白雉于周公。曰:"道路悠远,山川幽深。恐使人之未达也,故重译而来。"周公曰:"吾何以见赐也?"译曰:"吾受命国之黄发曰:'久矣天之不迅风疾雨也,海之不波溢也,三年于兹矣。意者中国殆有圣人,盍往朝之。'于是来也。"周公乃敬求其所以来。《诗》曰:"于万斯年,不遐有佐。"

第十三章

登高临深,远见之乐,台榭不若丘山所见高也。平原广望,博观之乐,沼池不如川泽所见博也。劳心苦思,从欲极好,靡财伤情,毁名损寿。悲夫伤哉!穷君之反于是道而愁百姓。《诗》曰:"上帝板板,下民卒瘅。"

第十四章

儒者,儒也。儒之为言无也,不易之术也。千举万变,其道不穷,六经是也。若夫君臣之义,父子之亲,夫妇之别,朋友之序,此儒者之所谨守,日切磋而不舍也。虽居穷巷陋室之下,而内不足以充虚,外不足以盖形,无置锥之地,明察足持天下,大举在人上,则王公之材也,小用使在位,则社稷之臣也,虽岩居穴处而王侯不能与争名,何也?仁义之化存尔。如使王者听其言,信其行,则唐虞之法可得而观,颂声可得而听。《诗》曰:"先民有言,询于刍荛。"取谋之博也。

第十五章

传曰：天子居广厦之下，帷帐之内，旃茵之上，被躧舄，视不出阃，莽然而知天下者，以有贤左右也。故独视不若与众视之明也，独听不若与众听之聪也，独虑不若与众虑之工也。故明王使贤臣，辐凑并进，所以通中正而致隐居之士。《诗》曰："先民有言，询于刍荛。"此之谓也。

第十六章

天设其高，而日月成明。地设其厚，而山陵成名。上设其道，而百事得序。自周室坏以来，王道废而不起，礼义绝而不继。秦之时，非礼义，弃诗书，略古昔，大灭圣道，专为苟妄，以贪利为俗，以告猎为化，而天下大乱。于是兵作而火起，暴露居外，而民以侵渔遏夺相攘为服习，离圣王光烈之日久远，未尝见仁义之道，被礼乐之风。是以嚚顽无礼，而肃敬日损，凌迟以威武相摄，妄为佞人，不避祸患，此其所以难治也。人有六情，目欲视好色，耳欲听宫商，鼻欲嗅芬香，口欲嗜甘旨，其身体四肢欲安而不作，衣欲被文绣而轻暖。此六者，民之六情也。失之则乱，从之则穆。故圣王之教其民也，必因其情而节之以礼，必从其欲而制之以义。义简而备，礼易而法，去情不远，故民之从命也速。孔子知道之易行也。《诗》云："诱民孔易。"非虚辞也。

第十七章

茧之性为丝，弗得女工燔以沸汤，抽其统理，则不成为丝。卵之性为雏，不得良鸡覆伏孚育，积日累久，则不成为雏。夫人性善，非得明王圣主扶携，内之以道，则不成为君子。《诗》曰："天生烝民，其命匪谌，靡不有初，鲜克有终。"言惟明王圣主然后使之然也。

第十八章

智如泉源，行可以为表仪者，人师也。智可以砥砺，行可以为辅弼者，人友也。据法守职，而不敢为非者，人吏也。当前快意，一呼再喏者，人隶也。故上主以师为佐，中主以友为佐，下主以吏为佐，危亡之主以隶为佐。语曰："渊广者其鱼大，主明者其臣慧。"相观而志合，必由其中。故同明相见，同音相闻，同志相从，非贤者莫能用贤。故辅弼左右，所任使者，有存亡之机，得失之要也。可无慎乎？《诗》曰："不明尔德，以无陪无侧。尔德不明，以无陪无侧。"

第十九章

昔者禹以夏王，桀以夏亡。汤以殷王，纣以殷亡。故无常安之国，无恒治之民，得贤则昌，失贤则亡。自古及今，未有不然者也。夫明镜者所以照形也，往古者所以知今也。夫知恶往古之所以危亡，而不袭蹈其所以安存者，则无以异乎却行而求逮于前人也。鄙语曰："不知为吏，视已成事。"或曰："前车覆而后车不诫，是以后车覆也。"故夏之所以亡者而殷为之，殷之所以亡者而周为之。故殷可以鉴于夏，而周可以鉴于殷。《诗》曰："殷监不远，在夏后之世。"

第二十章

传曰：骄溢之君寡忠，口惠之人鲜信。故盈把之木无合拱之枝，荣泽之水无吞舟之鱼。根浅则枝叶短，本绝则枝叶枯。《诗》曰："枝叶未有害，本实先拨。"祸福自己出也。

第二十一章

水渊深广，则龙鱼生之。山林茂盛，则禽兽归之。礼义修明，则君子怀之。故礼及身而行修，礼及国而政明。能以礼扶身，则贵名自扬，天下顺焉，令行禁止，而王者之事毕矣。《诗》曰："有觉德行，四国顺之。"夫此之谓矣。

第二十二章

孔子曰：夫谈说之术，齐庄以立之，端诚以处之，坚强以持之，辟称以喻之，分别以明之，欢忻芬芳以送之，宝之珍之，贵之神之，如是则说恒无不行矣。夫是之谓能贵其所贵。若夫无类之说，不形之行，不赞之辞，君子慎之。《诗》曰："无易由言，无曰苟矣。"

第二十三章

夫百姓内不乏食，外不患寒，则可教御以礼义矣。《诗》曰："蒸畀祖姄,以洽百礼。"百礼洽则百意遂,百意遂则阴阳调,阴阳调则寒暑均,寒暑均则三光清,三光清则风雨时,风雨时则群生宁。如是而天道得矣。是以不出户而知天下,不窥牖而见天道。《诗》曰:"惟此圣人,瞻言百里。""于铄王师,遵养时晦。"言相养之至于晦也。

第二十四章

天有四时,春夏秋冬,风雨霜露,无非教也。清明在躬,气志如神,嗜欲将至,有开必先,天降时雨,山川出云。《诗》曰:"嵩高维岳,峻极于天。维岳降神,生甫及申。维申及甫,维周之翰。四国于蕃,四方于宣。"此文武之德也。

第二十五章

三代之王也,必先其令名。《诗》曰:"明明天子,令闻不已。矢其文德,洽此四国。"此大王之德也。

第二十六章

蓝有青,而丝假之青于蓝。地有黄,而丝假之黄于地。蓝青地黄,犹可假也。仁义之事,不可假乎哉?东海之鱼名曰鲽,比目而行,不相得不能达。北方有兽名曰娄,更食而更视,不相得不能饱。南方有鸟名曰鹣,比翼而飞,不相得不能举。西方有兽名曰蟨,前足鼠,后足兔,得甘草必衔以遗蛩蛩距虚,其性非爱蛩蛩距虚,将为假足之故也。夫鸟兽鱼犹知相假,而况万乘之主乎?而独不知假此天下英雄俊士与之为伍,则岂不病哉。故曰:以明扶明,则升于天。以明扶暗,则归其人。两瞽相扶,不触墙木,不陷井阱,则其幸也。《诗》曰:"惟彼不顺,往以中垢。"

第二十七章

福生于无为,而患生于多欲。知足,然后富从之。德宜君人,然后贵从之。故贵爵而贱德者,虽为天子,不尊矣。贪物而不知止者,虽有天下,不富矣。夫土地之生物不益,山泽之出财有尽,怀不富之心而求不益之物,挟百倍之欲而求有尽之财,是桀纣之所以失其位也。《诗》曰:"大风有随,贪人败类。"

第二十八章

哀公问于子夏曰:"必学然后可以安国保民乎?"子夏曰:"不学而能安国保民者,未之有也。"哀公曰:"然则五帝有师乎?"子夏曰:"臣闻黄帝学乎大填,颛顼学乎禄图,帝喾学乎赤松子,尧学乎务成子附,舜学乎尹寿,禹学乎西王国,汤学乎贷子相,文王学乎锡畴子斯,武王学乎太公,周公学乎虢叔,仲尼学乎老聃。此十一圣人,未遭此师,则功业不能著乎天下,名号不能传乎后世者也。"《诗》曰:"不愆不忘,率由旧章。"

第二十九章

德也者,包天地之大,配日月之明,立乎四时之周,临乎阴阳之交。寒暑不能动也,四时不能化也。敛乎太阴而不湿,散乎太阳而不枯,鲜洁清明而备,严威毅疾而神。至精而妙乎天地之间者,德也。微圣人,其孰能与于此矣!《诗》曰:"德輶如毛,民鲜克举之。"

第三十章

如岁之旱,草不溃茂。然天悖然兴云,沛然下雨,则万物无不兴起之者。民非无仁义根于心者也,王政怵迫而不得见,忧郁而不得出,圣王在被躧舄,视不出阃,动而天下随,倡而天下和。何如在此有以应哉?《诗》曰:"如彼岁旱,草不溃茂。"

第三十一章

道者何也?曰:君之所道也。君者何也?曰:群也,能群天下万物而除其害者,谓之君。王者何也?曰:往也。天下往之谓之王。曰:善生养人者,故人尊之。善辩治人者,故人安之。善显设人者,故人亲之。善粉饰人者,故人乐之。四统者具,而天下往之。四统无一,而天下去之。往之谓之王,去之谓之亡。故曰道存则国存,道亡则国亡。夫省工商,众农人,谨盗贼,除奸邪,是所以生养之也。天子三公,诸侯一相,大夫擅官,士保职,莫不治理,是所以辩治之也。决德而定次,量能而授官,贤以为三公,以为诸侯,次则为大夫,是所以显设之也。修冠弁衣裳,黼黻文章,雕琢刻缕,皆有等差,是所以粉饰之也。故自天子至于庶人,莫不称其能,得其意,安乐其事,是所同也。若夫重色而成文,累味而备珍,则圣人所以分贤愚,明贵贱。故道得则泽流群生,而福归王公,泽流群生则下安而和,福归王公则上尊而荣。百姓皆怀安和之心,而乐戴其上,夫是之谓下治而上通。下治而上通,颂声之所以兴也。《诗》曰:"降福简简,威仪畈畈。既醉既饱,福禄来反。"

第三十二章

圣人养一性而御六气,持一命而节滋味,奄治天下,不遗其小,存其精神,以补其中,谓之志。《诗》曰:"不竞不絿,不刚不柔。"言得中也。

第三十三章

朝廷之士为禄,故入而不能出。山林之士为名,故往而不能返。入而亦能出,往而亦能返,通移有常,圣也。《诗》曰:"不竞不絿,不刚不柔。"言得中也。

第三十四章

孔子侍坐于季孙,季孙之宰通曰:"君使人假马,其与之乎?"孔子曰:"吾闻君取于臣谓之取,不曰假。"季孙悟,告宰通,曰:"自今以往,君有取谓之取,无曰假。"故孔子正假马之名,而君臣之义定矣。《论语》曰:"必也正名乎。"《诗》曰:"君子无易由言。"言名正也。

4.卷八[①]

第一章

越王勾践使廉稽献民于荆王。荆王使者曰:"越,夷狄之国也。臣请欺其使者。"荆王曰:"越王,贤人也,其使者亦贤,子其慎之。"使者出见廉稽,曰:"冠则得以俗见。不冠不得见。"廉稽曰:"夫越亦周室之列封也,不得处于大国,而处江海之陂,与鼋鳝鱼鳖为伍,文身翦发而后处焉。今来至上国,必曰冠得俗见,不冠不得见,如此,则上国使适越,亦将劓墨文身

① 韩婴撰,许维遹校释:《韩诗外传集释》,中华书局1980年版,第271—305页。

翦发而后得以俗见,可乎?"荆王闻之,披衣出谢。孔子曰:"使于四方,不辱君命,可谓士矣。"

第二章

人之所以好富贵安荣,为人所称誉者,为身也。恶贫贱危辱,为人所谤毁者,亦为身也。然身何贵也?莫贵于气。人得气则生,失气则死。其气非金帛珠玉也,不可求于人也。非缯布五谷也,不可籴买而得也。在吾身耳,不可不慎也。《诗》曰:"既明且哲,以保其身。"

第三章

吴人伐楚,昭王去国,国有屠羊说从行。昭王反国,赏从者。及说,说辞曰:"君失国,臣所失者屠。君反国,臣亦反其屠。臣之禄既厚,又何赏之?"辞不受命。君强之,说曰:"君失国,非臣之罪,故不伏其诛。君反国,非臣之功,故不受其赏。吴师入郢,臣畏寇避患。君反国,说何事焉?"君曰:"不受则见之。"说对曰:"楚国之法,商人欲见于君者,必有大献重质,然后得见。今臣智不能存国,节不能死君,勇不能待寇,然见之,非国法也。"遂不受命,入于涧中。昭王谓司马子期曰:"有人于此,居处甚约,论议甚高,为我求之。愿为兄弟,请为三公。"司马子期舍车徒求之,五日五夜,见之,谓曰:"国危不救,非仁也。君命不从,非忠也。恶富贵于上,甘贫苦于下,意者过也。今君愿为兄弟,请为三公,不听君,何也?"说曰:"三公之位,我知其贵于刀俎之肆矣。万钟之禄,我知其富于屠羊之利矣。今见爵禄之利,而忘辞受之礼,非所闻也。"遂辞三公之位,而反乎屠羊之肆。君子闻之曰:"甚矣哉!屠羊子之为也。约己持穷而处人之国矣。"说曰:"何谓穷?吾让之以礼而终其国也。"曰:"在深渊之中而不援彼之危,见昭王德衰于吴,而怀宝绝迹,以病其国,欲独全己者也。是厚于己而薄于君,狷乎非救世者也。""何如则可谓救世矣?"曰:"若申伯仲山甫,可谓救世矣。昔者周德大衰,道废于厉,申伯仲山甫辅相宣王,拨乱世反之正,天下略振,宗庙复兴。申伯仲山甫乃并顺天下,匡救邪失,喻德教,举遗士,海内翕然向风。故百姓勃然咏宣王之德。《诗》曰:'周邦咸喜,戎有良翰。'又曰:'邦国若否,仲山甫明之。既明且哲,以保其身。夙夜匪懈,以事一人。'如是可谓救世矣。"

第四章

齐崔杼弑庄公。荆蒯芮使晋而反，其仆曰："崔杼弑庄公，子将奚如？"荆蒯芮曰："驱之，将入死而报君。"其仆曰："君之无道也，四邻诸侯莫不闻也。以夫子而死之，不亦难乎？"荆蒯芮曰："善哉而言也。早言我，我能谏。谏而不用，我能去。今既不谏，又不去。吾闻之，食其食，死其事。吾既食乱君之食，又安得治君而死之？"遂驱车而入死。其仆曰："人有乱君，犹必死之。我有治长，可无死乎？"乃结辔自刎于车上。君子闻之，曰："荆蒯芮可谓守节死义矣。仆夫则无为死也，犹饮食而遇毒也。"《诗》曰："夙夜匪懈，以事一人。"荆先生之谓也。《易》曰："不恒其德，或承之羞。"夫之谓也。

第五章

逊而直，上也。切，次之。谤谏为下。懦为死。《诗》曰："柔亦不茹，刚亦不吐。"

第六章

宋万与庄公战，获乎庄公。庄公散舍诸宫中，数月，然后归之，反为大夫于宋。宋万与闵公博，妇人皆侧。万曰："甚矣，鲁侯之淑，鲁侯之美也！天下诸侯宜为君者，惟鲁侯耳。"闵公矜此妇人，妒其言，顾曰："尔虏，焉知鲁侯之美恶乎？"宋万怒，搏闵公绝脰。仇牧闻君弑，趋而至，遇之于门，手剑而叱之。万臂掫仇牧，碎其首，齿著乎门阖。仇牧可谓不畏强御矣。《诗》曰："惟仲山甫，柔亦不茹，刚亦不吐。"

第七章

可于君，不可于父，孝子弗为也。可于父，不可于君，君子亦弗为也。故君不可夺，亲亦不可夺也。《诗》曰："恺悌君子，四方为则。"

第八章

黄帝即位，施惠承天，一道修德，惟仁是行，宇内和平，未见凤凰，惟思其象。夙寐晨兴，乃召天老而问之曰："凤象何如？"天老对曰："夫凤之象，鸿前而麟后,蛇颈而鱼尾,龙文而龟身,燕颔而鸡啄,戴德负仁,抱中挟义。小音金,大音鼓。延颈奋翼,五彩备明。举动八风,气应时雨。食有质,饮有仪。往即文始,来既嘉成。惟凤为能通天祉,应地灵,律五音,览九德。天下有道,得凤象之一,则凤过之。得凤象之二,则凤翔之。得凤象之三,则凤集之。得凤象之四,则凤春秋下之。得凤象之五,则凤没身居之。"黄帝曰:"于戏,允哉!朕何敢与焉!"于是黄帝乃服黄衣,带黄绅,戴黄冕,致斋于中宫。凤乃蔽日而至。黄帝降于东阶,西面,再拜稽首曰:"皇天降祉,敢不承命!"凤乃止帝东园,集帝梧桐,食帝竹实,没身不去。《诗》曰:"凤凰于飞,翙翙其羽,亦集爰止。"

第九章

　　魏文侯有子曰击,次曰诉,诉少而立之以为嗣。封击于中山,三年莫往来。其傅赵苍唐谏曰:"父忘子,子不可忘父。何不遣使乎?"击曰:"愿之,而未有所使也。"苍唐曰:"臣请使。"击曰:"诺。"于是乃问君之所好与所嗜。曰:"君好北犬,嗜晨雁。"遂求北犬晨雁赍行。苍唐至,曰:"北蕃中山之君,有北犬晨雁,使苍唐再拜献之。"文侯曰:"嘻!击知吾好北犬,嗜晨雁也。"则见使者。文侯曰:"击无恙乎?"苍唐唯唯而不对。三问而三不对。文侯曰:"不对何也?"苍唐曰:"臣闻诸侯不名君。既已赐弊邑,使得小国侯,君问以名,不敢对也。"文侯曰:"中山之君无恙乎?"苍唐曰:"今者臣之来,拜送于郊。"文侯曰:"中山之君长短若何矣?"苍唐曰:"问诸侯,比诸侯。诸侯之朝,则侧者皆人臣,无所比之。然则所赐衣裘几能胜之矣。"文侯曰:"中山之君亦何好乎?"对曰:"好《诗》。"文侯曰:"于《诗》何好?"曰:"好《黍离》与《晨风》。"文侯曰:"《黍离》何哉?"对曰:"彼黍离离,彼稷之苗。行迈靡靡,中心摇摇。知我者谓我心忧,不知我者谓我何求。悠悠苍天,此何人哉!"文侯曰:"怨乎?"曰:"非敢怨也,时思也。"文侯曰:"《晨风》谓何?"对曰:"'鴥彼晨风,郁彼北林。未见君子,忧心钦钦。如何如何,忘我实多。'此自以忘我者也。"于是文侯大悦,曰:"欲知其子亲其母,欲知其人视其友,欲知其君视其所使。中山君不贤,恶能得贤?"遂废太子诉,召中山君以为嗣。《诗》曰:"凤凰于飞,翙翙其羽,亦集爰止。蔼蔼王多吉士,惟君子使,媚于天子。"君子曰:"夫使非直敝车罢马而已,亦将喻诚信,通气志,明好恶,然后可使也。"

第十章

子贱治单父,其民附。孔子曰:"告丘之所以治之者。"对曰:"不齐时发仓廪,振困穷,补不足。"孔子曰:"是小人附耳,未也。"对曰:"赏有能,招贤才,退不肖。"孔子曰:"是士附耳,未也。"对曰:"所父事者三人,所兄事者五人,所友者十有二人,所师者一人。"孔子曰:"所父事者三人,足以教孝矣。所兄事者五人,足以教弟矣。所友者十有二人,足以祛壅蔽矣。所师者一人,足以虑无失策,举无败功矣。昔者尧舜清微其身,以听观天下,务来贤人。夫举贤者,百福之宗也,而神明之主也。惜乎不齐之所为者小也。为之大功,乃与尧舜参矣。"《诗》曰:"恺悌君子,民之父母。"子贱其似之矣。

第十一章

度地图居以立国,崇恩薄利以怀众,明好恶以正法度,率民力稼,学校庠序以立教,事老养孤以化民,升贤赏功以观善,惩奸绌失以丑恶,讲御习射以防患,禁奸止邪以除害,接贤连友以广智,宗亲族附以益强。《诗》曰:"恺悌君子。"

第十二章

齐景公使使于楚,楚王与之上九重之台,顾使者曰:"齐亦有台若此者乎?"使者曰:"吾君有治位之堂,土阶三等,茅茨不翦,采椽不斫,犹以谓为之者劳,居之者泰。吾君恶有台若此者乎?"于是楚王盖悒如也。使者可谓不辱君命,其能专对矣。

第十三章

传曰:予小子使尔继邵公之后。受命者必以其祖命之。孔子为鲁司寇,命之曰:"宋公之子弗甫何孙,鲁孔丘,命尔为司寇。"孔子曰:"弗甫敦及厥辟将不堪。"公曰:"不妄。"传曰:诸侯之有德,天子锡之。一锡车马,再锡衣服,三锡虎贲,四锡乐器,五锡纳陛,六锡朱户,七锡弓矢,八锡铁钺,九锡秬鬯,谓之"九锡"也。《诗》曰:"厘尔圭瓒,秬鬯一卣。"

第十四章

齐景公谓子贡曰:"先生何师?"对曰:"鲁仲尼。"曰:"仲尼贤乎?"曰:"圣人也,岂直贤哉!"景公嘻然而笑曰:"其圣何如?"子贡曰:"不知也。"景公悖然作色。曰:"始言圣人,今言不知,何也?"子贡曰:"臣终身戴天,不知天之高也。终身践地,不知地之厚也。若臣之事仲尼,譬犹渴操壶杓,就江海而饮之,腹满而去,又安知江海之深乎?"景公曰:"先生之誉,得无太甚乎?"子贡曰:"臣赐何敢甚言,尚虑不及耳。臣誉仲尼,譬犹两手捧土而附泰山,其无益亦明矣。使臣不誉仲尼,譬犹两手杷泰山,无损亦明矣。"景公曰:"善! 岂其然? 善! 岂其然?"《诗》曰:"民民翼翼,不测不克。"

第十五章

一谷不升谓之嗛,二谷不升谓之饥,三谷不升谓之馑,四谷不升谓之荒,五谷不升谓之大侵。大侵之礼,君食不兼味,台榭不饰,道路不除,百官补而不制,鬼神祷而不祠,此大侵之礼也。《诗》曰:"我居御卒荒。"此之谓也。

第十六章

古者天子为诸侯受封,谓之采地。百里诸侯以三十里,七十里诸侯以二十里,五十里诸侯以十五里。其后子孙虽有罪而绌,其采地不绌,使子孙贤者守其地,世世以祠其始受封之君。此之谓兴灭国继绝世也。《书》曰:"兹予大享于先王,尔祖其从与享之。"

第十七章

梁山崩,晋君召大夫伯宗。道逢辇者,以其辇服其道。伯宗使其右下,欲鞭之。辇者曰:"君趋道岂不远矣,不如捷而行。"伯宗喜,问其居。曰:"绛人也。"伯宗曰:"子亦有闻乎?"曰:"梁山崩,壅河,顾三日不流,是以召子。"伯宗曰:"如之何?"曰:"天有山,天崩之。天有河,天壅之。伯宗将如之何?"伯宗私问之。曰:"君其率群臣素服而哭之,既而祠焉,河斯流矣。"伯宗问其姓名,弗告。伯宗到,君问伯宗。以其言对。于是君素服率群臣而哭之,既而祠焉,河斯流矣。君问伯宗何以知之,伯宗不言受辇者,诈以自知。孔子闻之曰:"伯宗其无后,攘人之善。"《诗》曰:"天降丧乱,灭我立王。"又曰:"畏天之威,于时保之。"

第十八章

晋平公使范昭观齐国之政。景公锡之宴。晏子在前。范昭趋曰:"愿君之倅樽以为寿。"景公顾左右曰:"酌寡人樽献之客。"范昭已饮,晏子曰:"彻去樽。"范昭不说,起舞,顾太师:"子为我奏成周之乐,吾为子舞之。"太师对曰:"盲臣不习。"范昭起出门。景公谓晏子曰:"夫晋,天下大国也,使范昭来观齐国之政,今子怒大国之使者,将奈何?"晏子曰:"范昭之为人也,非陋而不知礼也,是欲试吾君臣,婴故不从。"于是景公召太师而问之曰:"范昭使子奏成周之乐,何故不调?"对如晏子。于是范昭归报平公曰:"齐未可并也。吾试其君,晏子知之。吾犯其乐,太师知之。"孔子闻之曰:"善乎晏子,不出俎豆之间,折冲千里之外。"《诗》曰:"实右序有周,薄言振之,莫不震叠。"

第十九章

三公者何?曰司马,司空,司徒也。司马主天,司空主土,司徒主人。故阴阳不和,四时不节,星辰失度,灾变非常,则责司马。山陵崩竭,川谷不流,五谷不植,草木不茂,则责之司空。君臣不正,人道不和,国多盗贼,下怨其上,则责之司徒。故三公典其职,忧其分,举其辩,明其德,此三公之任也。《诗》曰:"济济多士,文王以宁。"又曰:"明照有周,式序在位。"言各称职也。

第二十章

夫贤君之治也,温良而和,宽容而爱,刑清而省,喜赏而恶罚。移风崇教,生而不杀,布惠施恩,仁不偏与。不夺民力,役不逾时,百姓得耕,家有收聚,民无冻馁,食无腐败。士不造无用,雕文不粥于肆。斧斤以时入山林。国无佚士,皆用于世。黎庶欢乐衍盈。方外远人归义,重译执贽。故得风雨不烈。《小雅》曰:"有弇凄凄,兴云祁祁。"以是知太平无飘风景雨明矣。

第二十一章

昨日何生？今日何成？必念归厚，必念治生。日慎一日，完如金城。《诗》曰："我日斯迈，而月斯征。夙兴夜寐，无忝尔所生。"

第二十二章

官怠于有成，病加于小愈，祸生于懈惰，孝衰于妻子。察此四者，慎终如始。《易》曰："小狐汔济，濡其尾。"《诗》曰："靡不有初，鲜克有终。"

第二十三章

孔子燕居，子贡摄齐而前曰："弟子事夫子有年矣，才竭而智罢，倦于学问，不能复进，请一休焉。"孔子曰："赐也欲焉休乎？"曰："赐欲休于事君。"孔子曰："《诗》云：'夙夜匪懈，以事一人。'为之若此其不易也，若之何其休也！"曰："赐欲休于事父母。"孔子曰："《诗》云：'孝子不匮，永锡尔类。'为之若此其不易也，如之何其休也！"曰："赐欲休于事兄弟。"孔子曰："《诗》云：'妻子好合，如鼓瑟琴。兄弟既翕，和乐且耽。'为之若此其不易也，如之何其休也！"曰："赐欲休于耕田。"孔子曰："《诗》云：'昼尔于茅，宵尔索绹，亟其乘屋，其始播百谷。'为之若此其不易也，若之何其休也！"子贡曰："君子亦有休乎？"孔子曰："'阖棺兮乃止播兮，不知其时之易迁兮。'此之谓君子所休也。故学而不已，阖棺乃止。"《诗》曰："日就月将。"言学者也。

第二十四章

鲁哀公问冉有曰："凡人之质而已，将必学而后为君子乎？"冉有对曰："臣闻之，虽有良玉，不刻镂则不成器，虽有美质，不学则不成君子。"曰："何以知其然也？""夫子路，卞之野人也。子贡，卫之贾人也。皆学问于孔子，遂为天下显士。诸侯闻之，莫不尊敬。卿大夫闻之，莫不亲爱。学之故也。昔吴楚燕代，谋为一举而欲伐秦。姚贾，监门之子也，为秦往使之，遂绝其谋，止其兵。及其反国，秦王大悦，立为上卿。夫百里奚，齐之乞者也，逐于齐西，无以进，自卖五羊皮，为一轭车。见秦缪公，立为相，遂霸西戎。太公望少为人婿，老而见去，屠牛朝歌，赁于棘津，钓于磻溪，文王举而用之,封于齐。管仲亲射桓公,遂除报仇之心,立以为相,存亡继绝,九合诸侯,一匡天下。此四子者,皆尝卑贱穷辱矣,然其名声驰于后世,岂非学问之所致乎?由此观之,士必学问,然后成君子。《诗》曰:'日就月将。'"于是哀公嘻然而笑曰:"寡人虽不敏,请奉先生之教矣。"

第二十五章

曾子有过,曾晳引杖击之。仆地,有间乃苏,起曰:"先生得无病乎?"鲁人贤曾子,以告夫子。夫子告门人:"参来勿内也。"曾子自以为无罪,使人谢夫子。夫子曰:"汝不闻昔者舜为人子乎?小箠则待,大杖则逃。索而使之,未尝不在侧,索而杀之,未尝可得。今汝委身以待暴怒,拱立不去。汝非王者之民邪?杀王者之民,其罪何如?"《诗》曰:"优哉柔哉,亦是戾矣。"又曰:"载色载笑,匪怒伊教。"

第二十六章

齐景公使人为弓,三年乃成。景公引弓而射,不穿一札。景公怒,将杀弓人。弓人之妻往见景公曰:"蔡人之子,弓人之妻也。此弓者,太山之南,乌号之柘,燕牛之角,荆麋之筋,河鱼之胶也。四物者,天下之练材也,不宜穿札之少如此。且妾闻奚公之车,不能独走,莫耶虽利,不能独断,必有以动之。夫射之道,左手若拒石,右手若附枝,掌若握卵,四指如断短杖,右手发之,左手不知,此盖射之道。"景公以其言为仪而射之,穿七札。蔡人之夫立出矣。《诗》曰:"好是正直。"

第二十七章

齐有得罪于景公者,景公大怒,缚置之殿下,召左右肢解之,敢谏者诛。晏子左手持头,右手磨刀,仰而问曰:"古者明王圣主,其肢解人,不审从何肢始也?"景公离席曰:"纵之!罪在寡人。"《诗》曰:"好是正直。"

第二十八章

传曰:居处齐则色姝,食饮齐则气珍,言语齐则信听,思齐则成,志齐则盈。五者齐,斯神居之。《诗》曰:"既和且平,依我磬声。"

第二十九章

魏文侯问狐卷子曰:"父贤足恃乎?"对曰:"不足。""子贤足恃乎?"对曰:"不足。""兄贤足恃乎?"对曰:"不足。""弟贤足恃乎?"对曰:"不足。""臣贤足恃乎?"对曰:"不足。"文侯勃然作色而怒曰:"寡人问此五者于子,一一以为不足者何也?"对曰:"父贤不过尧,而丹朱放。子贤不过舜,而瞽瞍拘。兄贤不过舜,而象放。弟贤不过周公,而管叔诛。臣贤不过汤武,而桀纣伐。望人者不至,恃人者不久。君欲治,从身始。人何可恃乎?"《诗》曰:"自求伊祜。"此之谓也。

第三十章

汤作护。闻其宫声,使人温良而宽大。闻其商声,使人方廉而好义。闻其角声,使人恻隐而爱仁。闻其征声,使人乐养而好施。闻其羽声,使人恭敬而好礼。《诗》曰:"汤降不迟,圣敬日跻。"

第三十一章

孔子曰:"《易》先同人后大有,承之以谦,不亦可乎?"故天道亏盈而益谦,地道变盈而流谦,鬼神害盈而福谦,人道恶盈而好谦。谦者,抑事而损者也。持盈之道,抑而损之,此谦德之于行也。顺之者吉,逆之者凶。五帝既没,三王既衰,能行谦德者,其惟周公乎。周公以文王之子,武王之弟,成王之叔父,假天子之尊位七年,所执贽而师见者十人,所还质而友见者十三人,穷巷白屋之士所先见者四十九人,时进善者百人,宫朝者千人,谏臣五人,辅臣五人,拂臣六人,载干戈以至于封侯,异族九十七人,而同姓之士百人。孔子曰:"犹以为周公为天下党,则以同族为众,而异族为寡也。"故德行宽容而守之以恭者荣,土地广大而守之以俭者安,位尊禄重而守之以卑者贵,人众兵强而守之以畏者胜,聪明睿智而守之以愚者哲,博闻强记而守之以浅者不隘。此六者皆谦德也。《易》曰:"谦,亨,君子有终吉。"能以此终吉者,君子之道也。贵为天子,富有四海,而德不谦,以亡其身,桀纣是也,而况众庶乎?夫《易》有一道焉,大足以治天下,中足以安家国,近足以守其身者,其惟谦德乎。《诗》曰:"汤降不迟,圣敬日跻。"

第三十二章

昔者田子方出,见老马于道,喟然有志焉,以问于御者曰:"此何马也?"御曰:"故公家畜也,罢而不为用,故出放之也。"田子方曰:"少尽其力,而老弃其身,仁者不为也。"束帛而赎之。穷士闻之,知所归心矣。《诗》曰:"汤降不迟,圣敬日跻。"

第三十三章

齐庄公出猎,有螳螂举足将抟其轮,问其御曰:"此何虫也?"御曰:"此是螳螂也。其为虫,知进不知退,不量力而轻就敌。"庄公曰:"此为人必为天下勇士矣。"于是回车避之,而勇士归之。《诗》曰:"汤降不迟,圣敬日跻。"

第三十四章

魏文侯问李克曰:"人有恶乎?"李克曰:"有。夫贵者则贱者恶之,富者则贫者恶之,智者则愚者恶之。"文侯曰:"善。行此三者,使人勿恶,亦可乎?"李克曰:"可。臣闻贵而下贱,则众弗恶也。富而分贫,则穷士弗恶也。智而教愚,则童蒙者弗恶也。"文侯曰:"善哉言乎,尧舜其犹病诸!寡人虽不敏,请守斯语矣。"《诗》曰:"不遑启处。"

第三十五章

有鸟于此,架巢于葭苇之颠,天喟然而风,则葭折而巢坏,何也?其所托者弱也。稷蜂不攻,而社鼠不薰,非以稷蜂社鼠之神,其所托者善也。故圣人求贤者以自辅,夫吞舟之鱼大矣,荡而失水,则为蝼蚁所制,失其辅也。故《诗》曰:"不明尔德,以无陪无侧。尔德不明,以无陪无侧。"

5. 卷十 ①

第一章

齐桓公逐白鹿,至麦丘,见邦人曰:"尔何谓者也?"对曰:"臣麦丘之邦人。"桓公曰:"叟年几何?"对曰:"臣年八十有三矣。"桓公曰:"美哉寿也!"与之饮。曰:"叟盍为寡人寿也?"对曰:"野人不知为君王之寿。"桓公曰:"盍以叟之寿祝寡人矣!"邦人奉觞再拜曰:"使吾君固寿,金玉之贱,人民是宝。"桓公曰:"善哉祝乎! 寡人闻之矣,至德不孤,善言必再,叟盍复之。"邦人奉觞再拜曰:"使吾君好学而不恶下问,贤者在侧,谏者得入。"桓公曰:"善哉祝乎! 寡人闻之,至德不孤,善言必三,叟盍复之。"邦人奉觞再拜曰:"无使群臣百姓得罪于吾君,亦无使吾君得罪于群臣百姓。"桓公不说,曰:"此一言者,非夫前二言之祝,叟其革之矣。"邦人澜然而涕下,曰:"愿君孰思之,此一言者,夫前二言之上也。臣闻子得罪于父,可因姑姊妹而谢也,父乃赦之。臣得罪于君,可使左右而谢也,君乃赦之。昔者桀得罪汤,纣得罪于武王,此君得罪于臣也,至今未有为谢者。"桓公曰:"善哉! 寡人赖宗庙之福,社稷之灵,使寡人遇叟于此。"扶而载之,自御以归,荐之于庙而断政焉。桓公之所以九合诸侯,一匡天下,不以兵车,非独管仲也,亦遇之于是。《诗》曰:"济济多士,文王以宁。"

第二章

鲍叔荐管仲曰:"臣所不如管夷吾者五。宽惠柔爱,臣弗如也。忠信可结于百姓,臣弗如也。制礼约法于四方,臣弗如也。决狱折中,臣弗如也。执枹鼓立于军门,使士卒勇,臣弗如也。"《诗》曰:"济济多士,文王以宁。"

第三章

晋文公重耳亡过曹,里凫须从,因盗重耳资而亡。重耳无粮,馁不能行,子推割股肉以食重耳,然后能行。及重耳反国,国中多不附重耳者。

---

① 韩婴撰,许维遹校释:《韩诗外传集释》,中华书局 1980 年版,第 334—365 页。

于是里凫须造见曰："臣能安晋国。"文公使人应之曰："子尚何面目来见寡人欲安晋也！"里凫须曰："君沐邪？"使者曰："否。"里凫须曰："臣闻沐者其心倒，心倒者其言悖。今君不沐，何言之悖也？"使者以闻。文公见之，里凫须仰首曰："离国久，臣民多过君，君反国而民皆自危。里凫须又袭竭君之资，避于深山，而君以馁，介子推割股，天下莫不闻。臣之为贼亦大矣，罪至十族，未足塞责。然君诚赦之罪，与骖乘游于国中，百姓见之，必知不念旧恶，人自安矣。"于是文公大悦，从其计，使骖乘于国中。百姓见之，皆曰："夫里凫须且不诛而骖乘，吾何惧也！"是以晋国大宁。故《书》云："文王卑服，即康功田功。"若里凫须，罪无赦者也。《诗》曰："济济多士，文王以宁。"

第四章

传曰：言为王之不易也。大命之至，其太宗、太史、太祝，斯素服执策，北面而吊乎天子曰："大命既至矣，如之何忧之长也。"授天子策第一矣，曰："敬享以祭，永主天命，畏之无疆，厥躬无敢宁。"授天子策二矣，曰："敬之！夙夜伊祝，厥躬无怠。万民望之。"授天子策三矣，曰："天子南面受于帝位，以治为忧，未以位为乐也。"《诗》曰："天难忱斯，不易惟王。"

第五章

君子温俭以求于仁，恭让以求于礼，得之自是，不得自是。故君子之于道也，犹农夫之耕，虽不获年，优之无以易也。大王亶甫有子曰太伯、仲雍、季历，历有子曰昌。太伯知大王贤昌而欲季为后也，太伯去之吴。大王将死，谓季曰："我死，汝往让两兄，彼即不来，汝有义而安。"大王薨，季之吴告伯仲，伯仲从季而归。群臣欲伯之立季，季又让。伯谓仲曰："今群臣欲我立季，季又让，何以处之？"仲曰："刑有所谓矣，要于扶微者。可以立季。"季遂立而养文王，文王果受命而王。孔子曰："太伯独见，王季独知。伯见父志，季知父心。故大王、太伯、王季，可谓见始知终而能承志矣。"《诗》曰："自太伯王季。惟此王季，因心则友。则友其兄，则笃其庆，载锡之光，受禄无丧，奄有四方。"此之谓也。太伯反吴，吴以为君，至夫差二十八世而灭。

第六章

齐宣王与魏惠王会田于郊。魏王曰:"亦有宝乎?"齐王曰:"无有。"魏王曰:"若寡人之小国也,尚有径寸之珠照车前后十二乘者十枚,奈何以万乘之国无宝乎?"齐王曰:"寡人之所以为宝与王异。吾臣有檀子者,使之守南城,则楚人不敢北乡为寇,泗水上有十二诸侯皆来朝。吾臣有肦子者,使之守高唐,则赵人不敢东渔于河。吾臣有黔夫者,使之守徐州,则燕人祭北门,赵人祭西门,从而归之者七千余家。吾臣有种首者,使之备盗贼,而道不拾遗。吾将以照千里之外,岂特十二乘哉!"魏王惭,不怿而去。《诗》曰:"辞之怿矣,民之莫矣。"

第七章

东海有勇士,曰菑丘䜣,以勇猛闻于天下。过神渊,曰:"饮马。"其仆曰:"饮马于此者,马必死。"曰:"以䜣之言饮之。"其马果沈。菑丘䜣去朝服拔剑而入,三日三夜,杀三蛟一龙而出。雷神随而击之,十日十夜,眇其左目。要离闻之,往见之,曰:"䜣在乎?"曰:"送有丧者。"往见䜣于墓。曰:"闻雷神击子十日十夜,眇子左目。夫天怨不全日,人怨不旋踵。至今弗报,何也?"呲而去,墓上振愤者不可胜数。要离归,谓门人曰:"菑丘䜣,天下勇士也。今日我辱之人中,是其必来攻我。暮无闭门,寝无闭户。"菑丘䜣果夜来,拔剑拄要离颈,曰:"子有死罪三。辱我以人中,死罪一也。暮无闭门,死罪二也。寝不闭户,死罪三也。"要离曰:"子待我一言。来谒,不肖一也。拔剑不刺,不肖二也。刃先辞后,不肖三也。能杀我者,是毒药之死耳。"菑丘䜣引剑而去曰:"嘻!所不若者,天下惟此子尔!"传曰:公子目夷以辞得国,今要离以辞得身。言不可不文,犹若此乎?《诗》曰:"辞之怿矣,民之莫矣。"

第八章

传曰:齐使使献鸿于楚,鸿渴,使者道饮,鸿擢筦溃失。使者遂之楚,曰:"齐使臣献鸿,鸿渴,道饮,擢筦溃失。臣欲亡去,为两君之使不通。欲拔剑而死,人将以吾君贱士贵鸿也。擢筦在此,愿以将事。"楚王贤其言,辩其词,因留而赐之,终身以为上客。故使者必矜文辞,喻诚信,明气志,解结申屈,然后可使也。《诗》曰:"辞之怿矣,民之莫矣。"

第九章

扁鹊过虢侯,世子暴病而死。扁鹊造宫门,曰:"吾闻国中卒有壤土之事,得无有急乎?"曰:"世子暴病而死。"扁鹊曰:"入言郑医秦越人能活之。"中庶子好方者出应之,曰:"吾闻上古医曰茅父,茅父之为医也,以菅为席,以刍为狗,北面而祝之,发十言耳,诸扶舆而来者皆平复如故。子之方岂能若是乎?"扁鹊曰:"不能。"又曰:"吾闻中古之为医者曰逾跗。逾跗之为医也,搦脑髓,爪荒莫,吹区九窍,定脑脱,死者复生。子之方岂能若是乎?"扁鹊曰:"不能。"中庶子曰:"苟如子之方,譬如以管窥天,以锥刺地,所窥者大,所见者小,所刺者巨,所中者少。如子之方,岂足以变骇童子哉?"扁鹊曰:"不然。事故有昧投而中蠹头,掩目而别白黑者。夫世子病所谓尸蹶者。以为不然,试入诊世子股阴当温,耳焦焦如有啼者声。若此者,皆可活也。"中庶子遂入诊世子,以病报虢侯。虢侯闻之,足跣而起,至门曰:"先生远辱,幸临寡人。先生幸而治之,则粪土之息,得蒙天载地长为人。先生弗治之,则先犬马填沟壑矣。"言未卒而涕泣沾襟。扁鹊入,砥针砺石,取三阳五输,为轩光之灶,八减之汤,子同捣药,子明灸阳,子游按摩,子仪反神,子越扶形,于是世子复生。天下闻之,皆以扁鹊能起死人也。扁鹊曰:"吾不能起死人,直使夫当生者起耳。"夫死者犹可药,而况生乎?悲夫!罢君之治,无可药而息也。《诗》曰:"不可救药。"言必亡而已矣。

第十章

楚丘先生披蓑带索,往见孟尝君。孟尝君曰:"先生老矣,春秋高矣,多遗忘矣,何以教文?"楚丘先生曰:"恶将使我老?恶将使我老?意者将使我投石超距乎?追车赴马乎?逐麋鹿搏虎豹乎?吾则死矣,何暇老哉?将使我深计远谋乎?役精神而决嫌疑乎?出正辞而当诸侯乎?吾乃始壮耳,何老之有!"孟尝君赧然,汗出至踵,曰:"文过矣,文过矣!"《诗》曰:"老夫灌灌。"

第十一章

齐景公游于牛山之上,而北望齐,曰:"美哉国乎!郁郁蓁蓁,使古而无死者,则寡人将去此而何之!"俯而泣下沾襟。国子高子曰:"然!臣赖君之赐,疏食恶肉可得而食也,驽马柴车可得而乘也,且犹不欲死,而况君乎!"又俯而泣。晏子笑曰:"乐哉,今日婴之游也!见怯君一而谀臣二。使古而无死者,则太公至今犹存。吾君方今将被蓑笠而立乎畎亩之中,惟农事之恤,何暇念死乎!"景公惭而举觞自罚,因罚二臣。

第十二章

秦缪公将田,而丧其马,求三日而得之于茎山之阳,有鄙夫乃相与食之。缪公曰:"此骏马之肉,不得酒者死。"缪公乃求酒,遍饮之然后去。明年,晋师与缪公战,晋之右路石者围缪公而击之,甲已堕者六札矣。食马肉者三百余人,皆曰:"吾君仁而爱人,不可不死。"还击晋之右路石,免缪公之死。

第十三章

传曰:卞庄子好勇,母无恙时,三战而北,交游非之,国君辱之。卞庄子受命,颜色不变。及母死三年,鲁兴师,卞庄子请从。至见于将军曰:"前犹与母处,是以战而北也,辱吾身。今母没矣,请塞责。"遂走敌而斗,获甲首而献之,曰:"请以此塞一北。"又获甲首而献之,曰:"请以此塞再北。"将军止之,曰:"足!"不止,又获甲首而献之,曰:"请以此塞三北。"将军止之,曰:"足!请为兄弟。"卞庄子曰:"三北以养母也,今母殁矣,吾责塞矣。吾闻之,节士不以辱生。"遂奔敌,杀七十人而死。君子闻之曰:"三北已塞责,又灭世断宗,士节小具矣,而于孝未终也。"《诗》曰:"靡不有初,鲜克有终。"

第十四章

天子有争臣七人,虽无道,不失其天下。昔殷王纣残贼百姓,绝逆天道,至斮朝涉,刳孕妇,脯鬼侯,醢梅伯。然所以不亡者,以其有箕子比干之故。微子去之,箕子执囚为奴,比干谏而死,然后周加兵而诛之。诸侯有争臣五人,虽无道,不失其国。吴王夫差为无道,至驱一市之民以葬阖闾。然所以不亡者,有伍子胥之故也。胥以死,越王勾践欲伐之。范蠡谏曰:"子胥之计策,尚未忘于吴王之腹心也。"子胥死后三年,越乃能攻之。

大夫有争臣三人，虽无道，不失其家。季氏为无道，僭天子，舞八佾，旅泰山以《雍》《彻》。孔子曰："是可忍也，孰不可忍也！"然不亡者，以冉有季路为宰臣也。故曰："有谔谔争臣者其国昌，有默默谀臣者其国亡。"《诗》曰："不明尔德，以无陪侧。尔德不明，以无陪无侧。"言文王咨嗟，痛殷商无辅弼谏诤之臣而亡天下矣。

第十五章

齐桓公出游，遇一丈夫衰衣应步，带着桃殳。桓公怪而问之曰："是何名？何经所在，何篇所居？何以斥逐，何以避余？"丈夫曰："是名戒桃。桃之为言亡也。夫日日慎桃，何患之有。故亡国之社以戒诸侯，庶人之戒在于桃殳。"桓公说其言，与之共载。来年正月，庶人皆佩。《诗》曰："殷监不远。"

第十六章

齐桓公置酒，令诸大夫曰："后者饮一经程。"管仲后，当饮一经程。饮其一半，而弃其半。桓公曰："仲父当饮一经程，而弃之何也？"管仲曰："臣闻之，酒入口者舌出，舌出者言失，言失者弃身。与其弃身，不宁弃酒乎？"桓公曰："善！"《诗》曰："荒惬于酒。"

第十七章

齐景公遣晏子南使楚。楚王闻之，谓左右曰："齐遣晏子使寡人之国，几至矣。"左右曰："晏子，天下之辩士也。与之议国家之务，则不如也。与之论往古之术，则不如也。王独可以与晏子坐，使有司束人过王，王问之，使言齐人善盗，故束之。是宜可以困之。"王曰："善。"晏子至，即与之坐。图国之急务，辩当世之得失，再举再穷，王默然无以续语。居有间，束徒以过之。王曰："何为者也？"有司对曰："是齐人善盗，束而诣吏。"王欣然大笑曰："齐乃冠带之国，辩士之化，固善盗乎？"晏子曰："然。固取之。王不见夫江南之树乎？名橘，树之江北，则化为枳。何则？土地使然尔。夫子处齐之时，冠带而立，俨有伯夷之廉，今居楚而善盗，意土地之化使然尔。王又何怪乎？"《诗》曰："无言不酬，无德不报。"

第十八章

吴延陵季子游于齐,见遗金,呼牧者取之。牧者曰:"何子居之高,视之下,貌之君子,而言之野也! 吾有君不臣,有友不友,当暑衣裘,吾岂取金者乎?"延陵子知其为贤者,请问姓字。牧者曰:"子乃皮相之士也,何足语姓字哉!"遂去。延陵季子立而望之,不见乃止。孔子曰:"非礼勿视,非礼勿听。"

第十九章

颜渊问于孔子曰:"渊愿贫如富,贱如贵,无勇而威,与士交通,终身无患难,亦且可乎?"孔子曰:"善哉回也! 夫贫而如富,其知足而无欲也。贱而如贵,其让而有礼也。无勇而威,其恭敬而不失于人也。终身无患难,其择言而出之也。若回者,其至乎! 虽上古圣人,亦如此而已。"

第二十章

齐景公出田,十有七日而不反,晏子乘而往。比至,衣冠不正。景公见而怪之曰:"夫子何遽乎? 得无有急乎?"晏子对曰:"然,有急。国人皆以君为恶民所禽。臣闻之:鱼鳖厌深渊而就干浅,故得于钓网。禽兽厌深山而下于都泽,故得于田猎。今君出田十有七日而不反,不亦过乎?"景公曰:"不然。为宾客莫应待邪? 则行人子牛在。为宗庙而不血食邪? 则祝人太宰在。为狱不中邪? 则大理子几在。为国家有余不足邪? 则巫贤在。寡人有四子,犹有四肢也,而得代焉,不可患焉!"晏子曰:"然,人心有四肢而得代焉则善矣,令四肢无心,十有七日不死乎?"景公曰:"善哉言!"遂援晏子之手,与骖乘而归。若晏子者,可谓善谏者矣。

第二十一章

楚庄王将兴师伐晋,告士大夫曰:"有敢谏者死无赦。"孙叔敖曰:"臣闻畏鞭箠之严而不敢谏其父,非孝也。惧斧钺之诛而不敢谏其君,非忠臣也。"于是遂进谏曰:"臣园中有榆,其上有蝉。蝉方奋翼悲鸣,欲饮清露,不知螳螂之在后,曲其颈,欲攫而食之也。螳螂方欲食蝉,而不知黄雀在后,举其颈,欲啄而食之也。黄雀方欲食螳螂,不知童子挟弹丸在榆下,迎而欲弹之。童子方欲弹黄雀,不知前有深坑,后有掘株也。此皆贪前之利,而不顾后害者也。非独昆虫众庶若此也,人主亦然。君今知贪彼之土,而乐其士卒。"楚国不殆,而晋以宁,孙叔敖之力也。

第二十二章

晋平公之时,藏宝之台烧,士大夫闻者,皆趋车驰马救火。三日三夜,乃胜之。公子晏独奉束帛而贺,曰:"甚善矣!"平公勃然作色曰:"珠玉之所藏也,国之重宝也,而天火之。士大夫皆趋车走马而救之,子独束帛而贺,何也? 有说则生,无说则死。"公子晏曰:"何敢无说! 臣闻之,王者藏于天下,诸侯藏于百姓,农夫藏于囷庾,商贾藏于箧匮。今百姓乏于外,短褐不蔽形,糟糠不充口,虚耗而赋敛无已,收大半而藏之台,是以天火之。且臣闻之,昔者桀残贼海内,赋敛无度,万民甚苦,是故汤诛之,为天下戮笑。今皇天降灾于藏台,是君之福也,而不自知变悟,亦恐君之为邻国笑矣。"公曰:"善! 自今已往,请藏于百姓之间。"《诗》曰:"稼穑维宝,代食维好。"

第二十三章

魏文侯问里克曰:"吴之所以亡者何也?"里克对曰:"数战而数胜。"文侯曰:"数战数胜,国之福也,其独亡何也?"里克对曰:"数战则民疲,数胜则主骄。骄则恣,恣则极。物疲则怨,怨则极虑。上下俱极,吴之亡犹晚矣。此夫差所以自丧于干遂。"《诗》曰:"天降丧乱,灭我立王。"

第二十四章

楚有士曰申鸣,治园以养父母,孝闻于楚。王召之,申鸣辞不往。其父曰:"王欲用汝,何谓辞之?"申鸣曰:"何舍为孝子,乃为王忠臣乎?"其父曰:"使汝有禄于国,有位于廷,汝乐而我不忧矣。我欲汝之仕也。"申鸣曰:"喏。"遂之朝受命,楚王以为左司马。其年遇白公之乱,杀令尹子西、司马子期,申鸣因以兵围之。白公谓石乞曰:"申鸣,天下之勇士也,今将兵,为之奈何?"石乞曰:"吾闻申鸣孝子也,劫其父以兵。"使人谓申鸣曰:"子与我,则与子分楚国,不与我,则杀乃父。"申鸣流涕而应之曰:"始则父之子,今则君之臣,已不得为孝子矣,安得不为忠臣乎?"援桴鼓之,遂杀白公。其父亦死焉。王归赏之,申鸣曰:"受君之禄,避君之难,非忠臣也。正君之法,以杀其父,又非孝子也。行不两全,名不两立,悲夫! 若此而生,亦何以示天下之士哉!"遂自刎而死。《诗》曰:"进退惟谷。"

第二十五章

昔者太公望周公旦受封而见。太公问周公何以治鲁。周公曰:"尊尊亲亲。"太公曰:"鲁从此弱矣。"周公问太公曰:"何以治齐?"太公曰:"举贤尚功。"周公曰:"后世必有劫杀之君矣。"后齐日以大,至于霸,二十四世而田氏代之。鲁日以削,三十四世而亡。由此观之,圣人能知微矣。《诗》曰:"惟此圣人,瞻言百里。"

董仲舒学案

　　董仲舒(公元前 179 年—公元前 104 年),西汉著名的经学大师,以悉心研究《春秋公羊传》而著称于世。董仲舒将儒家思想与当时的社会现实相结合,并吸收了其他学派的理论,构建了一个以德治为核心的新的儒学体系,深得汉武帝的赞赏。董仲舒的"天人感应"思想将"天"悬置于君王之上,对君王的言行进行有效的监督,并通过自然现象对君王的施政进行积极的批判,其既是先秦儒学在大一统政权下实现政治批判功能的重要手段,又是董仲舒为维护西汉王朝长治久安所创制的治世理论。在董仲舒"天"的哲学理论中,为了解决儒学在西汉发展时所遇到的,如何将先秦儒家的德治理想与专制体制相结合的问题,"天"被赋予了多层含义,但最为重要的是董仲舒对天赋予了儒家伦理道德的成分,并以"仁"作为判断是非对错的标准,君主被要求规范自己的言行、取法天的仁德之政。"三统说"则是董仲舒在借鉴五德终始说以及其他历史观的基础上,对历史发展规律、动力、法则等问题所进行的系统的归纳与总结。"三统说"立足于西汉社会发展的现实状况,不仅对历史如何发展等问题进行了解答,还以"白统""赤统""黑统"的相关度制作为标准,对王朝的更化与改制问题进行了规范,意在摒弃西周末年以来社会发展所积累下来的诸多弊病,为汉武帝的诸多改革举措提供理论上的保障,进而维护西汉王朝的大一统。

　　董仲舒的主要著作为《春秋繁露》。哲学思想,主要在《楚庄王》《玉杯》《十指》《重政》《洞察名号》《五行之义》《五行相胜》《循天之道》《阴阳终始》《义基》等篇。天人互动史料,主要在《王道通三》《顺命》《天地之行》《阴阳义》《为人者天》《符瑞》诸篇中。伦理思想史料,主要在《循天之道》《义基》《阳尊阴卑》《阴阳终始》之中。认识论史料,主要在《二端》《祭义》《洞察名号》等篇中。性三品说在《竹林》《实性》《玉杯》之中。政治思想和历史观的史料,主要在《楚庄王》《义基》中。历史发展到董仲舒之时,出现了一个前所未有的政治局面。董仲舒博采众家之说,上及天道,下至人事,直至国家政治,通过董仲舒的努力,儒家既适应了统一帝国的政治环境、社会环境、人文环境,又保留了先秦时期的政治批判功能,宣告了"经学时代"的到来。

一、天人三策①

陛下发德音,下明诏,求天命与情性,皆非愚臣之所能及也。臣谨案《春秋》之中,视前世已行之事,以观天人相与之际,甚可畏也。国家将有失道之败,而天乃先出灾害以谴告之,不知自省,又出怪异以警惧之,尚不知变,而伤败乃至。以此见天心之仁爱人君而欲止其乱也。自非大亡道之世者,天尽欲扶持而全安之,事在强勉而已矣。强勉学习,则闻见博而知益明;强勉行道,则德日起而大有功:此皆可使还至而有效者也。《诗》曰"夙夜匪解",《书》云"茂哉茂哉!"皆强勉之谓也。

道者,所繇适于治之路也,仁义礼乐皆其具也。故圣王已没,而子孙长久安宁数百岁,此皆礼乐教化之功也。王者未作乐之时,乃用先王之乐宜于世者,而以深入教化于民。教化之情不得,雅颂之乐不成,故王者功成作乐,乐其德也。乐者,所以变民风,化民俗也;其变民也易,其化人也著。故声发于和而本于情,接于肌肤,臧于骨髓。故王道虽微缺,而管弦之声未衰也。夫虞氏之不为政久矣,然而乐颂遗风犹有存者,是以孔子在齐而闻《韶》也。夫人君莫不欲安存而恶危亡,然而政乱国危者甚众,所任者非其人,而所繇者非其道,是以政日以仆灭也。夫周道衰于幽、厉,非道亡也,幽、厉不繇也。至于宣王,思昔先王之德,兴滞补弊,明文、武之功业,周道粲然复兴,诗人美之而作,上天晁之,为生贤佐,后世称通,至今不绝。此夙夜不解行善之所致也。孔子曰"人能弘道,非道弘人"也。故治乱废兴在于己,非天降命不得可反,其所操持誖谬失其统也。

臣闻天之所大奉使之王者,必有非人力所能致而自至者,此受命之符也。天下之人同心归之,若归父母,故天瑞应诚而至。《书》曰"白鱼入于王舟,有火复于王屋,流为乌",此盖受命之符也。周公曰"复哉复哉",孔

---

① 班固:《汉书》卷五十六《董仲舒传》,中华书局 1962 年版,第 2495—2524 页。

子曰"德不孤,必有邻",皆积善累德之效也。及至后世,淫佚衰微,不能统理群生,诸侯背畔,残贱良民以争壤土,废德教而任刑罚。刑罚不中,则生邪气;邪气积于下,怨恶畜于上。上下不和,则阴阳缪盭而娇孽生矣。此灾异所缘而起也。

臣闻命者天之令也,性者生之质也,情者人之欲也。或夭或寿,或仁或鄙,陶冶而成之,不能粹美,有治乱之所在,故不齐。孔子曰:"君子之德风,小人之德草,草上之风必偃。"故尧、舜行德则民仁寿,桀、纣行暴则民鄙夭。未上之化下,下之从上,犹泥之在钧,唯甄者之所为,犹金之在熔,唯冶者之所铸。"绥之斯俫,动之斯和",此之谓也。

臣谨案《春秋》之文,求王道之端,得之于正。正次王,王次春。春者,天之所为也;正者,王之所为也。其意曰,上承天之所为,而下以正其所为,正王道之端云尔。然则王者欲有所为,宜求其端于天。天道之大者在阴阳。阳为德,阴为刑;刑主杀而德主生。是故阳常居大夏,而以生育养长为事;阴常居大冬,而积于空虚不用之处。以此见天之任德不任刑也。天使阳出布施于上而主岁功,使阴入伏于下而时出佐阳;阳不得阴之助,亦不能独成岁。终阳以成岁为名,此天意也。王者承天意以从事,故任德教而不任刑。刑者不可任以治世,犹阴之不可任以成岁也。为政而任刑,不顺于天,故先王莫之肯为也。今废先王德教之官,而独任执法之吏治民,毋乃任刑之意与!孔子曰:"不教而诛谓之虐。"虐政用于下,而欲德教之被四海,故难成也。

臣谨案《春秋》谓一元之意,一者万物之所从始也,元者辞之所谓大也。谓一为元者,视大始而欲正本也。《春秋》深探其本,而反自贵者始。故为人君者,正心以正朝廷,正朝廷以正百官,正百官以正万民,正万民以正四方。四方正,远近莫敢不一于正,而亡有邪气奸其间者。是以阴阳调而风雨时,群生和而万民殖,五谷孰而草木茂,天地之间被润泽而大丰美,四海之内闻盛德而皆俫臣,诸福之物,可致之祥,莫不毕至,而王道终矣。

孔子曰:"凤鸟不至,河不出图,吾已矣夫!"自悲可致此物,而身卑贱不得致也。今陛下贵为天子,富有四海,居得致之位,操可致之势,又有能致之资,行高而恩厚,知明而意美,爱民而好士,可谓谊主矣。然而天地未应而美祥莫至者,何也?凡以教化不立而万民不正也。夫万民之从利也,如水之走下,不以教化堤防之,不能止也。是故教化立而奸邪皆止者,其堤防完也；教化废而奸邪并出，刑罚不能胜者，其堤防坏也。古之王者明于此，是故南面而治天下，莫不以教化为大务。立太学以教于国，设庠序以化于邑，渐民以仁，摩民以谊，节民以礼，故其刑罚甚轻而禁不犯者，教化行而习俗美也。

圣王之继乱世也，扫除其迹而悉去之，复修教化而崇起之。教化已明，习俗已成，子孙循之，行五六百岁尚未败也。至周之末世，大为亡道，以失天下。秦继其后，独不能改，又益甚之，重禁文学，不得挟书，弃捐礼谊而恶闻之，其心欲尽灭先圣之道，而颛为自恣苟简之治，故立为天子十四岁而国破亡矣。自古以来，未尝有以乱济乱，大败天下之民如秦者也。其遗毒余烈，至今未灭，使习俗薄恶，人民嚚顽，抵冒殊扞，孰烂如此之甚者也。

孔子曰："腐朽之木不可雕也，粪土之墙不可圬也。"今汉继秦之后，如朽木、粪墙矣，虽欲善治之，亡可奈何。法出而奸生，令下而诈起，如以汤止沸，抱薪救火，愈甚亡益也。窃譬之琴瑟不调，甚者必解而更张之，乃可鼓也；为政而不行，甚者必变而更化之，乃可理也。当更张而不更张，虽有良工不能善调也；当更化而不更化，虽有大贤不能善治也。故汉得天下以来，常欲善治而至今不可善治者，失之于当更化而不更化也。

古人有言曰："临渊羡鱼，不如退而结网。"今临政而愿治七十余岁矣，不如退而更化；更化则可善治，善治则灾害日去，福禄日来。《诗》云："宜民宜人，受禄于人。"为政而宜于民者，固当受禄于天。夫仁、谊、礼、知、信五常之道，王者所当修饬也；五者修饬，故受天之晁，而享鬼神之灵，德施于方外，延及群生也。

二、春秋繁露（节选）①

1. 楚庄王②

楚庄王杀陈夏征舒，《春秋》贬其文，不予专讨也。灵王杀齐庆封，而

---

① 这里节选的是该书《楚庄王》《玉杯》《重政》《深察名号》《实性》《五行之义》《阳尊阴卑》《阴阳终始》《基义》《五行相胜》《循天之道》等。
② 苏舆撰，钟哲点校：《春秋繁露义证》，中华书局1992年版，第2—23页。

直称楚子，何也？曰：庄王之行贤，而征舒之罪重。以贤君讨重罪，其于人心善。若不贬，孰知其非正经。《春秋》常于其嫌得者，见其不得也。是故齐桓不予专地而封，晋文不予致王而朝，楚庄弗予专杀而讨。三者不得，则诸侯之得，殆此矣。此楚灵之所以称子而讨也。《春秋》之辞，多所况，是文约而法明也。问者曰：不予诸侯之专封，复见于陈蔡之灭。不予诸侯之专讨，独不复见于庆封之杀，何也？曰：《春秋》之用辞，已明者去之，未明者著之。今诸侯之不得专讨，固已明矣。而庆封之罪未有所见也，故称楚子以伯讨之，著其罪之宜死，以为天下大禁。曰：人臣之行，贬主之位，乱国之臣，虽不篡杀，其罪皆宜死，比于此其云尔也。

《春秋》曰："晋伐鲜虞。"奚恶乎晋而同夷狄也？曰：《春秋》尊礼而重信。信重于地，礼尊于身。何以知其然也？宋伯姬疑礼而死于火，齐桓公疑信而亏其地，《春秋》贤而举之，以为天下法，曰礼而信。礼无不答，施无不报，天之数也。

今我君臣同姓适女，女无良心，礼以不答。有恐畏我，何其不夷狄也。公子庆父之乱，鲁危殆亡，而齐侯安之。于彼无亲，尚来扰我，如何与同姓而残贼遇我。《诗》云："宛彼鸣鸠，翰飞戾天。我心忧伤，念彼先人。明发不寐，有怀二人。"人皆有此心也。今晋不以同姓忧我，而强大厌我，我心望焉。故言之不好。谓之晋而已，婉辞也。

问者曰：晋恶而不可亲，公往而不敢至，乃人情耳。君子何耻而称公有疾也？曰：恶无故自来。君子不耻，内省不疚，何忧于志，是已矣。今《春秋》耻之者，昭公有以取之也。臣陵其君，始于文而甚于昭。公受乱陵夷，而无惧惕之心，嚣嚣然轻计妄讨，犯大礼而取同姓，接不义而重自轻也。人之言曰："国家治，则四邻贺；国家乱，则四邻散。"是故季孙专其位，而大国莫之正。出走八年，死乃得归。身亡子危，困之至也。君子不耻其困，而耻其所以穷。昭公难逢此时，苟不取同姓，讵至于是。虽取同姓，能用孔子自辅，亦不至如是。时难而治简，行枉而无救，是其所以穷也。

《春秋》分十二世以为三等：有见，有闻，有传闻。有见三世，有闻四世，有传闻五世。故哀、定、昭，君子之所见也。襄、成、文、宣，君子之所闻也。僖、闵、庄、桓、隐，君子之所传闻也。所见六十一年，所闻八十五年，所传闻九十六年。于所见微其辞，于所闻痛其祸，于传闻杀其恩，与情俱也。是故逐季氏而言又雩，微其辞也。

子赤杀，弗忍书日，痛其祸也。子般杀而书乙未，杀其恩也。屈伸之志，详略之文，皆应之。吾以其近近而远远，亲亲而疏疏也，亦知其贵贵而贱贱，重重而轻轻也。有知其厚厚而薄薄，善善而恶恶也，有知其阳阳而阴阴，白白而黑黑也。百物皆有合偶，偶之合之，仇之匹之，善矣。《诗》云："威仪抑抑，德音秩秩。无怨无恶，率由仇匹。"此之谓也。然则《春秋》，义之大者也。得一端而博达之，观其是非，可以得其正法。视其温辞，可以知其塞怨。是故于外，道而不显，于内，讳而不隐。于尊亦然，于贤亦然。此其别内外、差贤不肖而等尊卑也。义不讪上，智不危身。故远者以义讳，近者以智畏。畏与义兼，则世逾近而言逾谨矣。此定哀之所以微其辞。以故用则天下平，不用则安其身，《春秋》之道也。

《春秋》之道，奉天而法古。是故虽有巧手，弗修规矩，不能正方员。虽有察耳，不吹六律，不能定五音。虽有知心，不览先王，不能平天下。然则先王之遗道，亦天下之规矩六律已。故圣者法天，贤者法圣，此其大数也。得大数而治，失大数而乱，此治乱之分也。所闻天下无二道，故圣人异治同理也。

古今通达，故先贤传其法于后世也。《春秋》之于世事也，善复古，讥易常，欲其法先王也。然而介以一言曰："王者必改制。"自僻者得此以为辞，曰：古苟可循先王之道，何莫相因？世迷是闻，以疑正道而信邪言，甚可患也。答之曰：人有闻诸侯之君射《狸首》之乐者，于是自断狸首，悬而射之，曰：安在于乐也！此闻其名而不知其实者也。今所谓新王必改制者，非改其道，非变其理，受命于天，易姓更王，非继前王而王也。若一因前制，修故业，而无有所改，是与继前王而王者无以别。受命之君，天之所大显也。事父者承意，事君者仪志。事天亦然。今天大显已，物袭所代而率与同，则不显不明，非天志。故必徙居处、更称号、改正朔、易服色者，无他焉，不敢不顺天志而明自显也。若夫大纲、人伦、道理、政治、教化、习俗、文义尽如故，亦何改哉？故王者有改制之名，无易道之实。孔子曰："无为而治者，其舜乎！"言其主尧之道而已。此非不易之效与？问者曰：物改而天授显矣，其必更作乐，何也？曰：乐异乎是。制为应天改之，乐为应人作之。彼之所受命者，必民之所同乐也。是故大改制于初，所以明天命也。更作乐于终，所以见天功也。缘天下之所新乐而为之文曲，且以和政，且以兴德。天下未遍合和，王者不虚作乐。乐者，盈于内而动发于外者也。应其治时,制礼作乐以成之。成者,本末质文皆以具矣。是故作乐者必反天下之所始乐于己以为本。舜时,民乐其昭尧之业也,故《韶》。"韶"者,昭也。禹之时,民乐其三圣相继,故《夏》。"夏"者,大也。汤之时,民乐其救之于患害也,故《頀》。"頀"者,救也。文王之时,民乐其兴师征伐也,故《武》。"武"者,伐也。四者,天下同乐之,一也,其所同乐之端不可一也。作乐之法,必反本之所乐。所乐不同事,乐安得不世异?是故舜作《韶》而禹作《夏》,汤作《頀》而文王作《武》。四乐殊名,则各顺其民始乐于己也。吾见其效矣。《诗》云:"文王受命,有此武功。既伐于崇,作邑于丰。"乐之风也。又曰:"王赫斯怒,爰整其旅。"当是时,纣为无道,诸侯大乱,民乐文王之怒而咏歌之也。周人德已洽天下,反本以为乐,谓之《大武》,言民所始乐者武也云尔。故凡乐者,作之于终,而名之以始,重本之义也。由此观之,正朔、服色之改,受命应天制礼作乐之异,人心之动也。二者离而复合,所为一也。

2. 玉杯[①]

《春秋》讥文公以丧取。难者曰:"丧之法,不过三年。三年之丧,二十五月。今按经,文公乃四十一月方取。取时无丧,出其法也久矣。何以谓之丧取。"曰:《春秋》之论事,莫重于志。今取必纳币,纳币之月在丧分,故谓之丧取也。且文公以秋袷祭,以冬纳币,皆失于太蚤。《春秋》不讥其前,而顾讥其后,必以三年之丧,肌肤之情也。虽从俗而不能终,犹宜未平于心。今全无悼远之志,反思念取事,是《春秋》之所甚疾也。故讥不出三年于首而已,讥以丧取也。不别先后,贱其无人心也。缘此以论礼,礼之所重者在其志。志敬而节具,则君子予之知礼。志和而音雅,则君子予之知乐。志哀而居约,则君子予之知丧。故曰:非虚加之,重志之谓也。志为质,物为文。文着于质,质不居文,文安施质?质文两备,然后其礼成。文质偏行,不得有我尔之名。俱不能备而偏行之,宁有质而无文。虽弗予能礼,尚少善之,介葛庐来是也。有文无质,非直不子,乃少恶之,谓州公寔来是也。然则《春秋》之序道也,先质而后文,右志而左物。故曰:"礼云礼云,玉帛云乎哉?"推而前之,亦宜曰:朝云朝云,辞令云乎哉?"乐云乐

---

① 苏舆撰,钟哲点校:《春秋繁露义证》,中华书局 1992 年版,第 23—45 页。

云,钟鼓云乎哉?"引而后之,亦宜曰:丧云丧云,衣服云乎哉? 是故孔子立新王之道,明其贵志以反和,见其好诚以灭伪。其有继周之弊,故若此也。

《春秋》之法,以人随君,以君随天。曰:缘民臣之心,不可一日无君。一日不可无君,而犹三年称子者,为君心之未当立也。此非以人随君耶? 孝子之心,三年不当。三年不当而逾年即位者,与天数俱终始也。此非以君随天邪? 故屈民而伸君,屈君而伸天,《春秋》之大义也。《春秋》论十二世之事,人道浃而王道备。法布二百四十二年之中,相为左右,以成文采。其居参错,非袭古也。是故论《春秋》者,合而通之,缘而求之,五其比,偶其类,览其绪,屠其赘,是以人道浃而王法立。以为不然? 今夫天子逾年即位,诸侯于封内三年称子,皆不在经也,而操之与在经无以异。非无其辨也,有所见而经安受其赘也。故能以比贯类、以辨付赘者,大得之矣。

人受命于天,有善善恶恶之性,可养而不可改,可豫而不可去,若形体之可肥臞,而不可得革也。是故虽有至贤,能为君亲含容其恶,不能为君亲令无恶。《书》曰:"厥辟去厥祇。"事亲亦然,皆忠孝之极也。非到贤安能如是? 父不父则子不子,君不君则臣不臣耳。

文公不能服丧,不时奉祭,不以三年,又以丧取,取于大夫,以卑宗庙,乱其群祖以逆先公。小善无一,而大恶四五,故诸侯弗予盟,命大夫弗为使,是恶恶之征、不臣之效也。出侮于外,人夺于内,无位之君也。孔子曰:"政逮于大夫四世矣。"盖自文公以来之谓也。

君子知在位者之不能以恶服人也,是故简六艺以赡养之。《诗》《书》序其志,《礼》《乐》纯其养,《易》《春秋》明其知。六学皆大,而各有所长。《诗》道志,故长于质。《礼》制节,故长于文。《乐》咏德,故长于风。《书》著功,故长于事。《易》本天地,故长于数。《春秋》正是非,故长于治人。能兼得其所长,而不能遍举其详也。故人主大节则知暗,大博则业厌。二者异失同贬,其伤必至,不可不察也。是故善为师者,既美其道,有慎其行,齐时蚤晚,任多少,适疾徐,造而勿趋,稽而勿苦,省其所为,而成其所湛,故力不劳而身大成。此之谓圣化,吾取之。

《春秋》之好微与? 其贵志也。《春秋》修本末之义,达变故之应,通生死之志,遂人道之极者也。是故君杀贼讨,则善而书其诛。若莫之讨,则君不书葬,而贼不复见矣。不书葬,以为无臣子也;贼不复见,以其宜灭绝也。今赵盾弑君,四年之后,别眭复见,非《春秋》之常辞也。古今之学者异而问之,曰:是弑君何以复见?犹曰:贼未讨,何以书葬?何以书葬者,不宜书葬也而书葬。何以复见者,亦不宜复见也而复见。二者同贯,不得不相若也。盾之复见,直以赴问,而辨不亲弑,非不当诛也。则亦不得不谓悼公之书葬,直以赴问而辨不成弑,非不当罪。若是则《春秋》之说乱矣,岂可法哉。故贯比而论是非,虽难悉得,其义一也。今诛盾无传,弗诛无传,以比言之法论。无比而处之,诬辞也。今视其比,皆不当死,何以诛之?《春秋》赴问数百,应问数千,同留经中。繙援比类,以发其端。卒无妄言而得应于传者。今使外贼不可诛,故皆复见,而问曰此复见何也,言莫妄于是,何以得应乎?故吾以其得应,知其问之不妄。以其问之不妄,知盾之狱不可不察也。夫名为弑父而实免罪者,已有之矣;亦有名为弑君,而罪不诛者。逆而距之,不若徐而味之。且吾语盾有本,《诗》云:"他人有心,予忖度之。"此言物莫无邻,察视其外,可以见其内也。今案盾事而观其心,愿而不刑,合而信之,非篡之邻也。按盾辞号乎天,苟内不诚,安能如是?是故训其终始无弑之志。挂恶谋者,过在不遂去,罪在不讨贼而已。臣之宜为君讨贼也,犹子之宜为父尝药也。子不尝药,故加之弑父;臣不讨贼,故加之弑君。其义一也。所以示天下废臣子之节,其恶之大若此也。故盾之不讨贼,为弑君也,与止之不尝药为弑父无以异。盾不宜诛,以此参之。问者曰:夫谓之弑而有不诛,其论难知,非蒙之所能见也。故赦止之罪,以传明之。盾不诛,无传,何也?曰:世乱义废,背上不臣,篡弑覆君者多,而有明大恶之诛,谁言其诛。故晋赵盾、楚公子比皆不诛之文,而弗为传,弗欲明之心也。问者曰:人弑其君,重卿在而弗能讨者,非一国也。灵公弑,赵盾不在。不在之与在,恶有厚薄。

《春秋》责在而不讨贼者,弗击臣子尔也。责不在而不讨贼者,乃加弑焉,何其责厚恶之薄、薄恶之厚也?曰:《春秋》之道,视人所惑,为立说以大明之。今赵盾贤而不遂于理,皆见其善,莫见其罪,故因其所贤而加之大恶,击之重责,使人湛思而自省悟以反道。曰:吁!君臣之大义,父子之道,乃至乎此,此所由恶薄而责之厚也。他国不讨贼者,诸斗筲之民,何足数哉?弗击人数而已。此所由恶厚而责薄也。传曰:轻为重,重为轻,非是之谓乎?故公子比嫌可以立,赵盾嫌无臣责,许止嫌无子罪。《春秋》为人不知恶而恬行不备也,是故重累责之,以矫枉世而直之。矫者不过其正,弗能直。知此而义毕矣。

3. 重政①

惟圣人能属万物于一而击之元也,终不及本所从来而承之,不能遂其功。是以《春秋》变一谓之元,元犹原也,其义以随天地终始也。故人惟有终始也而生,不必应四时之变,故元者为万物之本,而人之元在焉。安在乎?乃在乎天地之前。故人虽生天气及奉天气者,不得与天元本、天元命而共违其所为也。故春正月者,承天地之所为也,继天之所为而终之也,其道相与共功持业,安容言乃天地之元。天地之元奚为于此,恶施于人,大其贯承意之理矣。

能说鸟兽之类者,非圣人所欲说也。圣人所欲说,在于说仁义而理之,知其分科条别,贯所附,明其义之所审,勿使嫌疑,是乃圣人之所贵而已矣。不然,传于众辞,观于众物,说不急之言而以惑后进者,君子之所甚恶也。奚以为哉?圣人思虑不厌,书日继之以夜,然后万物察者,仁义矣。由此言之,尚自为得之哉。故曰:于乎!为人师者,可无慎邪!夫义出于经,经传,大本也。弃营劳心也,苦志尽情,头白齿落,尚不合自录也哉?

人始生有大命,是其体也。有变命存其间者,其政也。政不齐则人有忿怒之志,若将施危难之中,而时有随、遭者,神明之所接,绝属之符也。亦有变其间,使之不齐如此,不可不省之,省之则重政之本矣。

撮以为一,进义诛恶绝之本,而以其施,此举汤武同而有异。汤武用之治往故。《春秋》明得失,差贵贱,本之天。王之所失天下者,使诸侯得以大乱之,说而后引而反之。故曰博而明,深而切矣。

4. 深察名号②

治天下之端,在审辨大。辨大之端,在深察名号。名者,大理之首章也。录其首章之意,以窥其中之事,则是非可知,逆顺自着,其几通于天地矣。是非之正,取之逆顺,逆顺之正,取之名号,名号之正,取之天地,天地为名号之大义也。古之圣人,謞而效天地谓之号,鸣而施命谓之名。名之为言,鸣与命也,号之为言,謞而效也。謞而效天地者为号,鸣而命者为

① 苏舆撰,钟哲点校:《春秋繁露义证》,中华书局1992年版,第147—150页。
② 苏舆撰,钟哲点校:《春秋繁露义证》,中华书局1992年版,第284—310页。

名。名号异声而同本,皆鸣号而达天意者也。天不言,使人发其意;弗为,使人行其中。名则圣人所发天意,不可不深观也。受命之君,天意之所予也。故号为天子者,宜视天如父,事天以孝道也。号为诸侯者,宜谨视所候奉之天子也。号为大夫者,宜厚其忠信,敦其礼义,使善大于匹夫之义,足以化也。士者,事也;民者,瞑也。士不及化,可使守事从上而已。五号自赞,各有分。分中委曲,曲有名。名众于号,号其大全。名也者,名其别离分散也。号凡而略,名详而目。目者,遍辨其事也;凡者,独举其大也。一日祭。祭之散名,春曰祠,夏曰礿,秋曰尝,冬曰烝。猎禽兽者号,一日田。田之散名,春苗,秋搜,冬狩,夏狝。无有不皆中天意者。物莫不有凡号,号莫不有散名,如是。是故事各顺于名,名各顺于天。天人之际,合而为一。同而通理,动而相益,顺而相受,谓之德道。《诗》曰:"维号斯言,有伦有迹。"此之谓也。

深察王号之大意,其中有五科:皇科、方科、匡科、黄科、往科。合此五科,以一言谓之王。王者皇也,王者方也,王者匡也,王者黄也,王者往也。是故王意不普大而皇,则道不能正直而方;道不能正直而方,则德不能匡运周遍;德不能匡运周遍,则美不能黄;美不能黄,则四方不能往;四方不能往,则不全于王。故曰:天覆无外,地载兼爱,风行令而一其威,雨布施而均其德。王术之谓也。

深察君号之大意,其中亦有五科:元科、原科、权科、温科、群科。合此五科,以一言谓之君。君者元也,君者原也。君者权也,君者温也,君者群也。是故君意不比于元,则动而失本;动而失本,则所为不立;所为不立,则不效于原,不效于原,则自委舍;自委舍,则化不行。用权于变,则失中适之宜;失中适之宜,则道不平,德不温;道不平,德不温,则众不亲安;众不亲安,则离散不群;离散不群,则不全于君。

名生于真,非其真,弗以为名。名者,圣人之所以真物也。名之为言真也。故凡百讥有黮黮者,各反其真,则黮黮者还昭昭耳。欲审曲直,莫如引绳;欲审是非,莫如引名。名之审于是非也,犹绳之审于曲直也。诘其名实,观其离合,则是非之情不可以相谰已。今世暗于性,言之者不同,胡不试反性之名。性之名非生与?如其生之自然之资谓之性。诘性之质于善之名,能中之与?既不能中矣,而尚谓之质善,何哉?性之名不得离质。离质如毛,则非性已,不可不察也。

《春秋》辨物之理，以正其名。名物如其真，不失秋毫之末。故名霣石，则后其五，言退鹢，则先其六。圣人之谨于正名如此。君子于其言，无所苟而已，五石、六鹢之辞是也。栣众恶于内，弗使得发于外者，心也。故心之为名栣也。人之受气苟无恶者，心何栣哉？吾以心之名，得人之诚。人之诚，有贪有仁。仁贪之气，两在于身。身之名，取诸天。天两有阴阳之施，身亦两有贪仁之性。天有阴阳禁，身有情欲栣，与天道一也。是以阴之行不得干春夏，而月之魄常厌于日光。乍全乍伤，天之禁阴如此，安得不损其欲而辍其情以应天。天所禁而身禁之，故曰身犹天也。禁天所禁，非禁天也。必知天性不乘于教，终不能栣。察实以为名，无教之时，性何遽若是。故性比于禾，善比于米。米出禾中，而禾未可全为米也。善出性中，而性未可全为善也。善与米，人之所继天而成于外，非在天所为之内也。天之所为，有所至而止。止之内谓之天性，止之外谓之人事。事在性外，而性不得不成德。民之号，取之瞑也。使性而已善，则何故以瞑为号？以霣者言，弗扶将，则颠陷猖狂，安能善？性有似目，目卧幽而瞑，待觉而后见。当其未觉，可谓有见质，而不可谓见。

今万民之性，有其质而未能觉，譬如瞑者待觉，教之然后善。当其未觉，可谓有善质，而不可谓善，与目之瞑而觉，一概之比也。静心徐察之，其言可见矣。性而瞑之未觉；天所为也。效天所为，为之起号，故谓之民。民之为言，固犹瞑也，随其名号以入其理，则得之矣。是正名号者于天地，天地之所生，谓之性情。性情相与为一瞑。情亦性也。谓性已善，奈其情何？故圣人莫谓性善，累其名也。身之有性情也，若天之有阴阳也。言人之质而无其情，犹言天之阳而无其阴也。穷论者，无时受也。名性，不以上，不以下，以其中名之。性如茧如卵。卵待覆而成雏，茧待缲而为丝，性待教而为善。此之谓真天。天生民性有善质，而未能善，于是为之立王以善之，此天意也。民受未能善之性于天，而退受成性之教于王。王承天意，以成民之性为任者也。今案其真质，而谓民性已善者，是失天意而去王任也。万民之性苟已善，则王者受命尚何任也？其设名不正，故弃重任而违大命，非法言也。《春秋》之辞，内事之待外者，从外言之。

今万民之性，待外教然后能善，善当与教，不当与性。与性，则多累而不精，自成功而无贤圣，此世长者之所误出也，非《春秋》为辞之术也。不法之言、无验之说，君子之所外，何以为哉？或曰：性有善端，心有善质，尚安非善？应之曰：非也。茧有丝而茧非丝也，卵有雏而卵非雏也。比类率然，有何疑焉。天生民有《六经》，言性者不当异。然其或曰性也善，或曰性未善，则所谓善者，各异意也。性有善端，动之爱父母，善于禽兽，则谓之善。此孟子之善。循三纲五纪，通八端之理，忠信而博爱，敦厚而好礼，乃可谓善。此圣人之善也。

是故孔子曰："善人吾不得而见之，得见有常者斯可矣。"由是观之，圣人之所谓善，未易当也，非善于禽兽则谓之善也。使动其端善于禽兽则可谓之善，善奚为弗见也？夫善于禽兽之未得为善也，犹知于草木而不得名知。万民之性善于禽兽而不得名善，知之名乃取之圣。圣人之所命，天下以为正。正朝夕者视北辰，正嫌疑者视圣人。圣人以为无王之世，不教之民，莫能当善。善之难当如此，而谓万民之性皆能当之，过矣。质于禽兽之性，则万民之性善矣；质于人道之善，则民性弗及也。万民之性善于禽兽者许之，圣人之所谓善者弗许。吾质之命性者异孟子。孟子下质于禽兽之所为，故曰性已善；吾上质于圣人之所为，故谓性未善。善过性，圣人过善。《春秋》大元，故谨于正名。名非所始，如之何谓未善已善也。

5. 实性[①]

孔子曰："名不正则言不顺。"今谓性已善，不几于无教而如其自然！又不顺于为政为道矣。且名者性之实，实者性之质。质无教之时，何遽能善？善如米，性如禾。禾虽出米，而禾未可谓米也。性虽出善，而性未可谓善也。米与善，人之继天而成于外也，非在天所为之内也。天所为，有所至而止。止之内谓之天，止之外谓之王教。王教在性外，而性不得不遂。故曰性有善质，而未能为善也。岂敢美辞，其实然也。天之所为，止于茧麻与禾。以麻为布，以茧为丝，以米为饭，以性为善，此皆圣人所继天而进也，非情性质朴之能至也，故不可谓性。

正朝夕者视北辰，正嫌疑者视圣人。圣人之所名，天下以为正。今按圣人言中，本无性善名，而有善人吾不得见之矣。使万民之性皆已能善，善人者何为不见也？观孔子言此之意，以为善甚难当。而孟子以为万民性皆能当之，过矣。圣人之性不可以名性，斗筲之性又不可以名性，名性

---

① 苏舆撰，钟哲点校：《春秋繁露义证》，中华书局 1992 年版，第 310—313 页。

者,中民之性。中民之性如茧如卵。卵待覆二十日而后能为雏,茧待缲以
涫汤而后能为丝,性待渐于教训而后能为善。善,教训之所然也,非质朴
之所能至也,故不谓性。性者宜知名矣,无所待而起,生而所自有也。善
所自有,则教训已非性也。是以米出于粟,而粟不可谓米;玉出于璞,而璞
不可谓玉;善出于性,而性不可谓善。其比多在物者为然,在性者以为不
然,何不通于类也?卵之性未能作雏也,茧之性未能作丝也,麻之性未能
为缕也,粟之性未能为米也。

《春秋》别物之理以正其名,名物必各因其真。真其义也,真情也,乃
以为名。名霣石则后其五,退飞则先其六,此皆其真也。圣人于言无所苟
而已矣。性者,天质之朴也;善者,王教之化也。无其质,则王教不能化;
无其王教,则质朴不能善。质而不以善性,其名不正,故不受也。

6. 五行之义①

天有五行:一曰木,二曰火,三曰土,四曰金,五曰水。木,五行之始
也;水,五行之终也;土,五行之中也。此其天次之序也。木生火,火生土,
土生金,金生水,水生木,此其父子也。木居左,金居右,火居前,水居后,
土居中央,此其父子之序,相受而布。是故木受水,而火受木,土受火,金
受土,水受金也。诸授之者,皆其父也;受之者,皆其子也。常因其父以使
其子,天之道也。是故木已生而火养之,金已死而水藏之,火乐木而养以
阳,水克金而丧以阴,土之事火竭其忠。故五行者,乃孝子忠臣之行也。
五行之为言也,犹五行软?是故以得辞也,圣人知之,故多其爱而少严,厚
养生而谨送终,就天之制也。以子而迎成养,如火之乐木也。丧父,如水
之克金也。事君,若土之敬天也。可谓有行人矣。

五行之随,各如其序,五行之官,各致其能。是故木居东方而主春气,
火居南方而主夏气,金居西方而主秋气,水居北方而主冬气。是故木主生
而金主杀,火主暑而水主寒,使人必以其序,官人必以其能,天之数也。土
居中央,为之天润。土者,天之股肱也。其德茂美,不可名以一时之事,故
五行而四时者,土兼之也。金木水火虽各职,不因土,方不立,若酸咸辛
苦之不因甘肥不能成味也。甘者,五味之本也;土者,五行之主也。五行

① 苏舆撰,钟哲点校:《春秋繁露义证》,中华书局1992年版,第320—323页。

之主土气也,犹五味之有甘肥也,不得不成。是故圣人之行,莫贵于忠,土德之谓也。人官之大者,不名所职,相其是矣。天官之大者,不名所生,土是矣。

7. 阳尊阴卑[①]

天之大数,毕于十旬。旬天地之间,十而毕举;旬生长之功,十而毕成。十者,天数之所止也。古之圣人,因天数之所止,以为数纪。十如更始,民世世传之,而不知省其所起。知省其所起,则见天数之所始;见天数之所始,则知贵贱逆顺所在;知贵贱逆顺所在,则天地之情着,圣人之宝出矣。是故阳气以正月始出于地,生育长养于上。至其功必成也,而积十月。人亦十月而生,合于天数也。是故天道十月而成,人亦十月而成,合于天道也。故阳气出于东北,入于西北,发于孟春,毕于孟冬,而物莫不应是。阳始出,物亦始出;阳方盛,物亦方盛;阳初衰,物亦初衰。物随阳而出入,数随阳而终始,三王之正随阳而更起。以此见之,贵阳而贱阴也。故数日者,据书而不据夜;数岁者,据阳而不据阴。阴不得达之义。

是故《春秋》之于昏礼也,达宋公而不达纪侯之母。纪侯之母宜称而不达,宋公不宜称而达,达阳而不达阴,以天道制之也。丈夫虽贱皆为阳,妇人虽贵皆为阴。阴之中亦相为阴,阳之中亦相为阳。诸在上者皆为其下阳,诸在下者皆为其上阴。阴犹沈也。何名何有,皆并一于阳,昌力而辞功。故出云起雨,必令从之下,命之曰天雨。不敢有其所出,上善而下恶。恶者受之,善者不受。土若地,义之至也。

是故《春秋》君不名恶,臣不名善,善皆归于君,恶皆归于臣。臣之义比于地,故为人臣者,视地之事天也。为人子者,视土之事火也。虽居中央,亦岁七十二日之王,傅于火以调和养长,然而弗名者,皆并功于火,火得以盛,不敢与父分功美,孝之至也。是故孝子之行,忠臣之义,皆法于地也。地事天也,犹下之事上也。地,天之合也,物无合会之义。是故推天地之精,运阴阳之类,以别顺逆之理。安所加以不在? 在上下,在大小,在强弱,在贤不肖,在善恶。恶之属尽为阴,善之属尽为阳。阳为德,阴为刑。刑反德而顺于德,亦权之类也。虽曰权,皆在权成。是故阳行于顺,

---

① 苏舆撰,钟哲点校:《春秋繁露义证》,中华书局 1992 年版,第 323—328 页。

阴行于逆。逆行而顺,顺行而逆者,阴也。是故天以阴为权,以阳为经。阳出而南,阴出而北。经用于盛,权用于末。

以此见天之显经隐权,前德而后刑也。故曰:阳天之德,阴天之刑也。阳气暖而阴气寒,阳气予而阴气夺,阳气仁而阴气戾,阳气宽而阴气急,阳气爱而阴气恶,阳气生而阴气杀。是故阳常居实位而行于盛,阴常居空位而行于末。天之好仁而近,恶戾之变而远,大德而小刑之意也。先经而后权,贵阳而贱阴也。故阴,夏入居下,不得任岁事,冬出居上,置之空处也。养长之时伏于下,远去之,弗使得为阳也。无事之时起之空处,使之备次陈,守闭塞也。此皆天之近阳而远阴,大德而小刑也。是故人主近天之所近,远天之所远;大天之所大,小天之所小。是故天数右阳而不右阴,务德而不务刑。刑之不可任以成世也,犹阴之不可任以成岁也。为政而任刑,谓之逆天,非王道也。

8. 阴阳终始[①]

天之道,终而复始。故北方者,天之所终始也,阴阳之所合别也。冬至之后,阴俯而西入,阳仰而东出,出入之处常相反也。多少调和之适,常相顺也。有多而无溢,有少而无绝。春夏阳多而阴少,秋冬阳少而阴多,多少无常,未尝不分而相散也。以出入相损益,以多少相溉济也。多胜少者倍入。入者损一,而出者益二。天所起一,动而再倍,常乘反衡再登之势,以就同类,与之相报,故其气相侠,而以变化相输也。春秋之中,阴阳之气俱相并也。中春以生,中秋以杀。

由此见之,天之所起其气积,天之所废其气随。故至春少阳东出就木,与之俱生;至夏太阳南出就火,与之俱暖。此非各就其类而与之相起与?少阳就木,太阳就火,火木相称,各就其正。此非正其伦与?至于秋时,少阴兴而不得以秋从金,从金而伤火功,虽不得以从金,亦以秋出于东方,俯其处而适其事,以成岁功。此非权与?阴之行,固常居虚而不得居实。至于冬而止空虚,太阳乃得北就其类,而与水起寒。是故天之道有伦、有经、有权。

---

① 苏舆撰,钟哲点校:《春秋繁露义证》,中华书局 1992 年版,第 339—340 页。

9. 基义①

凡物必有合。合，必有上，必有下，必有左，必有右，必有前，必有后，必有表，必有里。有美必有恶，有顺必有逆，有喜必有怒，有寒必有暑，有昼必有夜，此皆其合也。阴者阳之合，妻者夫之合，子者父之合，臣者君之合。物莫无合，而合各有阴阳。阳兼于阴，阴兼于阳，夫兼于妻，妻兼于夫，父兼于子，子兼于父，君兼于臣，臣兼于君。君臣、父子、夫妇之义，皆取诸阴阳之道。君为阳，臣为阴；父为阳，子为阴；夫为阳，妻为阴。阴道无所独行。其始也不得专起，其终也不得分功，有所兼之义。是故臣兼功于君，子兼功于父，妻兼功于夫，阴兼功于阳，地兼功于天。举而上者，抑而下也；有屏而左也，有引而右也；有亲而任也，有疏而远也；有欲日益也，有欲日损也。益其用而损其妨。有时损少而益多，有时损多而益少。少而不至绝，多而不至溢。阴阳二物，终岁各一出。一其出，远近同度而不同意。阳之出也，常县于前而任事；阴之出也，常县于后而守空处。此见天之亲阳而疏阴，任德而不任刑也。

是故仁义制度之数，尽取之天。天为君而覆露之，地为臣而持载之；阳为夫而生之，阴为妇而助之；春为父而生之，夏为子而养之；秋为死而棺之，冬为痛而丧之。王道之三纲，可求于天。天出阳，为暖以生之；地出阴，为清以成之。不暖不生，不清不成。然而计其多少之分，则暖暑居百而清寒居一。德教之与刑罚犹此也。故圣人多其爱而少其严，厚其德而简其刑，以此配天。天之大数必有十旬。旬，天地之数，十而毕举，旬，生长之功，十而毕成。天之气徐，乍寒乍暑。故寒不冻，暑不喝，以其有余徐来，不暴卒也。《易》曰"履霜坚冰"，盖言逊也。然则上坚不逾等，果是天之所为，弗作而成也。人之所为，亦当弗作而极也。凡有兴者，稍稍上之以逊顺往，使人心说而安之，无使人心恐。故曰：君子以人治人，懂能愿。此之谓也。圣人之道，同诸天地，荡诸四海，变易习俗。

10. 五行相胜②

木者，司农也。司农为奸，朋党比周，以蔽主明，退匿贤士，绝灭公卿，

① 苏舆撰，钟哲点校：《春秋繁露义证》，中华书局 1992 年版，第 349—352 页。
② 苏舆撰，钟哲点校：《春秋繁露义证》，中华书局 1992 年版，第 366—371 页。

教民奢侈,宾客交通,不劝田事,博戏斗鸡,走狗弄马,长幼无礼,大小相
虏,并为寇贼,横恣绝理。司徒诛之,齐桓是也。行霸任兵,侵蔡,蔡溃,遂
伐楚,楚人降伏,以安中国。木者,君之官也。夫木者农也,农者民也,不
顺如叛,则命司徒诛其率正矣。故曰金胜木。

火者,司马也。司马为谗,反言易辞以谮愬人,内离骨肉之亲,外疏忠
臣,贤圣旋亡,谗邪日昌,鲁上大夫季孙是也。专权擅政,薄国威德,反以
怠恶,谮愬其贤臣,劫惑其君。孔子为鲁司寇,据义行法,季孙自消,堕费
郈城,兵甲有差。夫火者,大朝,有邪谗荧惑其君,执法诛之。执法者水
也,故曰水胜火。

土者,君之官也。其相司营。司营为神,主所为皆曰可,主所言皆曰
善,諛顺主指,听从为比。进主所善,以快主意,导主以邪,陷主不义。大
为宫室,多为台榭,雕文刻镂,五色成光。赋敛无度,以夺民财;多发繇役,
以夺民时,作事无极,以夺民力。百姓愁苦,叛去其国,楚灵王是也。作干
谿之台,三年不成,百姓罢弊而叛,及其身弑。夫土者,君之官也,君大奢
侈,过度失礼,民叛矣。其民叛,其君穷矣。故曰木胜土。

金者,司徒也。司徒为贼,内得于君,外骄军士,专权擅势,诛杀无罪,
侵伐暴虐,攻战妄取,令不行,禁不止,将率不亲,士卒不使,兵弱地削,令
君有耻,则司马诛之,楚杀其司徒得臣是也。得臣数战破敌,内得于君,骄
蹇不恤其下,卒不为使,当敌而弱,以危楚国,司马诛之。金者,司徒,司徒
弱,不能使士众,则司马诛之,故曰火胜金。

水者,司寇也。司寇为乱,足恭小谨,巧言令色,阿党不平,慢令争诛,
诛杀无罪,则司营诛之,营荡是也。为齐司寇。太公封于齐,问焉以治国
之要,营荡对曰:"任仁义而已。"太公曰:"任仁义奈何?"营荡对曰:"仁者
爱人,义者尊老。"太公曰:爱人尊老奈何?"营荡对曰:"爱人者,有子不食
其力;尊老者,妻长而夫拜之。"太公曰:"寡人欲以仁义治齐,今子以仁义
乱齐,寡人立而诛之,以定齐国。"夫水者,执法司寇也。执法附党不平,依
法刑人,则司营诛之,故曰土胜水。

11. 循天之道①

循天之道,以养其身,谓之道也。天有两和以成二中,岁立其中,用之无穷。是北方之中用合阴,而物始动于下;南方之中用合阳,而养始美于上。其动于下者,不得东方之和不能生,中春是也。其养于上者,不得西方之和不能成,中秋是也。然则天地之美恶,在两和之处,二中之所来归而遂其为也。是故东方生而西方成,东方和生北方之所起,西方和成南方之所养长。起之不至于和之所不能生,养长之不至于和之所不能成。成于和,生必和也;始于中,止必中也。中者,天地之所终始也;而和者,天地之所生成也。夫德莫大于和,而道莫正于中。中者,天地之美达理也,圣人之所保守也。《诗》云:"不刚不柔,布政优优。"此非中和之谓与?是故能以中和理天下者,其德大盛;能以中和养其身者,其寿极命。男女之法,法阴与阳。阳气起于北方,至南方而盛,盛极而合乎阴。阴气起乎中夏,至中冬而盛,盛极而合乎阳。不盛不合,是故十月而一俱盛,终岁而乃再合。天地久节,以此为常,是故先法之内矣,养身以全,使男子不坚牡不家室,阴不极盛不相接。是故身精明,难衰而坚固,寿考无忒,此天地之道也。

天气先盛牡而后施精,故其精固;地气盛牝而后化,故其化良。是故阴阳之会,冬合北方而物动于下,夏合南方而物动于上。上下之大动,皆在日至之后。为寒则凝冰裂地,为热则焦沙烂石。气之精至于是,故天地之化,春气生而百物皆出,夏气养而百物皆长,秋气杀而百物皆死,冬气收而百物皆藏。是故惟天地之气而精,出入无形,而物莫不应,实之至也。君子法乎其所贵。天地之阴阳当男女,人之男女当阴阳。阴阳亦可以谓男女,男女亦可以谓阴阳。天地之经,至东方之中而所生大养,至西方之中而所养大成,一岁四起业,而必于中。中之所为,而必就于和,故曰和其要也。和者,天之正也,阴阳之平也,其气最良,物之所生也。诚择其和者,以为大得天地之奉也。天地之道,虽有不和者,必归之于和,而所为有功;虽有不中者,必止之于中,而所为不失。是故阳之行,始于北方之中,而止于南方之中;阴之行,始于南方之中,而止于北方之中。阴阳之道不

---

① 苏舆撰,钟哲点校:《春秋繁露义证》,中华书局 1992 年版,第 443—457 页。

同,至于盛而皆止于中,其所始起皆必于中。中者,天地之太极也,日月之所至而却也,长短之隆,不得过中,天地之制也。兼和与不和,中与不中,而时用之,尽以为功。是故时无不时者,天地之道也。顺天之道,节者天之制也,阳者天之宽也,阴者天之急也,中者天之用也,和者天之功也。举天地之道,而美于和,是故物生,皆贵气而迎养之。孟子曰:"我善养吾浩然之气者也。"谓行必终礼,而心自喜,常以阳得生其意也。公孙之养气曰:"裹藏泰实则气不通,泰虚则气不足,热胜则气□,寒胜则气□,泰劳则气不入,泰佚则气宛至,怒则气高,喜则气散,忧则气狂,惧则气慑。凡此十者,气之害也,而皆生于不中和。故君子怒则反中而自说以和,喜则反中而收之以正,忧则反中而舒之以意,惧则反中而实之以精。"夫中和之不可不反如此。故君子道至,气则华而上。凡气从心。心,气之君也,何为而气不随也。是以天下之道者,皆言内心其本也。

故仁人之所以多寿者,外无贪而内清净,心和平而不失中正,取天地之美以养其身,是其且多且治。鹤之所以寿者,无宛气于中,是故食冰。猿之所以寿者,好引其末,是故气四越。天气常下施于地,是故道者亦引气于足;天之气常动而不滞,是故道者亦不宛气。苟不治,虽满不虚。是故君子养而和之,节而法之,去其群泰,取其众和。高台多阳,广室多阴,远天地之和也,故圣人弗为,适中而已矣。法人八尺,四尺其中也。宫者,中央之音也;甘者,中央之味也;四尺者,中央之制也。是故三王之礼,味皆尚甘,声皆尚和。处其身所以常自渐于天地之道,其道同类,一气之辨也。法天者乃法人之辨。天之道,向秋冬而阴来,向春夏而阴去。是故古之人霜降而迎女,冰泮而杀内,与阴俱近,与阳俱远也。天地之气,不致盛满,不交阴阳。是故君子甚爱气而游于房,以体天也。气不伤于以盛通,而伤于不时、天并。不与阴阳俱往来,谓之不时;恣其欲而不顾天数,谓之天并。君子治身,不敢违天。是故新牡十日而一游于房,中年者倍新牡,始衰者倍中年,中衰者倍始衰,大衰者以月当新牡之日,而上与天地同节矣。此其大略也,然而其要皆期于不极盛不相遇。疏春而旷夏,谓不远天地之数。

民皆知爱其衣食,而不爱其天气。天气之于人,重于衣食。衣食尽,尚犹有闲,气尽而立终。故养生之大者,乃在爱气。气从神而成,神从意而出。心之所之谓意,意劳者神扰,神扰者气少,气少者难久矣。故君子闲欲止恶以平意,平意以静神,静神以养气。气多而治,则养身之大者得矣。古之道士有言曰:将欲无陵,固守一德。此言神无离形,则气多内充,而忍饥寒也。和乐者,生之外泰也;精神者,生之内充也。外泰不若内充,而况外伤乎?忿恤忧恨者,生之伤也;和说劝善者,生之养也。君子慎小物而无大败也。行中正,声向荣,气意和平,居处虞乐,可谓养生矣。凡养生者,莫精于气。是故春袭葛,夏居密阴,秋避杀风,冬避重漯,就其和也。衣欲常漂,食欲常饥。体欲常劳,而无长佚,居多也。凡天地之物,乘于其泰而生,厌于其胜而死,四时之变是也。故冬之水气,东加于春而木生,乘其泰也。春之生,西至金而死,厌于胜也。生于木者,至金而死;生于金者,至火而死。春之所生而不得过秋,秋之所生不得过夏,天之数也。饮食臭味,每至一时,亦有所胜,有所不胜,之理不可不察也。四时不同气,气各有所宜,宜之所在,其物代美。视代美而代养之,同时美者杂食之,是皆其所宜也。故荠以冬美,而荼以夏成,此可以见冬夏之所宜服矣。冬,水气也,荠,甘味也,乘于水气而美者,甘胜寒也。荠之为言济与?济,大水也。夏,火气也,荼,苦味也,乘于火气而成者,苦胜暑也。天无所言,而意以物。物不与群物同时而生死者,必深察之,是天之所以告人也。

故荠成告之甘,荼成告之苦也。君子察物而成告谨,是以至荠不可食之时,而尽远甘物,至荼成就也。天所独代之成者,君子独代之,是冬夏之所宜也。春秋杂物其和,而冬夏代服其宜,则当得天地之美,四时和矣。凡择味之大体,各因其时之所美,而违天不远矣。是故当百物大生之时,群物皆生,而此物独死。可食者,告其味之便于人也;其不食者,告杀秽除害之不待秋也。当物之大枯之时,群物皆死,如此物独生。其可食者,益食之,天为之利人,独代生之;其不可食,益畜之。天愍州华之间,故生宿麦,中岁而熟之。君子察物之异,以求天意,大可见矣。是故男女体其盛,臭味取其胜,居处就其和,劳佚居其中,寒煖无失适,饥饱无过平,欲恶度理,动静顺性,喜怒止于中,忧惧反之正,此中和常在乎其身,谓之得天地泰。

得天地泰者,其寿引而长;不得天地泰者,其寿伤而短。短长之质,人之所由受于天也。是故寿有短长,养有得失,及至其末之,大卒而必雠,于此莫之得离,故寿之为言,犹雠也。天下之人虽众,不得不各雠其所生,而寿夭于其所自行。自行可久之道者,其寿雠于久;自行不可久之道者,其寿亦儳于不久。久与不久之情，各儳其生平之所行，今如后至，不可得胜，故曰：寿者儳也。然则人之所自行，乃与其寿夭相益损也。其自行佚而寿长者，命益之也；其自行端而寿短者，命损之也。以天命之所损益，疑人之所得失，此大惑也。是故天长之而人伤之者，其长损；天短之而人养之者，其短益。夫损益者皆人，人其天之继欤？出其质而人弗继，岂独立哉！

刘向(歆)学案

刘向经历了昭、宣、元、成四代君主,是西汉时期著名的通儒、文献目录学家、文学家、史学家和耿直忠诚的社稷之臣。刘向著有《说苑》《新序》《列女传》等著述,他和他的儿子刘歆等人总结了先秦以来的文献和思想学术,建构了新的文化信仰和学术谱系。刘向所生活的时代正是西汉王朝由中兴走向衰亡的过渡阶段,各种社会矛盾日益激化,在王权内部,一部分刘氏宗亲、士大夫同外戚、宦官之间进行着争夺统治权的激烈斗争,刘向则是这些宗亲和士大夫们的重要代表人物,在斗争的过程中,他提出了一些加强王权、改善民生的政治主张和社会政策,体现了一位儒者的责任担当。而刘歆生逢西汉末年,其不仅打破了今文经学对儒学的垄断,还对《五经》的古文经典进行了整理,确保了早期文献文本的代代相传。

刘向歆父子皆成长于郎官系统,二人原本治《易》,后刘向诏受《穀梁》,刘歆转习《左传》,皆是转益多师的典型。在宣帝朝章句之学出现之际,郎官系统内的经学还保持着汉初经学的特征,相对于被称为"今学"的章句经学,这种特征就是"好古"。古学风格的注经形式是训诂大义,不为章句。刘向治经,有《洪范五行传论》,又有《列女传》《说老子》,皆采取早期经学传记论说的形式。而刘歆时代章句之学的势力更大,刘歆也浸染其风,但刘歆的章句不同于破碎章句,而是近于训诂、条例的形式。在《七略》中,刘歆抨击章句之学"便辞巧说,破坏形体",其章句虽"具文"(引传文以解经),但并不"饰说",即"训诂举大谊"。总之,刘向歆父子本着儒家的政治和道德理想,努力批判并试图改变汉朝的政治制度,在中国古代思想史上占有一定的地位。[①]

---

① 徐兴无:《刘向评传》,南京大学出版社 2005 年版,第 74—102 页。

一、七略别录佚文

1. 辑略佚文①

《易》始自鲁商瞿子木受于孔子，以授鲁桥庇子庸，子庸授江东骄臂子弓，子弓授燕人周丑子家，子家授东武孙虞子乘，子乘授齐国田何子装。及秦焚《诗》《书》，以《易》为卜筮之书，独不禁。汉兴，田何以《易》授民。故言《易》者，本之田何焉。菑川人杨叔元传其学，武帝时为大中大夫，由是有杨氏学。

梁人丁宽授《易》田何，为梁孝王将军距吴楚，著《易说》三万言。宽授槐里田王孙，王孙授沛人施雠、东海孟喜、琅邪梁丘贺。雠为博士，喜为丞相掾，贺为少府。由是有施、孟、梁丘之学。此三家者，宣帝时立之。

京房受《易》于梁人焦延寿，独得隐士之说，托之孟氏。臣向校《易说》，皆祖之田何。唯京房为异党，不与孟氏同。由是有京氏学，元帝时立之。

东莱人费直治《易》，长于卦筮，无章句，徒以《彖》《象》《系辞》十篇，《文言》解说上下经。沛人高相略与费氏同，专说阴阳灾异。此二家未立于学官，唯费氏精与鲁古文同。

又曰：《易》家有救氏之注。

右辑六艺《易》家凡五条。

《尚书》本自济南伏生，为秦博士。及秦焚书，乃壁藏其书。汉兴，伏生求其《书》，亡数十篇，得二十九篇。文帝欲征，伏生十年九十余，不能行。遣晁错往受之。千乘人欧阳伯和传其学。而济南张生传《尚书》，授夏侯始昌，始昌传族子胜，胜传从兄子建，建又事欧阳氏，颇与胜异。由是为大、小夏侯之学，宣帝时立之。

鲁恭王坏孔子宅，以广其宫，得《古文尚书》，多十六篇，及《论语》《孝经》。武帝时，孔安国家献之，会巫蛊事，未立于学官。

---

① 刘向、刘歆撰，姚振宗辑录，邓骏捷校补：《七略别录佚文》，上海古籍出版社 2008 年版，第 12—19 页。

右辑六艺《尚书》家二条。

《诗》始自鲁申公,作古训。燕人韩婴为文帝博士,作《诗外传》。齐人辕固生为景帝博士,亦作《诗外内传》。由是有鲁、韩、齐之学。

赵人有毛公,为河间献王博士,作《诗传》,自谓得子夏所传。由是为《毛诗》,列于学官也。

右辑六艺《诗》家二条。

《礼》始于鲁高堂生,传《士礼》十八篇,多不备。鲁人徐生善为礼容,文帝时为礼官大夫。

宣帝时少府后苍最为明《礼》,而沛人戴德、戴圣传其业。由是有后苍、大、小戴之学。其《礼古经》五十六篇,出于鲁壁中,犹未能备。

右辑六艺《礼》家二条。

《乐》,自汉兴,制氏以知雅乐声律,世在乐官,但纪铿锵鼓舞而已,不能言其义。河间献王与毛公等共采《周官》与诸子言乐事者,乃为《乐记》。臣向校秘书,得《古乐记》二十三篇,与献王《记》不同。

右辑六艺《乐》家一条。

鲁人穀梁赤、齐人公羊高各为《春秋》所传。景帝时,胡母子都与董仲舒治《春秋公羊》,皆为博士。瑕丘人江公治《穀梁》,与仲舒议《春秋》,不及仲舒。武帝时,遂崇立《公羊》。而东平嬴公受其业,昭帝时为谏议大夫,授鲁国眭孟,孟授东海严彭祖,彭祖授颜安乐。由是有严、颜之学。沛人蔡千秋治《穀梁》,与《公羊》家并议宣帝前。帝善《穀梁》说,擢千秋为谏议大夫,遂立《穀梁》。

始,鲁人左丘明又为《春秋》作传。汉兴,张仓、贾谊皆为《左氏》训故。

又曰:左丘明授曾申,申授卫人吴起,起授其子期,期授楚人铎椒。铎椒作《钞撮》八卷,授赵人虞卿。虞卿作《钞撮》九卷,授同郡荀卿,荀卿授武威张仓。

右辑六艺《春秋》家凡四条。

《论语》有齐、鲁之说,又有古文。

又曰:《鲁论语》二十篇,皆孔子弟子记诸善言也。太子太傅夏侯胜、前将军萧望之,丞相韦贤及子玄成等傅之。《齐论语》二十二篇,其二十篇中章句颇多于《鲁论》,琅邪王卿及胶东庸生、昌邑中尉王吉,皆以教之,故有《鲁论》,有《齐论》。鲁恭王时,尝欲以孔子宅为宫,坏〔壁〕,得古文《论语》。《齐论》有《问玉》、《知道》，多于《鲁论》二篇。《古论》亦无此二篇，分《尧曰》下章"子张问"以为一篇，有两《子张》，凡二十一篇，篇次不与齐、鲁《论》同。

右辑六艺《论语》家二条。

凡经皆古文。凡书有六本，谓象形、象事、象意、象声、转注、假借也。有六体，谓古文、奇字、篆书、隶书、缪篆、虫书也。秦时狱官多事，省文从易，施之于徒隶，故谓之隶书。

右辑六艺小学家一条。

昔周之末，孔子既没，后世诸子各著篇章，欲崇广道艺，成一家之说。旨趣不同，故分为九家：有儒家、道家、阴阳家、法家、名家、墨家、纵横家、杂家、农家。

儒家者流，盖出于司徒之官，明教化者也。

道家者流，盖出于史官，明成败兴废，然后知秉要持权，故尚无为也。

阴阳家者流，盖出于羲、和之官，敬顺昊天，以授民时者也。

法家者流，盖出于理官者也。

名家者流，盖出于礼官，名位不同，礼亦异数。孔子曰："必也正名乎！"

墨家者流，盖出于清庙之官。茅屋采椽，是以尚俭；宗祀严父，是以右鬼神；养三老五更，是以兼爱；选士大射，是以尚贤；顺四时五行，是以非命；以孝示天下，是以尚同。

纵横家者流，盖出于行人之官，遭变用权，受命而不辞。

杂家者流，盖出于议官。

农家者流，盖出于农稷之官。

此九者，各引一端，高尚其事。其言虽殊，譬犹水火，相灭亦相生也。舍所短取所长，足以通万方之略矣。

又有小说家者流，盖出于街谈巷议所造。及赋颂、兵书、术数、方技，皆典籍苑囿，有采于异同者也。

右辑诸子、诗赋、兵书、术数、方技五略凡十二条。

169

二、七略佚文

1.辑略佚文[①]

昔仲尼没而微言绝，七十子丧而大义乖。故《春秋》分为五，《诗》分为四，《易》有数家之传。战国从横，真伪纷争，诸子之言纷然殽乱。至秦患之，乃燔灭文章，以愚黔首。汉兴，改秦之败，大收篇籍，广开献书之路。迄孝武世，书缺简脱，礼坏乐崩，圣上喟然而称曰："朕甚闵焉！"于是建藏书之策，置书写之官，下及诸子传说，皆充秘府。至成帝时，以书颇散亡，使谒者陈农求遗书于天下。诏光禄大夫刘向校经传、诸子、诗赋，步兵校尉任宏校兵书，太史令尹咸校数术，传医李柱国校方技。每一书已，向辄条其篇目，撮其指意，录而奏之。会向卒，上复使向子侍中奉车都尉歆卒父业。歆于是总群书而奏其《七略》，故有《辑略》，有《六艺略》，有《诸子略》，有《诗赋略》，有《兵书略》，有《术数略》，有《方技略》。

又曰：孝武皇帝敕丞相公孙弘广开献书之路，百年之间，书积如丘山，故外有太常、太史、博士之藏，内有延阁、广内、秘室之府。

右《七略》总序。

《易》曰："宓戏氏仰观象于天，俯观法于地，观鸟兽之文，与地之宜，近取诸身，远取诸物，于是始作八卦，以通神明之德，以类万物之情。"至于殷、周之际，纣在上位，逆天暴物，文王以诸侯顺命而行道，天人之占可得而效，于是重《易》六爻，作上下篇。孔氏为之《彖》、《象》、《系辞》、《文言》、《序卦》之属十篇。故曰《易》道深矣，人更三圣，世历三古。及秦燔书，而《易》为筮卜之事，传者不绝。汉兴，田何传之。讫于宣、元，有施、孟、梁丘、京氏列于学官，而民间有费、高二家之说。臣向以中古文《易经》校施、孟、梁丘经，或脱去"无咎"、"悔亡"，唯费氏经与中古文同。

右辑六艺《易》家第一。

《易》曰："河出图，洛出书，圣人则之。"故《书》之所起远矣。至孔子纂

---

① 刘向、刘歆撰，姚振宗辑录，邓骏捷校补：《七略佚文》，上海古籍出版社 2008 年版，第 91—107 页。

焉。上断于尧，下讫于秦，凡百篇，而为之序，言其作意。秦燔书禁学，济南伏生独壁藏之。汉兴，亡失，求得二十九篇，教于齐、鲁之间。讫孝宣世，有欧阳、大、小夏侯氏，立于学官。

《古文尚书》者，出于孔子壁中。武帝末，鲁共王坏孔子宅，欲以广其宫，而得《古文尚书》及《礼记》、《论语》、《孝经》凡数十篇，皆古字也。共王往入其宅，闻鼓琴瑟钟磬之音，于是惧，乃止不坏。孔安国者，孔子后也，悉得其书，以考二十九篇，得多十六篇。安国献之。遭巫蛊事，未列于学官。臣向以中古文校欧阳、大、小夏侯三家经文，《酒诰》脱简一，《召诰》脱简二。率简二十五字者，脱亦二十五字，简二十二字者，脱亦二十二字。文字异者七百有余，脱字数十。

《书》者，古之号令，号令于众，其言不立具，则听受施行者弗晓。古文读应尔雅，故解古今语而可知也。

又曰：《尚书》，直言也。始欧阳氏先君名之，大夏侯、小夏侯复立于学官，三家之学，于今传之。

右辑六艺《尚书》家第二。

《书》曰："诗言志，歌咏言。"故哀乐之心感，而歌咏之声发。诵其言谓之诗，咏其声谓之歌。故古有采诗之官，王者所以观风俗，知得失，自考正也。孔子纯取周诗，上采殷，下取鲁，凡三五百篇。遭秦而全者，以其讽诵，不独在竹帛故也。汉兴，鲁申公为《诗》训故，而齐辕固、燕韩生皆为之传。或取《春秋》，采杂说，咸非其本意。与不得已，鲁最为近之。三家皆列于学官。又有毛公之自学，自谓子夏所传，而河间献王好之，未得立。

右辑六艺《诗》家第三。

《易》曰："有夫妇、父子、君臣、上下，礼义有所错。"而帝王质文，世有损益。至周，曲为之防，事为之制，故曰："礼经三百，威仪三千。"及周之衰，诸侯将逾法度，恶其害己，皆灭去其籍。自孔子时而不具，至秦大坏。汉兴，鲁高堂生传《士礼》十七篇。讫孝宣世，后仓最明。戴德、戴圣、庆普皆其弟子，三家立于学官。

《礼古经》者，出于鲁淹中及孔氏，与十七篇文相似，多三十九篇。及《明堂阴阳》、《王史氏记》所见，多天子、诸侯、卿大夫之制，虽不能备，犹瘉仓等推《士礼》而致于天子之说。

又曰：《礼》家，先鲁有桓生，说经颇异。

右辑六艺《礼》家第四。

《易》曰："先王作乐崇德，殷荐之上帝，以享祖考。"故自黄帝下至三代，乐各有名。孔子曰："安上治民，莫善于礼。移风易俗，善莫于乐。"二者相与并行。周衰俱坏，乐尤微眇，以音律为节，又为郑、卫所乱，故无遗法。汉兴，制氏以雅乐声律，世在乐官，颇能纪其铿锵鼓舞，而不能言其义。六国之君，魏文侯最为好古，孝文时得其乐人窦公，献其书，乃《周官·大宗伯》之《大司乐》章也。武帝时，河间献王好儒，与毛生等共采《周官》及诸子言乐事者，以作《乐记》，献八佾之舞，与制氏不相远。其内史丞王定传之，以授常山王禹。禹，成帝时为谒者，数言其义，献二十四卷《记》。臣向校书，得《乐记》二十三篇，与禹不同，其道浸以益微。

右辑六艺《乐》家第五。

古之王者，世有史官，君举必书，所以慎言行，昭法式也。左史记言，右史记事，事为《春秋》，言为《尚书》，帝王靡不同之。周室既微，载籍残缺，仲尼思存前圣之业，乃称曰："夏礼，吾能言之，杞不足征也；殷礼，吾能言之，宋不足征也。文献不足故也，足则吾能征之矣。"以鲁周公之国，礼文备物，史官有法，故与左丘明观其史记，据行事，仍人道，因兴以立功，就败以成罚，假日月以定历数，藉朝聘以正礼乐。有所褒讳贬损，不可书见，口授弟子，弟子退而异言。丘明恐弟子各安其意，以失其真，故论本事而作传，明夫子不以空言说经也。《春秋》所贬损大人，当世君臣，有威权势力，其事实皆形于传，是以隐其书而不宣，所以免时难也。及没世，口说流行，故有公羊、穀梁、邹、夹之传。四家之中，《公羊》、《穀梁》立于学官，邹氏无师，夹氏未有书。

右辑六艺《春秋》家第六。

《论语》者，孔子应答弟子、时人及弟子相与言而接闻于夫子之语也。当时弟子各有所记。夫子既卒，门人相与辑而论纂，故谓之《论语》。汉兴，有齐、鲁之说。传《齐论》者，昌邑中尉王吉、少府宋畸、御史大夫贡禹、尚书令五鹿充宗、胶东庸生，唯王阳名家。传《鲁论语》者，常山都尉龚奋、长信少府夏侯胜、丞相韦贤、鲁扶卿、前将军萧望之、安昌侯张禹，皆名家。张氏最后而行于世。

又曰：《论语》家，近琅琊王卿，不审名，及胶东庸生皆以教。

右辑六艺《论语》家第七。

《孝经》者,孔子为曾子陈孝道也。夫孝,天之经,地之义,民之行也。举大者言,故曰《孝经》。汉兴,长孙氏、博士江翁、少府后仓、谏大夫翼奉、安昌后张禹传之,各自名家。经文皆同,唯孔氏壁中古文为异。"父母生之,续莫大焉","故亲生之膝下",诸家说不安处,古文字读皆异。

右辑六艺《孝经》家第八。

《易》曰:"上古结绳以治,后世圣人易之以书契,百官以治,万民以察,盖取诸《夬》。""夬,扬于王庭",言其宣扬于王者朝廷,其用最大也。古者八岁入小学,故《周官》保氏掌养国子,教之六书,谓象形、象事、象意、象声、转注、假借也,造字之本也。汉兴,萧何草律,亦著其法,曰:"太史试学童,能讽书九千字以上,乃得为史。又以六体试之,课最者以为尚书、御史、史书令史。吏民上书,字或不正,辄举劾。"六体者,古文、奇字、篆书、隶书、缪篆、虫书,皆所以通知古今文字、摹印章、书幡信也。古制,书必同文,不知则阙,问诸故老。至于衰世,是非无正,人用其私,故孔子曰:"吾犹及史之阙文也,今亡矣夫!"盖伤其浸不正。

右辑六艺小学家第九。

六艺之文:《乐》以和神,仁之表也;《诗》以正言,义之用也;《礼》以明体,明者著见,故无训也;《书》以广德,知之术也;《春秋》以断事,信之符也。五者,盖五常之道,相须而备,而《易》为之原,故曰:"《易》不可见,则乾坤或几乎息矣。"言与天地为始终也。至于五学,世有变改,犹五行之更用事焉。古之学者耕且养,三年而通一艺,存其大体,玩经文而已,是故用日少而蓄德多,三十而五经立也。后世经传既已乖离,博学者又不思多闻阙疑之义,而务碎义逃难,便辞巧说,破坏形体。说五字之文,至于二三万言。后进弥以驰逐,故幼童而守一艺,白首而后能言。安其所习,毁所不见,终以自蔽。此学者之大患也。序六艺为九种。

又曰:《书》以决断。断者,义之证也。

又曰:《诗》以言情。情者,性之符也。

右六艺略总序。

儒家者流,盖出于司徒之官,助人君顺阴阳明教化者也。游文于六经之中,留意于仁义之际,祖述尧、舜,宪章文、武,宗师仲尼,以重其言,于道最为高。孔子曰:"如有所誉,其有所试。"唐、虞之隆,殷、周之盛,仲尼之业,已试之效者也。然惑者既失精微,而辟者又随时抑扬,违离道本,苟以哗众取宠。后进循之，是以五经乖析，儒学浸衰，此辟儒之患。

道家者流，盖出于史官，历记成败存亡祸福古今之道，然后知秉要执本，清虚以自守，卑弱以自持，此君人南面之术也。合于尧之克攘，《易》之嗛嗛，一谦而四益，此其所长也。及放者为之，则欲绝去礼学，兼弃仁义，曰独任清虚可以为治。

阴阳家者流，盖出于羲、和之官。敬顺昊天，历象日月星辰，敬授民时，此其所长也。及拘者为之，则牵于禁忌，泥于小数，舍人事而任鬼神。

法家者流，盖出于理官，信赏必罚，以辅礼制。《易》曰"先王以明罚饬法"，此其所长也。及刻者为之，则无教化，去仁爱，专任刑法而欲以致治，至于残害至亲，伤恩薄厚。

名家者流，盖出于礼官。古者名位不同，礼亦异数。孔子曰："必也正名乎！名不正则言不顺，言不顺则事不成。"此其所长也。及譣者为之，则苟钩鈲析乱而已。

墨家者流，盖出于清庙之守。茅屋采椽，是以贵俭；养三老五更，是以兼爱；选士大射，是以上贤；宗祀严父，是以右鬼；顺四时而行，是以非命；以孝视天下，是以上同：此其所长也。及蔽者为之，见俭之利，因以非礼；推兼爱之意，而不知别亲疏。

纵横家者流，盖出于行人之官。孔子曰："诵《诗》三百，使于四方，不能专对，虽多，亦奚以为？"又曰："使乎，使乎！"言其当权事制宜，受命而不受辞，此其所长也。及邪人为之，则上诈谖弃其信。

杂家者流，盖出于议官。兼儒、墨，合名、法，知国体之有此，见王治之无不贯，此其所长也。及荡者为之，则漫羡而无所归心。

农家者流，盖出于农稷之官。播白谷，劝耕桑，以足衣食，故八政一曰食，二曰货。孔子曰"所重民食"，此其所长也。及鄙者为之，以为无所事圣王，欲使君臣并耕，悖上下之序。

小说家者流，盖出于稗官。街谈巷语，道听涂说者之所造也。孔子曰："虽小道，必有可观者焉，致远恐泥，是以君子弗为也。"然亦弗灭也。闾里小知者之所及，亦使缀而不忘。如或一言可采，此亦刍荛狂夫之议也。

诸子十家，其可观者九家而已。皆起于王道既微，诸侯力政，时君世主好恶殊方，是以九家之术蜂出并作，各引一端，崇其所善，以此驰说，取合诸侯。其言虽殊,辟犹水火,相灭亦相生也。仁之与义,敬之与和,相反而皆相成也。《易》曰:"天下同归而殊涂,一致而百虑。"今异家者各推所长,穷知究虑,以明其指,虽有蔽短,合其要归,亦六经之支与流裔。使其人遭明王圣主,得其所折中,皆股肱之材已。仲尼有言:"礼失而求诸野。"方今去圣久远,道术缺废,无所更索,彼九家者,不犹瘉于野乎! 如能修六艺之术,而观此九家之言,舍短取长,则可以通万方之略矣。

右诸子略总序。

传曰:"不歌而诵谓赋,登高能赋可以为大夫。"言感物造端,材知深美,可与图事,故可以为列大夫也。古者诸侯卿大夫接邻国,以微言相感,当揖让之时,必称《诗》以谕其志,盖以别贤不肖而观盛衰也。故孔子曰"不学《诗》,无以言"也。春秋之后,周道浸坏,聘问歌咏不行于列国,学《诗》之士逸在布衣,而贤人失志之赋作矣。大儒孙卿及楚臣屈原离谗忧国,皆作赋以讽,咸有恻隐古诗之义。其后宋玉、唐勒,汉兴枚乘、司马相如,下及杨子云,竞为侈俪闳衍之辞,没其风谕之义。是以杨子悔之,曰:"诗人之赋丽以则,辞人之赋丽以淫。如孔氏之门人用赋也,则贾谊登堂,相如入室矣,如其不用何!"自孝武立乐府而采歌谣,于是有代、赵之讴,秦、楚之风,皆感于哀乐,缘事而发,亦可以观风俗,知薄厚云。序诗赋为五种。

右诗赋略五种总序。

兵权谋者,以正守国,以奇用兵,先计而后战,兼形势,包阴阳,用技巧者也。

兵形势者,雷动风举,后发而先至,离合背乡,变化无常,以轻疾制敌者也。

兵阴阳者,顺时而发,推刑德,随斗击,因五胜,假神鬼而为助者也。

兵技巧者,习手足,便器械,积机关,以立攻守之胜者也。

右辑兵书四种。

兵家者,盖出古司马之职,王宫之武备也。《洪范》八政,八曰师。孔子曰为国者"足食足兵","以不教民战,是谓弃之",明兵之重也。《易》曰"古者弦木为弧,剡木为矢,弧矢之利,以威天下",其用上矣。后世耀金为刃,割革为甲,器械甚备。下及汤、武受命,以师克乱而济百姓,动之以仁义,行之以礼让,《司马法》是其遗事也。自春秋至于战国,出奇设伏,变诈之兵并作。汉兴,张良、韩信序次兵法,凡百八十二家,删取要用,定著三十五家。诸吕用事而盗取之。武帝时,军政杨仆捃摭遗逸,纪奏《兵录》,犹未能备。至于孝成,命任宏论次兵书为四种。

右兵书略总序。

天文者,序二十八宿,步五星日月,以纪吉凶之象,圣王所以参政也。《易》曰:"观乎天文,以察时变。"然星事凶悍,非湛密者弗能由也。夫观景以谴形,非明王亦不能服听也。以不能由之臣,谏不能听之主,此所以两有患也。

历谱者,序四时之位,正分至之节,会日月五星之辰,以考寒暑杀生之实。故圣王必正历数,以定三统服色之制,又以探知五星日月之会。凶阨之患,吉隆之喜,其术皆出也。此圣人知命之术也,非天下之至材,其孰与焉! 道之乱也,患出于小人而强欲知天道者,坏大以为小,削远以为近,是以道术破碎而难知也。

五行者,五常之形气也。《书》云"初一曰五行,次二曰羞用五事",言进用五事以顺五行也。貌、言、视、听、思心失,而五行之序乱,五星之变作,皆出于律历之数而分为一者也。其法亦起五德终始,推其极则无不至。而小数家因此以为吉凶而行于世,浸以相乱。

蓍龟者,圣人之所用也。《书》曰:"女则有大疑,谋及卜筮。"《易》曰:"定天下之吉凶,成天下之亹亹者,莫善于蓍龟。""是故君子将有为也,将有行也,问焉而以言,其受命也如向,无有远近幽深,遂知来物。非天下之至精,其孰能与于此!"及至衰世,解于齐戒,而娄烦卜筮,神明不应。故筮渎不告,《易》以为忌;龟厌不告,《诗》以为刺。

杂占者,纪百事之象,候善恶之征。《易》曰:"占事知来。"众占非一,而梦为大,故周有其官。而《诗》载熊罴虺蛇众鱼旐旟之梦,著明大人之占,以考吉凶,盖参卜筮。《春秋》之说訞也,曰:"人之所忌,其气炎以取之,訞由人兴也。人失常则訞兴,人无衅焉,訞不自作。"故曰:"德胜不祥,义厌不惠。"桑谷共生,太戊以兴;雊雉登鼎,武丁为宗。然惑者不稽诸躬,而忌訞之见,是以《诗》刺"召彼故老,讯之占梦",伤其舍本而忧末,不能胜凶咎也。

形法者,大举九州之势,以立城郭室舍,形人及六畜骨法之度数、器物之形容,以求其声气贵贱吉凶。犹律有长短,而各征其声,非有鬼神,数自然也。然形与气相首尾,亦有有其形而无其气,有其气而无其形,此精征之独异也。

右辑数术六种。

数术者,皆明堂羲、和、史、卜之职也。史官之废久矣,其书既不能具,虽有其书而无其人。《易》曰:"苟非其人,道不虚行。"春秋时,鲁有梓慎,郑有裨灶,晋有卜偃,宋有子韦;六国时,楚有甘公,魏有石申夫;汉有唐都,庶得麤觕。盖有因而成易,无因而成难,故因旧书以序数术为六种。

又曰:甘公字逢,名德。

右数术略总序。

医经者,原人血脉经落骨髓阴阳表里,以起百病之本,死生之分,而用度箴石汤火所施,调百药齐和之所宜。至齐之得,犹慈石取铁,以物相使。拙者失理,以瘉为剧,以生为死。

经方者,本草石之寒温,量疾病之浅深,假药味之滋,因气感之宜,辨五苦六辛,致水火之齐,以通闭解结,反之于平。及失其宜者,以热益热,以寒增寒,精气内伤,不见于外,是所独失也。故谚曰:"有病不治,常得中医。"

又曰:解纷释结,反之于平安。

房中者,情性之极,至道之际,是以圣王制外乐以禁内情,而为之节文。传曰:"先王之作乐,所以节百事也。"乐而有节,则和平寿考。及迷者弗顾,以生疾而陨性命。

神仙者,所以保性命之真,而游求于其外者也。聊以荡意平心,同死生之域,而无怵惕于胸中。然而或者专以为务,则诞欺怪迂之文弥以益多,非圣王之所以教也。孔子曰:"索隐行怪,后世有述焉,吾不为之矣。"

右辑方技四种。

方技者,皆生生之具,王官之一守也。大古有岐伯、俞拊,中世有扁鹊、秦和,盖论病以及国,原诊以知政。汉兴有仓公。今其技术晻昧,故论其书,以序方技为四种。

又曰:论方技为四家,有医经家,有方家,有房中家,有神仙家。

右方技略总序。

扬雄学案

扬雄(公元前53年—公元18年),蜀郡成都人,作为两汉之际批评谶纬迷信的代表人物,其钻研今古文经学,早年随治《老子》而著称的严君平游学,又深受黄老之学的影响,形成了兼融儒、道的独特思想风格。扬雄著作有《法言》《太玄》等。

《太玄》的体例是仿《周易》的形式写成的。《太玄》的玄象为一、二、三画,相当于《周易》卦象的阴阳;《太玄》的方、州、部、家四重玄位,相当于《周易》的六个爻位;《太玄》的一、二、三画相交错于方、州、部、家四重,为八十一首,相当于《周易》的六十四卦;每首都有九赞,共为七百九十二赞,相当于《周易》的三百八十四爻。《法言》是仿《论语》写成的,其中包括《学行》《吾子》《修身》《问道》《孝至》等十三篇。

扬雄“适尧、舜、文王者为王道”,虽也崇尚自然之法,但被韩愈视为儒家道统的传承者。除了古文经的知识背景外,在《太玄》《法言》中,仍能看到扬雄对《鲁诗》《春秋公羊》《京氏易传》《仪礼》《今文尚书》的传承,体现其不循章句之法的治学特色。《太玄》的《图》篇言“夫玄也者,天道也,地道也,人道也。兼三道而名之”。扬雄意在以儒学统摄诸子之学,发扬“人能弘道,非道弘人”的儒家理性主义哲学。

一、太玄(节选)[①]

迎。[②] 阴气诚形乎下,物咸溯而迎之。

初一:迎他匪应,无贞有邪。《测》曰:迎他匪应,非所与并也。

---

① 这里节选的是该书“迎”“遇”“灶”“大”“廓”“文”“礼”等。
② 扬雄撰,司马光集注,刘韶军点校:《太玄集注》,中华书局1998年版,第87—89页。

次二:蛟潜于渊,陵卵化之,人或阴言,百姓和之。《测》曰:蛟潜之化,中精诚也。

次三:精微往来,妖先灵觉。《测》曰:精微往来,妖咎征也。

次四:裳有衣襦,男子目珠,妇人啑钩,贞。《测》曰:裳有衣襦,阴感阳也。

次五:黄乘否贞。《测》曰:黄乘否贞,不可与朋也。

次六:玄黄相迎,其意感感。《测》曰:玄黄相迎,以类应也。

次七:远之眽,近之掊,迎父迦逅。《测》曰:远眽近掊,失父类也。

次八:见血入门,掮迎中庭。《测》曰:见血入门,以贤自卫也。

上九:湿迎床足,累于墙屋。《测》曰:湿迎床足,颠在内也。

遇。① 阴气始来,阳气始往,往来相逢。

初一:幽遇神及师,梦贞。《测》曰:幽遇神,思得理也。

次二:冲冲儿遇,不定之谕。《测》曰:冲冲儿遇,不肖子也。

次三:不往不来,得士女之贞。《测》曰:不往不来,士女则也。

次四:僵僵,兑人遇雨,历。《测》曰:兑人遇雨,还自贼也。

次五:田遇禽,人莫之禁。《测》曰:田遇禽,诚可勉也。

次六:俾蛛罔,罔遇蜂,利虽大,不得从。《测》曰:俾蛛之罔,害不远也。

次七:振其角,君父遇辱,匪正命。《测》曰:振其角,直道行也。

次八:两兕斗,一角亡,不胜丧。《测》曰:两兕斗,亡角丧也。

上九:或氐其角,遇下毁足。《测》曰:或氐其角,何可当也。

灶。② 阴虽沃而洒之,阳犹热而龢之。

初一:灶无实,乞于邻。《测》曰:灶无实,有虚名也。

次二:黄鼎介,其中裔,不饮不食,孚无害。《测》曰:黄鼎介,中廉贞也。

次三:灶无薪,黄金濒。《测》曰:灶无薪,有不用也。

次四:鬲实之食,得其劳力。《测》曰:鬲实之食,时我奉也。

次五:鼎大可觞,不齐不莊。《测》曰:鼎大可觞,飨无意也。

---

① 扬雄撰,司马光集注,刘韶军点校:《太玄集注》,中华书局1998年版,第89—91页。

② 扬雄撰,司马光集注,刘韶军点校:《太玄集注》,中华书局1998年版,第91—93页。

次六:五味稣调如美如,大人之飨。《测》曰:味稣之飨,宰辅事也。

次七:脂牛正肪,不濯釜而烹,则欧欷之疾至。《测》曰:脂牛欧欷,不絜志也。

次八:食其委,虽嗷不毁。《测》曰:食其委,蒙厥德也。

上九:灶灭其火,唯家之祸。《测》曰:灶灭其火,国之贼也。

大。^① 阴虚在内,阳蓬其外,物与盘盖。

初一:渊潢洋,包无方,冥。《测》曰:渊潢洋,资裹无方也。

次二:大其虑,躬自镦。《测》曰:大其虑,为思所伤也。

次三:大不大,利以成大。《测》曰:大不大,以小作基也。

次四:大其门郊,不得其刀,鸣虚。《测》曰:大其门郊,实去名来也。

次五:包荒以中,克。《测》曰:包荒以中,督九夷也。

次六:大失小,多失少。《测》曰:大失小,祸由微也。

次七:大奢迂,自削以觚,或益之铺。《测》曰:奢迂自削,能自非也。

次八:丰墙峭阯,三岁不筑,崩。《测》曰:丰墙之峭,崩不迟也。

上九:大终以蔑,否出天外。《测》曰:大终以蔑,小为大资也。

廓。^② 阴气瘝而怠之,阳犹恢而廓之。

初一:廓之恢之,不正其基。《测》曰:廓之恢之,始基倾也。

次二:金干玉桢,廓于城。《测》曰:金干玉桢,蕃辅正也。

次三:廓无子,室石妇。《测》曰:廓无子,焉得后生也。

次四:恢其门户,用圉寇虏。《测》曰:恢其门户,大经营也。

次五:天门大开,恢堂之阶,或生之差。《测》曰:天门大开,德不能满堂也。

次六:维丰维崇,百辟冯冯,伊德攸兴。《测》曰:维丰维崇,兹太平也。

次七:外大杚,其中失。君子至野,小人入室。《测》曰:外大杚,中无人也。

次八:廓其外,虚其内,利鼓钲。《测》曰:廓外虚内,乃能有闻也。

上九:极廓于高庸,三岁无童。《测》曰:极廓高庸,终无所臣也。

文。^③ 阴敛其质,阳散其文,文质班班,万物粲然。

---

① 扬雄撰,司马光集注,刘韶军点校:《太玄集注》,中华书局 1998 年版,第 93—95 页。
② 扬雄撰,司马光集注,刘韶军点校:《太玄集注》,中华书局 1998 年版,第 95—97 页。
③ 扬雄撰,司马光集注,刘韶军点校:《太玄集注》,中华书局 1998 年版,第 97—99 页。

初一：袼襫何缦，玉贞。《测》曰：袼襫何缦，文在内也。

次二：文蔚质否。《测》曰：文蔚质否，不能俱晬也。

次三：大文弥朴，孚似不足。《测》曰：大文弥朴，质有余也。

次四：斐如邠如，虎豹文如，匪天之享，否。《测》曰：斐邠之否，奚足誉也。

次五：炳如彪如，尚文昭如，车服庸如。《测》曰：彪如在上，天文炳也。

次六：鸿文无范恣于川。《测》曰：鸿文无范，恣意往也。

次七：雉之不禄，而鸡莫谷。《测》曰：雉之不禄，难幽养也。

次八：雕戴谷布，亡于时，文则乱。《测》曰：雕戴之文，徒费日也。

上九。极文密密，易以黼黻。《测》曰：极文之易，当以质也。

礼。① 阴在下而阳在上，上下正体，物与有礼。

初一：履于跂，后其祖祂。《测》曰：履于跂，退其亲也。

次二：目穆穆，足肃肃，乃贯以棘。《测》曰：穆穆肃肃，敬出心也。

次三：画象成形，孚无成。《测》曰：画象成形，非其真也。

次四：孔雁之仪，利用登阶。《测》曰：孔雁之仪，可法则也。

次五：怀其违，折其匕，过丧锡九矢。《测》曰：怀违折匕，贬其禄也。

次六：鱼鳞差之，乃大施之，帝用登于天。《测》曰：鱼鳞差之，贵贱位也。

次七：出礼不畏，入畏。《测》曰：出礼不畏，人所弃也。

次八：冠戚胐履全履。《测》曰：冠戚履贱，不可不上也。

上九：戴无首，焉用此九。《测》曰：无首之戴，焉所往也。

逃。② 阴乞章强，阳气潜退，万物将亡。

初一：逃水之夷，灭其创迹。《测》曰：逃水之夷，迹不创也。

次二：心偬偬，足金乌，不志沟壑。《测》曰：心偬偬，义不将也。

次三：兢其股，鞭其马，寇望其户，逃利。《测》曰：兢股鞭马，近有见也。

次四：乔木维拟，飞鸟过之，或止降。《测》曰：乔木之鸟，欲止则降也。

次五：见鹭鹭踔于林，獭入于渊，征。《测》曰：见鹭及獭，深居逃凶也。

① 扬雄撰，司马光集注，刘韶军点校：《太玄集注》，中华书局1998年版，第99—102页。

② 扬雄撰，司马光集注，刘韶军点校：《太玄集注》，中华书局1998年版，第102—104页。

次六：多田不娄，费我膔功。《测》曰：多田不娄，费力亡功也。

次七：见于累，后乃克飞。《测》曰：见于累，几不足高也。

次八：颈加于矰，维缷其绳。《测》曰：颈加维缷，毋自劳也。

上九：利逃趼趼，盗德婴城。《测》曰：盗德婴城，何至逃也。

唐。[①] 阴气兹来，阳气兹往，物且荡荡。

初一：唐于内，勿作厉。《测》曰：唐于内，无执守也。

次二：唐处冥，利用东征。《测》曰：唐冥之利，利明道也。

次三：唐素不贞，亡彼珑玲。《测》曰：亡彼珑玲，非尔所也。

次四：唐无适，道义之辟。《测》曰：唐无适，惟义予也。

次五：奔鹿怀鼷，得不訾。《测》曰：奔鹿怀鼷，不足功也。

次六：唐不独足，代天班禄。《测》曰：唐不独足，无私容也。

次七：弋彼三飞，明明于征，终日不归，亡。《测》曰：弋彼三飞，适无所从也。

次八：唐收禄，社鬼辍哭，或得其沐。《测》曰：唐收禄，复亡也。

上九：明珠弹于飞肉，其得不复。《测》曰：明珠弹肉，费不当也。

常。[②] 阴以知臣，阳以知辟，君臣之道，万世不易。

初一：戴神墨，履灵式，以一耦万，终不稷。《测》曰：戴神墨，体一形也。

次二：内常微女，贞厉。《测》曰：内常微女，不正也。

次三：日常其德，三岁不食。《测》曰：日常其德，君道也。

次四：月不常，或失之行。《测》曰：月不常，臣失行也。

次五：其从其横，天地之常。《测》曰：其从其横，君臣常也。

次六：得七而九，懦挠其刚，不克其常。《测》曰：得七而九，弃盛乘衰也。

次七：滔滔往来，有常衰如，克承贞。《测》曰：滔滔往来，以正承非也。

次八：常疾不疾，咎成不诘。《测》曰：常疾不疾，不能自治也。

上九：疾其疾，巫医不失。《测》曰：疾其疾，能自医也。

度。[③] 阴气日躁，阳气日舍，躁躁舍舍，各得其度。

---

① 扬雄撰，司马光集注，刘韶军点校：《太玄集注》，中华书局 1998 年版，第 104—106 页。
② 扬雄撰，司马光集注，刘韶军点校：《太玄集注》，中华书局 1998 年版，第 106—108 页。
③ 扬雄撰，司马光集注，刘韶军点校：《太玄集注》，中华书局 1998 年版，第 108—110 页。

初一：中度独失。《测》曰：中度独失，不能有成也。

次二：泽不舍，冥中度。《测》曰：泽不舍，乃能有正也。

次三：小度差差，大擸之阶。《测》曰：小度差差，大度倾也。

次四：干桢利于城。《测》曰：干桢之利，利经营也。

次五：干不干，擸于营。《测》曰：干不干，不能有宁也。

次六：大度检检，于天示象，垂其范。《测》曰：大度检检，垂象贞也。

次七：不度规之，鬼即訾之。《测》曰：不度规之，明察笑也。

次八：石赤不夺，节士之必。《测》曰：石赤不夺，可与有要也。

上九：积差之贷，十年不复。《测》曰：积差之贷，不得造也。

永。① 阴以武取，阳以文与，道可长久。

初一：不替不爽，长子之常。《测》曰：不替不爽，永宗道也。

次二：内怀替爽，永失贞祥。《测》曰：内怀替爽，安可久也。

次三：永其道，未得无咎。《测》曰：永其道，诚可保也。

次四：子序不序，先宾永失主。《测》曰：子序不序，非永方也。

次五：三纲得于中极，天永厥福。《测》曰：三纲之永，其道长也。

次六：大永于福，反虚庭，入于酉冥。《测》曰：大永于福，福反亡也。

次七：老木生荑，永以缠其所无。《测》曰：老木生荑，永厥体也。

次八：永不轨，凶亡流于后。《测》曰：永不轨，其命剂也。

上九：永终驯首。《测》曰：永终驯首，长恺悌也。

昆。② 阴将离之，阳尚昆之，昆道尚同。

初一：昆于黑，不知白。《测》曰：昆于黑，不可谓人也。

次二：白黑菲菲，三禽一角同尾。《测》曰：三禽一角，无害心也。

次三：昆于白，失一黑，无际一尾三角。《测》曰：昆白不黑，不相亲也。

次四：鸟托巢于葭，人寄命于公。《测》曰：鸟托巢，公无贫也。

次五：谷失疏数，众牦毁玉。《测》曰：谷失疏数，奚足旬也。

次六：昆于井市，文车同轨。《测》曰：昆于井市，同一伦也。

次七：盖偏不覆，晏雨不救。《测》曰：盖偏不覆，德不均也。

次八：昆于危难，乃覆之安。《测》曰：危难之安，素施仁也。

① 扬雄撰，司马光集注，刘韶军点校：《太玄集注》，中华书局1998年版，第110—112页。
② 扬雄撰，司马光集注，刘韶军点校：《太玄集注》，中华书局1998年版，第112—114页。

上九:昆于死,弃寇遗。《测》曰:昆于死,弃厥身也。

减。① 阴气息,阳气消,阴盛阳衰,万物以微。

初一:善减不减,冥。《测》曰:善减不减,常自冲也。

次二:心减自中,以形于身。《测》曰:心减形身,困诸中也。

次三:减其仪,利用光于阶。《测》曰:减其仪,欲自禁也。

次四:减于艾,贬其位。《测》曰:减于艾,无以苞众也。

次五:减黄贞,下承于上,宁。《测》曰:减黄贞,臣道丁也。

次六:幽阐积,不减不施,石。《测》曰:幽阐不施,泽不平也。

次七:减其疾,损其恤,厉不至。《测》曰:减其疾,不至危也。

次八:浏涟涟,减于生根。《测》曰:浏涟之减,生根毁也。

上九:减终,利用登于西山,临于大川。《测》曰:减终之登,诚可为也。

唫。② 阴不之化,阳不之施,万物各唫。

初一:唫不予,丈夫妇处。《测》曰:唫不予,人所违也。

次二:唫于血,资干骨。《测》曰:唫于血,臞自肥也。

次三:貌不交,口嗫凝,唫无辞。《测》曰:貌不交,人道微也。

次四:唫其谷,不振不俗,累老及族。《测》曰:唫其谷,不得相希也。

次五:不中不督,腐蠹之啬。《测》曰:不中不督,其唫非也。

次六:泉原洋洋,唫于丘园。《测》曰:泉园之唫,不可讥也。

次七:唫于体,黄肉毁。《测》曰:唫于体,骨肉伤也。

次八:唫遇祸,祷以牛,解。《测》曰:唫遇祸,大费当也。

上九:唫不雨,孚干脯。《测》曰:唫不雨,何可望也。

守。③ 阴守户,阳守门,物莫相干。

初一:闭朋牖,守元有。《测》曰:闭朋牖,善持有也。

次二:迷自守,不如一之有。《测》曰:迷自守,冲无所以也。

次三:无丧无得,往来默默。《测》曰:无丧无得,守厥故也。

次四:象艮有守。《测》曰:象艮之守,廉无个也。

次五:守中以和,要侯贞。《测》曰:守中以和,侯之素也。

次六:车案轫,圭璧尘。《测》曰:车案轫,不接邻也。

---

① 扬雄撰,司马光集注,刘韶军点校:《太玄集注》,中华书局1998年版,第115—117页。

② 扬雄撰,司马光集注,刘韶军点校:《太玄集注》,中华书局1998年版,第117—119页。

③ 扬雄撰,司马光集注,刘韶军点校:《太玄集注》,中华书局1998年版,第119—121页。

次七:群阳不守,男子之贞。《测》曰:群阳不守,守贞信也。

次八:臼无杵,其碓举。天阴不雨,白日毁暑。《测》曰:臼无杵,其守贫也。

上九:与荼有守,辞于卢首,不殆。《测》曰:与荼有守,故愈新也。

翕。① 阴来逆变,阳往顺化,物退降集。

初一:狂冲于冥,翕其志,虽欲悄摇,天不之兹。《测》曰:狂冲于冥,天未与也。

次二:翕冥中,射贞。《测》曰:翕冥中,正予也。

次三:翕食嗺嗺。《测》曰:翕食嗺嗺。利如舞也。

次四:翕其羽,利用举。《测》曰:翕其羽,朋友助也。

次五:翕其腹,辟谷。《测》曰:翕其腹,非所以誉也。

次六:黄心鸿翼,翕于天。《测》曰:黄心鸿翼,利得辅也。

次七:翕缴恻恻。《测》曰:翕缴恻恻,被离害也。

次八:撙其罜,绝其缻,殆。《测》曰:撙罜绝缻,危得遂也。

上九:撙其角,维用抵族。《测》曰:撙其角,畛厥类也。

聚。② 阴气收聚,阳不禁御,物相崇聚。

初 :鬼神以无灵。《测》曰:鬼神无灵,形不见也。

次二:燕聚嘻嘻。《测》曰:燕聚嘻嘻,乐淫愆也。

次三:宗其高年,群鬼之门。《测》曰:宗其高年,鬼待敬也。

次四:牵羊示于丛社,执圭信其左股,野。《测》曰:牵羊于丛,不足荣也。

次五:鼎血之羓,九宗之好,乃后有孚。《测》曰:鼎血之羓,信王命也。

次六:畏其鬼,尊其体,狂作眛淫,亡。《测》曰:畏鬼之狂,过其正也。

次七:竦萃于丘冢。《测》曰:竦萃丘冢,礼不废也。

次八:鸥鸠在林,呹彼众禽。《测》曰:鸥鸠在林,众所呹也。

上九:垂涕累鼻,聚家之汇。《测》曰:垂涕累鼻,时命绝也。

积。③ 阴将大闭,阳尚小开,山川薮泽,万物攸归。

初一:冥积否,作明基。《测》曰:冥积否,始而在恶也。

① 扬雄撰,司马光集注,刘韶军点校:《太玄集注》,中华书局 1998 年版,第 121－123 页。
② 扬雄撰,司马光集注,刘韶军点校:《太玄集注》,中华书局 1998 年版,第 123－125 页。
③ 扬雄撰,司马光集注,刘韶军点校:《太玄集注》,中华书局 1998 年版,第 125－128 页。

次二：积不用，而至于大用，君子介心。《测》曰：积不用，不可规度也。

次三：积石不食，费其劳力。《测》曰：积石不食，无可获也。

次四：君子积善，至于车耳。《测》曰：君子积善，至于蕃也。

次五：藏不满，盗不赢。《测》曰：藏满盗赢，还自损也。

次六：大满硕施，得人无亢。《测》曰：大满硕施，人所来也。

次七：魁而颜而，玉帛班而，决欲招寇。《测》曰：魁而颜而，盗之招也。

次八：积善辰祸，维先之罪。《测》曰：积善辰祸，非己辜也。

上九：小人积非，至于苗裔。《测》曰：小人积非，祸所骫也。

饰。[①] 阴白阳黑，分行厥职，出入有饰。

初一：言不言，不以言。《测》曰：言不言，默而信也。

次二：无质饰，先文后失服。《测》曰：无资先文，失贞也。

次三：吐黄舌，拑黄聿，利见哲人。《测》曰：舌聿之利，利见知人也。

次四：利舌哇哇，商人之贞。《测》曰：哇哇之真，利于商也。

次五：下言如水，实以天牝。《测》曰：下言如水，能自冲也。

次六：言无追如，抑亦飞如，大人震风。《测》曰：言无追如，抑亦扬也。

次七：不丁言时，微于辞，见上疑。《测》曰：不丁言时，何可章也。

次八：蛁鸣喁喁，血出其口。《测》曰：蛁鸣喁喁，口自伤也。

上九：白舌于于，屈于根，君子否信。《测》曰：白舌于于，诚可长也。

疑。[②] 阴阳相磑，物咸雕离，若是若非。

初一：疑恫恫，失贞矢。《测》曰：不正之疑，何可定也。

次二：疑自反，孚不远。《测》曰：疑自反，反清静也。

次三：疑强昭，受兹闵闵，于其心祖。《测》曰：疑强昭，中心冥也。

次四：疑考旧，遇贞孚。《测》曰：疑考旧，先问也。

次五：絿黄疑金中。《测》曰：絿黄疑中，邪夺正也。

次六：誓贞可听，疑则有诚。《测》曰：誓贞可听，明王命也。

次七：鬼魂疑嗄呜，弋木之鸟，射穴之狐，反目耳，厉。《测》曰：鬼魂疑之，诚不可信也。

次八：颠疑遇干客，三岁不射。《测》曰：颠疑遇客，甚足敬也。

---

① 扬雄撰，司马光集注，刘韶军点校：《太玄集注》，中华书局1998年版，第128—130页。

② 扬雄撰，司马光集注，刘韶军点校：《太玄集注》，中华书局1998年版，第130—133页。

上九：疑无信，控弧拟麋，无。《测》曰：疑无信，终无所名也。

视。① 阴成魄，阳成妣，物之形貌咸可视。

初一：内其明，不用其光。《测》曰：内其明，自窥深也。

次二：君子视内，小人视外。《测》曰：小人视外，不能见心也。

次三：视其德，可以干王之国。《测》曰：视德之干，乃能有全也。

次四：粉其题颡，雨其渥须，视无妹。《测》曰：粉题雨须，不可忍瞻也。

次五：鸾凤纷如，厥德暐如。《测》曰：鸾凤纷如，德光皓也。

次六：素车翠盖，维视之害，贞。《测》曰：素车翠盖，徒好外也。

次七：视其瑕，无秽。《测》曰：视其瑕，能自矫也。

次八：翡翠于飞，离其翼，狐貚之毛，躬之贼。《测》曰：翡翠狐貚，好作昝也。

上九：日没其光，贲于东方，用视厥始。《测》曰：日没贲东，终顾始也。

沈。② 阴怀于阳，阳怀于阴，志在玄宫。

初一：沈耳于闺，不闻贞。《测》曰：沈耳于闺，失德体也。

次二：沈视自见。贤于眇之眲。《测》曰：沈视之见，得正美也。

次三：沈于美，失贞矢。《测》曰：沈于美，作聋盲也。

次四：宛雏沈视，食苦贞。《测》曰：宛雏沈视，择食方也。

次五：雕鹰高翔，沈其腹，好娭恶粥。《测》曰：雕鹰高翔，在腐粮也。

次六：见粟如累，明，利以正于王。《测》曰：见粟如累，其道明也。

次七：离如娄如，赤肉鸱枭，厉。《测》曰：离娄赤肉，食不臧也。

次八：盼得其药，利征。《测》曰：盼得其药，利征迈也。

上九：血如刚，沈于额，前尸后丧。《测》曰：血刚沈额，终以贪败也。

内。③ 阴去其内而在乎外，阳去其外而在乎内，万物之既。

初一：谨于婴孰，初贞后宁。《测》曰：谨于婴孰，治女政也。

次二：邪其内主，迁彼黄床。《测》曰：邪其内主，远乎宁也。

次三：尔仪而悲，坎我西阶。《测》曰：尔仪而悲，代母情也。

次四：好小好危，丧其缊袍，厉。《测》曰：好小好危，不足荣也。

次五：龙下于泥，君子利用取婴，遇庸夷。《测》曰：龙下于泥，阳下

---

① 扬雄撰，司马光集注，刘韶军点校：《太玄集注》，中华书局 1998 年版，第 133—135 页。
② 扬雄撰，司马光集注，刘韶军点校：《太玄集注》，中华书局 1998 年版，第 135—137 页。
③ 扬雄撰，司马光集注，刘韶军点校：《太玄集注》，中华书局 1998 年版，第 137—139 页。

阴也。

次六：黄昏于飞，内其羽。虽欲满宫，不见其女。《测》曰：黄昏内羽，不能自禁也。

次七：枯垣生荂，嚾头内其稚妇，有。《测》曰：枯垣生荂，物庆类也。

次八：内不克妇，荒家及国，涉深不侧。《测》曰：内不克妇，国之孽也。

上九：雨降于地，不得止，不得过。《测》曰：雨降于地，泽节也。

去。[①] 阳去其阴，阴去其阳，物咸偶倡。

初一：去此灵渊，舍彼枯园。《测》曰：去此灵渊，不以谦将也。

次二：去彼枯园，舍下灵渊。《测》曰：舍下灵渊，谦道光也。

次三：高其步，之堂有露。《测》曰：高步有露，妄行也。

次四：去于子父，去于臣主。《测》曰：去于子父，非所望也。

次五：攘其衣，之庭有麋。《测》曰：攘衣有麋，亦可惧也。

次六：躬去于成，天遗其名。《测》曰：躬去于成，攘不居也。

次七：去其德贞，三死不令。《测》曰：去其德贞，终死丑也。

次八：月高弦，火几县，不可以动，动有愆。《测》曰：月弦火县，恐见咎也。

上九：求我不得，自我西北。《测》曰：求我不得，安可久也。

晦。[②] 阴登于阳，阳降于阴，物咸丧明。

初一：同冥独见，幽贞。《测》曰：同冥独见，中独照也。

次二：盲征否。《测》曰：盲征否，明不见道也。

次三：阴行阳从，利作不凶。《测》曰：阴行阳从，事大外也。

次四：晦其类，失金匮。《测》曰：晦其类，法度废也。

次五：日正中，月正隆，君子自晦不入穷。《测》曰：日中月隆，明恐挫也。

次六：玄鸟维愁，明降于幽。《测》曰：玄鸟维愁，将下昧也。

次七：哨提明，或遵之行。《测》曰：哨提明，德将遵行也。

次八：视非其真，夷其右目，灭国丧家。《测》曰：视非夷目，国以丧也。

上九：晦冥冥，利于不明之贞。《测》曰：晦冥之利，不得独明也。

---

① 扬雄撰，司马光集注，刘韶军点校：《太玄集注》，中华书局1998年版，第139—141页。
② 扬雄撰，司马光集注，刘韶军点校：《太玄集注》，中华书局1998年版，第141—143页。

瞢。① 阴征南,阳征北,物失明贞,莫不瞢瞢。

初一:瞢腹睒天,不睹其畛。《测》曰:瞢腹睒天,无能见也。

次二:明腹睒天,靓其根。《测》曰:明腹睒天,中独烂也。

次三:师或导射,豚其埻。《测》曰:师或导射,无以辨也。

次四:鉴贞不迷,于人攸资。《测》曰:鉴贞不迷,诚可信也。

次五:倍明仮光,触蒙昏。《测》曰:倍明仮光,人所叛也。

次六:瞢瞢之离,不宜荧且妮。《测》曰:瞢瞢之离,中不眩也。

次七:瞢好明其所恶。《测》曰:瞢好之恶,著不昧也。

次八:昏辰利于月,小贞未有及星。《测》曰:昏辰利月,尚可愿也。

上九:时鹾鹾,不获其嘉,男子折笄,妇人易笤。《测》曰:不获其嘉,男死妇叹也。

穷。② 阴气塞宇,阳亡其所,万物穷遽。

初一:穷其穷,而民好中。《测》曰:穷其穷,情在中也。

次二:穷不穷,而民不中。《测》曰:穷不穷,诈可隆也。

次三:穷思达。《测》曰:穷思达,师在心也。

次四:土不和,木科橹。《测》曰:土不和,病乎民也。

次五:橐无糁,其腹坎坎,不失其范。《测》曰:食亡糁,犹亡失正也。

次六:山无角,水无鳞,困犯身。《测》曰:山无角,困百姓也。

次七:正其足,蹯于狴狱,三岁见录。《测》曰:正其足,险得平也。

次八:涉于霜雪,累项于郯。《测》曰:累项于郯,亦不足生也。

上九:破璧毁圭,臼灶生鼃,天祸以他。《测》曰:破璧毁圭,逢不幸也。

割。③ 阴气割物,阳形县杀,七日几绝。

初一:割其耳目,及其心腹,历。《测》曰:割其耳目,中无外也。

次二:割其肮赘,利以无秽。《测》曰:割其肮赘,恶不得大也。

次三:割鼻食口,丧其息主。《测》曰:割鼻丧主,损无荣也。

次四:宰割平平。《测》曰:宰割平平,能有成也。

次五:割其股肱,丧其服马。《测》曰:割其股肱,亡大臣也。

次六:割之无创,饱于四方。《测》曰:割之无创,道可分也。

① 扬雄撰,司马光集注,刘韶军点校:《太玄集注》,中华书局1998年版,第145—147页。
② 扬雄撰,司马光集注,刘韶军点校:《太玄集注》,中华书局1998年版,第147—149页。
③ 扬雄撰,司马光集注,刘韶军点校:《太玄集注》,中华书局1998年版,第149—150页。

次七：紫蜺矞云朋围日，其疾不割。《测》曰：紫蜺矞云，不知刊也。

次八：割其蠹，得我心疾。《测》曰：割其蠹，国所便也。

上九：割肉取骨，灭顶于血。《测》曰：割肉灭血，不能自全也。

止。[①] 阴大止物于上，阳亦止物于卜，卜上俱止。

初一：止于止，内明无咎。《测》曰：止于止，智足明也。

次二：车轫侯，马酋止。《测》曰：车轫侯，不可以行也。

次三：关其门户，用止狂蛊。《测》曰：关其门户，御不当也。

次四：止于童木，求其疏谷。《测》曰：止于童木，其求穷也。

次五：柱奠庐，盖盖车，榖均疏。《测》曰：柱及盖榖，贵中也。

次六：方轮谦轴，坎坷其舆。《测》曰：方轮坎坷，还自震也。

次七：车累其偄，马攎其蹄，止贞。《测》曰：车累马攎，行可邻也。

次八：弓善反，弓恶反，善马很，恶马很。绝弸破车终不偃。《测》曰：弓反马很，终不可以也。

上九：折于株木，轵于砥石，止。《测》曰：折木轵石，君子所止也。

坚。[②] 阴形胼冒，阳丧其绪，物竞坚强。

初一：磐石固内，不化贞。《测》曰：磐石固内，不可化也。

次二：坚白玉形，内化贞。《测》曰：坚白玉形，变可为也。

次三：坚不凌，或泄其中。测曰：坚不凌，不能持齐也。

次四：小蜂营营，蝝其蚋，蚋不介，在坚蝝。《测》曰：小蜂营营，固其氐也。

次五：蚋大蝝小，虚。《测》曰：蚋大蝝小，国空虚也。

次六：鐵蝝纱纱，县于九州。《测》曰：鐵蝝之县，民以康也。

次七：坚颠触冢。《测》曰：坚颠触冢，不知所行也。

次八：悃坚祸，维用解蝀之贞。《测》曰：悃坚祸，用直方也。

上九：蜂焚其翊，丧于尸。《测》曰：蜂焚其翊，所凭丧也。

成。[③] 阴气方清，阳藏于灵，物济成形。

初一：成若否，其用不已，冥。《测》曰：成若否，所以不败也。

次二：成微改改，未成而始。《测》曰：成微改改，不能自遂也。

---

① 扬雄撰，司马光集注，刘韶军点校：《太玄集注》，中华书局 1998 年版，第 150—153 页。
② 扬雄撰，司马光集注，刘韶军点校：《太玄集注》，中华书局 1998 年版，第 153—156 页。
③ 扬雄撰，司马光集注，刘韶军点校：《太玄集注》，中华书局 1998 年版，第 156—158 页。

次三：成跃以缩，成飞不逐。《测》曰：成跃以缩，成德壮也。

次四：将成矜败。《测》曰：将成之矜，成道病也。

次五：中成独督，大。《测》曰：中成独督，能处中也。

次六：成魁琐，以成获祸。《测》曰：成之魁琐，不以谦也。

次七：成阙补。《测》曰：成阙之补，固难承也。

次八：时成不成，天降亡贞。《测》曰：时成不成，独失中也。

上九：诚穷入于败，毁诚。君子不成。《测》曰：成穷以毁，君子以终也。

阘。[1] 阴阳交跌，相阘成一，其祸泣万物。

初一：圜方杌桅，其内窾换。《测》曰：圜方杌桅，内相失也。

次二：阘无间。《测》曰：无间之阘，一其二也。

次三：龙袭非其穴，光亡于室。《测》曰：龙袭非穴，失其常也。

次四：臭肥灭鼻，利美贞。《测》曰：灭鼻之贞，没所芳也。

次五：啮骨折齿，满缶。《测》曰：啮骨折齿，大贪利也。

次六：饮汗吭吭，得其膏滑。《测》曰：饮汗吭吭，道足嗜也。

次七：阘其差，前合后离。《测》曰：阘其差，其合离也。

次八：辅其折，盧其缺，其人晖且偈。《测》曰：辅折盧缺，犹可善也。

上九：阴阳启佫。其变赤白。《测》曰：阴赤阳白，极则反也。

失。[2] 阴大作贼，阳不能得，物陷不测。

初一：刺虚灭刃。《测》曰：刺虚灭刃，深自几也。

次二：薿德灵微，失。《测》曰：薿德之失，不知畏微也。

次三：卒而从而，恤而竦而，于其心祖。《测》曰：卒而从而，能自改也。

次四：信过不食，至于侧匿。《测》曰：信过不食，失禄正也。

次五：黄儿以中蕃，君子以之洗于愆。《测》曰：黄儿以中，过以洗也。

次六：满其仓，芜其田，食其宝，不养其根。《测》曰：满仓芜田，不能修本也。

次七：疾则药，巫则酌。《测》曰：疾药巫酌，祸可转也。

次八：雌鸣于辰，牝角鱼木。《测》曰：雌鸣于辰，厥正反也。

---

[1] 扬雄撰，司马光集注，刘韶军点校：《太玄集注》，中华书局1998年版，第158—161页。

[2] 扬雄撰，司马光集注，刘韶军点校：《太玄集注》，中华书局1998年版，第161—163页。

上九：日月之逝，改于尸。《测》曰：改于尸，尚不远也。

剧。① 阴穷大泣于阳，无介俦，离之剧。

初一：骨累其肉，幽。《测》曰：骨累其肉，贼内行也。

次二：血出之蚀，凶贞。《测》曰：血出之蚀，君子内伤也。

次三：酒作失德，鬼眹其室。《测》曰：酒作失德，不能将也。

次四：食于剧，父母来馂，若。《测》曰：食剧以若，为顺禄也。

次五：出野见虚，有虎牧猪，撰绔与襦。《测》曰：出野见虚，无所措足也。

次六：四国满斯，宅。《测》曰：四国满斯，求安宅也。

次七：麃而丰而，戴祸颜而。《测》曰：麃而丰而，戴祸较也。

次八：瓶累于繘，贞颔。《测》曰：累于瓶，厥职迫也。

上九：海水群飞，弊于天杭。《测》曰：海水群飞，终不可语也。

驯。② 阴气大顺，浑沌无端，莫见其根。

初一：黄灵幽贞，驯。《测》曰：黄灵幽贞，顺以正也。

次二：蝇其膏，女子之劳。不静亡命。《测》曰：蝇膏之亡，不能清净也。

次三：牝贞常慈，卫其根。《测》曰：牝贞常慈，不忘本也。

次四：徇其劳，不如五之豪。《测》曰：徇其劳，伐善也。

次五：灵囊大包，其德珍黄。《测》曰：灵囊大包，不敢自盛也。

次六：囊失括，泄珍器。《测》曰：囊失括，臣口谥也。

次七：方坚犯顺，利臣贞。《测》曰：方坚犯顺，守正节也。

次八：驯非其正，不保厥命。《测》曰：驯非其正，无所统一也。

上九：驯义忘生，赖于天贞。《测》曰：驯义忘生，受命必也。

将。③ 阴气济物乎上，阳信将复始之乎下。

初一：将造邪，元厉。《测》曰：将造邪，危作主也。

次二：将无疵，元睟。《测》曰：将无疵，易为后也。

次三：炉钩否，利用止。《测》曰：炉钩否，化内伤也。

次四：将飞得羽，利以登于天。《测》曰：将飞得羽，其辅强也。

---

① 扬雄撰，司马光集注，刘韶军点校：《太玄集注》，中华书局 1998 年版，第 163—165 页。
② 扬雄撰，司马光集注，刘韶军点校：《太玄集注》，中华书局 1998 年版，第 165—167 页。
③ 扬雄撰，司马光集注，刘韶军点校：《太玄集注》，中华书局 1998 年版，第 167—169 页。

次五：大爵将飞，拨其翮。毛羽虽众，不得适。《测》曰：大雀拔翮，不足赖也。

次六：日失烈烈，君子将衰降。《测》曰：日失烈烈，自光大也。

次七：跌舡跋车，其害不遒。《测》曰：跌舡跋车，不远害也。

次八：小子在渊，丈人播舡。《测》曰：丈人播舡，济弱世也。

上九：红蚕缘于枯桑，其茧不黄。《测》曰：缘枯不黄，蚕功败也。

难。① 阴气方难，水凝地坼，阳弱于渊。

初一：难我冥冥。《测》曰：难我冥冥，见未形也。

次二：冻于冰渎，狂马揣木。《测》曰：狂马揣木，妄生也。

次三：中坚刚，难于非常。《测》曰：中坚刚，终莫倾也。

次四：卵破石礙。《测》曰：卵破之礙，小人难也。

次五：难无间，虽大不勤。《测》曰：难无间，中密塞也。

次六：大车川川，上轵于山，下触于川。《测》曰：大车川川，上下轫也。

次七：拔石砅砅，力没以引。《测》曰：拔石砅砅，乘时也。

次八：触石决木，维折角。《测》曰：触石决木，非所治也。

上九：角觟觩，终以直，其有犯。《测》曰：角觟觩，终以直之也。

勤。② 太阴冻冱灖创于外，微阳邸冥嘀力于内。

初一：勤谋于心，否贞。《测》曰：勤谋否贞，中不正也。

次二：劳有恩，勤悾悾，君子有中。《测》曰：劳有恩勤，有诸情也。

次三：羁角之吾，其泣呱呱，未得繘扶。《测》曰：羁角之吾，不得命也。

次四：勤于力，放倍忘食，大人有克。《测》曰：勤力忘食，大人德也。

次五：狂蹇蹇，祸迩福远。《测》曰：狂之蹇蹇，远乎福也。

次六：勤有成功，几于天。《测》曰：勤有成功，天所来辅也。

次七：劳牵，不其鼻于尾，弊。《测》曰：劳牵之弊，其道逆也。

次八：劳踖踖，心爽蒙柴不却。《测》曰：劳踖踖，躬殉国也。

上九：其勤其勤，抱车入渊，负舟上山。《测》曰：其勤其勤，劳不得也。

养。③ 阴弸于野，阳蓝万物，赤之于下。

初一：藏心于渊，美厥灵根。《测》曰：藏心于渊，神不外也。

① 扬雄撰，司马光集注，刘韶军点校：《太玄集注》，中华书局1998年版，第169—171页。
② 扬雄撰，司马光集注，刘韶军点校：《太玄集注》，中华书局1998年版，第171—173页。
③ 扬雄撰，司马光集注，刘韶军点校：《太玄集注》，中华书局1998年版，第173—176页。

次二：墨养邪，元函匪贞。《测》曰：墨养邪，中心败也。

次三：粪以肥丘，育厥根荄。《测》曰：粪以肥丘，中光大也。

次四：燕食扁扁，其志僊僊，利用征贾。《测》曰：燕食扁扁，志在赖也。

次五：黄心在腹，白骨生肉，孚德不复。《测》曰：黄心在腹，上德天也。

次六：次次，一日三饫，祇牛之兆，肥不利。《测》曰：次次之饫，肥无身也。

次七：小子牵象，妇人徽猛，君子养病。《测》曰：牵象养病，不相因也。

次八：鲠不脱，毒疾发，鬼上垄。《测》曰：鲠疾之发，归于坟也。

上九：星如岁如，复继之初。《测》曰：星如岁如，终养始也。

踦赞一。

冻登赤天，晏入玄泉。《测》曰：冻登赤天，阴作首也。

嬴赞二。

一虚一嬴，踦踦所生。《测》曰：虚嬴踦踦，僵无已也。

东汉儒学学案

（建武元年　公元 25 年—
建安二十五年　公元 220 年）

桓谭学案

　　桓谭(公元前 20 年—公元 32 年),经历了王莽、更始、光武帝时期,是汉代著名的天文学家、音乐家、哲学家、经学家。他著有《新论》二十九篇,现存《弘明集》中有《新论形神》一篇。因为《新论》久佚,世不流传,到清代才有学者搜集佚文,辑成《新论》的辑本。

　　据《后汉书·桓谭传》记载,桓谭"博学多通,遍习《五经》",但却对《五经》"皆训诂大义,不为章句"。桓谭极为重视古文典籍,研习《古文尚书》《论语》《礼记》《孝经》等,《新论》一书中对经义的解释,多沿袭古文之说。从他与王莽的合作到分裂,以至利用《新论》对王莽进行批判,以及在东汉前期对光武帝"天下事以图谶决之"的公然反对,可以看出桓谭从古文经的学术立场出发,引申出对谶纬符命之学的思想批判。此外,桓谭还深受道家道教思想的影响,在《新论》中桓谭将神仙分为五等"天下神人五:一曰神仙,二曰隐沦,三曰使鬼物,四曰先知,五曰铸凝"。而且对《庄子》的形神观、政治观、生死观、自然观等多有借鉴,体现了儒道之间的互融。①

一、新论(节选)②

1. 本造③

　　余为《新论》,术辨古今,亦欲兴治也。何异《春秋》褒贬耶? 今有疑者,所谓蚌异蛤,二五为非十也。谭见刘向《新序》、陆贾《新语》,乃为《新

①　孙少华:《文本秩序:桓谭与两汉之际阐释思想的定型》,中华书局 2019 年版,第 29—32 页。
②　这里节选的是该书《本造》《王霸》《求辅》《言体》《见征》《谴非》《正经》《识通》《离事》《辨惑》等。
③　桓谭撰,朱谦之校辑:《新辑本桓谭新论》,中华书局 2009 年版,第 1—2 页。

论》。

庄周寓言，乃云尧问孔子。《淮南子》云："共工争帝，地维绝。"亦皆为妄作。故世人多云：短书不可用。然论天间莫名于圣人，庄周等虽虚诞，故当采其善，何云尽弃耶？

若其小说家，合丛残小语，近取譬论，以作短书。治身治家，有可观之辞。

秦相吕不韦，请迎高妙，作《吕氏春秋》。汉之淮南王，聘天下辩通，以著篇章。书成皆布之都市，悬置千金，以延示众士，而莫能有变易者，乃其事约艳，体具而言微也。

董仲舒专精于述古，年至六十余，不窥园中菜。

贾谊不左迁失志，则文彩不发；淮南不贵盛富饶，则不能广聘骏士，使著文作书；太史公不典掌书记，则不能条悉古今；杨雄不贫，则不能作《玄言》。

太史公造书，书成示东方朔。朔为平定，因署其下。太史公者，皆东方朔所加之也。

2. 王霸[①]

夫上古称三皇五帝，而次有三王五伯，此天下君之冠首也。故言三皇以道治，而五帝用德化，三王由仁义，五伯以权智。其说之曰：无制令刑罚，谓之皇；有制令而无刑罚，谓之帝；赏善诛恶，诸侯朝事，谓之王；兴兵众，约盟誓，以信义矫世，谓之伯。王者往也，言其惠泽优游天下归往也。五帝以上久远，经传无事，唯王霸二盛之美，以定古今之理焉。夫王道之治，先除人害，而足其衣食，然后教以礼仪，而威以刑诛，使知好恶去就。是故大化四凑，天下安乐，此王者之术。霸功之大者，尊君卑臣，权统由一，政不二门，赏罚必信，法令着明，百官修理，威令必行，此霸者之术。王道纯粹，其德如彼；伯道驳杂，其功如此。俱有天下，而君万民，垂统子孙，其实一也。

儒者或曰："图王不成，其弊可以霸。"此言未是也。传曰：孔氏门人，五尺童子，不言五霸事者，恶其违仁义而尚权诈也。

---

① 桓谭撰，朱谦之校辑：《新辑本桓谭新论》，中华书局 2009 年版，第 3—5 页。

夫王道之主,其德能载,包含以统干元也。

子贡问蘧伯玉曰:"子何以治国?"答曰:"弗治治之。"

汤武则久居诸侯方伯之位,德惠加于百姓。

文王修德,百姓亲附,是时崇侯虎与文王列为诸侯,德不及文王,常嫉妒之,乃谮文王于纣曰:"西伯昌圣人也,长子发、中子旦皆圣人也,三圣合谋,君其虑之!"乃囚文王于羑里。

维四月,太子发上祭于毕,下至孟津之上,此武王已毕三年之丧,欲卒父业,升舟而得鱼,则地应也;燎祭降鸟,天应也。二年闻杀比干、囚箕子,太师少师抱乐器奔周。甲子,日月若合璧,五星若连珠。昧爽,武王朝至于南郊牧野,从天以讨纣,故兵不血刃,而定天下。

邯郸立王,是抱空质也。

齐宣王行金刀之法。

魏文侯师李悝著《法经》。以为王者之政,莫急于盗贼,故其律始于盗贼。盗贼须劾捕,故著《囚》、《捕》二篇。其轻狡、越城、博戏、假借、不廉、淫侈、逾制为《杂律》一篇。又以具律具其加减,所著六篇而已。卫鞅受之,入相于秦、魏二国,深文峻法相近。

秦之重法,犹盛三代之重礼乐也。

魏之令,不孝弟者,流之东荒。

3. 求辅[①]

国之发兴,在于政事,政事得失,由于辅佐。辅佐贤明则俊士充朝而理合世务,辅佐不明则论失时宜而举多过事。治国者辅佐之本,其任用咸得大才,大才乃主之股肱羽翮也。

以贤代贤谓之顺,以不肖代不肖谓之乱。

捕猛兽者,不令美人举手;钓巨鱼者,不使稚子轻预,非不亲也,力不堪也。奈何万乘之主而不择人哉?

龙无尺木无以升天,圣人无尺土无以王天下,朝九州之俊。夫圣人乃千载一出,贤人君子所想思而不可得见者也。

王公大人则嘉得良师明辅,品庶凡民则乐畜仁贤哲士,皆国之柱栋,

---

① 桓谭撰,朱谦之校辑:《新辑本桓谭新论》,中华书局2009年版,第5—11页。

而人之羽翼。

凡人性难极也,难知也,故其绝异者常为世俗所遗失焉。

《周易》曰:"肥遯无不利。"昔殷之伊尹、周之太公、秦之百里奚,虽咸有天才,然皆年七十余,乃升为王霸师。

前世俊士立功垂名,图画于殿阁宫省,此乃国之大宝,亦无价矣。虽积和璧、累夏璜、囊隋侯、篋夜光,未足喻也。伊、吕、良、平,何世无之。但人君不知,群臣弗用也。

贤有五品:谨敕于家事,顺悌于伦党,乡里之士也;作健晓惠,文史无害,县廷之士也;信诚笃行,廉平公理下务上者,州郡之士也;通经术,名行高,能达于从政,宽和有固守者,公辅之士也;才高卓绝,竦峙于众,多筹大略,能图世建功者,天下之士也。

殷之三仁皆暗于前而章于后,何益于事?何补于君?

尧能则天者,贵其能臣舜、禹二圣。昔尧试舜于大麓者,领录天下事,如今之尚书官矣。宜得大贤智,乃可使处议持平。治狱如水。

传记言:魏牟北见赵王,王方使冠工制冠于前,问治国于牟。对曰:"大王诚能重国,若此二尺纵,则国治且安。"王曰:"国所受于先人,宗庙社稷至重,比之二尺纵,何也?"牟曰:"大王治冠,不使亲近,而比求良工者,非为其败纵而冠不成与?今治国不善,则社稷不安,宗庙不血食,大王不求良士,而任使其私爱,此非轻国于二尺纵之制耶?"王无以应。

王者易辅,霸者难佐。昔秦王见周室之失统,丧权于诸侯,自以当保有九州,见万民碌碌,犹群羊聚猪,皆可以竿而驱之,故遂自恃。不任人封立诸侯。及陈胜、楚、汉,咸由布衣,非封君有土,而并共灭秦,故遂以败也。高帝既定天下,念项王从函谷入,而己由武关到,推却关,修强守御,内充实三军,外多发屯戍,设穷治党与之法,重悬告反之赏。及王翁之夺取,乃不犯关梁陀塞,而坐得其处。王翁自见以专国秉政得之,即抑重臣,收下权,使事无大小深浅,皆断于己身。及其失之,人不从,大臣生焉。更始帝见王翁以失百姓心亡天下,既西到京师,恃民悦喜则自安乐,不听纳谏臣谋士,赤眉围其外,而近臣反,城遂以破败。由是观之,夫患害奇邪不一,何可胜为设防量备哉?防备之善者,则唯量贤智大材,然后先见豫图,遏将救之耳。

明镜龟策也,章程斛斗也,铨衡丈尺也。

维针艾方药者,已病之具也,非良医不能以愈人;材能德行者,治国之器也,非明君不能以立功。医无针药,可作为求买,以行术伎,不须必自有也;君无材德,可选任明辅,不待必躬能也。由是察焉,则材能德行,国之针药也,其得立功效,乃在君辅。传曰:"得十良马,不如得一伯乐;得十利剑,不如得一欧冶。"多得善物,不如少得能知物。知物者之致善珍,珍益广,非特止于十也。

言求取辅佐之术,既得之,又有大难三,而止善二。为世之事,中庸多,大材少,少不胜众。一口不能与一国讼,持孤特之论,干雷同之计,以疏贱之处,逆贵近之心,则万不合,此一难也。夫建踔殊,为非常,乃世俗所不能见也;又使明智图事,而与众平之,亦必不足,此二难也。既听纳有所施行,而事未及成,谗人随而恶之,即中道狐疑,或使言者还受其尤,此三难也。智者尽心竭言,以为国造事,众间之则反见疑,一不当合,遂被潜想,虽有十善,隔以一恶去,此一止善也。材能之士,世所嫉妒,遭遇明君,乃一兴起,既幸得之,又复随众,弗与知者,虽有若仲尼,犹且出走,此二止善也。

是故非君臣致密坚固,割心相信,动无间疑,若伊、吕之见用,傅说通梦,管、鲍之信任,则难以遂功竟意矣。又说之言,亦甚多端,其欲观使者,则以古之贤辅厉主,欲简疏别离,则以专权危国者论之。盖父子至亲,而人主有高宗、孝己之设。及景、武时,栗、卫太子之事。忠臣高节,时有龙逢、比干、伍员、晁错之变,比类众多,不可尽记,则事曷可为邪?庸易知邪?虽然,察前世已然之效,可以观览,亦可以为戒。维诸高妙大材之人,重时遇咎,皆欲上与贤侔,而垂荣历载,安肯毁名废义,而为不轨恶行乎?若夫鲁连解齐、赵之金封、虞卿捐万户与国相,乃乐以成名肆志,岂复干求便辟趋利耶?览诸邪背叛之臣,皆小辨贪饕之人也,大材者莫有焉。由是观之,世间高士材能绝异者,其行亲任亦明矣,不主乃意疑之也,如不能听纳,施行其策,虽广知得,亦终无益也。

周亚夫严猛哮吼之用,可为国之大将军,动如雷震,住如岳立,攻如奔电,取如疾风,前轻后重,内实外虚。

切直忠正则汲黯之敢谏争也。

4. 言体①

凡人耳目所闻见，心意所知识，情性所好恶，利害所去就，亦皆同务焉。若材能有大小，智略有深浅，听明有闇照，质行有薄厚，亦则异度焉。非有大材深智，则不能见其大体。大体者，皆是当之事也。夫言是而计当，遭变而用权，常守正见事不惑，内有度量，不可倾移，而诳以谲异，为知大体矣。如无大材，则虽威权如王翁，察慧如公孙龙，敏给如东方朔，言灾异如京君明，及博见多闻，书至万篇，为儒教授数百千人，只益不知大体焉。维王翁之过绝世人有三焉：其智足以饰非夺是，辨能穷诘说士，威则震惧群下，又数阴中不快己者。故群臣莫能抗答其论，莫敢干犯匡谏，卒以致亡败，其不知大体之祸也。

夫帝王之大体者，则高帝是矣。高帝曰："张良、萧何、韩信，此三子者，皆人杰也，吾能用之，故得天下。"此其知大体之效也。

王翁始秉国政，自以通明贤圣，而谓群下才智莫能出其上。是故举措兴事，辄欲自信任，不肯与诸明习者通共，苟直意而发，得之而用，是以稀获其功效焉。故卒遇破亡，此不知大体者也。高帝怀大智略，能自揆度，群臣制事定法，常谓曰："庳而勿高也，度吾所能行为之。"宪度内疏，政合于时，故民臣乐悦，为世所思，此知大体者也。

王翁嘉慕前圣之治，而简薄汉家法令，故多所变更，欲事事效古，美先圣制度，而不知己不能行其事。释近趋远，所尚非务，故以高义退致废乱，此不知大体者也。高祖欲攻魏，乃使人窥视其国相，及诸将率左右用事者，知其主名，乃曰："此皆不如吾萧何、曹参、韩信、樊哙等，亦易与耳。"遂往击破之。此知大体者也。

王翁前欲北伐匈奴，及后东击青、徐众郡赤眉之徒，皆不择良将，而但以世姓及信谨文吏，或遣属子孙，素所爱好，咸无权智将帅之用，猥使据军持众，当赴强敌。是以军合则损，士众散走，咎在不择将，将与主俱不知大体者也。

夫言行在于美善，不在于众多。出一美言善行而天下从之，或见一恶意丑事，而万民违，可不慎乎？肃王游大陵，出于鹿门，大戊午叩马曰："耕

---

① 桓谭撰，朱谦之校辑：《新辑本桓谭新论》，中华书局 2009 年版，第 12—15 页。

事方急，一日不作，一日不食。"肃王下车谢，赐大戊午金百镒。郢王好细腰，而宫人饿。秦惠王剖贤人之腹，刑法大坏。故《易》曰："言行，君子之枢机。枢机之发，荣辱之主，所以动天地者也。"

王翁刑杀人，又复加毒害焉，至生烧人，以醢五毒灌死者肌肉，及埋之，复荐覆以荆棘。人既死，与土木等，虽重加创毒，亦何损益？成汤之省纳，无补于士民，士民向之者，嘉其有德惠也。齐宣之活牛，无益于贤人，贤人善之者，贵其有仁心也。文王葬枯骨，无益于众庶，众庶悦之者，其恩义动人也。王翁之残死人，无损于生人，生人恶之者，以残酷示之也。维此四事，忽微而显著，纤细而犹大，故二圣以兴，一君用称，王翁以亡，知大体与不知者远矣。

世俗咸曰："汉文帝躬俭约，修道德，以先天下，天下化之，故致充实殷富，泽加黎庶。谷至石数十钱，上下饶羡。"

更始帝到长安，其大臣辟除东宫之事，为下所非笑。但为小卫楼，半城而居之，以是知其将相非萧、曹之俦也。

举纲以纲，千目皆张；振裘持领，万毛自整。治大国者，亦当如此。

5. 见征[①]

圣王治国，崇礼让，显仁义，以尊贤爱民为务，是为卜筮维寡，祭祀用稀。王翁好卜筮，信时日，而笃于事鬼神，多作庙兆，洁齐祭祀，牺牲殽膳之费，吏卒辨治之苦，不可称道，为政不善，见叛天下。及难作兵起，无权策以自救解，乃驰之南郊告祷，抟心言冤，号兴流涕，叩头请命，幸天哀助之也。当兵入宫日，矢射交集，燔火大起，逃渐台下，尚抱其符命书，及所作威斗，可谓蔽惑至甚矣。

淳于髡至邻家，见其灶突之直而积薪在旁，曰："此且有火灾。"即教使更为曲突，而徙远其薪，灶家不听。后灾，火果及积薪而燔其屋，邻里并救击。及灭止，而亨羊具酒以劳谢救火者，曲突远薪，固不肯呼淳于髡饮饭，知者讥之云："教人曲突远薪，固无恩泽；焦头烂额，反为上客。"盖伤其贱本而贵末，岂夫独突薪可以除害哉？而人病国乱，亦皆如斯。是故良医医其未发，而明君绝其本谋。后世多损于杜塞未萌，而动于攻击已成，谋臣

① 桓谭撰，朱谦之校辑：《新辑本桓谭新论》，中华书局 2009 年版，第 15—18 页。

稀赏,而斗士常荣,犹彼人殆,失事之重轻。察淳于髡之预言,可以无不通,此见微之类也。

余前为典乐大夫,有鸟鸣于庭树上,而府中门下皆为忧惧。后余与典乐谢侯争斗,俱坐免去。

待诏景子春素善占,坐事系,其妇父朱君至狱门,通言遗襦袴。子春惊曰:"朱君来言与? 朱为诛,袴而襦,中绝者也。我当诛断也。"后遂腰斩。

博士弟子谭生居东寺,连三夜有噩梦,以问人。人教使晨起厕中祝之三旦,而人告以为咒咀,捕治,数日死。

余自长安归沛,道疾,蒙絮被绛罽襜褕,乘驿马,宿东亭。亭长疑是贼,发卒夜来。余令吏勿斗,乃相问而去,此安静自持也。

谶出河图洛书,但有兆朕而不可知,后人妄复加增依托,称是孔丘,误之甚也。

东方朔短辞薄语,以为信验,人皆谓朔大智,后贤莫之及。谭曰:"鄙人有以狐为狸,以瑟为箜篌,此非徒不知狐与瑟,又不知狸与箜篌。"乃非但言朔,亦不知后贤也。

6. 谴非①

王者初兴,皆先建根本,广立藩屏,以自树党而强固国基焉。是以周武王克殷,未下舆而封黄帝、尧、舜、夏、殷之后,及同姓亲属功臣德行,以为羽翼,佐助鸿业,永垂流于后嗣。百足之虫,共举一身,安得不济? 乃者强秦罢去诸侯,而独自恃任一身,子弟无所封,孤弱无与,是以为帝十四岁而亡。汉高祖始定天下,背亡秦之短计,导殷、周之长道,哀显功德,多封子弟,后虽多以骄佚败亡,然汉之基本得以定成,而异姓强臣,不能复倾。至景、武之世,见诸王数作乱,因抑夺其权势,而王但得虚尊,坐食租税,故汉朝遂弱,孤单特立,是以王翁不兴兵领土,而径取天下。又怀贪功独专之利,不肯封建子孙及同姓戚属,为藩辅之固,故兵起莫之救助也。传曰:"与死人同病者,不可为医;与亡国同政者,不可为谋。"王翁行甚类暴秦,故亦十五岁而亡。失猎射禽兽者,始欲中之,恐其创不大也;既已得之,又

---

① 桓谭撰,朱谦之校辑:《新辑本桓谭新论》,中华书局2009年版,第18—25页。

恶其伤肉多也。鄙人有得鮏酱而美之,及饭,恶与人共食,即小唾其中,共者怒,因涕其酱,遂弃而俱不得食焉。彼亡秦、王翁欲取天下时,乃乐与人分之;及已得而重爱不肯予,是惜肉唾鮏之类也。

昔齐桓公入谷,问父老曰:"此何谷?"答曰:"谓臣愚,名为愚公谷。"出见一故墟,道路皆蒿草,寥廓狼籍,而问之,或对曰:"郭氏之墟也。"复问:"郭氏曷为墟?"曰:"善善而恶恶焉。"桓公曰:"善善恶恶乃所以为存,而反为墟,何也?"曰:"善善而不能用,恶恶而不能去。彼善人知其贵己而不用,则怨之;恶人见其贱己而不好,则仇之。夫与善人为怨,恶人为仇,欲毋亡,得乎?"乃者王翁善天下贤智材能之士,皆征聚而不肯用,使人怀诽谤而怨之;更始帝恶诸王假号无义之人,而不能去,令各心恨而仇之。是以王翁见攻而身死,宫室烧尽;更始帝为诸王假号而出走,令城郭残。二王皆有善善恶恶之费,故不免于祸难大灾,卒使长安大都,坏败为墟,此大非之行也。北蛮之先,与中国并,历年兹多,不可记也。仁者不能以德来,强者不能以力并也。其性忿鸷,兽聚而鸟散,其强难屈而和难得。是以圣王羁縻而不专制也。昔周室衰微,夷狄交侵,中国不绝如线,于是宣王中兴,仅得复其侵地。

夫以秦始皇之强,带甲四十万,不敢窥河西,乃筑长城以分之。汉兴,高祖见围于平城,吕后时为不轨之言。文帝时匈奴大入,烽火候骑,至雍甘泉。景、武之间,兵出数困,卒不能禽制,即与之结和亲,然后边甬得安,中国以宁。其后匈奴内乱,分为五单于,甘延寿得其弊,以深德呼韩邪单于,故肯委质称臣,来入朝见汉家。汉家得以宣德广之隆,而威示四海,莫不率服,历世无寇。安危尚未可知,而猥复侵刻匈奴,往攻夺其玺绶,而贬损其大臣号位,变易旧常,分单于为十五,是以恨恚大怒,事相攻拒。王翁不自非悔,及遂持屈强无理,多拜将率,调发兵马,运徙粮食财物,以弹索天下,天下愁恨怨苦,因大扰乱,竟不能挫伤一胡虏,徒自穷极竭尽而已。《书》曰:"天孽可避,自作孽,不可活。"其斯之谓矣!夫高帝之见围,十日不食,及得免脱,遂无愠色,诚知其往攻非务,而怨之无益也。今匈奴负于王翁,王翁就往侵削扰之,故使事至于斯,岂所谓肉自生虫,而人自生祸者耶!其为不急,乃剧如此,自作之甚者也。

夫异变怪者,天下所常有,无世而不然,逢明主贤臣、智士仁人,则修德善政,省职慎行以应之,故咎殃消亡,而祸转为福焉。昔大戊遭桑穀生朝之怪，获中宗之号；武丁有雊雉升鼎之异，身享百年之寿；周成王遇雷风折木之变，而获反风岁熟之报；宋景公有荧惑守心之忧，星为徒三舍。由是观之，则莫善于以德义精诚报塞之矣。故《周书》曰："天子见怪则修德，诸侯见怪则修政，大夫见怪则修职，士庶见怪则修身，神不能伤道，妖不能害德。"及衰世薄俗，君臣多淫骄失政，士庶多邪心恶行，是以数有灾异变怪。又不能内自省视。畏天戒遏绝其端，其命在天也。而反外考谤议，求问厥故，惑于佞愚，而以自诖误，而令患祸得就，皆违天逆道者也。

或言："往者公卿重臣缺，而众人咸豫部署云：'甲乙当为之'后果然。彼何以处知，而又能与上同意乎？孔子谓子贡'亿则屡中'，令众人能与子贡等乎？"余应曰：世之在位人率同辈，相去不甚胶着，其修善少愈者，固上下所昔闻知也。夫明殊者视异，知均者虑侔，故群下之隐，常与上同度也。如昔汤、武之用伊、吕，高宗之取傅说，桓、穆之授管、宁、由、奚，岂众人所识知哉？彼群下虽好意措，亦焉能贞斯以可居大臣辅相者乎？国家设理官，制刑辟，所以定奸邪，又内量中丞御史，以正齐毂下。

故常用明习者，始于欲分正法，而终乎侵轻深刻，皆务酷虐过度。欲见未尽力而求获功赏，或著能立事，而恶劣弱之谤，是以役以箠楚，舞文成恶，及事成狱毕，虽使皋陶听之，犹不能闻也。至以言语小故，陷致人于族灭，事诚可悼痛焉。渐至乎朝廷，时有忿悁，闻恶弗原，故令天下相放俱成惑，讥有司之行深刻，云下尚执重，而令上得试恩泽，此言甚非也。夫贤吏正士，为上处事，持法宜如丹青矣。是故言之当必可行也，罪之当必可刑也，如何苟欲阿指乎？如遭上忽略不宿留，而听行其事，则当受强死也。哀帝时，待诏伍客以知皇好方道，数召，后坐帝事下狱，狱穷讯得其宿与人言："汉朝当生勇怒子如武帝者。"刻暴以为先帝为"怒子"，非所宜言，大不敬。夫言语之时，过差失误，乃不足被以刑诛，及诋欺事，可无于不至罪。《易》言："大人虎变，君子豹变。"即以是论谕人主，宁可谓曰："何为比我禽兽乎？"如称君之圣明与尧、舜同，或可怒曰："何故比我于死人乎？"世主既不通，而辅佐执事者，复随而听之，顺成之，不亦重为蒙蒙乎？

董贤女弟为昭仪，居椒风舍。后汉朱祐初学长安，帝往候之。祐不时相劳苦，而先升讲舍，后车驾幸其弟，帝因笑曰："主人得无舍我讲舍乎？"以有旧恩，数蒙赏爱。

九江太守庞真案县令高曾受社祭厘，有生牛肉二十斤，劾以主守盗，上请逮捕,诏厘非赃。天下缘是,诸府县社臘祠祭灶,不但进熟食,皆复多肉米酒脯腊,诸奇珍益盛,是故诸郡府至杀牛数十头。

余前作王翁掌教大夫,有男子毕康杀其母,有诏燔烧其子尸,暴其罪于天下。余谓此事不宜宣布,上封章云:"昔宣帝时,公卿大夫朝会廷中,丞相语次云:'闻枭生子,子长食其母,乃能飞,宁然邪?'时有贤者应曰:'但闻鸟子反哺其母耳。'丞相大惭,自悔其言之非也。人皆少丞相而多彼贤人,贤人之言有益于德化也。是故君子掩恶扬善,鸟兽尚与之讳,况于人乎?不宜发扬也。"

7. 正经[①]

《易》一曰《连山》,二曰《归藏》,三曰《周易》。《连山》八万言,《归藏》四千三百言。夏《易》烦而殷《易》简,《连山》藏于兰台,《归藏》藏于太卜。古文《尚书》旧有四十五卷,为十八篇。古帙《礼记》有五十六卷。古《论语》二十一卷,与齐、鲁文异音四百余字。古《孝经》一卷二十章,千八百七十二字,今异者四百余字。盖嘉论之林薮,文义之渊海也。

秦近君能说《尧典》,篇目两字之说,至十余万言,但说"曰若稽古"二三万言。

学者既多蔽暗,而师道有复缺然,此所以滋昏也。刘子政、子骏,子骏兄弟子伯玉,俱是通人,尤珍重《左氏》,教授子孙,下至妇女,无不读诵。《左氏传》遭战国寝藏。后百余年,鲁人穀梁赤作《春秋》,残略,多有遗文,又有齐人公羊高,缘经文作传,弥失本事矣。《左氏传》于经,犹衣之表里,相持而成。经而无传,使圣人闭门思之,十年不能知也。

吴之篡弑灭亡,衅由季札,札不思上放周公之摄位,而下慕曹臧之谦让,名已细矣。《春秋》之趣,岂谓尔乎?诸儒睹《春秋》之文,录政治之得失,以为圣人复起,当复作《春秋》也。自通士若太史公,亦以为然。余谓之否,何则?前圣后圣,未必相袭也。夫圣贤所陈,皆同取道德仁义,以为奇论异文,而俱善可观,犹人食皆用鱼肉菜茄,以为以为生熟异和而复俱美者也。

太史《三代世表》,旁行邪上,并效《周谱》。扬雄作《玄书》,以为玄者

---

① 桓谭撰,朱谦之校辑:《新辑本桓谭新论》,中华书局 2009 年版,第 38—41 页。

天也,道也,言圣贤制法作事,皆引天道以为本统,而因附续万类、王政、人事、法度。故宓羲氏谓之《易》,老子谓之道,孔子谓之元,而扬雄谓之玄。《玄经》三篇,以纪天地人之道,立三体,有上中下,如《禹贡》之陈三品。三三而九,因以九九八十一,故为八十一卦。以四为数,数从一至四,重累变易,竟八十一而遍,不可损益,以三十五蓍揲之。《玄经》五千余言,而《传》十二篇也。

王公子问:"扬子云何人耶?"答曰:"才智开通,能人圣道,卓绝于众,汉兴以来未有此人也。"国师子骏曰:"何以言之?"答曰:"通才著书以百数,惟太史公为广大,余皆丛残小论,不能比之,子云所造《法言》、《太玄经》也,《玄经》数百年外,其书必传,顾谭不及见也。世咸尊古卑今,贵所闻,贱所见。见扬子云禄位容貌不能动人,故轻易之。老子其心玄远,而与道合。若遇上好事,必以《太玄》次五经也。"

8. 识通[①]

汉高祖建立鸿基,侔功汤、武。使周相赵,不如取吕后家女为妃,令戚夫人善后事吕后,则如意无毙也。及身病,得良医弗用,专委妇人,归之天命,亦以误矣。此必通人而蔽者也。

汉太宗文帝有仁智通明之德,承汉初定,躬俭省约,以惠休百姓,救赡困乏,除肉刑、减律法、薄葬埋、损舆服,所谓达于养生送死之实者也。及始从代征时,谋议狐疑,能从宋昌之策,应声驰来即位,而偃武修文,施布大恩。欲息兵革,与匈奴和亲,总摄纪纲,故遂褒增隆为太宗也。而溺于俗议,斥逐材臣;又不胜私恩,使嬖妾慎夫人与皇后同席,以乱尊卑之伦,所以谓通而蔽也。

汉武帝材质高妙,有崇先广统之规,故即位而开发大志,考合古今,模范前圣故事,建正朔,定制度,招选后杰,奋扬威怒,武义四加,所征者服,兴起六艺,广进儒术,自开辟以来,惟汉家为最盛焉。故显为世宗,可谓卓尔绝世之主矣。然上多过差,既欲斥境广土,又乃贪利,争物之无益者。闻西夷大宛国有名马,即大发军兵,攻取历年,士众多死,但得数十疋耳。武帝有所爱幸姬王夫人,窈窕好容,质性嬟佞。又歌儿卫子夫,因幸爱重,

---

① 桓谭撰,朱谦之校辑:《新辑本桓谭新论》,中华书局 2009 年版,第 42—44 页。

乃阴求陈皇后过恶,而废退之,即立子夫,更其男为太子。后听邪臣之潜,卫后以忧死,太子出走灭亡,不知其处。信其巫盅,多征会邪僻,求不急之方,大起宫室,内竭府库,外罢天下,百姓之死亡,不可胜数,此所谓通而蔽者也。

扬子云在长安,素贫约,比岁已甚,亡其两男,哀痛不已,皆归葬于蜀,遂至困乏。子云达圣道,明于死生,宜不下季札,然而慕恋死子,不能以义割恩,自令多费。为中散大夫,病卒,贫无以办丧事,以贫困故葬长安,妻子弃其坟墓,西归于蜀,此罪在轻财,通人之蔽也。

张竦知有贼当去,会反支日不去,因为贼所杀,桓谭曰:"为通人之蔽也。"

9. 离事[①]

人抱天地之体,怀纯粹之精,有生之最灵者也。是以貌动于木,言信于金,视明于火,听聪于水,思睿于土。五行之用,动静还与神通。貌恭则肃,肃时雨若;言从则乂,乂时旸若;视明则哲,哲时燠若;听聪则谋,谋时寒若;心严则圣,圣时风若。金木水火皆载于土,雨旸燠寒皆发于风,貌言视听皆生于心。五声各从其方,春角,夏徵,秋商,东羽,宫居中央而兼四季,以五音须宫而成,可以殿上五色锦屏风谕而示之。望视则青赤白黄黑,各各异类,就视则皆以其色为地,五色文饰之。欲其为四时五行之乐,亦当各以其声为地,而用四声文饰之,犹彼五色屏风矣。

五福:寿、富、贵、安乐、子孙众多。

齐桓公行见麦邱人,问其年几何?曰:"八十三矣。"公曰:"以子之寿祝寡人乎?"答曰:"使主君甚寿,金玉是贱,以人为贵。"

五藏。

二仪之大,可以章程测也;三网之动,可以圭表测也。

余为郎,典漏刻,燥湿寒温辄异度,故有昏明书夜。书日参以晷景,夜分参以星宿,则得其正。

通历数家算法推考其纪,从上古天元已来,讫十一月甲子夜半朔冬至,日月若连璧。

① 桓谭撰,朱谦之校辑:《新辑本桓谭新论》,中华书局 2009 年版,第 44—51 页。

王者造明堂辟雍,所以承天行化也。

天称明故命曰明堂,为四面堂,各从其色,以做四方。上圆法天,下方法地,八窗法八风,四达法四时,九室法九州,十二坐法十二月,三十六户法三十六雨,七十二牖法七十二风。

王者作圆池,如璧形,实水其中,以环壅之,名曰辟雍。言其上承天地,以班教令,流转王道,周而复始。

商人谓路寝为重屋,商于虞、夏稍文,加以重檐四阿,故取名。

言太山之上有刻石,凡千八百余处,而可识知者,七十有二。

四渎之源,河最高而长,从高注下,水流激峻,故其流急。

夏禹之时,鸿水浮溢。

王平仲云:"《周谱》言:'定王五年,河徙故道,今所行处,非禹所穿。'"

大司马张仲议曰:"河水浊,一石水,六斗泥,而民竞决河溉田,令河道不通利。至三月桃花水至,则决,以其噎不泄也,可禁民勿复引河。"

魏三月上祀,农官读《法》,《法》曰:"耒无十其羽,锄无泥其涂。春田如布平以直;夏田如弩;秋田惕惕,如寇来不可测;冬田吴、越视。上上之田收下下,女则有罚;下下之田收上上,女则有赏。"

汉宣以来,百姓赋敛一岁为四十余万万,吏俸用其半,余二十万万藏于都内为禁钱。少府所领园地作务之八十三万,以给宫室供养诸赏赐。

王莽时置西海郡,令其吏皆百石亲事(一曰为四百石),二岁而迁补。

余年十七,为奉军郎中,卫殿中小苑西门。

谭谓扬子曰:"君之谓黄门郎,居殿中,数见舆辇、王瑶、华芝及凤凰、三盖之属,皆玄黄五色,饰以金玉翠羽珠络锦绣茵席者也。"

王莽起九庙,以铜为柱薨,带金银错镂其上。

楚之郢都,车毂击,民肩摩,市路相排突,号为朝衣鲜而暮衣弊也。

宋康王为无头之寇以示勇。

呈衣冠于裸川。

宓牺之制杵臼,万民以济,及后人加功,因延力借身重以践碓,而利十倍杵舂。又复设机关,用驴赢牛马及役水而舂,其利乃且百倍。

孔子问屠牛坦曰:"屠牛有道乎?"曰:"刺必中解,割必中理,盘筋所引,终葵而椎。"

庄王为车,锐上斗下,号曰"楚车"。

虽不见古路车,亦数闻师之说,但素舆而蒲茵也。

排斥曰"批抵",斥无益客曰"罢遣常客",负责喧曰"偃曝"。

扶风邠亭,本太王所居,有夜市,古词铁马牙旗穿夜市。

10. 辨惑[①]

天下神人五:一曰神仙,二曰隐沦,三曰使鬼物,四曰先知,五曰铸凝。

昔楚灵王骄逸轻下,简贤务鬼,信巫祝之道,斋戒洁鲜,以祀上帝,礼群神。躬执羽绂,起舞坛前,吴人来攻,其国人告急,而灵王鼓舞自若,顾应之曰:"寡人方祭上帝,乐明神,当蒙福祐焉。"不敢赴救,而吴兵遂至,俘获其太子及后姬以下,甚可伤。

汉武帝所幸李夫人死,帝痛惜之,方士李少君言能致其神魂。乃夜设烛张幄,置夫人神影,令帝居于他帐中,遥望见好女,似夫人之状,还帐坐。

余尝与郎冷喜出,见一老翁粪上拾食,头面垢丑,不可忍视。喜曰:"安知此非神仙?"余曰:"道必形体,如此无以道焉。"

哀帝时有老才人范兰,言年三百岁,初与人相见,则喜而相应和;再三,则骂而逐人。

薛翁者,长安善相马者也。于边郡求得骏马,恶貌而正走名骥子。骑以入市,去来人不见也。后劳问之,因请观焉。翁曰:"诸卿无目,不足示也。"

昔二人评玉,一人曰好,一人曰丑,久不能辩。客曰:"尔朱入吾目中,则好丑分矣。"夫玉有定形,而察之不同,非好相反,瞳睛殊也。

扶风漆县之邠亭部,言本大王所处。其民有会日,以相与夜中市;如不为,则有重灾咎。太原郡民以隆冬不火食五日,虽有疾病缓急犹不敢触犯,为介子推故也。王者宜应改易。

吕仲子婢死,有女年四岁,数来为沐头浣濯。道士云:"其家青狗为之,杀之则之。"杨仲文亦言:所知家妪死,忽起饮食,醉后而坐祭床上,如是三四,家益厌苦。其后醉行坏垣,得老狗,便打杀之,推问乃里头沽家狗。

武帝出玺印石。财有兆朕,子侯则没印。帝畏恶,故杀之。

[①]　桓谭撰,朱谦之校辑:《新辑本桓谭新论》,中华书局 2009 年版,第 53—58 页。

天下有鹳鸟,郡国皆食之,而三辅俗独不敢取,取或雷电霹雳起。原夫天不独左彼而右此,杀鸟适与雷遇耳。

刘歆致雨具,作土龙、吹律及诸方术无不备设。谭问:"求雨所以为土龙,何也?"曰:"龙见者辄有风雨兴起,以迎送之,故缘其象类而为之。"

难以顿牟磁石,不能真是,何能掇针取芥,子骏穷无以应。

淮南王之子娉迎道人作金银,云:"鈆字金与公,鈆则金之公,而银者,金之昆弟也。"

汉黄门郎程伟,好黄白术,娶妻得知方家女。伟常从驾出,而无时衣,甚忧。妻曰:"请致两端缣。"缣即无故而至前。伟按《枕中鸿宝》作金,不成,妻乃往视伟,伟方扇炭烧筒,筒中有水银。妻曰:"吾欲试相视一事。"乃出其囊中药,少少投之。食顷发之,已成银。伟大惊曰:"道近在汝处,而不早告我,何也?"妻曰:"得之须有命者。"于是伟日夜说诱之,卖田宅以供美食衣服,犹不肯告伟。伟乃与伴谋挝笞伏之,妻辄知之,告伟言:"道必当传其人。得其人,道路相遇辄教之;如非其人,口是而心非者,虽寸断支解,而道犹不出也。"伟逼之不止,妻乃发狂,裸而走,以泥自涂,遂卒。

史子心见署为丞相史官,架屋发吏卒,及官奴婢以给之,作金不成,丞相自以力不足,又白传太后,太后不复利于金也,闻金成可以作延年药,又甘心焉。乃除之为郎,舍之北宫中,使者待遇。宁有作此神方,可于宫中而令凡人杂错共为之者哉?

纬书学案

　　纬是对经而言的,经为织布的纵线,纬为织布的横线,是对经书的解释。西汉中期以后,一些人为了抒写新见,附会于经书,成为经学支流,衍及旁义。汉代儒家经典《易》《诗》《书》《礼》《春秋》《乐》早已确定,难以作伪,只能另编新书,称为纬书,表示与经是相配合的,假托孔子补充之作,便于流行。"七经纬"包括《易纬》《诗纬》《春秋纬》《乐纬》《礼纬》《尚书纬》《孝经纬》,其晚于《河》《洛》,产生于西汉五经被确立为官学之后,是以经学附庸面貌出现的文献形式,在形成全部文献体系之后,各自仍在不断地增益,呈现出不稳定的状态。西汉哀、平以后到东汉前期,编纬书成为一种时髦,图谶附会于经书,纬书也附会于经书,图谶与纬书合流,成为一种思潮,后代合称"谶纬"。谶纬内容庞杂,主要是天官星历、灾异感应、谶语符命,也有对经学的发展和解释,以及天文地理、风土人情、自然知识、文字训诂,旁及驱鬼镇邪、神仙方术及神话幻想,无奇不有。

　　谶纬书的出现,大约负有三种使命。其一,是把西汉二百年中的术数思想作一次总整理,使得它系统化。其二,是发挥王莽、刘歆们所倡导的新古史和新祀典的学说,使得它益发有证有据。其三,是把所有的学问、所有的神话都归纳到"六经"的旗帜之下。谶纬的思想理念,体现在天道(宇宙观)、圣统(历史观)、道德(伦理观)、经典(文化观)和祭祀(宗教观)诸方面,生动地反映了汉人大规模的文化建构工作。除了儒家思想外,其构建调动了大量的先秦思想资源,除了明显的阴阳五行学说和经学思想(儒生与方士的混合)之外,其中的黄老道家、神仙道教、墨家思想也很丰富,体现了先秦诸子思想在汉代的生存形态。谶纬的构建趋向也使之成为一种极端的思想形式,其极端性既突显了汉代思想博大吞吐的气势,又揭示了汉代思想拼凑芜杂的缺陷;既表现了汉人的自信与智慧,又展示了汉人的迷信与稚拙;既是色彩绚丽的时代画卷,又是黯然消退的过眼云烟。总之,很难仅仅用国家神话、政治预言、神学经学等定义来牢笼谶纬文献的内容,确切地说,谶纬文献是一场文化运动的产物。①

一、易纬乾凿度(卷上)②

孔子曰:易者,易也,变易也,不易也,管三成为道德苞籥。

管,统也。德者,得也。道者,理也。籥者,要也。言易道统此三事,故能成天下之道德,故云包道之要籥也。

易者,以言其德也,通情无门,藏神无内也。

俲易无为,故天下之性,莫不自得也。

光明四通,俲易立节。

俲易者,寂然无为之谓也。

天地烂明,日月星辰布设,八卦错序,律历调列,五纬顺轨。

五纬,五星也。

四时和,粟孳结。

孳,育也。结,成也。

四渎通情,优游信洁。

水有信而清洁。

根著浮流,根著者,草木也,浮流者,人兼鸟兽也。

气更相实。

此皆言易道无为,故天地万物,各得以自通也。

虚无感动,清净炤哲。

炤,明也。夫惟虚无也,故能感天下之动。惟清净也,故能炤天下之明。

移物致耀,至诚专密。

移,动也。天确尔至诚,故物得以自动。寂然皆专密,故物得以自专也。

---

① 详见:顾颉刚:《秦汉的方士与儒生》,上海古籍出版社 2005 年版。金春峰:《汉代思想史》,中国社会科学出版社 2006 年版。周桂钿:《秦汉思想史》,河北人民出版社 2000 年版。徐兴无:《谶纬文献与汉代文化构建》,中华书局 2003 年版。

② 中村璋八、安居香山辑:《纬书集成》,河北人民出版社 1994 年版,第 3—10 页。

不烦不挠，淡泊不失，此其易也。

未始有得，夫何失哉。

变易也者，其气也。天地不变，不能通气。

否卦是也。

五行迭终，四时更废。

天道如之，而况于人乎。

君臣取象，变节相和，能消者息。

文王是也。

必专者败。

殷纣是也。

君臣不变，不能成朝。纣行酷虐，天地反。

不能变节以下贤也。

文王下吕，九尾见。

文王师吕尚，遂致九尾狐瑞也。

夫妇不变，不能成家。妲己擅宠，殷以之破。

不变节以逮众妾也。

大任顺季，享国七百。此其变易也。不易也者，其位也：天在上，地在下；君南面，臣北面；父坐子伏，此其不易也。故易者，天地之道也，乾坤之德，万物之宝。至哉易，一元以为元纪。

天地之元，万物所纪。

孔子曰：方上古之时，人民无别，群物无殊，未有衣食器用之利。

天地怃淳，人物恬粹，同于自得，故不相殊别。人虽有此而用之，故行而无迹，事而勿传也。

于是，伏羲乃仰观象于天，俯观法于地，中观万物之宜，始作八卦，以通神明之德，以类万物之情。

伏羲之时，物渐流动，是以因别八卦，以镇其动也。

故易者，所以经天地，理人伦，而明王道。

王道，继天地而已。

是故八卦以建，五气以立，五常以之行。

天地气合，而化生五物。

象法乾坤，顺阴阳，以正君臣父子夫妇之义。

天地阴阳，尚有尊卑先后之序，而况人道乎。

度时制宜，作网罟，以畋以渔，以赡人用。

时有不赡，因制器以宜之。

于是人民乃治，君亲以尊，臣子以顺，群生和洽，各安其性，八卦之用。

安，犹不失也。顺其度而道之，因其宜而制之，则天下之志通，万类之情得也。

伏羲氏之王天下也，始作八卦，结绳而为网罟，以畋以渔，盖取诸离。质者无文，以天言，此易之意。

夫何为哉？亦顺其自通而已耳。当此之时，天气尚淳，物情犹朴，是故伏羲圣亦因以质法化人，故曰以王天下也。

夫八卦之变，象感在人。

人情变动，因设变动之爻以效之，亦大德之谓也。

文王因性情之宜，为之节文。

九六之辞是也。

孔子曰：易始于太极。

气象未分之时，天地之所始也。

太极分而为二，七九，八六。

故生天地，轻清者上为天，重浊者下为地。

天地有春秋冬夏之节，故生四时。四时各有阴阳刚柔之分，故生八卦。八卦成列，天地之道立，雷风水火山泽之象定矣。其布散用事也，震生物于东方，位在二月。巽散之于东南，位在四月。离长之于南方，位在五月。坤养之于西南方，位在六月。兑收之于西方，位在八月。乾制之于西北方，位在十月。坎藏之于北方，位在十一月。艮终始之于东北方，位在十二月。八卦之气终，则四正四维之分明，生长收藏之道备；阴阳之体定，神明之德通，而万物各以其类成矣。

万物，是八卦之象，定其位，则不迁其性，不淫其德矣，故各得自成者也。

皆易之所包也，至矣哉易之德也。孔子曰：岁三百六十日，而天气周，八卦用事，各四十五日，方备岁焉。

其中犹自有斗分，此重举大数而已。

故艮渐正月，巽渐三月，坤渐七月，乾渐九月，而各以卦之所言为月也。

乾御戌亥,在于十月,而渐九月也。

乾者,天也,终而为万物始,北方万物所始也,故乾位在于十月。艮者,止物者也,故在四时之终,位在十二月。巽者,阴始顺阳者也,阳始壮于东南方,故位在四月。坤者,地之道也,形正六月。四维正纪,经纬仲序,度毕矣。

四维,正四时之纪,则坎、离为经,震、兑为纬,此四正之卦,为四仲之次序也。

孔子曰:乾坤,阴阳之主也。阳始于亥,形于丑,乾位在西北,阳祖微据始也。

阳气始于亥,生于子,形于丑,故乾位在西北也。

阴始于巳,形于未,据正立位,故坤位在西南,阴之正也。

阴气始于巳,生于午,形于未,阴道卑顺,不敢据始以敌,故立于正形之位。

君道倡始,臣道终正,是以乾位在亥,坤位在未,所以明阴阳之职,定君臣之位也。

孔子曰:八卦之序成立,则五气变形。故人生而应八卦之体,得五气,以为五常,仁、义、礼、智、信是也。夫万物始出于震,震,东方之卦也,阳气始生,受形之道也,故东方为仁。成于离,离,南方之卦也,阳得正于上,阴得正于下,尊卑之象定,礼之序也,故南方为礼。入于兑,兑,西方之卦也,阴用事,而万物得其宜,义之理也,故西方为义。渐于坎,坎,北方之卦也,阴气形,盛阴阳气含闭,信之类也,故北方为信。夫四方之义,皆统于中央,故乾、坤、艮、巽,位在四维,中央所以绳四方行也,智之决也,故中央为智。故道兴于仁,立于礼,理于义,定于信,成于智。五者道德之分,天人之际也。圣人所以通天意,理人伦,而明至道也。昔者圣人因阴阳,定消息,立乾坤,以统天地也。夫有形生于无形,乾坤安从生。

二、尚书中候^①

天地开闭,甲子冬至,日月若悬璧,五星若编珠。贯,联络也。

皇道帝德,为内外优劣,散则通也。

伏羲氏有天下,龙马负图出于河,遂法之书八卦。又龟书,洛出之也。

帝轩提像,配永循机,天地休通,五行期化。河龙图出,洛龟书威,赤文像字,以授轩辕。

尧火德,故赤龙应焉。

尧时,龙马衔甲,赤文绿色,临坛上。甲似龟背,广袤九尺,圆理平上,五色文,有列星之分,斗正之度,帝王录纪,兴亡之数。

仲月辛日,味明礼备,至于稷,荣光出河,休气四塞,白云起,因风摇,帝立坛,馨西问。

尧时甘露降。

帝尧即政七十载,景星出翼。

尧率群臣,东沈璧于洛,退候至于下稷。赤光起,玄龟负书出,赤文成字。

尧励德匪懈,万民和欣,则龙马见,其身赤色,龟背袤广九尺,五色,颏下有红,赤文似字。

醴,甘也,取名醴酒。

文命盛德,俊义在官,醴泉出山。

文命咸德,俊义在官,则朱草在郊。

文命得成,俊义在官,则朱草生郊。

稷为大司马,舜为太尉。

建黄授正改朔。

帝舜云:朕惟不义,百兽凤晨。

舜沈璧于河,荣光休至,黄龙负卷舒图,出入坛畔。

尧使禹治水,禹辞,天地重功,帝钦择人。帝曰:出尔命图乃天。禹临河观,有白面长人鱼身,出曰:吾河精也。表曰:文命治淫水,臣河图去

---

① 中村璋八、安居香山辑:《纬书集成》,河北人民出版社 1994 年版,第 399—420 页。

入渊。

伯禹在庶,四岳师,举焉之帝尧。握括命不试,爵授司空。伯禹稽首,让于益、归。帝曰:何斯若真,出尔命图,示乃天。

禹治水,天赐玄珪,告厥成功也。

禹观于蜀河,而授缘字。

皋陶于洛见黑书。

夏桀无道,枉矢射。

桀为无道,地吐黄雾。

夏桀无道,天雨血。

夏桀无道,杀关龙逢,灭黄图,坏乱纪纲,残贼天下,贤人逃,日伤。

夏桀无道,山亡土崩。

山崩水溃,纳小人。

玄鸟翔水遗卵,娀简易拾吞,生契,封商,后萌水易。

桀后十三世生主癸,主癸之妃曰扶都,见白气贯月,意感,以乙日生汤,号天乙。

天乙在亳,东观乎雒,黄鱼双跃,出跻于坛,化为黑玉。

天乙在薄,夏桀迷惑,诸邻国襁负归汤。

天乙在亳,诸邻国襁负归德。东观于洛,习礼尧坛,降三分沈璧,退立,荣光不起,黄鱼双跃,出济于坛。黑鸟以雄,随鱼亦止,化为黑玉,赤勒曰:玄精天乙,受神福,伐桀克,三年天下悉合。

汤沈璧于河,黑龟出,赤文题。

汤牵白狼,握禹录。

汤沈璧于洛水,黄鱼双跃,出济于坛。元鸟随鱼出示生,化为玄玉,赤勒:玄精天乙,受神命代,天下服。

十日门,纣焚。

纣末年雨石,皆大如瓮。

残贼天下。

王即田鸡水畔,至磻溪之水,吕尚钓于厓。王下拜曰:切望公七年,乃今见光景于斯。尚立变名答曰:望钓得玉璜,刻曰:姬受命,吕佐旌,德合昌,来提撰,尔雒钤,报在齐。

周文王作丰,一朝扶老至者八十万户,草居陋然,歌即曰:凤皇下丰也。

周文王为西伯,季秋之月甲子,赤雀衔丹书入丰鄘,止于昌户。乃拜稽首受,取曰:姬昌苍帝子,亡殷者纣也。

存赏白首。

太公钓于磻溪,夜梦北斗神,告以伐纣之意。

文王废伯邑考,立发为太子。王曰:修我度,遵德纪。后恒称太子发。

废考立发,为太子。

我终之后,恒称太子。

太子发以纣存三仁附,即位不称王,渡于孟津中流,受文王,待天谋。白鱼跃入王舟,王俯取,鱼长三尺,赤文有字,题目下名授右。有火自天出于王屋,流为赤鸟,五至以谷俱来。

维王既诛崇侯虎,诸侯贡,万民咸喜。

予称太子发,明慎父,以名卒考。

发行诛纣,旦弘道也,是七百年之基验也。

文武成德,俊乂在宫,朱草生郊。

周公泥璧,玄龟青纯。

尚受命,发行诛,旦弘道。

成王观于河,沈璧,礼毕且退,至于日旰,荣光幕河,青云浮洛,赤龙临坛,衔元甲之图。

周成王举尧舜礼,沈璧河,白云起,而青云浮至,乃有苍龙负图临河也。

嘉禾茎长五尺,三十五穗。

周公摄政七年,制礼作乐。成王观于洛,沈璧。礼毕王退,有玄龟,青纯苍光,背甲刻书,上跻于坛,赤文成字,周公写之。

周公归政于成王,太平制礼,鸾鸟见。

帝王将兴,比目鱼出。

昔古圣王,功成道治,符出,乃封泰山。今比目之鱼不至,凤皇不臻,麒麟遁,未可以封。

鱼者水精,随流出入,得申朕意。

麒似大麇一角,麟似马而无角,赤目。

天能有变,厥灾为土,论山崩谷满川枯。

中能垂公辅谋。

黄河千年一清,圣人千年出世。

三、春秋纬(节选)^①

始于春,终于秋,故曰春秋。

天皇、地皇、人皇,兄弟九人,分为九州,长天下也。

天皇被迹在桂州昆仑山下。

皇象元,逍遥术,无文字,德明谧。

伏羲作八卦,丘合而演其文,渍而出其神,作春秋,以改乱制。

黄帝坐于扈阁,凤皇衔书致帝前,其中得五始之文。

帝伐蚩尤,乃睡梦西王母遣道人披玄狐之裘,以符授之。

黄帝出游洛水之上,见大鱼,杀五牲以醮之,天乃大雨。

黄帝受图,立五始,以为元者气之始,春者四时之始,王者受命之始,正月者政教之始,公即位者一国之始。

炎帝号大庭氏,下为地皇,作耒耜,播百谷,曰神农也。

青阳即是少皞,黄帝之子,代黄帝而有天下,号曰金天氏。

汤遭大旱,以六事谢过,其一云:女谒行与,祷谒请也,夫人有宠而用亲戚,而使其言得行。

玉泽马者,师旷时来。

武王以万人服天下,民乐之,故名之云尔。

自是以后,六十年之中,弑君十四,亡国三十二。

孔子作春秋一万八千字,九月而书成,以授游、夏之徒,游、夏之徒不能改一字。

孔子坐元扈洛水之上,赤雀衔丹书随至。

孔子曰:书之重,辞之复,呜呼不可不察,其中必有美者焉。

丘揽史记,援引古图,推集天变,为汉帝制法,陈叙图录。

人君亢阳致旱,沈溺致水。

礼:天子千雉,公、侯方百雉,伯七十雉,子、男五十雉。天子周城,诸

---

① 中村璋八、安居香山辑:《纬书集成》,河北人民出版社 1994 年版,第 901－907 页。

侯轩城。

孔子曰:陪臣执国命,采长数判者,坐邑有城池之固,家有甲兵之藏故也。季氏说其言而随之。

春秋设三科九旨。

春秋书有七缺、八缺之义。

孔子亲仕之定、哀,故以定、哀为己时。定、哀既当于己明知,昭公为父时事知。昭、定、哀为所见,文、宣、成、襄为所闻,隐、桓、庄、闵、僖为所传闻者。

子曰:我欲载之空言,不如见之于行事之深切著明也。

礼经三百四也。

质家右宗庙,上亲亲;文家右社稷,尚尊尊。

礼:祭天子九鼎,诸侯七,卿大夫五,元士三。

三年一祫,五年一禘。

礼:天子特禘、特祫。

禘所以异于祫者,功臣皆祭也。

昭、定、哀为所见,文、宣、成、襄为所闻,隐、桓、庄、闵、僖为所传闻。

恒星不见,周人荣奢改葬桓王冢,死尸复扰,终不觉。

白藏天子,青藏诸侯。

三牢者各主一月,取三月一时,足以充其天牲。

冠者七八人,童子八九人。

赤受制,苍失权,周灭火起,薪采得麟。

黄龙五采负图、黄玉匣、黄金绳缕、黄芝泥封。

龙图、赤玉匣封泥、如黄珠。

麟生于火,游于中土,轩辕大角之兽。

麟出周亡,故立春秋,制素王,授当兴也。

哀十四年春,西狩获麟,作《春秋》,九月书成。

经十有四年春,西狩获麟,赤受命,仓失权,周灭火起,薪采得麟。

日在悬舆,一日之暮。人生七千,亦一世之暮,而致其政事于君,故曰悬舆致仕。

选老大夫为传,选大夫妻为母。

不言姓名,为虚主。

礼有不吊者三：兵死、厌死、溺死。

万者，武王以万人服天下，民乐之，故名之云尔。

季氏负锤谢过，欲纳昭公。昭公创恶季氏，不敢入。

丘水精，治法为赤制功。

黑龙生为赤，必告云象，使知命。

子胥因吴之众，堕平王之墓，平王之尸，血流至踝，烧其宗庙。

陈氏篡齐三年，千人合葬，故螽虫冬踊。

齐、晋前驱，鲁、卫骖乘，滕、薛侠毂而趋。

褒义父善趣圣。

桓三年秋七月壬辰朔，日有食之，既，其后楚僭号称王，灭穀邓，政教陵迟。

僖公本聘楚女为嫡，齐女为媵。

梁君隆刑峻法，一家犯罪，四家坐之，一国之中，无不被刑者。百姓一旦相率俱去，状若鱼烂从内发。故云尔者。其自亡者，明百姓得去之君当绝者。

晋文公年老，恐霸功不成，故上白天子曰：诸侯不可卒致，愿王居践土，下谓诸侯曰，天子在是，不可不朝，迫使正君臣，明王法。虽非正，起时可兴，故书朝因正其义。不书诸侯朝者，外小恶不书，独录内也。

言复归者，天子有命归之。

自是之后，六十年之中，弑君十四，亡国三十二。

四、礼纬①

若尚色，天命以赤尚赤，以白尚白，以黑尚黑。

正朔三而改，文质再而复。三微者三正之始，万物皆微，物色不同，故王者取法焉。十一月，时阳气始施于黄泉之下，色皆赤。赤者阳气，故周为天正，色尚赤。十二月，万物始牙而色白，白者阴气，故殷为地正，色尚白。十三月，万物孚甲而出，其色皆黑，人得加功展业，故夏为人正，色尚黑。

---

① 中村璋八、安居香山辑：《纬书集成》，河北人民出版社1994年版，第530—534页。

武王赤鸟穀芒应,周尚赤。用兵王命曰为牟。天意若曰,须暇纣五年,乃可诛之。武王即位,此时已三年矣。穀,盖牟麦也。《诗》曰:"贻我来牟。"

禹耳三漏,是谓大通,兴利除害,决河疏江。皋陶鸟喙,是为至诚,决狱明白,察于人情。汤臂三肘,是为柳翼,攘去不义,万民蕃息。文王四乳,是谓至仁,天下所归,百姓所亲。武王望羊,是为摄扬。盱日陈兵,天下富昌。周公背偻,是为强俊,成就周道,辅于幼主。孔子反宇,是谓尼甫,立德泽,所舆藏元通流。

禹母修己,吞薏苡而生禹,因姓姒氏。而契姓子氏者,亦以其母吞鳦子而生。

文王得白马、朱鬣、大贝、玄龟。

白马朱鬣,瑞于文王。

风,萌也,养物成功,所以八风象八卦也。

唐、虞五庙,殷六庙,周七庙。

天子五庙,二昭二穆,舆始祖而五。

夏无太祖,宗禹而已,则五庙。殷人祖契而宗汤,则六庙。周祖后稷,宗文王、武王,则七庙。自夏及周,少不灭五,多不过七。

殷之五年,殷祭亦名禘也。

诸侯之士,三庙。

诸侯执珪。

太子纯玉,尺二寸。公、侯九寸,四玉一石。伯、子、男三玉二石。

天子辟雍,所以崇有德,襄有行。

天子外屏,诸侯内屏,大夫帷,上帘。

天子外阙两观,诸侯内阙一观。

六十以七,笾豆有加。

有正经三百五也,动义二千四。

天子有灵台,以候天地。诸侯有时气,以候四时。

汉星明,天子寿昌,万民无疾疫灾殃。

天子动容,周旋中礼,则日月五星,不敢纵横。

天子正君帽,则北辰列齐。

祭者,所以追养继孝也。

秬鬯之草。

鬯草生庭。

刑法格藏,世作颂声,封于太山,考续柴燎,禅于梁甫,克石纪号,英炳巍巍,功平世教。

黄帝以德行,蚩尤与黄帝战。

祖以元鸟生子也。

垂疏目,纩塞耳,上者示不听馋、不视非也。

天地之牛角兰栗,宗庙之牛角握,六宗、五岳、四渎角尺。

角星正位指南北,其微小而经五日,其国不出二日,贼臣入堺,诛流血。

钩钤明晖,经六十日已上,其分野昆弟有亲之恩,则钩钤不离房,法令宽。

月宿天厩中央,大将军归来,期六十日。

三台为天阶,太一蹑以上,一曰泰阶,一名天柱。

辟雍礼修和服,则星明顺之也。

王者有德,则祥风扬箕。

大子全卿士,旗旒中礼,制度有科,则参旗弓行,正齐均明。

王者制礼作乐,得天心,则景星见。

芸蒿曰叶似蒿,香美可食也。

白虎通学案

　　白虎观会议通过"讲义五经异同"的方式,最后由章帝"亲称制临决",是汉代士大夫与帝王在合作过程中而达成的政治盟约与文化共识。《白虎通》是治世者通过统一经义的方式来统一思想,是皇权透过控制经学解释权的方式达到意识形态控制的目的,由此企求《白虎通》整合的价值观成为全民的价值观,《白虎通》的规范成为帝国的规范。皇权整理、认可的经学遂成为帝国意识形态的核心,扮演为体制服务的工作。

　　东汉建立后,中央集权的专制统治不断加强,其主要办法是:1.削弱三公权力,扩大中朝尚书台的权力;2.加强御史台、司隶校尉、刺史三套监察系统;3.军权进一步集中于中央;4.加强对诸侯王及皇室贵族的控制,防范外戚专权。另外,由于东汉政权的建立,颇依赖士族大姓、豪强地主的合作,建立以后,对这批新贵多所怀柔,减轻他们的赋税负担,培养他们的文化教育,提供给他们以政治舞台,于是他们与宗室、外戚(其间身份有重叠)逐渐形成了更强大的世家豪族或士族大姓,显示士族大姓力量的庄园制度就在这个时期逐步形成。而在士族大姓内部,父权的加强是必然的,因为它必须利用宗法血缘关系,建立财产与权力的统属关系,巩固族长权威,扩充士族大姓本身的势力。

　　君权与父权的强化是东汉初年的政治、社会趋势,因此如何论证君权与父权的尊贵,成为作为统治思想的儒学必须面对的问题。然而,由于士族大姓本身的自足力量,使部分的士族对朝廷产生了离心的倾向,甚至拒绝接受政府职务,君权与父权之间的紧张关系是存在的,这也是作为统治思想的儒学必须面对的问题。面对东汉帝国需要加强君权,又要加强父权,但君权与父权既互相提携又具有紧张关系的政治形势,光武帝提出"吾理天下,亦欲以柔道行之"的政治指导原则。"柔道"在此有两层解释,一是在增强君权的原则下,面对父权或士族大姓地位的巩固,经常采取怀柔的态度;二是在专制集权的原则下,在统治上也实行了很多暴力以外的措施,以便恢复生产、稳定社会秩序、缓和内部矛盾。"柔道"也成为东汉初年政治的另一个重要面相。《白虎通》无可避免地要面对东汉帝国中央集权政策所要求的加强君权与加强父权的问题,以及二者之间的矛盾与妥协问题;甚至是朝廷与平民大众之间,除了使用镇压性的力量外,如何进行意识形态说服(柔道)的问题。①

此外,《白虎通》满足了儒学内部整合的需要,提出了有力的论点,成为统治秩序的总纲领,并且对谶纬思想中的颠覆性成分进行了删除,扮演了帝国意识形态的裁判官。如果说,董仲舒《春秋繁露》是汉代士大夫为了与帝王建立合作关系而提出的文化思考与政治建议,那么,《白虎通》则是士大夫与帝王在合作过程中成型的文化共识与政治盟约。②

一、白虎通(节选)③

1. 号④

帝王者何?号也。号者,功之表也。所以表功明德,号令臣下者也。德合天地者称帝,仁义合者称王,别优劣也。《礼记·谥法》曰:"德象天地称帝,仁义所生称王。"帝者天号,王者五行之称也。皇者,何谓也?亦号也。皇,君也,美也,大也。天人之总,美大之称也。时质,故总称之也。号言为帝何?帝者,谛也。象可承也。王者,往也。天下所归往。《钩命决》曰:"三皇步,五帝趋。三王驰,五伯骛。"号之为皇者,煌煌人莫违也。烦一夫,扰一士,以劳天下,不为皇也。不扰匹夫匹妇,故为皇。故黄金弃于山,珠玉捐于渊,岩居穴处,衣皮毛,饮泉液,吮露英,虚无寥廓,与天地通灵也。

右论皇帝王之号

---

① 林聪舜:《儒学与汉帝国意识形态》,上海人民出版社2017年版,第233—273页。
② 朱汉民:《〈白虎通义〉:帝国政典和儒家经典的结合》,《北京大学学报(哲学社会科学版)》2017年第4期。
③ 这里节选的是该书《号》《社稷》《五行》《圣人》《瑞贽》《三纲六纪》《性情》《姓名》《天地》等。
④ 陈立撰,吴则虞点校:《白虎通疏证》,中华书局1994年版,第43—67页。

或称天子,或称帝王何?以为接上称天子者,明以爵事天也。接下称帝王者,明位号天下至尊之称,以号令臣下也。故《尚书》曰:"帝曰'谘四岳'。王曰'裕汝众'。"或称一人。王者自谓一人者,谦也。欲言已材能当一人耳。故《论语》曰:"百姓有过,在予一人。"臣下谓之一人何?亦所以尊王者也。以天下之大,四海之内,所共尊者一人耳。故《尚书》曰:"不施予一人。"或称朕何?亦王者之称也。朕,我也。或称予者,予亦我也。不以尊称自也,但自我皆谦。

右论王者接上下之称

或称君子者何?道德之称也。君之为言群也。子者,丈夫之通称也。故《孝经》曰:"君子之教以孝也,所以敬天下之为人父者也。"何以知其通称也?以天子至于民。故《诗》云:"恺悌君子,民之父母"。《论语》曰:"君子哉若人。"此谓弟子,弟子者,民也。

右论君子为通称

三皇者,何谓也?谓伏羲、神农、燧人也。或曰:伏羲、神农、祝融也。《礼》曰:"伏羲、神农、祝融,三皇也。"古之时,未有三纲六纪,民人但知其母,不知其父。能覆前而不能覆后。卧之詘詘,行之吁吁,饥即求食,饱即弃余,茹毛饮血,而衣皮革。于是伏羲仰观象于天,俯察法于地,因夫妇,正五行,始定人道。画八卦以治下,下伏而化之,故谓之伏羲也。谓之神农何?古之人民,皆食禽兽肉。至于神农,人民众多,禽兽不足。于是神农因天之时,分地之利,制耒耜,教民农作。神而化之,使民宜之,故谓之神农也。谓之燧人何?钻木燧取火,教民熟食,养人利性,避臭去毒,谓之燧人也。谓之祝融何?祝者,属也。融者,续也。言能属续三皇之道而行之,故谓祝融也。五帝者,何谓也?《礼》曰:"黄帝、颛顼、帝喾、帝尧、帝舜,五帝也。"《易》曰:"黄帝、尧、舜氏作。"《书》曰:"帝尧""帝舜"。黄者,中和之色,自然之性,万世不易。黄帝始作制度,得其中和,万世常存。故称黄帝也。谓之颛顼何?颛者,专也。顼者,正也。能专正天人之道,故谓之颛顼也。谓之帝喾者何也?喾者,极也。言其能施行穷极道德也。谓之尧者何?尧犹峣峣也。至高之貌。清妙高远,优游博衍,众圣之主,百王之长也。谓之舜者何?舜犹僢僢也。言能推信尧道而行之。三王者,何谓也?夏、殷、周也。故《礼·士冠经》曰:"周弁殷冔夏收,三王共皮弁也。"所以有夏、殷、周号何?以为王者受命,必立天下之美号以表功自克，明易姓为子孙制也。夏、殷、周者，有天下之大号也。百王同天下，无以相别，改制天子之大礼，号以自别于前，所以表著己之功业也。必改号者，所以明天命已著，欲显扬己于天下也。己复袭先王之号，与继体守文之君无以异也。不显不明，非天意也。故受命王者，必择天下美号，表著己之功业，明当致施是也。所以预自表克于前也。

不以姓为号何？姓者，一字之称也，尊卑所同也。诸侯各称一国之号，而有百姓矣，天子至尊，即备有天下之号，而兼万国矣。夏者，大也。明当守持大道。殷者，中也。明当为中和之道也。闻也，见也，谓当道著见中和之为也。周者，至也，密也。道德周密，无所不至也。何以知即政立号也？《诗》云："命此文王，于周于京。"此改号为周，易邑为京也。《春秋传》曰："王者受命而王，必择天下之美号以自号也。"五帝无有天下之号何？五帝德大能禅，以民为子，成于天下，无为立号也。或曰：唐、虞者号也。唐，荡荡也。荡荡者，道德至大之貌也。虞者，乐也。言天下有道，人皆乐也。《论语》曰："唐、虞之际。"帝喾有天下，号高辛。颛顼有天下，号曰高阳。黄帝有天下，号曰有熊。有熊者，独宏大道德也。高阳者，阳犹明也。道德高明也。高辛者，道德大信也。五霸者，何谓也？昆吾氏、大彭氏、豕韦氏、齐桓公、晋文公也。昔三王之道衰，而五霸存其政，率诸侯朝天子，正天下之化，兴复中国，攘除夷狄，故谓之霸也。昔昆吾氏，霸于夏者也。大彭、豕韦，霸于殷者也。齐桓、晋文，霸于周者也。或曰：五霸，谓齐桓公、晋文公、秦穆公、楚庄王、吴王阖庐也。霸者，伯也。行方伯之职，会诸侯朝天子，不失人臣之义。故圣人与之。非明王之法不张。霸犹迫也，把也。迫胁诸侯，把持王政。《论语》曰："管仲相桓公，霸诸侯。"《春秋》曰："公朝于王所。"于是知晋文之霸。《尚书》曰："邦之荣怀，亦尚一人之庆。"知秦穆之霸也。楚胜郑，而不告从，而攻之，又令还师，而佚晋寇。围宋，宋因而与之平，引师而去。知楚庄之霸也。蔡侯无罪而拘于楚，吴有忧中国心，兴师伐楚，诸侯莫敢不至。知吴之霸也。或曰：五霸，谓齐桓公、晋文公、秦穆公、宋襄公、楚庄王也。宋襄伐齐，不擒二毛，不鼓不成列。《春秋传》曰："虽文王之战不是过。"知其霸也。

右论三皇五帝三王五伯

伯子男臣子，于其国中，褒其君为公。王者臣子，独不得褒其君谓之为帝何？以为诸侯有会聚之事，相朝聘之道。或称公而尊，或称伯子男而卑,为交接之时不私其臣子之义,心俱欲尊其君父,故皆令臣子得称其君为公也。帝王异时,无会同之义,故无为同也。何以知诸侯得称公?《春秋》曰"葬齐桓公",齐侯也。《尚书》曰"公曰嗟",秦伯也。《诗》云"覃公惟私",覃子也。《春秋》曰"葬许穆公",许男也。《礼·大射经》曰:"公则释获。"大射者,诸侯之礼也,伯子男皆在也。

右论伯子男于国中称得称公

2. 社稷①

王者所以有社稷何?为天下求福报功。人非土不立,非谷不食,土地广博,不可偏敬也。五谷众多,不可一一祭也。故封土立社,示有土也。稷,五谷之长,故立稷而祭之也。稷者得阴阳中和之气,而用尤多,故为长也。

右总论社稷

岁再祭之何?春求秋报之义也。故《月令》仲春之月,"择元日,命民社"。仲秋之月,"择元日,命民社"。《援神契》曰:"仲春祈谷,仲秋获禾,报社祭稷。"

右论岁再祭

祭社稷以三牲何?重功故也。《尚书》曰:"乃社于新邑,牛一,羊一、豕一。"《王制》曰:"天子社稷皆太牢,诸侯社稷俱少牢。"宗庙俱太牢,社稷独少牢何?宗庙太牢,所以广孝道也。社稷为报功,诸侯一国所报者少故也。《孝经》曰:"保其社稷,而和其民人,盖诸侯之孝也。"

右论祭社稷所用牲

王者诸侯所以有两社何?俱有土之君也。故《礼·三正记》曰:"王者二社。为天下立社曰太社,自为立社曰王社。诸侯为百姓立社曰国社,自为立社曰侯社。"太社为天下报功,王社为京师报功。太社尊于王社。土地久,故而报之。

右论王者诸侯两社

王者诸侯必有诫社者何?示有存亡也。明为善者得之,为恶者失之。故《春秋公羊传》曰:"亡国之社,奄其上,柴其下。"《郊特牲》记曰"丧国之

---

① 陈立撰,吴则虞点校:《白虎通疏证》,中华书局1994年版,第83—93页。

社屋之",示与天地绝也。在门东,明自下之无事处也。或曰:皆当着明诚,当近君,置宗庙之墙南。《礼》曰"亡国之社稷,必以为宗庙之屏",示贱之也。

右论诫社

社稷在中门之外,外门之内何? 尊而亲之,与先祖同也。不置中门内何? 敬之,示不袭渎也。《论语》曰:"譬诸宫墙,不得其门而入。不见宗庙之美,百官之富。"《祭义》曰:"右社稷,左宗庙。"

右论社稷之位

大夫有民,其有社稷者,亦为报功也。《礼·祭法》曰:"大夫以下,成群立社,曰置社。"《月令》曰:"择元日,命民社。"《论语》曰:"季路使子羔为费宰。""曰:有民人焉,有社稷焉。"

右论大夫有社稷

不谓之土何? 封土立社,故变名谓之社,别于众土也。为社立祀,始谓之稷,语不自变有内外。或曰社稷,不以为稷社。故不变其名,事自可知也。不正月祭稷何? 礼不常存,养人为用,故立其神。

右论名社稷之义

社无屋何? 达大地气。故《郊特牲》曰:"天子大社,必受霜露风雨,以达天地之气。"社稷所以有树何? 尊而识之,使民人望见即敬之,又所以表功也。故《周官》曰:"司徒班社而树之,各以土地所宜。"《尚书》逸篇曰:"大社唯松,东社唯柏,南社唯梓,西社唯栗,北社唯槐。"

右论社无屋有树

王者自亲祭社稷何? 社者,土地之神也。土生万物,天下之所王也。尊重之,故自祭也。

右论王者亲祭

其坛大如何?《春秋文义》曰:"天子之社稷广五丈,诸侯半之。"其色如何?《春秋传》曰:"天子有大社也,东方青色,南方赤色,西方白色,北方黑色,上冒以黄土。故将封东方诸侯,取青土,苴以白茅。各取其面以为封社明土。谨敬洁清也。"

右论社稷之坛

祭社稷有乐乎?《乐记》云:"乐之施于金石,越于声音,用于宗庙社稷。"

右论祭社稷有乐

《曾子问》曰："诸侯之祭社稷,俎豆既陈,闻天子崩,如之何？孔子曰废。"臣子哀痛之,不敢终于礼也。

右论祭社稷废礼

3. 五行①

五行者,何谓也？谓金木水火土也。言行者,欲言为天行气之义也。地之承天,犹妻之事夫,臣之事君也。其位卑,卑者亲视事,故自同于一行尊于天也。《尚书》曰："一曰水,二曰火,三曰木,四曰金,五曰土。"水位在北方,北方者阴气,在黄泉之下,任养万物。水之为言准也。养物平均,有准则也。木在东方。东方者,阳气始动,万物始生。木之为言触也。阳气动跃触地而出也。火在南方。南方者,阳在上,万物垂枝。火之为言委随也。言万物布施。火之为言化也。阳气用事,万物变化也。金在西方。西方者,阴始起,万物禁止。金之为言禁也。土在中央。中央者土,土主吐含万物,土之为言吐也。何以知东方生？《乐记》曰："春生夏长,秋收冬藏。"土所以不名时者,地,土之别名也。比于五行最尊,故不自居部职也。《元命苞》曰："土无位而道在,故大一不兴化,人主不任部职。"

右总论五行

五行之性,或上或下何？火者,阳也。尊,故上。水者,阴也,卑,故下。木者少阳,金者少阴,有中和之性,故可曲直从革。土者最大,苞含物将生者出者,将归者入,不嫌清浊为万物。《尚书》曰："水曰润下,火曰炎上,木曰曲直,金曰从革,土爱稼穑。"五行所以二阳三阴何？尊者配天,金木水火,阴阳自偶。

右论五行之性

水味所以咸何？是其性也。所以北方咸者,万物咸与所以坚之也,犹五味得咸乃坚也。木味所以酸何？东方万物之生也。酸者以达生也,犹五味得酸乃达也。火味所以苦何？南方主长养,苦者,所以长养也,犹五味须苦可以养也。金味所以辛何？西方煞伤成物,辛所以煞伤之也。犹五味得辛乃委煞也。土味所以甘何？中央者,中和也,故甘,犹五味以甘

---

① 陈立撰,吴则虞点校：《白虎通疏证》,中华书局1994年版,第166—198页。

为主也。《尚书》曰："润下作咸,炎上作苦,曲直作酸,从革作辛,稼穑作甘。"北方其臭朽者,北方水,万物所幽藏也。又水者受垢浊,故臭腐朽也。东方木也。万物新出地中,故其臭膻。南方者火也。盛阳承动,故其臭焦。西方者金也。万物成熟始复诺,故其臭腥。中央者,土也。土养,故其臭香也。《月令》曰："东方其臭膻,南方其臭焦,中央其臭香,西方其臭腥,北方其臭朽。"所以名之为东方者,动方也。万物始动生也。南方者,任养之方,万物怀任也。西方者,迁方也。万物迁落也。北方者,伏方也。万物伏藏也。

右论五味五臭五方

少阳见于寅,寅者,演也。律中太蔟。律之言率,所以率气令生也。盛于卯。卯者,茂也。律中夹钟。衰于辰。辰者,震也。律中姑洗。其日甲乙。甲者,万物孚甲也。乙者,物蕃屈有节欲出。时之为言春,春动也。位在东方。其色青,其音角者,气动耀也。其帝太皞。太皞者,大起万物扰也。其神句芒。句芒者,物之始生,芒之为言萌也。

太阳见于巳。巳者,物必起,律中中吕。壮盛于午。午,物满长,律中蕤宾。衰于未。未,味也。律中林钟。其日丙丁。丙者,其物炳明。丁者,强也。时为夏。夏之言大也。位在南方。其色赤,其音徵。徵,止也。阳度极也。其帝炎帝。炎帝者,太阳也。其神祝融。属续也。其精朱鸟,《离》为鸾故。

少阴见于申。申者,身也。律中夷则。壮于酉。酉者,老也。物收敛。律中南吕。衰于戌。戌者,灭也。律中无射。无射者,无声也。其日庚辛。庚者,物更也。辛者,阴始成。时为秋,秋之为言愁也。其位西方。其色白,其音商。商者,强也。其帝少皞。少皞者,少敛也。其神蓐收。蓐收者,缩也。其精白虎。虎之为言搏讨也故。太阴见于亥。亥者,侅也。律中应钟。壮于子。子者,孳也。律中黄钟。衰于丑。丑者,纽也。律中大吕。其日壬癸。壬者,阴使壬。癸者,揆度也。时为冬。冬之为言终也。其位在北方。其音羽,羽之为言舒,言万物始孳。其帝颛顼。颛顼者,寒缩也。其神玄冥。玄冥者,入冥也。其精玄武,掩起离体泉,龟蛟珠蛤。

土为中宫。其日戊己。戊者,茂也。己者,抑屈起。其音宫。宫者,中也。其帝黄帝,其神后土。

右论阴阳盛衰

《月令》十一月律谓之黄钟何？黄者，中和之色。钟者，动也。言阳气动于黄泉之下动，养万物也。

十二月律之谓之大吕何？大者，大也，吕者，拒也。言阳气欲出，阴不许也。吕之为言拒也，旅抑拒难之也。

正月律谓之太蔟何？太亦大也，蔟者凑也。言万物始大，凑地而出也。

二月律谓之夹钟何？夹者，孚甲也。言万物孚甲，种类分也。

三月谓之姑洗何？姑者，故也。洗者，鲜也。言万物皆去故就其新，莫不鲜明也。

四月谓之仲吕何？言阳气将极中充大也，故复中难之也。

五月谓之蕤宾何？蕤者，下也。宾者，敬也。言阳气上极，阴气始起，故宾敬之也。

六月谓之林钟何？林者，众也。万物成熟，种类众多也。

七月谓之夷则何？夷，伤也。则，法也。言万物始伤，被刑法也。

八月谓之南吕何？南者，任也，言阳气尚有，任生荠麦也，故阴拒之也。

九月谓之无射何？射者，终也。言万物随阳而终，当复随阴而起，无有终已也。

十月谓之应钟何？应者，应也。钟者，动也。言万物应阳而动下藏也。

右论十二律

五行所以更王何？以其转相生，故有终始也。木生火，火生土，土生金，金生水，水生木。是以木王，火相，土死，金囚，水休。王所胜者死，囚，故王者休。木王火相何以知为臣？土所以死者，子为父报仇者也。五行之子慎之物归母，木王、火相、金成，其火燋金。金生水，水灭火，报其理。火生土，土则害水，莫能而御。

五行所以相害者，天地之性，众胜寡，故水胜火也。精胜坚，故火胜金。刚胜柔，故金胜木。专胜散，故木胜土。实胜虚，故土胜水也。火阳，君之象也。水阴，臣之义也。臣所以胜其君何？此谓无道之君，故为众阴所害，犹纣王也。是使水得施行，金以盖之，土以应之，欲温则温，欲寒则寒,亦何从得害火乎?曰:五行各自有阴阳。木生火,所以还烧其母何?曰:金胜木,火欲为木害金,金者坚强难消,故母以逊体助火烧金,此自欲成子之义。又阳道不相离,故为两盛,火死,子乃继之。

木王所以七十二日何?土王四季各十八日,合九十日为一时,王九十日。土所以王四季何?木非土不生,火非土不荣,金非土不成,水非土不高,土扶微助衰,历成其道,故五行更王,亦须土也。王四季,居中央,不名时。五行何以知同时起丑讫义相生?传曰:"五行并起,各以名别。"阳气阴煞,火中无生物,水中反有生物何?生者以内,火阴在内,故不生也。水火独一种,金木多品何?以为南北阴阳之极也,得其极,故一也。东西非其极也,故非一也。

水木可食,金火土不可食何?木者阳,阳者施生,故可食。火者阴在内,金者阴啬吝,故不可食。

火水所以杀人何?水盛气也,故入而杀人。火阴在内,故杀人壮于水也。金木微气,故不能自杀人也。火不可入其中者,阴在内也。入则杀人矣。水土阳在内,故可入其中。金木微气也,精密不可得入也。

水火不可加人功为用,金木加人功。火者盛阳,水者盛阴者也。气盛不变,故不可加人功为人用,金木者不能自成,故须人加功以为人用也。五行之性,火热水寒,有温水,无寒火何?明臣可为君,君不可更为臣。五行常在,火乍亡何?水太阴也,刑者故常在。金少阴,木少阳,微气无变,故亦常在。火太阳精微,人君之象。象尊常藏,犹天子居九重之内,臣下卫之也。藏于木者,依于仁也。水自生金,须人取之乃成,阴卑不能自成也。木所以浮,金所以沈何?子生于母之义。肝所以沈,肺所以浮何?有知者尊其母也。一说木畏金,金之妻庚,受庚之化,木者法其本,柔可曲直,故浮也。肝法其化,直故沈。五行皆同义。

右论五行更王相生相胜变化之义

天子所以内明而外昧,人所以外明而内昧何?明天人欲相向而治也。行有五,时有四何?四时为时,五行为节。故木王即谓之春,金王即谓之秋,土尊不任职,君不居部,故时有四也。子不肯禅何法?法四时火不兴土而兴金也。父死子继何法?法木终火王也。兄死弟及何法?夏之承春也。"善善及子孙"何法?春生待夏复长也。"恶恶止其身"何法?法秋煞不待冬。主幼臣摄政何法?法土用事于季、孟之间也。子复仇何法?法土胜水，水胜火也。子顺父，妻顺夫，臣顺君，何法？法地顺天也。

男不离父母何法？法火不离木也。女离父母何法？法水流去金也。娶妻亲迎何法？法日入，阳下阴也。君让臣何法？法月三十日，名其功也。善称君，过称己，何法？法阴阳共叙共生，阳名生，阴名煞。臣有功，归功于君何法？法归明于日也。臣谏君何法？法金正木也。子谏父何法？法火揉直木也。臣谏君不从则去，何法？法水润下达于土也。君子远子近孙，何法？法木远火近土也。亲属臣谏不相去，何法？法木枝叶不相离也。父为子隐何法？木之藏火也。子为父隐何法？法水逃金也。君有众民何法？法天有众星也。王者赐，先亲近后疏远，何法？法天雨高者先得之也。□□□□□□□□□□□□□□□□□□□□□□□□□□□□长幼何法？法四时有孟、仲、季也。朋友何法？法水合流相承也。父母生子养长子何法？法水生木长大也。子养父母何法？法夏养长木，此火养母也。不以父命废王父命，何法？法金不畏土而畏火。阳舒阴急何法？法日行迟，月行疾也。有分土，无分民，何法？法四时各有分，而所生者道也。君一娶九女何法？法九州，象天之施也。不娶同姓何法？法五行异类乃相生也。子丧父母何法？法木不见水则憔悴也。丧三年何法？法三年一闰，天道终也。父丧子，夫丧妻，何法？法一岁物有终始，天气亦为之变也。年六十闭房何法？法六月阳气衰也。人有五藏六府何法？法五行六合也。人目何法？法日月明也。日照昼，月照夜。人目所不更照何法？法日亦更用事也。王者监二王之后何法？法木须金以正，须水以润也。明王先赏后罚何法？法四时先生后煞也。

右论人事取法五行

4. 圣人 [1]

圣人者何？圣者，通也，道也，声也。道无所不通，明无所不照，闻声知情，与天地合德，日月合明，四时合序，鬼神合吉凶。《礼别名记》曰："五人曰茂。十人曰选。百人曰俊。千人曰英。倍英曰贤。万人曰杰。万杰曰圣。"

右总论圣人

---

[1]　陈立撰，吴则虞点校：《白虎通疏证》，中华书局 1994 年版，第 334—341 页。

圣人未殁时，宁知其圣乎？曰：知之。《论语》曰："太宰问子贡曰：'夫子圣者欤？'"孔子曰："太宰知我乎？"圣人亦自知圣乎？曰：知之。孔子曰："文王既殁，文不在兹乎。"

右论知圣

何以知帝王圣人也？《易》曰："古者伏羲氏之王天下也"，"于是始作八卦。"又曰："伏羲氏殁，神农氏作"，"神农氏殁，黄帝尧舜氏作。"文俱言"作"，明皆圣人也。《论语》曰："圣乎，尧舜其由病诸。"何以言禹汤圣人？《论语》曰："巍巍乎舜禹之有天下而不与焉。"与舜比方巍巍，知禹汤圣人。《春秋传》："汤以盛德故放桀。"何以言文、武、周公皆圣人也？《诗》曰："文王受命。"非圣不能受命。《易》曰："汤武革命，顺乎天。"汤武与文王比方。《孝经》曰："则周公其人也。"下言"夫圣人之德，又何以加于孝乎？"何以言皋陶圣人也？以目篇："曰若稽古皋陶"。圣人而能为舜陈道。"朕言惠可底行"，又"旁施象刑维明"。

右论古圣人

又圣人皆有异表。《传》曰："伏羲日禄衡连珠，大目山准龙伏，作《易》八卦以应枢。"黄帝龙颜，得天匡阳，上法中宿，取象文昌。颛顼戴干，是谓清明，发节移度，盖象招摇。帝喾骈齿，上法月参，康度成纪，取理阴阳。尧眉八彩，是谓通明，历象日月，璇、玑、玉衡。舜重瞳子，是谓滋凉，上应摄提，以象三光。《礼说》曰："禹耳三漏，是谓大通，兴利除害，决河疏江。皋陶马喙，是谓至诚，决狱明白，察于人情。汤臂三肘，是谓柳、翼，攘去不义，万民咸息。文王四乳是谓至仁，天下所归，百姓所亲。武王望羊，是谓摄扬，盰目陈兵，天下富昌。周公背偻，是谓强俊，成就周道，辅于幼主。孔子反宇，是谓尼甫，德泽所兴，藏元通流。"

圣人所以能独见前睹，与神通精者，盖皆天所生也。

5. 瑞贽①

王者始立，诸侯皆见何？当受法禀正教也。《尚书》："揖五瑞"，"觐四岳。"谓舜始即位，见四方诸侯，合符信。《诗》云："玄王桓拨，受小国是达，受大国是达。"言汤王天下，大小国皆来见，汤能通达以礼义也。《周颂》

---

① 陈立撰，吴则虞点校：《白虎通疏证》，中华书局1994年版，第348—359页。

曰:"烈文辟公,锡兹祉福。"言武王伐纣定天下,诸侯来会,聚于京师受法度也。远近莫不至,受命之君,天之所兴,四方莫敢违,夷狄咸率服故也。

右论诸侯朝会合符信

何谓五瑞,谓珪、璧、琮、璜、璋也。《礼》曰:"天子珪尺有二寸。"又曰:"博三寸,剡上,左右各寸半,厚半寸。半珪为璋。方中圆外曰璧。半璧曰璜。圆中牙外曰琮。"《礼·王度记》曰:"王者,有象君之德,燥不轻,湿不重,薄不桡,廉不伤,疵不掩。是以人君宝之。"天子之纯玉,尺有二寸。公侯九寸,四玉一石也。伯子男俱三玉二石也。

五玉者各何施?盖以为璜以征召,璧以聘问,璋以发兵,珪以信质,琮以起土功之事也。

珪以为信何?珪者,兑上,象物始生见于上也。信莫著于作见,故以珪为信,而见万物之始莫不自洁。珪之为言圭也。上兑,阳也。下方,阴也。阳尊,故其理顺备也。位东方,阳见义于上也。

璧以聘问何?璧者,方中圆外,象地,地道安宁而出财物,故以璧聘问也。方中,阴德方也。圆外,阴系于阳也。阴德盛于内,故见象于内,位在中央。璧之为言积也,中央故有天地之象,所以据用也。内方象地,外圆象天也。

璜所以征召何?璜者半璧,位在北方,北阴极而阳始起,故象半阴。阳气始施,征召万物,故以征召也。不象阴何?阳始物微,未可见也。璜者,横也。质尊之命也,阳气横于黄泉,故曰璜。璜之为言光也,阳光所及,莫不动也。象君之威命所加,莫敢不从,阳之所施,无不节也。

璋以发兵何?璋半珪,位在南方。南方阳极,而阴始起,兵亦阴也,故以发兵也。不象其阴何?阴始起,物尚凝,未可象也。璋之为言明也。赏罚之道,使臣之礼,当章明也。南方之时,万物莫不章,故谓之璋。

琮以起土功发众何?琮之为言宗也。象万物之宗聚也,功之所成,故以起土功发众也。位在西方,西方阳,收功于内,阴出成于外,内圆象阳,外直为阴,外牙而内凑,象聚会也,故谓之琮。后夫人之财也。五玉所施非一,不可胜条,略举大者也。

右论五瑞制度

合符信者,谓天子执瑁以朝诸侯,诸侯执圭以觐天子。瑁之为言冒也。上有所覆,下有所冒也。故《觐礼》曰:"侯氏执圭升堂。"《尚书大传》:

"天子执瑁以朝诸侯。"又曰:"诸侯执所受圭与璧,朝于天子。无过者,复得其珪以归其邦,有过者,留其圭,能正行者,复还其珪。三年珪不复,少绌以爵,六年珪不复,少绌以地,九年珪不复,而地毕削。"珪所以还何?以为珪信瑞也。璧所以留者,以财币尽,辄更造。何以言之?《礼》曰:"珪造尺八寸。"有造珪,明得造璧也。公珪九寸,四玉一石。何以知不以玉为四器,石持为也。以《尚书》合言"五玉"也。

右论合符还圭之义

臣见君有贽何?贽者,质也。质己之诚,致己之悃愊也。王者缘臣子之心以为之制,差其尊卑以副其意。公侯以玉为贽者,玉取其燥不轻,湿不重,明公侯之德全也。卿以羔贽。羔者取其群不党。卿职在尽忠率下,不阿党也。大夫以雁为贽者,取其飞成行,此成列也。大夫职在以奉命之适四方,动作当能自正以事君也。士以雉为贽者,取其不可诱之以食,慑之以威,必死不可生畜。士行耿介,守节死义,不当移转也。《曲礼》曰:"卿羔、大夫以雁,士以雉为贽,庶人之贽匹。童子委贽而退。野外军中无贽,以缨拾矢可也。"言必有贽。匹谓鹜也。卿大夫贽,古以麑鹿,今以羔雁何?以为古者质,取其内,谓得美草鸣相呼。今文取其外,谓羔跪乳,雁有行列也。《礼·士相见经》曰:上大夫相见以羔,左头,如麛执之。明古以麑鹿,今以羔也。卿大夫贽变,君与士贽不变何?人君至尊,极美之物以为贽。士贱,伏节死义,一介之道也。故不变。

右论见君之贽

私相见亦有贽何?所以相尊敬,长和睦也。朋友之际,五常之道,有通财之义,振穷救急之意,中心好之,欲饮食之,故财币者,所以副至意也。《礼·士相见经》曰:上大夫相见以雁,士冬以雉,夏以腒。

右论私相见贽

妇人之贽以枣栗腵修者,妇人无专制之义,御众之任,交接辞让之礼,职在供养馈食之间。其义一也。故后夫人以枣栗腵修者,凡内修阴也。又取其朝早起,栗战自正也。腵修者,脯也。故《春秋传》曰:"宗妇觌用币,非礼也。然则曷用?枣栗云乎,腵修云乎?"

右论妇人之贽

子见父无贽何?至亲也。见无时,故无贽。臣之事君,以义合也。得亲供养,故质己之诚,副己之意,故有贽也。

6. 三纲六纪①

三纲者,何谓也?谓君臣、父子、夫妇也。六纪者,谓诸父、兄弟、族人、诸舅、师长、朋友也。故《含文嘉》曰:"君为臣纲,父为子纲,夫为妻纲。"又曰:"敬诸父兄,六纪道行,诸舅有义,族人有序,昆弟有亲,师长有尊,朋友有旧。"何谓纲纪?纲者,张也。纪者,理也。大者为纲,小者为纪。所以张理上下,整齐人道也。人皆怀五常之性,有亲爱之心,是以纲纪为化,若罗纲之有纪纲而万目张也。《诗》云:"亹亹文王,纲纪四方。"

右总论纲纪

君臣、父子、夫妇,六人也。所以称三纲何?一阴一阳谓之道,阳得阴而成,阴得阳而序,刚柔相配,故六人为三纲。

右论三纲之义

三纲法天地人,六纪法六合。君臣法天,取象日月屈信,归功天也。父子法地,取象五行转相生也。夫妇法人,取象人合阴阳,有施化端也。六纪者,为三纲之纪者也。师长,君臣之纪也,以其皆成己也。诸父、兄弟,父子之纪也,以其有亲恩连也。诸舅、朋友,夫妇之纪也,以其皆有同志为己助也。

右论纲纪所法

君臣者,何谓也?君,群也,群下之所归心也。臣者,繵坚也,历志自坚固也。《春秋传》曰"君处此,臣请归"也。父子者,何谓也?父者,矩也,以法度教子也。子者,孳也,孳孳无已也。故《孝经》曰:"父有争子,则身不陷于不义。"夫妇者,何谓也?夫者,扶也,以道扶接也。妇者,服也,以礼屈服也。《昏礼》曰:"夫亲脱妇之缨。"《传》曰:"夫妇判合也。"朋友者,何谓也?朋者,党也。友者,有也。《礼记》曰:"同门曰朋,同志曰友。"朋友之交,近则谤其言,远则不相讪,一人有善,其心好之,一人有恶,其心痛之,货则通而不计,共忧患而相救,生不属,死不托。故《论语》曰:"子路云:'愿车马衣轻裘与朋友共,敝之。'"又曰:"朋友无所归,生于我乎馆,死于我乎殡。"朋友之道,亲存不得行者二。不得许友以其身,不得专通财之恩。友饥,则白之于父兄,父兄许之,乃称父兄与之,不听则止。故曰:友

---

① 陈立撰,吴则虞点校:《白虎通疏证》,中华书局1994年版,第373—380页。

饥为之减餐,友寒为之不重裘。故《论语》曰"有父兄在,如之何其闻斯行之"也。

右论六纪之义

男称兄弟,女称姊妹何? 男女异姓,故别其称也。何以言之?《礼亲属记》曰:"男子先生称兄,后生称弟。女子先生为姊,后生为妹。"父之昆弟,不俱谓之世父,父之女昆弟,俱谓之姑,何也? 以为诸父曰内,亲也,故别称之也。姑当外适人,疏,故总言之也。至姊妹亦当外适人,所以别诸姊妹何? 以为事诸姑礼等,可以外出又同,故称略也。至姊妹虽欲有略之,姊尊妹卑,其礼异也。《诗》云:"问我诸姑,遂及伯姊。"谓之舅姑者何? 舅者,旧也。姑者,故也。旧故,老人称也。谓之姊妹何? 姊者,咨也。妹者,末也。谓之兄弟何? 兄者,况也。况父法也。弟者,悌也。心顺行笃也。称夫之父母谓之舅姑何? 尊如父而非父者,舅也。亲如母而非母者,姑也。故称夫之父母为舅姑也。

右详论纲纪别名之义

7. 性情[1]

性情者,何谓也? 性者阳之施,情者阴之化也。人禀阴阳气而生,故内怀五性六情。情者,静也。性者,生也。此人所禀六气以生者也。故《钩命决》曰:"情生于阴,欲以时念也。性生于阳,以就理也。阳气者仁,阴气者贪,故情有利欲,性有仁也。"

右总论性情

五性者何谓? 仁义礼智信。仁者,不忍也,施生爱人也。义者,宜也,断决得中也。礼者,履也,履道成文也。智者,知也。独见前闻,不惑于事,见微知著也。信者,诚也,专一不移也。故人生而应八卦之体,得五气以为常,仁义礼智信也。六情者,何谓也? 喜怒哀乐爱恶谓六情,所以扶成五性。性所以五,情所以六何? 人本含六律五行之气而生,故内有五藏六府,此情性之所由出入也。《乐动声仪》曰:"官有六府,人有五藏。"

右论五性六情

五藏者,何也? 谓肝、心、肺、肾、脾也。肝之为言干也。肺之为言费

---

[1] 陈立撰,吴则虞点校:《白虎通疏证》,中华书局 1994 年版,第 381—390 页。

也,情动得序。心之为言任也,任于恩也。肾之为言写也,以窍写也。脾之为言辨也,所以积精禀气也。五藏,肝仁,肺义,心礼,肾智,脾信也。

肝所以仁者何?肝,木之精也。仁者好生,东方者,阳也,万物始生,故肝象木色青而有枝叶。目为之候何?目能出泪,而不能内物,木亦能出枝叶,不能有所内也。

肺所以义者何?肺者,金之精。义者断决,西方亦金,杀成万物也。故肺象金色白也。鼻为之候何?鼻出入气,高而有窍。山亦有金石累积,亦有孔穴,出云布雨,以润天下,雨则云消。鼻能出纳气也。

心所以为礼何?心,火之精也。南方尊阳在上,卑阴在下,礼有尊卑,故心象火,色赤而锐也。人有道尊,天本在上,故心下锐也。耳为之候何?耳能遍内外,别音语,火照有似于礼,上下分明。

肾所以智何?肾者水之精,智者进止无所疑惑,水亦进而不惑。北方水,故肾色黑,水阴,故肾双。窍为之候何?窍能泻水,亦能流濡。

脾所以信何?脾者,土之精也。土尚任养,万物为之象,生物无所私,信之至也。故脾象土,色黄也。口为之候何?口能啖尝,舌能知味,亦能出音声,吐滋液。

故《元命苞》曰:"目者肝之使,肝者木之精,苍龙之位也。鼻者肺之使,肺者金之精,制割立断。耳者心之候,心者火之精,上为张星。阴者肾之写,肾者水之精,上为虚危。口者脾之门户,脾者土之精,上为北斗。主变化者也。"或曰:舌者心之候,耳者肾之候。或曰:肝系于目,肺系于鼻,心系于口,脾系于舌,肾系于耳。

六府者,何谓也?谓大肠、小肠、胃、膀胱、三焦、胆也。府者,谓五藏宫府也。故《礼运》记曰:"六情者,所以扶成五性也。"

胃者,脾之府也。脾主禀气。胃者,谷之委也,故脾禀气也。膀胱者,肾之府也。肾者主泻,膀胱常能有热,故先决难也。三焦者,包络府也。水谷之道路,气之所终始也。故上焦若窍,中焦若编,下焦若渎。

瞻者,肝之府也。肝者,木之精也。主仁,仁者不忍,故以瞻断焉。是以仁者必有勇也。肝胆异趣,何以知相为府也?肝者,木之精也,木之为言牧也,人怒无不色青目脈张者,是其效也。

小肠大肠,心肺之府也,主礼义,礼义者,有分理,肠之大小相承受也。肠为心肺主,心为支体主,故为两府也。目为心视,口为心谈,耳为心听,鼻为心嗅,是其支体主也。

右论五藏六府主性情

喜在西方,怒在东方,好在北方,恶在南方,哀在下,乐在上何?以西方万物之成,故喜。东方万物之生,故怒。北方阳气始施,故好。南方阴气始起,故恶。上多乐,下多哀也。

右论六情所配之方

魂魄者,何谓也?魂犹伝伝也,行不休也。少阳之气,故动不息,于人为外,主于情也。魄者,迫然著人也。此少阴之气,象金石着人不移,主于性也。魂者,芸也。情以除秽。魄者,白也。性以治内。

右论魂魄

精神者,何谓也?精者静也,太阴施化之气也。象水之化,须待任生也。神者恍惚,太阴之气也,出入无间。总云支体万化之本也。

右论精神

8.姓名①

人所以有姓者何?所以崇恩爱,厚亲亲,远禽兽,别婚姻也。故纪世别类,使生相爱,死相哀,同姓不得相娶者,皆为重人伦也。姓者,生也。人禀天气所以生者也。《诗》曰:"天生蒸民。"《尚书》曰:"平章百姓。"姓所以有百者何?以为古者圣人吹律定姓,以纪其族。人含五常而生,正声有五,宫、商、角、徵、羽,转而相杂,五五二十五,转生四时异气,殊音悉备,故姓有百也。

右论姓

所以有氏者何?所以贵功德,贱伎力。或氏其官,或氏其事,闻其氏即可知其德,所以勉人为善也。或氏王父字者何?所以别诸侯之后,为兴灭国,继绝世也。王者之子称王子,王者之孙称王孙,诸侯之子称公子,公子之子称公孙,公孙之子,各以其王父字为氏。故《春秋》有王子瑕。《论语》有王孙贾,又有术公子荆、公孙朝,鲁有仲孙、叔孙、季孙,楚有昭、屈原、景,齐有高、国、崔。以知其为子孙也。

王者之后,亦称王子,兄弟立而皆封也。或曰:王者之孙,亦称王孙

① 陈立撰,吴则虞点校:《白虎通疏证》,中华书局1994年版,第401—420页。

也。《刑德放》曰："尧知命，表稷、契，赐姓子、姬。皋陶典刑，不表姓，言天任德远刑。"禹姓姒氏，祖昌意以薏苡生。殷姓子氏，祖以玄鸟子生也。周姓姬氏，祖以履大人迹生也。

右论氏

人必有名何？所以吐情自纪，尊事人者也。《论语》曰："名不正则言不顺。"三月名之何？天道一时，物有其变，人生三月，目煦亦能咳笑，与人相更答，故因其始有知而名之。故《礼·服传》曰："子生三月，则父名之于祖庙。"于祖庙者，谓子之亲庙也。明当为宗庙主也。

一说名之于燕寝。名者，幼小卑贱之称也。质略，故于燕寝。《礼·内则》曰："子生，君沐浴朝服，夫人亦如之，立于阼阶西南，世妇抱子升自西阶，君命之，嫡子执其右手，庶子抚其首。君曰'钦有帅'。夫人曰'记有成'。告于四境。"四境者，所以遏绝萌芽，禁备未然。故《曾子问》曰："世子生三月，以名告于祖祢。"《内则》记曰："以名告于山川社稷四境。天子太子，使士负子于南郊。"

以桑弧蓬矢六射者，何也？此男子之事也。故先表其事，然后食其禄。必桑弧何？桑者，相逢接之道也。《保傅》曰："太子生，举之以礼，使士负之者有司齐肃端绥，之郊见于天。"《韩诗内传》曰：太子生，以桑弧蓬矢六，射上下四方。明当有事天地四方也。殷以生日名子何？殷家质，故直以生日名子也。以《尚书》道殷家太甲、帝乙、武丁也。于民臣亦得以甲乙生日名子何？不使亦不止也。以《尚书》道殷臣有巫咸，有祖己也。何以知诸侯不象王者以生日名子也？以太王名亶甫，王季名历，此殷之诸侯也。《易》曰"帝乙"，谓成汤。《书》曰"帝乙"，谓六代孙也。

汤生于夏时，何以用甲乙为名？曰：汤王后乃更变名，子孙法耳。本名履，故《论语》曰："予小子履。"履，汤名也。

不以子丑为名何？曰：甲乙者，干也。子丑者，枝也。干者本，本质，故以甲乙为名也。

名或兼或单何？示非一也。或听其声，以律定其名。或依其事，旁其形。故名或兼或单也。依其事者，若后稷是也。弃之，因名为弃也。旁其形者，孔子首类丘山，故名为丘。

或旁其名为之字者，闻名即知其字，闻字即知其名，若名赐字子贡，名鲤字伯鱼。

《春秋》议二名何？所以讥者,乃谓其无常者也。若乍为名,禄甫元言武庚。

不以日月山川为名者,少贱卑己之称也。臣子当讳,为物示通,故避之也。

《礼》曰:"二名不偏讳。逮事父母则讳王父母,不逮事父母则不讳王父母也。君前不讳,诗书不讳,临文不讳,郊庙中不讳。"又曰:"君前臣名,父前子名。"谓大夫名卿,弟名兄也。明不讳于尊者之前也。太古之世所不讳者何？尚质也。故臣子不言其君父之名。故《礼记》曰:"朝日上质不讳正天名也。"

人所以十月而生者何？人,天子之也。任天地之数五,故十月而备,乃成人也。

人生所以泣何？本一干而分,得气异息,故泣重离母之义。《尚书》曰"启呱呱而泣"也。

人拜所以自名何？所以立号自纪。礼,拜自后,不自名何？备阴阳也。

人所以相拜者何？所以表情见意,屈节卑体,尊事人者也。拜之言服也。

所以必再拜何？法阴阳也。《尚书》曰"再拜稽首"也。必稽首何？敬之至也,头至地。何以言首？谓头也。《礼》曰:"首有疡则沐。"

所以先拜手,后稽首何？名顺其文质也。《尚书》曰:"周公拜手稽首。"

右论名

人所以有字何？所以冠德明功,敬成人也。故《礼·士冠经》曰:"宾北面,字之曰伯某甫。"又曰:"冠而字之,敬其名也。"所以五十乃称伯仲者,五十知天命,思虑定也。能顺四时长幼之序,故以伯仲号之。《礼·檀弓》曰:"幼名冠字,五十乃称伯仲。"《论语》曰:"五十而知天命。"

称号所以有四何？法四时用事先后,长幼兄弟之象也,故以时长幼号曰伯仲叔季也。伯者,长也。伯者,子最长迫近父也。仲者,中也。叔者,少也。季者,幼也。适长称伯,伯禽是也。庶长称孟,鲁大夫孟氏是也。

男女异长,各自有伯仲,法阴阳各自有终始也。《春秋传》曰:"伯姬者何？内女也。"妇人十五称伯仲何？妇人质少变，阴道促蚕成，十五通乎织纴纺绩之事，思虑定，故许嫁，笄而字。故《礼经》曰："女子十五许嫁，笄。礼之称字。"妇人姓以配字何？明不娶同姓也。故《春秋》曰："伯姬归于宋。"姬者，姓也。

质家所以积于仲何？质者亲亲，故积于仲。文家尊尊，故称于叔。即如是，《论语》曰："周有八士，伯达、伯适、仲突、仲忽、叔夜、叔夏、季随、季骊。"不积于叔何？盖以两两俱生故也。不积于伯、季，明其无二也。

文王十子，《诗传》曰："伯邑考，武王发，周公旦，管叔鲜，蔡叔度，曹叔振铎，成叔处，霍叔武，康叔封，南季载。"所以或上其叔、季何也？管、蔡、曹、霍、成、康、南皆采也，故置叔、季上。伯邑考何以独无乎？盖以为大夫者不是采地也。

右论字

9. 天地[①]

天者，何也？天之为言镇也。居高理下，为人镇也。地者，元气之所生，万物之祖也。地者，易也。万物怀任，交易变化。

右释天地之名

始起先有太初，然后有太始，形兆既成，名曰太素。混沌相连，视之不见，听之不闻，然后剖判清浊，既分，精曜出布，庶物施生。精者为三光，号者为五行。五行生性情，情性生汁中，汁中生神明，神明生道德，道德生文章。故《乾凿度》云："太初者，气之始也。太始者，形之始也。太素者，质之始也。阳唱阴和，男行女随也。"

右论天地之始

天道所以左旋，地道右周何？以为天地动而不别，行而不离，所以左旋。右周者，犹君臣阴阳，相对之义也。

右论左右旋之家

男女总名为人，天地所以无总名何？曰：天圆地方不相类，故无总名也。

右论天地无总名

---

① 陈立撰，吴则虞点校：《白虎通疏证》，中华书局 1994 年版，第 420—423 页。

君舒臣疾,卑者宜劳,天所以反常行何? 以为阳不动无以行其教,阴不静无以成其化。虽终日乾乾,亦不离其处也。故《易》曰"终日乾乾",反覆道也。

右论天行反劳于地

汉书儒学学案

　　班固是东汉著名的史学家、经学家、文学家,其出身于儒家世家,父班彪、伯父班嗣,皆为当时著名学者。适逢儒学隆兴之时,与司马迁相比,班固"独尊儒学"、宣扬"汉承尧运"的正统观,并指责游侠"以匹夫之细,窃杀生之权",体现出了更加浓厚的儒学正宗思想。班固《汉书》的思想倾向及价值取向较之司马迁《史记》所表现出的差异,映射出时代精神、社会思潮、文化格局、学术积累等深厚而丰富的背景内容。班固对儒学立场的坚持固守最直接地决定了他对古今人物、社会发展以及汉代史事的记叙和评判,规定和制约着《汉书》的价值取向。

　　首先,《汉书》所用以品评古今人物及诸子学派的唯一标准便是儒家思想学说,孔子及其弟子真正被置于"独尊"的地位,儒家经典被奉为至尊,评判诸子优劣短长实以儒家思想为取舍的根据。其次,班固对儒学的执著理念,主导、支配着他在《汉书》中所寄寓的政治理想,仁义德政构成其政治理想的主体内容。另外,重视礼制对国家政治的作用、强烈的教化民众理念等,都影响着其历史叙述及评判。①

　　班固继承了司马迁的史学成就,又发挥了自身的创造力,创造性地确立了"断代为史"的新格局。《汉书》虽属私人著作,却又是在国家的支持下进行的,开启了之后官府命定史官修史的端绪。《汉书》完善了"志""表"的体裁,以典章制度或经济、文化等社会活动作为视角,使史书记载更加丰满。此外,《汉书》虽著成于两汉之际谶纬盛行之时,但其从人文主义观点出发观察和记载历史,彰显了朴素理性的传统,在文化史上具有十分重要的意义。②

---

① 梁宗华:《班固的儒学观对〈汉书〉的影响与制约》,《东岳论丛》1999 年第 3 期。

② 陈其泰、赵永春:《班固评传》,南京大学出版社 2002 年版,第 222－224 页。

一、汉书(节选)①

1. 儒林传②

古之儒者,博学乎《六艺》之文。《六艺》者,王教之典籍,先圣所以明天道,正人伦,致至治之成法也。周道既衰,坏于幽厉,礼乐征伐自诸侯出,陵夷二百余年而孔子兴,以圣德遭季世,知言之不用而道不行,乃叹曰:"凤鸟不至,河不出图,吾已矣夫!""文王既没,文不在兹乎?"于是应聘诸侯,以答礼行谊。西入周,南至楚,畏匡厄陈,奸七十余君。适齐闻《韶》,三月不知肉味;自卫反鲁,然后乐正,《雅》、《颂》各得其所。究观古今篇籍,乃称曰:"大哉,尧之为君也!唯天为大,唯尧则之。巍巍乎其有成功也,焕乎其有文章!"又曰:"周监于二代,郁郁乎文哉!吾从周。"于是叙《书》则断《尧典》,称乐则法《韶舞》,论《诗》则首《周南》。缀周之礼,因鲁《春秋》,举十二公行事,绳之以文武之道,成一王法,至获麟而止。盖晚而好《易》,读之韦编三绝,而为之传。皆因近圣之事,以立先王之教,故曰:"述而不作,信而好古。""下学而上达,知我者其天乎!"

仲尼既没,七十子之徒散游诸侯,大者为卿相师傅,小者友教士大夫,或隐而不见。故子张居陈,澹台子羽居楚,子夏居西河,子贡终于齐。如田子方、段干木、吴起、禽滑釐之属,皆受业于子夏之伦,为王者师。是时,独魏文侯好学。天下并争于战国,儒术既黜焉,然齐鲁之间学者犹弗废,至于威、宣之际,孟子、孙卿之列咸遵夫子之业而润色之,以学显于当世。

及至秦始皇兼天下,燔《诗》、《书》,杀术士,六学从此缺矣。陈涉之王也,鲁诸儒持孔氏礼器往归之,于是孔甲为涉博士,卒与俱死。陈涉起匹夫,驱适戍以立号,不满岁而灭亡,其事至微浅,然而搢绅先生负礼器往委质为臣者何也?以秦禁其业,积怨而发愤于陈王也。

及高皇帝诛项籍,引兵围鲁,鲁中诸儒尚讲诵习礼,弦歌之音不绝,岂非圣人遗化好学之国哉?于是诸儒始得修其经学,讲习大射乡饮之礼。

---

① 这里节选的是该书《儒林传》。
② 班固:《汉书》卷八十八《儒林传》,中华书局 1962 年版,第 3589—3622 页。

叔孙通作汉礼仪,因为奉常,诸弟子共定者,咸为选首,然后喟然兴于学。然尚有干戈,平定四海,亦未皇庠序之事也。孝惠、高后时,公卿皆武力功臣。孝文时颇登用,然孝文本好刑名之言。及至孝景,不任儒,窦太后又好黄老术,故诸博士具官待问,未有进者。

汉兴,言《易》自淄川田生;言《书》自济南伏生;言《诗》,于鲁则申培公,于齐则辕固生,燕则韩太傅;言《礼》,则鲁高堂生;言《春秋》,于齐则胡母生,于赵则董仲舒。及窦太后崩,武安君田蚡为丞相,黜黄老、刑名百家之言,延文学儒者以百数,而公孙弘以治《春秋》为丞相,封侯,天下学士靡然乡风矣。

弘为学官,悼道之郁滞,乃请曰:"丞相、御史言:制曰:'盖闻导民以礼,风之以乐。婚姻者,居室之大伦也。今礼废乐崩,朕甚愍焉,故详延天下方闻之士,咸登诸朝。其令礼官劝学,讲议洽闻,举遗兴礼,以为天下先。太常议,予博士弟子,崇乡里之化,以厉贤材焉。'谨与太常臧、博士平等议,曰:闻三代之道,乡里有教,夏曰校,殷曰庠,周曰序。其劝善也,显之朝廷;其惩恶也,加之刑罚。故教化之行也,建首善自京师始,由内及外。今陛下昭至德,开大明,配天地,本人伦,劝学兴礼,崇化厉贤,以风四方,太平之原也。古者政教未洽,不备其礼,请因旧官而兴焉。为博士官置弟子五十人,复其身。太常择民年十八以上、仪状端正者,补博士弟子。郡国县官有好文学,敬长上,肃政教,顺乡里,出入不悖,所闻,令相长丞上属所二千石。二千石谨察可者,常与计偕,诣太常,得受业如弟子。一岁皆辄课,能通一艺以上,补文学掌故缺;其高第可以为郎中,太常籍奏。即有秀才异等,辄以名闻。其不事学若下材,及不能通一艺,辄罢之,而请诸能称者。巨谨案诏书律令下者,明天人分际,通古今之谊,文章尔雅,训辞深厚,恩施甚美。小吏浅闻,弗能究宣,亡以明布谕下。以治礼掌故以文学礼义为官,迁留滞。请选择其秩比二百石以上及吏百石通一艺以上补左右内史、太行卒史,比百石以下补郡太守卒史,皆各二人,边郡一人。先用诵多者,不足,择掌故以补中二千石属,文学掌故补郡属,备员。请著功令。它如律令。"

制曰:"可。"自此以来,公卿大夫士吏彬彬多文学之士矣。

昭帝时举贤良文学,增博士弟子员满百人,宣帝末增倍之。元帝好儒,能通一经者皆复。数年,以用度不足,更为设员千人,郡国置《五经》百石卒史。成帝末，或言孔子布衣养徒三千人，今天子太学弟子少，于是增弟子员三千人。岁余，复如故。平帝时王莽秉政，增元士之子得受业如弟子，勿以为员，岁课甲科四十人为郎中，乙科二十人为太子舍人，丙科四十人补文学掌故云。

自鲁商瞿子木受《易》孔子，以授鲁桥庇子庸。子庸授江东馯臂子弓。子弓授燕周丑子家。子家授东武孙虞子乘。子乘授齐田何子装。及秦禁学，《易》为筮卜之书，独不禁，故传受者不绝也。汉兴，田何以齐田徙杜陵，号杜田生，授东武王同子中、雒阳周王孙、丁宽、齐服生，皆著《易传》数篇。同授淄川杨何，字叔元，元光中征为太中大夫。齐即墨城，至城阳相。广川孟但，为太子门大夫。鲁周霸、莒衡胡、临淄主父偃，皆以《易》至大官。要言《易》者本之田何。

丁宽字子襄，梁人也。初梁项生从田何受《易》，时宽为项生从者，读《易》精敏，才过项生，遂事何。学成，何谢宽。宽东归，何谓门人曰："《易》以东矣。"宽至雒阳，复从周王孙受古义，号《周氏传》。景帝时，宽为梁孝王将军距吴楚，号丁将军，作《易说》三万言，训故举大谊而已，今《小章句》是也。宽授同郡砀田王孙。王孙授施雠、孟喜、梁丘贺。繇是《易》有施、孟、梁丘之学。

施雠字长卿，沛人也。沛与砀相近，雠为童子，从田王孙受《易》。后雠徙长陵，田王孙为博士，复从卒业，与孟喜、梁丘贺并为门人。谦让，常称学废，不教授。及梁丘贺为少府，事多，乃遣子临分将门人张禹等从雠问。雠自匿不肯见，贺固请，不得已乃授临等。于是贺荐雠："结发事师数十年，贺不能及。"诏拜雠为博士。甘露中与《五经》诸儒杂论同异于石渠阁。雠授张禹、琅邪鲁伯。伯为会稽太守，禹至丞相。禹授淮阳彭宣、沛戴崇子平。崇为九卿，宣大司空。禹、宣皆有传。鲁伯授太山毛莫如少路、琅邪邴丹曼容，著清名。莫如至常山太守。此其知名者也。由是施家有张、彭之学。

孟喜字长卿，东海兰陵人也。父号孟卿，善为《礼》、《春秋》，授后苍、疏广。世所传《后氏礼》、《疏氏春秋》，皆出孟卿。孟卿以《礼经》多，《春秋》烦杂，及使喜从田王孙受《易》。喜好自称誉，得《易》家候阴阳灾变书，诈言师田生且死时枕喜膝，独传喜，诸儒以此耀之。同门梁丘贺疏通证明之，曰："田生绝于施雠手中，时喜归东海，安得此事？"又蜀人赵宾好小数书,后为《易》,饰《易》文,以为"箕子明夷,阴阳气亡箕子;箕子者,万物方荄兹也"。宾持论巧慧,《易》家不能难,皆曰"非古法也"。云受孟喜,喜为名之。后宾死,莫能持其说。喜因不肯仞,以此不见信。喜举孝廉为郎,曲台署长,病免,为丞相掾。博士缺,众人荐喜。上闻喜改师法,遂不用喜。喜授同郡白光少子、沛翟牧子兄,皆为博士。由是有翟、孟、白之学。

梁丘贺字长翁,琅邪诸人也。以能心计,为武骑。从太中大夫京房受《易》。房者,淄川杨何弟子也。房出为齐郡太守,贺更事田王孙。宣帝时,闻京房为《易》明,求其门人,得贺。贺时为都司空令。坐事,论免为庶人。待诏黄门数入说教侍中,以召贺。贺人说,上善之,以贺为郎。会八月饮酎,行祠孝昭庙,先驱旄头剑挺堕坠,首垂泥中,刃乡乘舆车,马惊。于是召贺筮之,有兵谋,不吉。上还,使有司侍祠。是时,霍氏外孙代郡太守任宣坐谋反诛,宣子章为公车丞,亡在渭城界中,夜玄服入庙,居郎间,执戟立庙门,待上至,欲为逆。发觉,伏诛。故事,上常夜入庙,其后待明而入,自此始也。贺以筮有应,由是近幸,为太中大夫,给事中,至少府。为人小心周密,上信重之。年老终官。传子临,亦入说,为黄门郎。甘露中,奉使问诸儒于石渠。临学精孰,专行京房法。琅邪王吉通《五经》,闻临说,善之。时宣帝选高材郎十人从临讲,吉乃使其子郎中骏上疏从临受《易》。临代五鹿充宗君孟为少府,骏御史大夫,自有传。充宗授平陵士孙张仲方、沛邓彭祖子夏、齐衡咸长宾。张为博士,至扬州牧,光禄大夫给事中,家世传业。彭祖,真定太傅;咸,王莽讲学大夫。由是梁丘有士孙、邓、衡之学。

京房受《易》梁人焦延寿。延寿云尝从孟喜问《易》。会喜死,房以为延寿《易》即孟氏学,翟牧、白生不肯,皆曰非也。至成帝时,刘向校书,考《易》说,以为诸《易》家说皆祖田何、杨叔元、丁将军,大谊略同,唯京氏为异,党焦延寿独得隐士之说,托之孟氏,不相与同。房以明灾异得幸,为石显所谮诛,自有传。房授东海殷嘉、河东姚平、河南乘弘,皆为郎、博士。由是《易》有京氏之学。

费直字长翁,东莱人也。治《易》为郎,至单父令。长于卦筮,亡章句,徒以《彖》、《象》、《系辞》十篇文言解说上下经。琅邪王璜平中能传之。璜又传古文《尚书》。

高相,沛人也。治《易》与费公同时,其学亦亡章句,专说阴阳灾异,自言出于丁将军。传至相,相授子康及兰陵毌将永。康以明《易》为郎,永至豫章都尉。及王莽居摄,东郡太守翟谊谋举兵诛莽,事未发,康候知东郡有兵,私语门人,门人上书言之。后数月,翟谊兵起,莽召问,对受师高康。莽恶之,以为惑众,斩康。由是《易》有高氏学。高、费皆未尝立于学官。

伏生,济南人也,故为秦博士。孝文时,求能治《尚书》者,天下亡有,闻伏生治之,欲召。时伏生年九十余,老不能行,于是诏太常,使掌故朝错往受之。秦时禁《书》,伏生壁藏之,其后大兵起,流亡。汉定,伏生求其《书》,亡数十篇,独得二十九篇,即以教于齐、鲁之间。齐学者由此颇能言《尚书》,山东大师亡不涉《尚书》以教。伏生教济南张生及欧阳生。张生为博士,而伏生孙以治《尚书》征,弗能明定。是后鲁周霸、雒阳贾嘉颇能言《尚书》云。

欧阳生字和伯,千乘人也。事伏生,授倪宽。宽又受业孔安国,至御史大夫,自有传。宽有俊材,初见武帝,语经学。上曰:"吾始以《尚书》为朴学,弗好,及闻宽说,可观。"乃从宽问一篇。欧阳、大小夏侯氏学皆出于宽。宽授欧阳生子,世世相传,至曾孙高子阳,为博士。高孙地馀长宾以太子中庶子授太子,后为博士,论石渠。元帝即位,地馀侍中,贵幸,至少府。戒其子曰:"我死,官属即送汝财物,慎毋受。汝九卿儒者子孙,以廉洁著,可以自成。"及地馀死,少府官属共送数百万,其子不受。天子闻而嘉之,赐钱百万。地馀少子政为王莽讲学大夫。由是《尚书》世有欧阳氏学。

林尊字长宾,济南人也。事欧阳高,为博士,论石渠。后至少府、太子太傅,授平陵平当、梁陈翁生。当至丞相,自有传。翁生信都太傅,家世传业。由是欧阳有平、陈之学。翁生授琅邪殷崇、楚国龚胜。崇为博士,胜右扶风,自有传。而平当授九江朱普公文、上党鲍宣。普为博士,宣司隶校尉,自有传。徒众尤盛,知名者也。

夏侯胜,其先夏侯都尉,从济南张生受《尚书》,以传族子始昌。始昌传胜,胜又事同郡蕳卿。蕳卿者,倪宽门人。胜传从兄子建,建又事欧阳高。胜至长信少府,建太子太傅,自有传。由是《尚书》有大小夏侯之学。

周堪字少卿,齐人也。与孔霸俱事大夏侯胜。霸为博士。堪译官令,论于石渠,经为最高,后为太子少傅,而孔霸以太中大夫授太子。及元帝即位,堪为光禄大夫,与萧望之并领尚书事,为石显等所谮,皆免官。望之自杀,上愍之,乃擢堪为光禄勋,语在《刘向传》。堪授牟卿及长安许商长伯。牟卿为博士。霸以帝师赐爵号褒成君,传子光,亦事牟卿,至丞相,自有传。由是大夏侯有孔、许之学。商善为算,著《五行论历》,四至九卿,号其门人沛唐林子高为德行,平陵吴章伟君为言语,重泉王吉少音为政事,齐炔钦幼卿为文学。王莽时,林、吉为九卿,自表上师冢,大夫博士郎吏为许氏学者,各从门人,会车数百辆,儒者荣之。钦、章皆为博士,徒众尤盛。章为王莽所诛。

张山拊字长宾,平陵人也。事小夏侯建,为博士,论石渠,至少府。授同县李寻、郑宽中少君、山阳张无故子儒,信都秦恭延君、陈留假仓子骄。无故善修章句,为广陵太傅,守小夏侯说文。恭增师法至百万言,为城阳内史。仓以谒者论石渠,至胶东相。寻善说灾异,为骑都尉,自有传。宽中有俊材,以博士授太子,成帝即位,赐爵关内侯,食邑八百户,迁光禄大夫,领尚书事,甚尊重。会疾卒,谷永上疏曰:"臣闻圣王尊师傅,褒贤俊,显有功,生则致其爵禄,死则异其礼谥。昔周公薨,成王葬以变礼,而当天心。公叔文子卒,卫侯加以美谥,著为后法。近事,大司空朱邑、右扶风翁归德茂夭年,孝宣皇帝愍册厚赐,赞命之臣靡不激扬。关内侯郑宽中有颜子之美质,包商、偃之文学,严然总《五经》之眇论,立师傅之显位,入则乡唐虞之阁道,王法纳乎圣听,出则参冢宰之重职,功列施乎政事,退食自公,私门不开,散赐九族,田亩不益,德配周召,忠合《羔羊》,未得登司徒,有家臣,卒然早终,尤可悼痛!臣愚以为宜加其葬礼,赐之令谥,以章尊师褒贤显功之德。"上吊赠宽中甚厚。由是小夏侯有郑、张、秦、假、李氏之学。宽中授东郡赵玄,无故授沛唐尊,恭授鲁冯宾。宾为博士,尊王莽太傅,玄哀帝御史大夫,至大官,知名者也。

孔氏有古文《尚书》,孔安国以今文字读之,因以起其家逸《书》,得十余篇,盖《尚书》兹多于是矣。遭巫蛊,未立于学官。安国为谏大夫,授都尉朝,而司马迁亦从安国问故。迁书载《尧典》、《禹贡》、《洪范》、《微子》、《金縢》诸篇,多古文说。都尉朝授胶东庸生。庸生授清河胡常少子,以明《穀梁春秋》为博士、部刺史,又传《左氏》。常授虢徐敖。敖为右扶风掾,又传《毛诗》,授王璜、平陵涂恽子真。子真授河南桑钦君长。王莽时,诸学皆立。刘歆为国师,璜、恽等皆贵显。世所传《百两篇》者,出东莱张霸,分析合二十九篇以为数十,又采《左氏传》、《书叙》为作首尾,凡百二篇。

篇或数简,文意浅陋。成帝时求其古文者,霸以能为《百两》征,以中书校之,非是。霸辞受父,父有弟子尉氏樊并。时太中大夫平当、侍御史周敞劝上存之。后樊并谋反,乃黜其书。

申公,鲁人也。少与楚元王交俱事齐人浮丘伯受《诗》。汉兴,高祖过鲁,申公以弟子从师入见于鲁南宫。吕太后时,浮丘伯在长安,楚元王遣子郢与申公俱卒学。元王薨,郢嗣立为楚王,令申公傅太子戊。戊不好学,病申公。及戊立为王,胥靡申公。申公愧之,归鲁退居家教,终身不出门。复谢宾客,独王命召之乃往。弟子自远方至受业者千余人,申公独以《诗经》为训故以教,亡传,疑者则阙弗传。兰陵王臧既从受《诗》,已通,事景帝为太子少傅,免去。武帝初即位,臧乃上书宿卫,累迁,一岁至郎中令。及代赵绾亦尝受《诗》申公,为御史大夫。绾、臧请立明堂以朝诸侯,不能就其事,乃言师申公。于是上使使束帛加璧,安车以蒲裹轮,驾驷迎申公,弟子二人乘轺传从。至,见上,上问治乱之事。申公时已八十余,老,对曰:“为治者不在多言,顾力行何如耳。”是时上方好文辞,见申公对,默然。然已招致,即以为太中大夫,舍鲁邸,议明堂事。太皇窦太后喜《老子》言,不说儒术,得绾、臧之过,以让上曰:“此欲复为新垣平也!”上因废明堂事,下绾、臧吏,皆自杀。申公亦病免归,数年卒。弟子为博士十余人,孔安国至临淮太守,周霸胶西内史,夏宽城阳内史,砀鲁赐东海太守,兰陵缪生长沙内史,徐偃胶西中尉,邹人阙门庆忌胶东内史,其治官民皆有廉节称。其学官弟子行虽不备,而至于大夫、郎、掌故以百数。申公卒以《诗》、《春秋》授,而瑕丘江公尽能传之,徒众最盛。及鲁许生、免中徐公,皆守学教授。韦贤治《诗》,事大江公及许生,又治《礼》,至丞相。传子玄成,以淮阳中尉论石渠,后亦至丞相。玄成及兄子赏以《诗》授哀帝,至大司马车骑将军,自有传。由是《鲁诗》有韦氏学。

王式字翁思,东平新桃人也。事免中徐公及许生。式为昌邑王师。昭帝崩,昌邑王嗣立,以行淫乱废,昌邑群臣皆下狱诛,唯中尉王吉、郎中令龚遂以数谏减死论。式系狱当死,治事使者责问曰:“师何以亡谏书?”式对曰:“臣以《诗》三百五篇朝夕授王,至于忠臣孝子之篇,未尝不为王反复诵之也;至于危亡失道之君,未尝不流涕为王深陈之也。臣以三百五篇谏,是以亡谏书。”使者以闻,亦得减死论,归家不教授。山阳张长安幼君先事式,后东平唐长宾、沛褚少孙亦来事式,问经数篇,式谢曰:“闻之于师具是矣，自润色之。"不肯复授。唐生、褚生应博士弟子选，诣博士，抠衣登堂，颂礼甚严，试诵说，有法，疑者丘盖不言。诸博士惊问何师，对曰事式。皆素闻其贤，共荐式。诏除下为博士。式征来，衣博士衣而不冠，曰："刑余之人，何宜复充礼官？"既至，止舍中，会诸大夫博士，共持酒肉劳式，皆注意高仰之，博士江公世为《鲁诗》宗，至江公著《孝经说》，心嫉式，谓歌吹诸生曰："歌《骊驹》。"式曰："闻之于师：客歌《骊驹》，主人歌《客毋庸归》。今日诸君为主人，日尚早，未可也。"江翁曰："经何以言之？"式曰："在《曲礼》。"江翁曰："何狗曲也！"式耻之，阳醉遏地。式客罢，让诸生曰："我本不欲来，诸生强劝我，竟为竖子所辱！"遂谢病免归，终于家。张生、唐生、褚生皆为博士。张生论石渠，至淮阳中尉。唐生楚太傅。由是《鲁诗》有张、唐、褚氏之学。张生兄子游卿为谏大夫，以《诗》授元帝。其门人琅邪王扶为泗水中尉，授陈留许晏为博士。由是张家有许氏学。初，薛广德亦事王式，以博士论石渠，授龚舍。广德至御史大夫，舍泰山太守，皆有传。

辕固，齐人也。以治《诗》孝景时为博士，与黄生争论于上前。黄生曰："汤武非受命，乃杀也。"固曰："不然。夫桀纣荒乱，天下之心皆归汤武，汤武因天下之心而诛桀、纣，桀纣之民弗为使而归汤武，汤武不得已而立。非受命为何？"黄生曰："'冠虽敝必加于首，履虽新必贯于足。'何者？上下之分也。今桀纣虽失道，然君上也；汤武虽圣，臣下也。夫主有失行，臣不正言匡过以尊天子，反因过而诛之，代立南面，非杀而何？"固曰："必若云，是高皇帝代秦即天子之位，非邪？"于是上曰："食肉毋食马肝，未为不知味也；言学者毋言汤武受命，不为愚。"遂罢。窦太后好《老子》书，召问固。固曰："此家人言耳。"太后怒曰："安得司空城旦书乎！"乃使固入圈击彘。上知太后怒，而固直言无罪，乃假固利兵。下，固刺彘正中其心，彘应手而倒。太后默然，亡以复罪。后上以固廉直，拜为清河太傅，疾免。武帝初即位，复以贤良征。诸儒多嫉毁曰固老，罢归之。时固已九十余矣。公孙弘亦征，仄目而事固。固曰："公孙子，务正学以言，无曲学以阿世！"诸齐以《诗》显贵，皆固之弟子也。昌邑太傅夏侯始昌最明，自有传。

后苍字近君，东海郯人也。事夏侯始昌。始昌通《五经》，苍亦通《诗》、《礼》，为博士，至少府，授翼奉、萧望之、匡衡。奉为谏大夫，望之前将军，衡丞相，皆有传。衡授琅邪师丹、伏理斿君、颍川满昌君都。君都为詹事,理高密太傅,家世传业。丹大司空,自有传。由是《齐诗》有翼、匡、师、伏之学。满昌授九江张邯、琅邪皮容,皆至大官,徒众尤盛。

韩婴,燕人也。孝文时为博士,景帝时至常山太傅。婴推诗人之意,而作内外《传》数万言,其语颇与齐、鲁间殊,然归一也。淮南贲生受之。燕赵间言《诗》者由韩生。韩生亦以《易》授人,推《易》意而为之传。燕赵间好《诗》,故其《易》微,唯韩氏自传之。武帝时,婴尝与董仲舒论于上前,其人精悍,处事分明,仲舒不能难也。后其孙商为博士。孝宣时,涿郡韩生其后也,以《易》征,待诏殿中,曰:"所受《易》即先太傅所传也。尝受《韩诗》,不如韩氏《易》深,太傅故专传之。"司隶校尉盖宽饶本受《易》于孟喜,见涿韩生说《易》而好之,即更从受焉。

赵子,河内人也。事燕韩生,授同郡蔡谊。谊至丞相,自有传。谊授同郡食子公与王吉。吉为昌邑王中尉,自有传。食生为博士,授泰山栗丰。吉授淄川长孙顺。顺为博士,丰部刺史。由是《韩诗》有王、食、长孙之学。丰授山阳张就,顺授东海发福,皆至大官,徒众尤盛。

毛公,赵人也。治《诗》,为河间献王博士,授同国贯长卿。长卿授解延年。延年为阿武令,授徐敖。敖授九江陈侠,为王莽讲学大夫。由是言《毛诗》者,本之徐敖。

汉兴,鲁高堂生传《士礼》十七篇,而鲁徐生善为颂。孝文时,徐生以颂为礼官大夫,传子至孙延、襄。襄,其资性善为颂,不能通经;延颇能,未善也。襄亦以颂为大夫,至广陵内史。延及徐氏弟子公户满意、桓生、单资皆为礼官大夫。而瑕丘萧奋以《礼》至淮阳太守。诸言《礼》为颂者由徐氏。

孟卿,东海人也。事萧奋,以授后仓、鲁闾丘卿。仓说《礼》数万言,号曰《后氏曲台记》,授沛闻人通汉子方、梁戴德延君、戴圣次君、沛庆普孝公。孝公为东平太傅。德号大戴,为信都太傅;圣号小戴,以博士论石渠,至九江太守。由是《礼》有大戴、小戴、庆氏之学。通汉以太子舍人论石渠,至中山中尉。普授鲁夏侯敬,又传族子咸,为豫章太守。大戴授琅邪徐良斿卿,为博士、州牧、郡守,家世传业。小戴授梁人桥仁季卿、杨荣子孙。仁为大鸿胪,家世传业,荣琅邪太守。由是大戴有徐氏,小戴有桥、杨氏之学。

胡母生字子都,齐人也。治《公羊春秋》,为景帝博士。与董仲舒同业,仲舒著书称其德。年老,归教于齐,齐之言《春秋》者宗事之,公孙弘亦颇受焉。而董生为江都相,自有传。弟子遂之者,兰陵褚大,东平嬴公,广川段仲,温吕步舒。大至梁相,步舒丞相长史,唯嬴公守学不失师法,为昭帝谏大夫,授东海孟卿、鲁眭孟。孟为符节令,坐说灾异诛,自有传。

严彭祖字公子,东海下邳人也。与颜安乐俱事眭孟。孟弟子百余人,唯彭祖、安乐为明,质问疑谊,各持所见。孟曰:"《春秋》之意,在二子矣!"孟死,彭祖、安乐各颛门教授。由是《公羊春秋》有颜、严之学。彭祖为宣帝博士,至河南、东郡太守。以高第入为左冯翊,迁太子太傅,廉直不事权贵。或说曰:"天时不胜人事,君以不修小礼曲意,亡贵人左右之助,经谊虽高,不至宰相。愿少自勉强!"彭祖曰:"凡通经术,固当修行先王之道,何可委曲从俗,苟求富贵乎!"彭祖竟以太傅官终。授琅邪王中,为元帝少府,家世传业。中授同郡公孙文、东门云。云为荆州刺史,文东平太傅,徒众尤盛。云坐为江贼拜辱命,下狱诛。

颜安乐字公孙,鲁国薛人,眭孟姊子也。家贫,为学精力,官至齐郡太守丞,后为仇家所杀。安乐授淮阳泠丰次君、淄川任公。公为少府,丰淄川太守。由是颜家有泠、任之学。始贡禹事嬴公,成于眭孟,至御史大夫,疏广事孟卿,至太子太傅,皆自有传。广授琅邪管路,路为御史中丞。禹授颍川堂溪惠,惠授泰山冥都,都为丞相史。都与路又事颜安乐,故颜氏复有管、冥之学。路授孙宝,为大司农,自有传。丰授马宫、琅邪左咸。咸为郡守九卿,徒众尤盛。宫至大司徒,自有传。

瑕丘江公受《穀梁春秋》及《诗》于鲁申公,传子至孙为博士。武帝时,江公与董仲舒并。仲舒通《五经》,能持论,善属文。江公呐于口,上使与仲舒议,不如仲舒。而丞相公孙弘本为《公羊》学,比辑其议,卒用董生。于是上因尊《公羊》家,诏太子受《公羊春秋》,由是《公羊》大兴。太子既通,复私问《穀梁》而善之。其后浸微,唯鲁荣广王孙、皓星公二人受焉。广尽能传其《诗》、《春秋》,高材捷敏,与《公羊》大师眭孟等论,数困之,故好学者颇复受《穀梁》。沛蔡千秋少君、梁周庆幼君、丁姓子孙皆从广受。千秋又事皓星公,为学最笃。宣帝即位,闻卫太子好《穀梁春秋》,以问丞相韦贤、长信少府夏侯胜及侍中乐陵侯史高,皆鲁人也,言穀梁子本鲁学,公羊氏乃齐学也,宜兴《穀梁》。时千秋为郎,召见,与《公羊》家并说,上善

《穀梁》说,擢千秋为谏大夫给事中,后有过,左迁平陵令。复求能为《穀梁》者,莫及千秋。上愍其学且绝,乃以千秋为郎中户将,选郎十人从受。汝南尹更始翁君本自事千秋,能说矣,会千秋病死,征江公孙为博士。刘向以故谏大夫通达待诏,受《穀梁》,欲令助之。江博士复死,乃征周庆、丁姓待诏保宫,使卒授十人。自元康中始讲,至甘露元年,积十余岁,皆明习。乃召《五经》名儒太子太傅萧望之等大议殿中,平《公羊》、《穀梁》同异,各以经处是非。时,《公羊》博士严彭祖、侍郎申挽、伊推、宋显,《穀梁》议郎尹更始、待诏刘向、周庆、丁姓并论。《公羊》家多不见从,愿请内侍郎许广,使者亦并内《穀梁》家中郎王亥,各五人,议三十余事。望之等十一人各以经谊对,多从《穀梁》。由是《穀梁》之学大盛。庆、姓皆为博士。姓至中山太傅,授楚申章昌曼君,为博士,至长沙太傅,徒众尤盛。尹更始为谏大夫、长乐户将,又受《左氏传》,取其变理合者以为章句,传子咸及翟方进、琅邪房凤。咸至大司农,方进丞相,自有传。

房凤字子元,不其人也。以射策乙科为太史掌故。太常举方正,为县令都尉,失官。大司马票骑将军王根奏除补长史,荐凤明经通达,擢为光禄大夫,迁五官中郎将。时光禄勋王龚以外属内卿,与奉车都尉刘歆共校书,三人皆侍中。歆白《左氏春秋》可立,哀帝纳之,以问诸儒,皆不对。歆于是数见丞相孔光,为言《左氏》以求助,光卒不肯。唯凤、龚许歆,遂共移书责让太常博士,语在《歆传》。大司空师丹奏歆非毁先帝所立,上于是出龚等补吏,龚为弘农;歆河内,凤九江太守,至青州牧。始江博士授胡常,常授梁萧秉君房,王莽时为讲学大夫。由是《穀梁春秋》有尹、胡、申章、房氏之学。

汉兴,北平侯张苍及梁大傅贾谊、京兆尹张敞、太中大夫刘公子皆修《春秋左氏传》。谊为《左氏传》训故,授赵人贯公,为河间献王博士,子长卿为荡阴令,授清河张禹长子。禹与萧望之同时为御史,数为望之言《左氏》,望之善之,上书数以称说。后望之为太子太傅,荐禹于宣帝,征禹待诏,未及问,会疾死。授尹更始,更始传子咸及翟方进、胡常。常授黎阳贾護季君,哀帝时待诏为郎,授苍梧陈钦子佚,以《左氏》授王莽,至将军。而刘歆从尹咸及翟方进受。由是言《左氏》者本之贾護、刘歆。

赞曰:自武帝立《五经》博士,开弟子员,设科射策,劝以官禄,讫于元始,百有余年,传业者浸盛,支叶蕃滋,一经说至百余万言,大师众至千余人，盖禄利之路然也。初，《书》唯有欧阳，《礼》后，《易》杨，《春秋》公羊而已。至孝宣世，复立《大小夏侯尚书》、《大小戴礼》、《施》、《孟》、《梁丘易》、《穀梁春秋》。至元帝世，复立《京氏易》，平帝时，又立《左氏春秋》、《毛诗》、逸《礼》、古文《尚书》，所以罔罗遗失，兼而存之，是在其中矣。

许慎学案

许慎字叔重,汝南召陵人。约生于光武建武三十年(公元 54 年)至明帝永平元年(公元 58 年),卒于桓帝建和元年至三年(公元 147 年—公元 149 年),主要活动于和帝时期。著有《说文解字》及《五经异义》等。许慎是东汉著名的学者,被时人称为"五经无双许叔重"。《说文》所收的九千多字,绝大多数与经学无关。关乎政治、礼制、道德教化与经义的文字,其释义则是一种经学或两种经学的结合。与谶纬和《白虎通》相比,《说文》删掉了牵强附会与神学的相关说法,也扫荡了当时随意虚构比附的做法,为科学地研究汉字的起源与初义,奠定了方向与方法论的基础。

《五经异义》讨论了五经经义的不同说法,且"分今古文说甚晰"。《异义》列举《诗》《书》《礼》《易》《春秋》今古文在礼制、社会制度及经义上的不同说法,然后进行评判。虽然结论大多采《古文尚书》说、《左氏》说、《周礼》说,但亦引用了不少今文经说以为证,试图打通今古文的界线。如:《异义》批判了左氏说非君父大义的学说。《异义》还批判了春秋公羊派"鲁哀十四年"孔子见麟受命之说,从根本上否定了今文种种孔子受命为汉制法的说法。《异义》比较同异的结果,使所有经说都成为讨论的对象,打破了师法、家法的限制,开启了自由研讨的治学理路。总之,许慎的治学展现出全新的学风,这对结束经学对思想与学术的统治,起了极有益的作用。①

一、说文解字

许慎编纂的《说文解字》,共 14 卷,并有叙目 1 卷,收录了近万个汉

---

① 金春峰:《汉代思想史》,中国社会科学出版社 2006 年版,第 535—539 页。

字,其中重文 1163,解说 133441 字。许慎首创部首排检法,以 540 部首统领全书,通过对字形分析溯求汉字的本义,是中国第一部系统地分析字形和考究字源的字典。

《说文解字》标目

聿 余律切	聿 尼輒切	支 章移切	史 疏士切	丂 可切	又 于敨切	豆 都門切	丮 几劇切	爪 側佼切	䰜 郎激切	鬲 郎激切	革 古覇切
敎 古孝切	攴 普木切	䇂 而竷切	皮 羈切	寸 倉因切	几 朱切	殺 所入切	臣 市朱切	臦 植鄰切	㸒 苦開切	隸 徒耐切	畫 胡麥切

屮 疾白二切	自 疾白二切	盾 食聞切	眉 武悲切	明 几遇切	目 莫六切	夐 火劣切	第四	焱 力几切	爻 胡茅切	用 余訟切	卜 博木切
瞿 九遇切	羴 式連切	羊 與章切	首 徒結切	丩 工瓦切	萑 胡官切	雀 息遺切	隹 職追切	羽 王矩切	習 似入切	酉 彼力切	鼻 父二切

放 甫妄切	予 余呂切	玄 胡消切	叀 職綠切	丝 於蚰切	幺 於堯切	轟 古候切	華 式潘切	烏 哀都切	鳥 都了切	龖 徂合切	雥 而流切
丰 古拜切	韧 格八切	刃 而振切	刀 都牟切	觿 居銀切	肉 如六切	骨 古忽切	冎 古瓦切	死 息姊切	歺 五割切	夕 昨千切	受 平小切

（小篆部首及反切表）

第一表

曰 伐曰切王	甘 三甘切古	巫 扶武切	珏 衍珏切知	工 紅工切	左 箇左切則	丌 之丌切居	箕 之箕切居	竹 玉竹切陟	弟五	角 岳角切古	耒 對耒切盧
豆 候豆切徒	豈 喜豈切虛	鼓 戶鼓切工	壴 壴里切中	喜 稚喜切虛	旨 俱旨切職	亏 到亏切羽	号 雞号切胡	丂 我丂切肯	可 浩可切苦	丁 浩丁切苦	尺 亥尺切奴

第二表

丹 寒丹切都	丨 癏丨切知	血 決血切呼	去 據去切丘	山 魚山切	屾 永屾切武	嶽 閉嶽切五	虤 古虤切虎	虍 烏虍切菜	盧 闕盧切許	豐 戎豐切敷	豊 啟豊切盧
高 牢高切古	矢 視矢切武	缶 九缶切方	入 汁入切人	倉 岡倉切七	會 外會切古	亼 入亼切秦	食 力食切乘	皀 諒皀切丑	皃 及皃切皮	井 郢井切子	青 經青切倉

第三表

姂 充姂切昌	夂 危夂切楚	夋 獲夋切莫	來 哀來切洛	嗇 力嗇切所	㐭 甚㐭切力	畐 遍畐切芳	㫄 口㫄切胡	亯 兩亯切許	京 鄉京切舉	亳 亯亳切古	片 焚片切古
爰 灼爰切而	才 哉才切昨	林 尋林切力	東 紅東切得	朩 卜朩切莫	弟六	桀 列桀切渠	夊 友夊切興	夂 侈夂切陟	美 計美切時	韋 非韋切字	舜 闕舜切舒

交 巢鉏切	稽 古兮切	禾 古切	華 瓜華切	于 華戶切	爲 爲況切	是 爲是切	毛 格毛切	生 生所切	活 木普切	出 律切
乾 古案切	旦 得案切	日 人質切	弟七	丱 絲胡切	邑 於汲切	貝 博蓋切	員 王權切	口 口非切	囊 本胡切	束 木玉切

（币 而周切｜之 止而切｜橐 親吉切）

篆字	篆字	篆字	篆字	篆字	篆字	篆字	篆字	篆字	篆字
東 胡感切	弓 乎感切	毋 武丸切	多 得何切	夕 祥易切	四 問承切	卯 武冒切	有 云九切	月 魚厥切	晶 子盈切
米 莫禮切	香 許良切	黍 舒呂切	林 郎擊切	禾 戶戈切	氣 盧谷切	亯 苦得切	鼎 都挺切	片 匹見切	束 七賜切

（冥 莫經切｜州 於旋切｜角 祖兮切｜鹵 徒邊切）

篆字	篆字	篆字	篆字	篆字	篆字	篆字	篆字	篆字	篆字
宀 武延切	瓞 胡誤切	瓦 古華切	韭 舉瓜切	希 多官切	未 式竹切	麻 莫退切	林 匹卦切	木 許刃切	凶 許容切
巾 居銀切	兩 呼訝切	网 文罔切	网 良奬切	冃 莫報切	冂 莫保切	门 莫伏切	广 女厂切	廩 莫鳳切	内 力決切

（囗 其白切｜毇 許委切｜吕 呂舉切｜宮 居戎切｜冘 穴決切｜内 穴決切）

265

北墨切傳	比至切毗	从容切疾	匕履切甲	匕跨切呼	人郅切如	弟八	几㑞切陛	祭幽切毗	白陌切脅	帛陌切脅	市勿切分
芮蠢切充	毛袍切莫	老皓切盧	裘鳩切巨	衣稀切於	身人切失	月機切於	卧人切吾	重用切柱	壬鼎切他	仄音切魚	丘鳩切去
先前切穌	兆戶切公	兒教切莫	先岑切側	兄榮切許	儿鄰切如	方良切府	舟流切職	履止切貞	尾斐切無	尺石切昌	尸脂切式
丏充切弥	面箭切弥	百九切書	頁結切胡	弟九	兂未切居	次連切敘	歙錦切於	欠劔切去	覞欠切曳	見甸切古	禿谷切他
卪刃切於	卩結切於	后移切章	司茲切息	后口切胡	髟衛切必	文分切無	彡分切無	彡衡切所	須俞切相	県堯切古	首九切書
屾臻切所	山開切所	屵灰切五	厶夷切息	由勿切戟	鬼偉切居	苟力切已	勹交切布	勹交切布	辟益切父	卯京切去	色力切所

（篆文部首表）

豕	豸	而	而	勿	長	石	危	丸	厂	广	屵
至豕切羊	視豸切式	豕之切而	而玦切而	勿文切	辰直切長	石常切隻	為危切官	丸胡切官	旱呼切厂	僉广切魚	葛五切屵
兔	鹿	麤	彘	易	第十	象	易	豸	豚	希	兀
略兔切丑	胡鹿切廳	谷鹿切倉	買鷹切宅	下馬切莫		兩象切徐	益易切羊	姊爲切	尔豸切池	魂豚切徒	例兀切居

焱	囟	黑	炎	火	熊	能	鼠	狀	犬	覓	兔
舟焱切以	江囟切楚	北黑切呼	廉炎切于	果火切呼	宮熊切羽	登能切奴	呂鼠切舊	斤狀切語	法犬切苦	宮覓切胡	故兔切湯
奢	卒	壹	壺	光	交	夭	夨	亦	大	赤	炙
車奢切式	輒卒切	悉壹切尼	吳壺切於	光鳥切古	允交切古	兆夭切於	力夨切阻	益亦切羊	蓋大切徒	石赤切昌	石炙切之

第十一	茻	心	思	囟	竝	立	夫	大	老	辛	廾
	二茻切累	林心切息	心思切息	兹囟切息	進竝切息	迥竝切	入立切蒲	無夫切力	達大切他	老齐切古	刀辛切土	郎廾切古
久	黹	黹	黍	永	泉	川	巜	乚	頻	林	水
陵久切筆	祿谷切古	卦辰切匹	憬切于	避永切于	綠泉切詳	綠川切疾	外巜切古	法乚切姑	真頻切符	墨林切之	軌水切式

第十一

雨 王矩切　　雲 王分切　　魚 語居切　　燕 於甸切　　龍 力鍾切　　飛 甫微切　　非 甫微切　　晉 息晉切　　乙 烏轄切　　不 方久切

至 脂利切　　西 稽先切　　鹵 郎古切　　鹽 余廉切　　戶 侯古切　　門 莫奔切　　耳 而止切　　匚 與之切　　手 書九切　　爪 古懷切　　女 尼呂切　　母 武扶切

第十三

民 彌都切　　丿 房密切　　乀 余制切　　支 承旨切　　氏 丁礼切　　戈 古禾切　　戊 王伐切　　我 五可切　　月 衢月切　　丩 巨今切　　乚 於謹切

亡 武方切　　乚 胡礼切　　匸 府良切　　曲 丘玉切　　甾 側詞切　　瓦 五寡切　　弓 居戎切　　弱 其兩切　　弦 胡田切　　系 胡計切　　糸 莫狄切

第十四

素 桑故切　　絲 息茲切　　率 所律切　　虫 許偉切　　蚰 古魂切　　蟲 直弓切　　風 方戎切　　它 託何切　　龜 居追切　　黽 莫杏切　　卵 盧管切　　二 而至切

土 它魯切　　垚 吾聊切　　堇 董斤切　　里 良止切　　田 待年切　　畕 居良切　　黃 乎光切　　男 那含切　　力 林直切　　劦 胡頰切　　金 居音切

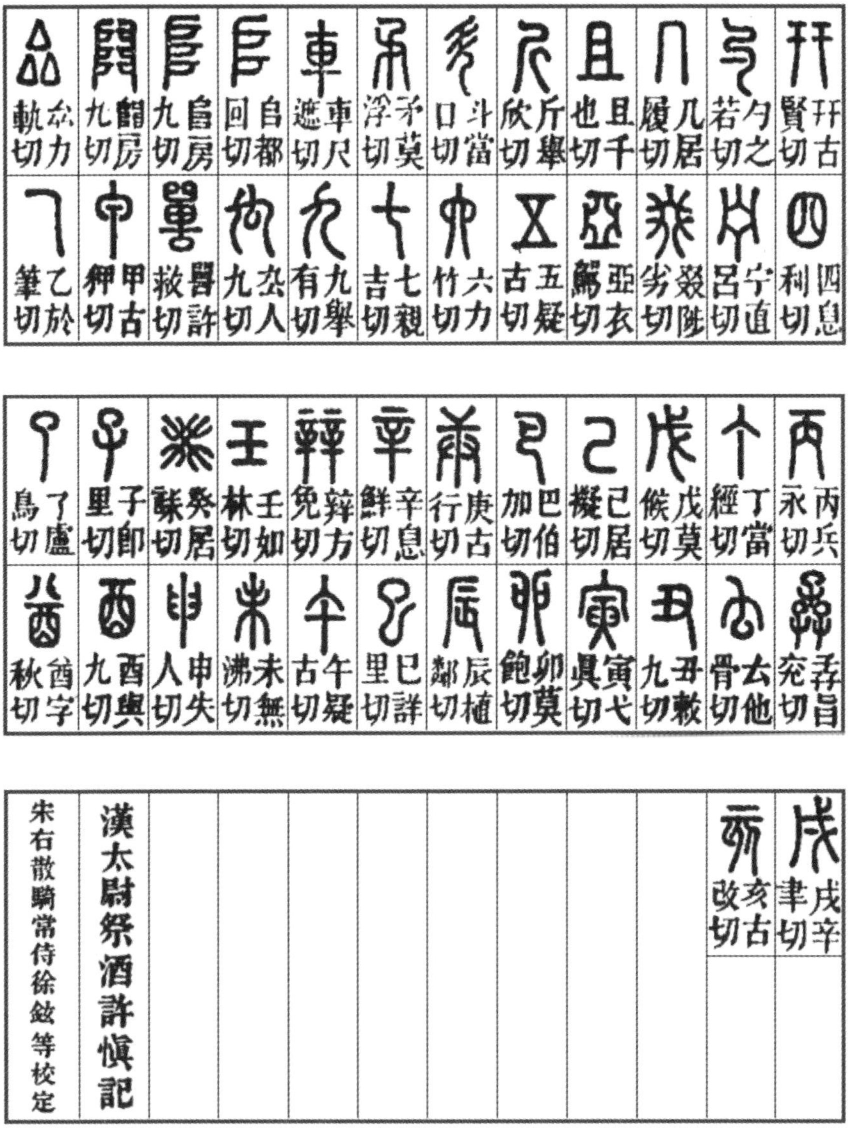

（篆文字表，附反切）

第一组（上行）：
軌众切力　｜　九餾切房　｜　九臰切房　｜　回自切都　｜　遮車切尺　｜　浮矛切莫　｜　口斗切當　｜　欣斤切舉　｜　也且切千　｜　履几切居　｜　若勹切之　｜　賢开切古

第一组（下行）：
筆乙切於　｜　狎甲切古　｜　救臼切許　｜　九杂切人　｜　有九切舉　｜　吉七切親　｜　竹六切力　｜　古五切疑　｜　鵝亞切衣　｜　劣發切陟　｜　呂宁切直　｜　四利切息

第二组（上行）：
鳥了切盧　｜　里子切卽　｜　敄癸切居　｜　林壬切如　｜　免辡切方　｜　鮮辛切息　｜　行庚切古　｜　加巴切伯　｜　擬己切居　｜　候戊切莫　｜　經个切當　｜　永丙切兵

第二组（下行）：
秋酋切字　｜　九酉切與　｜　人申切失　｜　沸未切無　｜　古午切疑　｜　里巳切詳　｜　鄁辰切植　｜　鮑卯切莫　｜　具寅切弋　｜　九丑切敕　｜　骨去切他　｜　宛弄切昌

第三组：
　　　　　　　　　　　　　　　　　　　　　改亥切古　｜　聿戌切辛

（左下两列竖行）
朱右散騎常侍徐鉉等校定

漢太尉祭酒許慎記

《说文解字》一书在声音训诂及语言历史上具有极高的价值。分部之创举。540部，统摄9353字，为前此文字书之所无。

明字例之条也。六书为整理文字之条例，虽属后起，然自经整理以后，9353字，皆能说以六书之条例，使读其书者，可得形声义相互之关系。虽其中稍涉牵强者，未能尽免，然大多悉可通。明字例之条，为古今文字书所未有。

字形之画一也。甲骨文、金文，形体悉不一致，笔画或多或少，虽非圆画，尚未脱尽圆画之痕迹。至于小篆，笔画遂趋一致，多一笔不可，少一笔亦不可。古籀变为小篆，相传李斯等所改，《仓颉》等篇，今已不存，而《说文解字》能成一部整齐划一之文字书，其功实巨。

古音之参考也。《说文解字》9353 字中，形声字 7697，此七千余字，取譬相成之声，其古音之材料，视三百篇诗而有过之。

古义之总汇也。六经文字多用假借，《说文解字》必明本义。假义通行，本义遂晦，且不明本义，亦无以明假借之理。相沿既久，为谬日久，不根据《说文解字》，如朋、友、言、语等字，往往发生误解。

能溯文字之源也。《说文解字》虽以小篆为主，而小篆实古籀之遗，所以今日研究古文字学者，莫不以《说文解字》为研究之基础。

能为语言学之辅助也。有声音而后有言语，有言语而后有文字。文字之音，由言语之音而来，言语之音，由自然之音而来，于《说文解字》中，尤留得其痕迹，至天之训颠、日之训实、川之训穿，可推求言语之根。又古多专名，后来专名废弃，而以形容词加于共名之上以代之，亦可推求言语之变迁。若训择菜、汏训渐米，今日方言见于《说文解字》者颇多，可为方言之考证。

能为古社会之探讨也。《说文解字》一书，虽非原始时代文字之形义，但必继承原始时代文字之形义而来，根据《说文解字》，上溯甲骨文及金文，可为古社会探讨之材料甚多。[1]

---

[1]　胡朴安:《中国文字学史》,商务印书馆 1937 年版,第 39—50 页。

赵岐学案

赵岐，东汉末年经学家，著《孟子章句》，《十三经注疏》中《孟子注疏》即以此书为注本。《孟子章句》以《孟子》七篇为蓝本，每篇分上、下，共14卷，261章，成为流传至今最早的《孟子》注本。《孟子章句》中既有对文字的训释，又有思想义理的阐发，同时着重讲解、论述了各章的思想内容和孟子的主张，超越了一般经学家固守章句本身的局限。

汉朝末年时局动荡，作为深受儒家思想影响的士人阶层，赵岐对儒学政治观有了新的阐释，体现出鲜明的时代特性。面对东汉政权倾倒的现实，赵岐通过注释《孟子》，阐发了自身的治世主张。在《孟子题辞》一章中，赵岐认为孟子之时"先王大道，凌迟坠废，异端并起，若杨朱、墨翟放荡之言，以干时惑众者非一"。但孟子承负使命，艰难传道"孟子闵悼尧、舜、汤、文、武、周、孔之业将遂湮微，正途雍底，仁义荒怠，佞伪驰骋，红紫乱朱。于是则慕仲尼周流忧世，遂以儒道游于诸侯，思济斯民"。《孟子章句》一书共有129章的内容涉及"政治思想"，主要分为：仁政论、民本思想、为臣处世之道等三部分，涵盖了君王和臣民两方面的道德要求，而这两者本身也是国家政治生活的两个主体。

在"伦理思想"方面，《孟子章句》涉及此内容的共有83章。其中，赵岐认为"性善论"是孟子伦理思想的伦理基础，而"仁、义、礼、智"是孟子伦理思想的主要内容，只要通过自身的不懈追求，不断巩固"善端""仁心"，才能实现反躬自省，完成道德修养的目标。在"哲学思想"方面，赵岐认为孟子所言之"心"包含了三个方面：一、本然之心，即本心，这是人人兼具的，先天就有的本能。二、自然之心，这是一般社会意义上的人所具有的心，既具有本心的仁义礼智之端，又具有后天的欲望，即恶的想法。三、应然之心，这是圣人通过对于本心的存养、扩充之后达到的理想状态的道德之心，它是充实向善的，并充塞于天地宇宙之间，显示在形色举止之中，由此可以知性知天。通过《孟子章句》一书,赵岐立足于儒家的道德修养论,在诠释天、地、人三才之间关系的基础上,阐发了以民为本、以道德为先、以选贤为要务的治乱思想,彰显了儒家经世致用的特点。①

一、孟子章句(节选)②

1. 梁惠王章句上③

赵氏注:梁惠王者,魏惠王也。魏,国名。惠,谥也。王,号也。时天下有七王,皆僭号者,犹《春秋》之时,吴、楚之君称王也。魏惠王居于大梁,故号曰梁王。圣人及大贤有道德者,王公侯伯及卿大夫咸原以为师。孔子时,诸侯问疑质礼,若弟子之问师也。鲁、卫之君,皆专事焉,故《论语》或以弟子名篇,而有《卫灵公》、《季氏》之篇。孟子亦以大儒为诸侯师,是以《梁惠王》、《滕文公》题篇,以《公孙丑》等而为之,一例者也。

孟子见梁惠王。○孟子适梁,魏惠王礼请孟子见之。王曰:"叟,不远千里而来,亦将有以利吾国乎?"○曰,辞也。叟,长老之称,犹父也。孟子去齐,老而之魏,王尊礼之曰:父,不远千里之路而来,此亦将有以为寡人兴利除害者乎?孟子对曰:"王何必曰利,亦有仁义而已矣。○孟子知王欲以富国强兵为利,故曰:王何以利为名乎?亦有仁义之道可以为名。以利为名,则有不利之患矣。因为王陈之。王曰:'何以利吾国?'大夫曰:'何以利吾家?'士庶人曰:'何以利吾身?'上下交征利,而国危矣。○征,取也。从王至庶人,故言上下交争,各欲利其身,必至于篡弑,则国危矣。《论语》曰:"放于利而行,多怨。"故不欲使王以利为名也。又言交为俱也。万乘之国,弑其君者必千乘之家。○万乘,兵车万乘,谓天子也。千乘,诸侯也。夷羿之弑夏后,是以千乘取其万乘者也。千乘之国,弑其君者必百乘之家。○天子建国,诸侯立家。百乘之家,谓大国之卿食采邑有兵车百乘之赋者也,若齐崔、卫宁、晋六卿等,是以其终亦皆弑君,此以百乘取千乘也。上下乘当言国,而言家者,诸侯以国为家,亦以避万乘称,故称家。

---

① 郭伟宏:《赵岐〈孟子章句〉研究》,广陵书社 2014 年版,第 45—72、83—91 页。
② 这里节选的是该书《梁惠王章句上》。
③ 赵岐注,孙奭疏《孟子注疏》,上海古籍出版社 1990 年版,第 11—16 页。

君臣上下之辞。万取千焉，千取百焉，不为不多矣。○周制：君十卿禄。君食万钟，臣食千钟，亦多，故不为不多矣。苟为后义而先利，不夺不餍。○苟，诚也。诚令大臣皆后仁义而先自利，则不篡夺君位，不足自餍饱其欲矣。未有仁而遗其亲者也，未有义而后其君者也。○仁者亲亲，义者尊尊。人无行仁而遗弃其亲也，无行义而忽后其君长。王亦曰仁义而已矣，何必曰利！”○孟子复申此者，重嗟其祸也。

孟子见梁惠王。王立于沼上，顾鸿雁麋鹿，曰：“贤者亦乐此乎？”○沼，池也。王好广苑囿，大池沼，与孟子游观，乃顾视禽兽之众多，其心以为娱乐，夸咤孟子曰：贤者，亦乐此乎。孟子对曰：“贤者而后乐此。不贤者虽有此，不乐也。”○惟有贤者然后乃得乐此耳。谓修尧舜之道，国家安宁，故得有此以为乐也。不贤之人，亡国破家，虽有此，亦为人所夺，故不得以为乐也。《诗》云：‘经始灵台，经之营之，庶民攻之，不日成之。○《诗·大雅·灵台》之篇也。言文王始初经营规度此台，民并来治作之，而不与之相期日限，自来成之。经始勿亟，庶民子来。○言文王不督促使之。亟，疾也。众民自来赴，若子来为父使之也。王在灵囿，麀鹿攸伏，麀鹿濯濯，白鸟鹤鹤。○麀鹿，牝鹿也。言文王在囿中，麀鹿怀妊，安其所而伏不惊动也。兽肥饱则濯濯，鸟肥饱则鹤鹤而泽好而已。王在灵沼，于牣鱼跃。’○文王在池沼，鱼乃跳跃喜乐，言其德及鸟兽鱼鳖也。文王以民力为台为沼，而民欢乐之，谓其台曰灵台，谓其沼曰灵沼，乐其有麋鹿鱼鳖。○孟子谓王诵此诗，因曰文王虽以民力筑台凿池，民由欢乐之，谓其台、沼若神灵之所为，欲使其多禽兽以养文王者也。古之人与民偕乐，故能乐也。○偕，俱也。言古贤之君，与民同乐，故能得其乐。《汤誓》曰：‘时日害丧，予及女皆亡！’○《汤誓》，《尚书》篇名也。时，是也。是日，乙卯日也。害，大也。言桀为无道，百姓皆欲与汤共伐之，汤临士众誓，言是日桀当大丧亡，我与女俱往亡之。民欲与之皆亡，虽有台池鸟兽，岂能独乐哉！”○孟子说《诗》、《书》之义，以感喻王，言民欲与汤共亡桀。虽有台池禽兽，何能独乐之哉！复申明上言“不贤者虽有此，不乐也”。

梁惠王曰：“寡人之于国也尽心焉耳矣。○王侯自称孤寡，言寡人于治国之政，尽心欲利百姓。焉耳者，恳至之辞。河内凶，则移其民于河东，移其粟于河内。河东凶亦然。○言凶年以此救民也。魏旧在河东，后为强国，兼得河内也。察邻国之政，无如寡人之用心者。○言邻国之君用心忧民，无如己也。邻国之民不加少，寡人之民不加多，何也?"○王自怪为政有此惠，而民人不增多于邻国者，何也? 孟子对曰:"王好战，请以战喻。○因王好战，故以战事喻解王意。填然鼓之，兵刃既接，弃甲曳兵而走，或百步而后止，或五十步而后止。以五十步笑百步，则何如?"○填，鼓音也。兵以鼓进，以金退。孟子问王曰:今有战者，兵刃已交，其负者弃甲曳兵而走，五十步而止，足以笑百步者否? 曰:"不可，直不百步耳，是亦走也。"○王曰:不足以相笑也。是人俱走，直争不百步耳。曰:"王如知此，则无望民之多于邻国也。○孟子曰:王如知此不足以相笑，王之政犹此也，王虽有移民转粟之善政，其好战残民与邻国同，而独望民之多，何异于五十步笑百步者乎? 不违农时，谷不可胜食也。○从此已下，为王陈王道也。使民得三时务农，不违夺其要时，则五谷饶穰，不可胜食。数罟不入洿池，鱼鳖不可胜食也。○数罟，密网也。密细之网所以捕小鱼鳖也，故禁之不得用。鱼不满尺不得食。斧斤以时入山林，材木不可胜用也。○时谓草木零落之时，使材木茂畅，故有余。谷与鱼鳖不可胜食，材木不可胜用，是使民养生丧死无憾也。○憾，恨也。民所用者足，故无恨。养生丧死无憾，王道之始也。○王道先得民心，民心无恨，故言王道之始。五亩之宅，树之以桑，五十者可以衣帛矣。○庐井、邑居各二亩半以为宅，各入保城二亩半，故为五亩也。树桑墙下，古者年五十，乃衣帛矣。鸡豚狗彘之畜无失其时，七十者可以食肉矣。○言孕字不失时也。七十不食肉不饱。百亩之田勿夺其时，数口之家可以无饥矣。○一夫一妇，耕耨百亩。百亩之田，不可以徭役夺其时功，则家给人足。农夫上中下所食多少各有差，故总言数口之家也。谨庠序之教，申之以孝悌之义，颁白者不负戴于道路矣。○庠序者，教化之宫也。殷曰序，周曰庠。谨修教化，申重孝悌之义。颁者，班也。头半白班班者也。壮者代老，心各安之，故颁者不负戴也。七十者衣帛食肉，黎民不饥不寒，然而不王者未之有也。○言百姓老稚温饱，礼义修行，积之可以致王也。孟子欲以风王何不行此，可以王天下，有率土之民，何但望民多于邻国? 狗彘食人食而不知检，涂有饿莩而不知发。○言人君但养犬彘，使食人食，不知以法度检敛也。涂，道也。饿死者曰莩。《诗》曰:"莩有梅。"莩，零落也。道路之旁有饿死者，不知发仓廪以用赈救之也。人死则曰:'非我也，岁也。'是何异于刺人而杀之，曰:'非我也，兵也。'○人死，谓饿疫死者也。王政使然，而曰非我杀之，岁杀之也,此何以异于用兵杀人,而曰非我也,兵自杀之也。王无罪岁,斯天下之民至焉。"○戒王无归罪于岁,责己而改行,则天下之民皆可致也。

梁惠王曰:"寡人愿安承教。"○原安意承受孟子之教令。孟子对曰:"杀人以梃与刃,有以异乎?"○梃杖也。曰:"无以异也。"○王曰:梃、刃杀人,无以异也。"以刃与政,有以异乎?"○孟子欲以政喻王。曰:"无以异也。"○王复曰:梃、刃杀人与政杀人无异也。曰:"庖有肥肉,厩有肥马,民有饥色,野有饿莩,此率兽而食人也。○孟子言人君如此,率率兽而食人也。兽相食,且人恶之,为民父母,行政,不免于率兽而食人,恶在其为民父母也?○虎狼食禽兽,人犹尚恶视之。牧民为政,乃率禽兽食人,安在其为民父母之道也。仲尼曰:'始作俑者其无后乎?'为其象人而用之也。如之何其使斯民饥而死也。"○俑,偶人也,用之送死。仲尼重人类,谓秦穆公时以三良殉葬,本由有作俑者也。恶其始造,故曰:此人其无后嗣乎?如之何其使斯民饥而死也。孟子陈此以教王爱其民也。

梁惠王曰:"晋国,天下莫强焉,叟之所知也。○韩、魏、赵本晋六卿,当此时,号三晋,故惠王言晋国天下之强焉。及寡人之身,东败于齐,长子死焉,西丧地于秦七百里,南辱于楚。寡人耻之,原比死者壹洒之,如之何则可?"○土念有此三耻,求策谋于孟子。孟子对曰:"地方百里而可以王。○言古圣人以百里之地以致王天下,谓文王也。王如施仁政于民,省刑罚,薄税敛,深耕易耨,壮者以暇日修其孝悌忠信,入以事其父兄,出以事其长上,可使制梃以挞秦楚之坚甲利兵矣。○易耨,芸苗令简易也。制,作也。王如行此政,可使国人作杖以捶敌国坚甲利兵,何患耻之不雪也!彼夺其民时,使不得耕耨以养其父母,父母冻饿,兄弟妻子离散。彼陷溺其民,王往而征之,夫谁与王敌?○彼,谓齐、秦、楚也。彼困其民,原王往征之也。彼失民心,民不为用,夫谁与共御王之师而为王之敌乎?故曰:'仁者无敌。'王请勿疑。"○邻国暴虐,己修仁政,则无敌矣。王请行之,勿有疑也。

王符学案

王符(公元 108 年—公元 174 年),约生于安帝永初二年,约卒于灵帝熹平三年。东汉政论家、文学家、思想家。他一生没有在朝理政,而是隐居著书,崇俭戒奢、讥评时政得失。王符的主要著作有《潜夫论》等。

《潜夫论》贯穿始终的是王符的政治思想和政治主张,主要集中在《本政》《论荣》《遏利》《明暗》《贤难》《实贡》《忠贵》《浮侈》《述赦》《交际》诸篇之中。王符以儒家的"民本"思想为基础,强调"国以民为基,贵以贱为本",并以此来揭批东汉后期社会政局。在他的这些政治主张中,有丰富的治世理论可以借鉴,比如贵民、务本、重法、考绩、反侈、求实、实边等,都极具文化意蕴。

王符作为"潜夫",是"留在文官体制之外"的,以其知识分子特有的社会良心"督责批判现实",《潜夫论》则为当世人描绘了一幅充满儒家道德理想主义的美好治道图景。面对东汉末年严峻的政经形势,为了解决现实问题,王符批判由以今文家的天人感应理论为核心的官学独霸所引起的政经社会失序之情状,进而以人本理性的分析及历史的比较,开启东汉社会批判思潮的先河。《潜夫论》强调"立言于世""立德于世"以及"修经之贤,德近于圣",这既是对先秦儒家人文主义精神的继承,又是对两汉儒学神学化、宗教化的批判。此外,《潜夫论》还探讨了"本末""名实""才性"等问题,在某种程度上,预示了两汉经学的衰落,同时又涵育了玄学思想的某些萌芽。①

---

① 方军:《王符治道思想研究·导言》,安徽大学出版社 2011 年版,第 1—11 页。

一、潜夫论(节选)^①

1. 赞学^②

天地之所贵者人也,圣人之所尚者义也,德义之所成者智也,明智之所求者学问也。虽有至圣,不生而知;虽有至材,不生而能。故志曰:黄帝师风后,颛顼师老彭,帝喾师祝融,尧师务成,舜师纪后,禹师墨如,汤师伊尹,文、武师姜尚,周公师庶秀,孔子师老聃。若此言之而信,则人不可以不就师矣。夫此十一君者,皆上圣也,犹待学问,其智乃博,其德乃硕,而况于凡人乎?

是故工欲善其事,必先利其器;士欲宣其义,必先读其书。《易》曰:"君子以多志前言往行以畜其德。"是以人之有学也,犹物之有治也。故夏后之璜,楚和之璧,虽有玉璞卞和之资,不琢不错,不离砥石。夫瑚簋之器,朝祭之服,其始也,乃山野之木、蚕茧之丝耳。使巧倕加绳墨而制之以斤斧,女工加五色而制之以机杼,则皆成宗庙之器,黼黻之章,可羞于鬼神,可御于王公。而况君子敦贞之质,察敏之才,摄之以良朋,教之以明师,文之以《礼》《乐》,导之以《诗》《书》,赞之以《周易》,明之以《春秋》,其不有济乎?

《诗》云:"题彼鹡鸰,载飞载鸣。我日斯迈,而月斯征。夙兴夜寐,无忝尔所生。"是以君子终日乾乾进德修业者,非直为博己而已也,盖乃思述祖考之令问,而以显父母也。

孔子曰:"吾尝终日不食,终夜不寝,以思,无益,不如学也。""耕也,馁在其中;学也,禄在其中矣。君子忧道不忧贫。"箕子陈六极,《国风》歌《北门》,故所谓不忧贫也。岂好贫而弗之忧邪?盖志有所专,昭其重也。是故君子之求丰厚也,非为嘉馔、美服、淫乐、声色也,乃将以底其道而迈其德也。

夫道成于学而藏于书,学进于振而废于穷。是故董仲舒终身不问家

---

① 这里节选的是该书《赞学》《论荣》《贤难》《本政》《浮侈》《慎微》《梦列》《本训》《德化》等。
② 王符著,汪继培笺,彭铎校正:《潜夫论笺校正》,中华书局 1985 年版,第 1—14 页。

事,景君明经年不出户庭,得锐精其学而显昭其业者,家富也;富佚若彼,而能勤精若此者,材子也。倪宽卖力于都巷,匡衡自鬻于保徒者,身贫也;贫陋若彼,而能进学若此者,秀士也。当世学士恒以万计,而究涂者无数十焉,其故何也?其富者则以贿玷精,贫者则以乏易计,或以丧乱期其年岁,此其所以逮初丧功而及其童蒙者也。是故无董、景之才,倪、匡之志,而欲强捐家出身旷日师门者,必无几矣。夫此四子者,耳目聪明,忠信廉勇,未必无俦也,而及其成名立绩,德音令问不已,而有所以然,夫何故哉?徒以其能自托于先圣之典经,结心于夫子之遗训也。

是故造父疾趋,百步而废,自托乘舆,坐致千里;水师泛轴,解维则溺,自托舟楫,坐济江河。是故君子者,性非绝世,善自托于物也。人之情性,未能相百,而其明智有相万也。此非其真性之材也,必有假以致之也。君子之性,未必尽照,及学也,聪明无蔽,心智无滞,前纪帝王,顾定百世。此则道之明也,而君子能假之以自彰尔。

夫是故道之于心也,犹火之于人目也。中阴深室,幽黑无见,及设盛烛,则百物彰矣。此则火之耀也,非目之光也,而目假之,则为己明矣。天地之道,神明之为,不可见也。学问圣典,心思道术,则皆来睹矣。此则道之材也,非心之明也,而人假之,则为己知矣。

是故索物于夜室者,莫良于火;索道于当世者,莫良于典。典者,经也。先圣之所制;先圣得道之精者以行其身,欲贤人自勉以入于道。故圣人之制经以遗后贤也,譬犹巧倕之为规矩准绳以遗后工也。

昔倕之巧,目茂圆方,心定平直,又造规绳矩墨以诲后人。试使奚仲、公班之徒,释此四度,而徼倕自制,必不能也;凡工妄匠,□规秉矩,错准引绳,则巧同于倕也。是故倕以其心来制规矩,后工以规矩往合倕心也,故度之工,几于倕矣。

先圣之智,心达神明,性直道德,又造经典以遗后人。试使贤人君子,释于学问,抱质而行,必弗具也;及使从师就学,按经而行,聪达之明,德义之理,亦庶矣。是故圣人以其心来造经典,后人以经典往合圣心也,故修经之贤,德近于圣矣。

《诗》云:"高山仰止,景行行止。""日就月将,学有缉熙于光明。"是故凡欲显勋绩扬光烈者,莫良于学矣。

2. 论荣①

所谓贤人君子者，非必高位厚禄富贵荣华之谓也，此则君子之所宜有，而非其所以为君子者也。所谓小人者，非必贫贱冻馁辱阨穷之谓也，此则小人之所宜处，而非其所以为小人者也。

奚以明之哉？夫桀、纣者，夏、殷之君王也，崇侯、恶来，天子之三公也，而犹不免于小人者，以其心行恶。伯夷、叔齐，饿夫也，傅说胥靡，而井伯虞虏也，然世犹以为君子者，以为志节美也。

故论士苟定于志行，勿以遭命，则虽有天下不足以为重，无所用不足以为轻，处隶圉不足以为耻，抚四海不足以为荣。况乎其未能相县若此者哉？故曰：宠位不足以尊我，而卑贱不足以卑己。

夫令誉从我兴，而二命自天降之。《诗》云："天实为之，谓之何哉！"故君子未必富贵，小人未必贫贱，或潜龙未用，或亢龙在天，从古以然。今观俗士之论也，以族举德，以位命贤，兹可谓得论之一体矣，而未获至论之淑真也。

尧，圣父也，而丹凶傲；舜，圣子也，而叟顽恶；叔向，贤兄也，而鲋贪暴；季友，贤弟也，而庆父淫乱。论若必以族，是丹宜禅而舜宜诛，鲋宜赏而友宜夷也。论之不可必以族也若是。

昔祁奚有言："鲧殛而禹兴，管、蔡为戮，周公祐王。"故《书》称"父子兄弟不相及"也。幽、厉之贵，天子也，而又富有四海。颜、原之贱，匹庶也，而又冻馁屡空。论若必以位，则是两王是为世士，而二处为愚鄙也。论之不可必以位也，又若是焉。

故曰：仁重而势轻，位蔑而义荣。今之论者，多此之反，而又以九族，或以所来，则亦远于获真贤矣。

昔自周公不求备于一人，况乎其德义既举，乃可以它故而弗之采乎？由余生于五狄，越蒙产于八蛮，而功施齐、秦，德立诸夏，令名美誉，载于图书，至今不灭。张仪，中国之人也；卫鞅，康叔之孙也，而皆谲佞反覆，交乱四海。由斯观之，人之善恶，不必世族；性之贤鄙，不必世俗。中堂生负苞，山野生兰芷。夫和氏之璧，出于璞石；隋氏之珠，产于蜃蛤。《诗》云：

"采葑采菲,无以下体。"故苟有大美可尚于世,则虽细行小瑕曷足以为累乎?

是以用士不患其非国士,而患其非忠;世非患无臣,而患其非贤。盖无羁縻。陈平、韩信,楚俘也,而高祖以为藩辅,实平四海,安汉室;卫青、霍去病,平阳之私人也,而武帝以为司马,实攘北狄,郡河西。唯其任也,何卑远之有?然则所难于非此土之人,非将相之世者,为其无是能而处是位,无是德而居是贵,无以我尚而不秉我势也。

3. 贤难^①

世之所以不治者,由贤难也。所谓贤难者,非直体聪明服德义之谓也。此则求贤之难得尔,非贤者之所难也。故所谓贤难者,乃将言乎循善则见妒,行贤则见嫉,而必遇患难者也。

虞舜之所以放殛,子胥之所以被诛,上圣大贤犹不能自免于嫉妒,则又况乎中世之人哉?此秀士所以虽有贤材美质,然犹不得直道而行,遂成其志者也。

处士不得直其行,朝臣不得直其言,此俗化之所以败,闇君之所以孤也。齐侯之以夺国,鲁公之以放逐,皆败绩厌覆于不暇,而用及治乎?故德薄者恶闻美行,政乱者恶闻治言,此亡秦之所以诛偶语而坑术士也。

今世俗之人,自慢其亲而憎人敬之,自简其亲而憎人爱之者不少也。岂独品庶,贤材时有焉。邓通幸于文帝,尽心而不违,吮痈而无怍色。帝病不乐,从容曰:"天下谁最爱朕者乎?"邓通欲称太子之孝,则因对曰:"莫若太子之最爱陛下也。"及太子问疾,帝令吮痈,有难之色,帝不悦而遣太子。既而闻邓通之常吮痈也,乃惭而怨之。及嗣帝位,遂致通罪而使至于饿死。故邓通其行所以尽心力而无害人,其言所以誉太子而昭孝慈也。太子自不能尽其称,则反结怨而归咎焉。称人之长,欲彰其孝,且犹为罪,又况明人之短矫世者哉?

且凡士之所以为贤者,且以其言与行也。忠正之言,非徒誉人而已也,必有触焉;孝子之行,非徒吮痈而已也,必有驳焉。然则循行论议之士,得不遇于嫉妒之名,免于刑戮之咎者,盖其幸者也。比干之所以剖心,

---

① 王符著,汪继培笺,彭铎校正:《潜夫论笺校正》,中华书局 1985 年版,第 39—53 页。

箕子之所以为奴,伯宗之以死,郤宛之以亡。

夫国不乏于妒男也,犹家不乏于妒女也。近古以来,自外及内,其争功名妒过己者岂希也?予以唯两贤为宜不相害乎?然也,范睢绌白起,公孙弘抑董仲舒,此同朝共君宠禄争故耶?唯殊邦异途利害不干者为可以免乎?然也,孙膑修能于楚,庞涓自魏变色,诱以刖之;韩非明治于韩,李斯自秦作思,致而杀之。嗟士之相妒岂若此甚乎!此未达于君故受祸邪?惟见知为可以将信乎?然也,京房数与元帝论难,使制考功而选守;晁错雅为景帝所知;使条汉法而不乱。夫二子之于君也,可谓见知深而宠爱殊矣,然京房冤死而上曾不知,晁错既斩而帝乃悔。此材明未足卫身故及难邪?惟大圣为能无累乎?然也,帝乙以义故因,文王以仁故拘。夫体至行仁义,据南面师尹卿士,且犹不能无难,然则夫子削迹,叔向缧绁,屈原放沈,贾谊贬黜,钟离废替,何敞束缚,王章抵罪,平阿斥逐,盖其轻士者也。

《诗》云:"无罪无辜,谗口嚣嚣。""彼人之心,于何不臻?"由此观之,妒媚之攻击也,亦诚工矣!贤圣之居世也,亦诚危矣!

故所谓贤难也者,非贤难也,免则难也。彼大圣群贤,功成名遂,或爵侯伯,或位公卿,尹据天官,柬在帝心,宿夜侍宴,名达而犹有若此,则又况乎畎亩佚民、山谷隐士,因人乃达,时论乃信者乎?此智士所以钳口结舌,括囊共默而已者也。

且闾阎凡品,何独识哉?苟望尘剿声而已矣。观其论也,非能本闺阁之行迹,察臧否之虚实也;直以面誉我者为智,谄谀己者为仁,处奸利者为行,窃禄位者为贤尔。岂复知孝悌之原,忠正之直,纲纪之化,本途之归哉?此鲍焦所以立枯于道左,徐衍所以自沈于沧海者也。

谚曰:"一犬吠形,百犬吠声。"世之疾此固久矣哉!吾伤世之不察真伪之情也,故设虚义以喻其心曰:今观宰司之取士也,有似于司原之佃也。昔有司原氏者,燎猎中野。鹿斯东奔,司原纵譟之。西方之众有逐豨者,闻司原之譟也,竞举音而和之。司原闻音之众,则反辍己之逐而往伏焉,遇夫俗恶之豨。司原喜,而自以获白瑞珍禽也,尽刍豢单困仓以养之。豕俯仰嚘咿,为作容声,司原愈益珍之。居无何,烈风兴而泽雨作,灌巨豕而恶涂渝,逐骇惧,真声出,乃知是家之艾猳尔。此随声逐响之过也,众遇之未赴信焉。

今世主之于士也,目见贤则不敢用,耳闻贤则恨不及。虽自有知也,犹不能取,必更待群司之所举,则亦惧失麟鹿而获艾猏。奈何其不分者也?未遇风雨之变者故也。俾使一朝奇政两集,则险隘之徒,阘茸之质,亦将别矣。

夫众小朋党而固位,谗妒群吠啮贤,为祸败也岂希?三代之以覆,列国之以灭,后人犹不能革,此万官所以屡失守,而天命数靡常者也。《诗》云:"国既卒斩,何用不监!"呜呼!时君俗主不此察也。

4. 本政①

凡人君之治,莫大于和阴阳。阴阳者,以天为本。天心顺则阴阳和,天心逆则阴阳乖。天以民为心,民安乐则天心顺,民愁苦则天心逆。民以君为统,君政善则民和治,君政恶则民冤乱。君以恤民为本,臣忠良则君政善,臣奸枉则君政恶。以选为本,选举实则忠贤进,选虚伪则邪党贡。选以法令为本,法令正则选举实,法令诈则选虚伪。法以君为主,君信法则法顺行,君欺法则法委弃。君臣法令之功,必效于民。故君臣法令善则民安乐,民安乐则天心慰,天心慰则阴阳和,阴阳和则五谷丰,五谷丰而民眉寿,民眉寿则兴于义,兴于义而无奸行,无奸行则世平,而国家宁、社稷安,而君尊荣矣。是故天心阴阳、君臣、民氓、善恶相辅至而代相征也。

夫天者国之基也,君者民之统也,臣者治之材也。工欲善其事,必先利其器。是故将致太平者,必先调阴阳;调阴阳者,必先顺天心;顺天心者,必先安其人;安其人者,必先审择其人。是故国家存亡之本,治乱之机,在于明选而已矣。圣人知之,故以为黜陟之首。《书》曰:"尔安百姓,何择非人?"此先王致太平而发颂声也。

否泰消息,阴阳不并,观其所聚,而兴衰之端可见也。稷、禼、皋陶聚而致雍熙,皇父、蹶、踽聚而致灾异。夫善恶之象,千里合符,百世累迹,性相近而习相远。是故贤愚在心,不在贵贱;信欺在性,不在亲疏。二世所以共亡天下者,丞相、御史也。高祖所以共取天下者,缯肆、狗屠也;骊山之徒,巨野之盗,皆为名将。由此观之,苟得其人,不患贫贱;苟得其材,不嫌名迹。

远迹汉元以来,骄贵之臣,每受罪诛,党与在位,并伏辜者,常十二三。

---

① 王符著,汪继培笺,彭铎校正:《潜夫论笺校正》,中华书局1985年版,第88—96页。

由此观之,贵宠之臣,未尝不播授私人进奸党也。是故王莽与汉公卿牧守夺汉,光武与汉之遗民弃士共诛。如贵人必贤而忠,贱人必愚而欺,则何以若是?

自成帝以降,至于莽,公卿列侯,下讫令尉,大小之官,且十万人,皆自汉所谓贤明忠正贵宠之臣也。莽之篡位,惟安众侯刘崇、东郡太守翟义思事君之礼,义勇奋发,欲诛莽。功虽不成,志节可纪。夫以十万之计,其能奉报恩,二人而已。由此观之,衰世群臣诚少贤也,其官益大者罪益重,位益高者罪益深尔。故曰:治世之德,衰世之恶,常与爵位自相副也。

孔子曰:"国有道,贫且贱焉,耻也;国无道,富且贵焉,耻也。"《诗》伤"皎皎白驹,在彼空谷","巧言如流,俾躬处休"。盖言衰世之士,志弥洁者身弥贱,佞弥巧者官弥尊也。方以类聚,物以群分,同明相见,同听相闻,惟圣知圣,惟贤知贤。

今当涂之人,既不能昭练贤鄙,然又却于贵人之风指,胁以权势之属託,请谒阛门,礼贽辐辏,迫于目前之急,则且先之。此正士之所独蔽,而群邪之所党进也。

周公之为宰辅也,以谦下士,故能得真贤。祁奚之为大夫也,举雠荐了,故能得正人。今此得位之徒,依女妹之宠以骄士,藉亢龙之势以陵贤,而欲使志义之士,匍匐曲躬以事己,毁颜谄谀以求亲,然后乃保持之,则贞士采薇冻馁,伏死岩穴之中而已尔,岂有肯践其阙而交其人者哉?

5. 浮侈①

王者以四海为一家,以兆民为通计。一夫不耕,天下必受其饥者;一妇不织,天下必受其寒者。今举世舍农桑,趋商贾,牛马车舆,填塞道路,游手为巧,充盈都邑,治本者少,浮食者众。商邑翼翼,四方是极。今察洛阳,浮末者什于农夫,虚伪游手者什于浮末。是则一夫耕,百人食之,一妇桑,百人衣之,以一奉百,孰能供之?天下百郡千县,市邑万数,类皆如此,本末何足相供?则民安得不饥寒?饥寒并至,则安能不为非?为非则奸宄,奸宄繁多,则吏安能无严酷?严酷数加,则下安能无愁怨?愁怨者多,则咎征并臻,下民无聊,而上天降灾,则国危矣。

---

① 王符著,汪继培笺,彭铎校正:《潜夫论笺校正》,中华书局 1985 年版,第 120—142 页。

夫贫生于富,弱生于强,乱生于治,危生于安。是故明王之养民也,忧之劳之,教之诲之,慎微防萌,以断其邪。故《易》美"节以制度,不伤财,不害民";《七月》诗大小教之,终而复始。由此观之,民固不可恣也。

今民奢衣服,侈饮食,事口舌,而习调欺,以相诈绐,比肩是也。或以谋奸合任为业,或以游敖博弈为事;或丁夫世不传犁锄,怀丸挟弹,携手遨游。或取好土作丸卖之,于弹外不可以御寇,内不足以禁鼠,晋灵好之以增其恶,未尝闻志义之士喜操以游者也。惟无心之人,群竖小子,接而持之,妄弹鸟雀,百发不得一,而反中面目,此最无用而有害也。或坐作竹簧,削锐其头,有伤害之象,傅以蜡蜜,有甘舌之类,皆非吉祥善应。或作泥车、瓦狗、马骑、倡排,诸戏弄小儿之具以巧诈。

《诗》刺"不绩其麻,女也婆娑"。今多不修中馈,休其蚕织,而起学巫祝,鼓舞事神,以欺诬细民,荧惑百姓。妇女赢弱,疾病之家,怀忧愦愦,皆易恐惧,至使奔走便时,去离正宅,崎岖路侧,上漏下湿,风寒所伤,奸人所利,贼盗所中,益祸益祟,以致重者不可胜数。或弃医药,更往事神,故至于死亡,不自知为巫所欺误,乃反恨事巫之晚,此荧惑细民之甚者也。

或裁好缯,作为疏头,令工采画,雇人书祝,虚饰巧言,欲邀多福。或裂拆缯彩,裁广数分,长各五寸,缝绘佩之。或纺彩丝而縻,断截以绕臂。此长无益于吉凶,而空残灭缯丝,萦悸小民。或刻削绮縠,寸窃八采,以成榆叶、无穷、水波之纹,碎刺缝缀,作为笥囊、裙襦衣被,费缯百缣,用功十倍。此等之侜,既不助长农工女,无有益于世,而坐食嘉谷,消费白日,毁败成功,以完为破,以牢为行,以大为小,以易为难,皆宜禁者也。

山林不能给野火,江海不能灌漏卮。孝文皇帝躬衣弋绨,足履革舄,以韦带剑,集上书囊以为殿帷,盛夏苦暑,欲起一台,计直百万,以为奢费而不作也。今京师贵戚,衣服、饮食、车舆、文饰、庐舍,皆过王制,僭上甚矣。从奴仆妾,皆服葛子升越,筒中女布,细致绮縠,冰纨锦绣。犀象珠玉,虎魄玳瑁,石山隐饰,金银错镂,獐麂履舄,文组彩牒,骄奢僭主,转相夸诧,箕子所唏,今在仆妾。富贵嫁娶,车軿各十,骑奴侍僮,夹毂节引。富者竞欲相过,贫者耻不逮及。是故一飨之所费,破终身之本业。

古者必有命民,然后乃得衣缯彩而乘车马。今者既不能尽复古,细民诚可不须,乃逾于古昔孝文,衣必细致,履必獐麂,组必文采,饰袜必緰此,挍饰车马,多畜奴婢。诸能若此者,既不生谷,又坐为蠹贼也。

子曰:"古之葬者,厚衣之以薪,葬之中野,不封不树,丧期无时;后世圣人易之以棺椁。"桐木为棺,葛采为缄,下不及泉,上不泄臭。后世以楸梓槐柏杶樗,各取方土所出,胶漆所致,钉细要,削除铲靡,不见际会,其坚足恃,其用足任,如此可矣。其后京师贵戚,必欲江南檽梓豫章梗柟;边远下土,亦竞相仿傚。夫檽梓豫章,所出殊远,又乃生于深山穷谷,经历山岑,立千步之高,百丈之溪,倾倚险阻,崎岖不便,求之连日然后见之,伐斫连月然后讫,会众然后能动担,牛列然后能致水,油溃入海,连淮逆河,行数千里,然后到雒。工匠雕治,积累日月,计一棺之成,功将千万。夫既其终用,重且万斤,非大众不能举,非大车不能挽。东至乐浪,西至敦煌,万里之中,相竞用之。此之费功伤农,可为痛心!

古者墓而不崇。仲尼丧母,冢高四尺,遇雨而堕,弟子请治之。夫子泣曰:"礼不修墓。"鲤死,有棺而无椁。文帝葬于芷阳,明帝葬于洛南,皆不藏珠宝,不造庙,不起山陵。陵墓虽卑而圣高。今京师贵戚,郡县豪家,生不极养,死乃崇丧。或至刻金镂玉,檽梓梗柟,良田造茔,黄壤致藏,多埋珍宝偶人车马,造起大冢,广种松柏,庐舍祠堂,崇侈上僭。宠臣贵戚,州郡世家,每有丧葬,都官属县,各当遣吏赍奉,车马帷帐,贷假待客之具,竞为华观。此无益于奉终,无增于孝行,但作烦搅扰,伤害吏民。

今按鄗、毕之郊,文、武之陵,南城之垒,曾析之冢。周公非不忠也,曾子非不孝也,以为褒君显父,不在聚财;扬名显祖,不在车马。孔子曰:"多货财伤于德,弊则没礼。"晋灵厚赋以雕墙,《春秋》以为非君。华元、乐吕厚葬文公,《春秋》以为不臣。况于群司士庶,乃可僭侈主上,过天道乎?

景帝时,武原侯卫不害坐葬过律夺国。明帝时,桑民拟阳侯坐冢过制髡削。今天下浮侈离本,僭奢过上,亦已甚矣!

凡诸所讥,皆非民性,而竞务者,乱政薄化使之然也。王者统世,观民设教,乃能变风易俗,以致太平。

6. 慎微[①]

凡山陵之高,非削成而崛起也,必步增而稍上焉。川谷之卑,非截断而颠陷也,必陂池而稍下焉。是故积上不止,必致嵩山之高;积下不已,必

[①] 王符著,汪继培笺,彭铎校正:《潜夫论笺校正》,中华书局 1985 年版,第 142—150 页。

极黄泉之深。

非独山川也，人行亦然，有布衣积善不怠，必致颜、闵之贤，积恶不休，必致桀、跖之名。非独布衣也，人臣亦然，积正不倦，必生节义之志，积邪不止，必生暴弑之心。非独人臣也，国君亦然，政教积德，必致安泰之福，举错数失，必致危亡之祸。故仲尼曰：汤、武非一善而王也，桀、纣非一恶而亡也。三代之废兴也，在其所积。积善多者，虽有一恶，是为过失，未足以亡。积恶多者，虽有一善，是谓误中，未足以存。人君闻此，可以悚惧。布衣闻此，可以改容。

是故君子战战栗栗，日慎一日，克己三省，不见是图。孔子曰："善不积不足以成名，恶不积不足以灭身。小人以小善谓无益而不为也，以小恶谓无伤而不去也，是以恶积而不可掩，罪大而不可解也。"此蹶、踬所以迷国而不返，三季所以遂往而不振者也。

夫积微成显，积著成，鄂誉鄂誉；鄂致存亡，圣人常慎其微也。文王小心翼翼，武王夙夜敬止，思慎微眇，早防未萌，故能太平而传子孙。

且夫邪之与正，犹水与火不同原，不得并盛。正性胜，则遂重己不忍亏也，故伯夷饿死而不恨。邪性胜，则忸怵而不忍舍也，故王莽窃位而不惭。积恶习之所致也。夫积恶习非久，致死亡非一也。世品人遂。

夫圣贤卑革，则登其福。庆封、伯有，荒淫于酒，沈湎无度，以弊其家。晋平殆政，惑以丧志，良臣弗匡，故俱有祸。楚庄、齐威，始有荒淫之行，削弱之败，几于乱亡，中能感悟，勤恤民事，劳精苦思，孜孜不怠，夫出陈应，爵命管苏，召即墨，烹阿大夫，故能中兴，强霸诸侯，当时尊显，后世见思，传为令名，载在图籍。由此言之，有希人君，其行一也，知己曰明，自胜曰强。

夫有不善未尝不知，知之未尝复行，此颜子所以称庶几也。《诗》曰："天保定尔，亦孔之固。俾尔亶厚，胡福不除？俾尔多益，以莫不庶。"盖此言也，言天保佐王者，定其性命，甚坚固也。使汝信厚，何不治？而多益之，甚庶众焉。不遵履五常，顺养性命，以保南山之寿，松柏之茂也？

德辐如毛，为仁由己。莫与并蜂，自求辛螫。祸福无门，惟人所召。天之所助者顺也，人之所尚者信也，履信思乎顺，又以尚贤，是以吉无不利也。亮哉斯言！可无思乎？

7. 梦列①

凡梦:有直,有象,有精,有想,有人,有感,有时,有反,有病,有性。

在昔武王,邑姜方震太叔,梦帝谓己:"命尔子虞,而与之唐。"及生,手掌曰"虞",因以为名。成王灭唐,遂以封之。此谓直应之梦也。《诗》云:"维熊维罴,男子之祥;维虺维蛇,女子之祥。""众维鱼矣,实维丰年;旐维旟矣,室家蓁蓁。"此谓象之梦也。孔子生于乱世,日思周公之德,夜即梦之。此谓意精之梦也。人有所思,即梦其到;有忧即梦其事。此谓记想之梦也。今事,贵人梦之即为祥,贱人梦之即为妖,君子梦之即为荣,小人梦之即为辱。此谓人位之梦也。

晋文公于城濮之战,梦楚子伏己而盬其脑,是大恶也。及战,乃大胜。此谓极反之梦也。阴雨之梦,使人厌迷;阳旱之梦,使人乱离;大寒之梦,使人怨悲;大风之梦,使人飘飞。此谓感气之梦也。春梦发生,夏梦高明,秋冬梦熟藏。此谓应时之梦也。阴病梦寒,阳病梦热,内病梦乱,外病梦发,百病之梦,或散或集。此谓气之梦也。人之情心,好恶不同,或以此吉,或以此凶。当各自察,常占所从。此谓性情之梦也。

故先有差忒者,谓之精;昼有所思,夜梦其事,乍吉乍凶,善恶不信者,谓之想;贵贱贤愚,男女长少,谓之人;风雨寒暑谓之感;五行王相谓之时;阴极即吉,阳极即凶,谓之反;观其所疾,察其所梦,谓之病;心精好恶,于事验,谓之性:凡此十者,占梦之大略也。

而决吉凶者之类以多反,其何故哉?岂人觉为阳,人寐为阴,阴阳之务相反故邪?此亦谓其不甚者尔。借如使梦吉事而己意大喜乐,发于心精,则真吉矣。梦凶事而己意大恐惧忧悲,发于心精,即真恶矣。所谓秋冬梦死伤也,吉者顺时也。虽然,财为大害尔,由弗若勿梦也。

凡察梦之大体:清絜鲜好,貌坚健,竹木茂美,宫室器械新成,方正开通,光明温和,升上向兴之象皆为吉喜,谋从事成。诸臭污腐烂,枯槁绝雾,倾倚征邪,劓刖不安,闭塞幽昧,解落坠下向衰之象皆为,计谋不从,举事不成。妖孽怪异,可憎可恶之事皆为忧。图画恤胎,刻镂非真,瓦器虚空,皆为见欺绐。倡优俳儺,侯小儿所戏弄之象,皆为欢笑。此其大部也。

---

① 王符著,汪继培笺,彭铎校正:《潜夫论笺校正》,中华书局1985年版,第315—324页。

梦或甚显而无占,或甚微而有应,何也?曰:本所谓之梦者,困不了察之称,而槽愦冒名也。故亦不专信以断事。人对计事,起而行之,尚有不从,况于忘忽杂梦,亦可必乎?惟其时有精诚之所感薄,神灵之所告者,乃有占尔。

是故君子之异梦,非妄而已也,必有事故焉。小人之异梦,非乘而已也,时有祯祥焉。是以武丁梦获圣而得傅说,二世梦白虎而灭其封。

夫奇异之梦,多有故而少无为者矣。今一寝之梦,或屡迁化,百物代至,而其主不能究道之,故占者有不中也。此非占之罪也,乃梦者过也。或言梦审矣,而说者不能连类传观,故其善恶有不验也。此非书之罔,乃说之过也。是故占梦之难者,读其书为难也。

夫占梦必谨其变故,审其征候,内考情意,外考王相,即吉凶之符,善恶之效,庶可见也。

且凡人道见瑞而修德者,福必成,见瑞而纵恣者,福转为祸;见妖而骄侮者,祸必成,见妖而戒惧者,祸转为福。是故太姒有吉梦,文王不敢康吉,祀于群神,然后占于明堂,并拜吉梦。修省戒惧,闻喜若忧,故能成吉以有天下。虢公梦见蓐收赐之上田,自以为有吉,因史嚚,令国贺梦。闻忧而喜,故能成凶以灭其封。

《易》曰:"使知惧,又明于忧患与故。"凡有异梦感心,以及人之吉凶,相之气色,无问善恶,常恐惧修省,以德迎之,乃其逢吉,天禄永终。

8. 本训^①

上古之世,太素之时,元气窈冥,未有形兆,万精合并,混而为一,莫制莫御。若斯久之,翻然自化,清浊分别,变成阴阳。阴阳有体,实生两仪,天地壹郁,万物化淳,和气生人,以统理之。

是故天本诸阳,地本诸阴,人本中和。三才异务,相待而成,各循其道,和气乃臻,机衡乃平。

天道曰施,地道曰化,人道曰为。为者,盖所谓感通阴阳而致珍异也。人行之动天地,譬犹车上御驷马,蓬中擢舟船矣。虽为所覆载,然亦在我何所之可。孔子曰:"时乘六龙以御天。""言行君子所以动天地也,可不慎

---

① 王符著,汪继培笺,彭铎校正:《潜夫论笺校正》,中华书局 1985 年版,第 365—371 页。

乎?"从此观之,天□其兆,人序其勋,《书》故曰:"天功人其代之。"如盖理其政以和天气,以臻其功。

是故道德之用,莫大于气。道者,气之根也。气者,道之使也。必有其根,其气乃生;必有其使,变化乃成。是故道之为物也,至神以妙;其为功也,至强以大。天之以动,地之以静,日之以光,月之以明,四时五行,鬼神人民,亿兆丑类,变异吉凶,何非气然?

及其乖戾,天之尊也气裂之,地之大也气动之,山之重也气徙之,水之流也气绝之,日月神也气蚀之,星辰虚也气陨之,旦有昼晦,宵有,大风飞车拔树,债电为冰,温泉成汤,麟龙鸾凤,蚩蟊蠓蝗,莫不气之所为也。

以此观之,气运感动,亦诚大矣。变化之为,何物不能?所变也神,气之所动也。当此之时,正气所加,非唯于人,百谷草木,禽兽鱼鳖,皆口养其气。声入于耳,以感于心,男女听,以施精神。资和以兆㑊,民之胎,含嘉以成体。及其生也,和以养性,美在其中,而畅于四肢,实于血脉,是以心性志意,耳目精欲,无不贞廉絜怀履行者。此五帝三王所以能画法像而民不违,正己德而世自化也。

是故法令刑赏者,乃所以治民事而致整理尔,未足以兴大化而升太平也。夫欲历三王之绝迹,臻帝、皇之极功者,必先原元而本本,兴道而致和,以淳粹之气,生敦庞之民,明德义之表,作信厚之心,然后化可美而功可成也。

9. 德化[①]

人君之治,莫大于道,莫盛于德,莫美于教,莫神于化。道者所以持之也,德者所以苞之也,教者所以知之也,化者所以致之也。民有性,有情,有化,有俗。情性者,心也,本也。化俗者,行也,末也。末生于本,行起于心。是以上君抚世,先其本而后其末,顺其心而理其行。心精苟正,则奸匿无所生,邪意无所载矣。

夫化变民心也,犹政变民体也。德政加于民,则多涤畅姣好坚强考寿;恶政加于民,则多罢癃尩病夭昏札瘥。故《尚书》美"考终命",而恶"凶短折"。国有伤明之政,则民多病目;有伤聪之政,则民多病耳;有伤贤之

① 王符著,汪继培笺,彭铎校正:《潜夫论笺校正》,中华书局 1985 年版,第 371—381 页。

政,则贤多横夭。夫形体骨干为坚强也,然犹随政变易,又况乎心气精微不可养哉?《诗》云:"敦彼行苇,羊牛勿践履。方苞方体,惟叶柅柅。"又曰:"鸢飞厉天,鱼跃于渊。恺悌君子,胡不作人?"公刘厚德,恩及草木,羊牛六畜,且犹感德,仁不忍践履生草,则又况于民萌而有不化者乎?君子修其乐易之德,上及飞鸟,下及渊鱼,无不欢忻悦豫,则又况于士庶而有不仁者乎?

圣深知之,皆务正己以为表,明礼义以为教,和德气于未生之前,正表仪于咳笑之后。民之胎也,合中和以成;其生也,立方正以长。是以为仁义之心,廉耻之志,骨著脉通,与体俱生,而无粗秽之气,无邪淫之欲。虽放之大荒之外,措之幽冥之内,终无违礼之行;投之危亡之地,纳之锋锷之间,终无苟全之心。举世之人,行皆若此,则又乌所得亡夫奸乱之民而加辟哉?上天之载,无声无臭,仪形文王,万邦作孚。此姬氏所以崇美于前,而致刑措于后也。

是故上圣不务治民事而务治民心,故曰:"听讼,吾犹人也。必也使无讼乎!"导之以德,齐之以礼,务厚其情而明则务义,民亲爱则无相害伤之意,动思义则无奸邪之心。夫若此者,非法律之所使也,非威刑之所强也,此乃教化之所致也。圣人甚尊德礼而卑刑罚,故舜先敕契以敬敷五教,而后命皋陶以五刑三居。是故凡立法者,非以司民短而诛过误,乃以防奸恶而救祸败,检淫邪而内正道尔。

《诗》云:"民之秉夷,好是懿德。"故民有心也,犹为种之有园也。遭和气则秀茂而成实,遇水旱则枯槁而生蘖。民蒙善化,则人有士君子之心;被恶政,则人有怀奸乱之虑。故善者之养天民也,犹良工之为曲豉也。起居以其时,寒温得其适,则一荫之曲豉尽美而多量。其遇拙工,则一荫之曲豉皆臭败而弃捐。今六合亦由一荫也,黔首之属犹豆麦也,变化云为,在将者尔。遭良吏则皆怀忠信而履仁厚,遇恶吏则皆怀奸邪而行浅薄。忠厚积则致太平,奸薄积则致危亡。是以圣帝明王,皆敦德化而薄威刑。德者所以修己也,威者所以治人也。上智与下愚之民少,而中庸之民多。中民之生世也,犹铄金之在炉也,从笃变化,惟冶所为,方圆薄厚,随镕制尔。

是故世之善否,俗之薄厚,皆在于君。上圣和德气以化民心,正表仪以率群下,故能使民比屋可封,尧、舜是也。其次躬道德而敦慈爱,美教训而崇礼让,故能使民无争心而致刑错,文、武是也。其次明好恶而显法禁,平赏罚而无阿私,故能使民辟奸邪而趋公正,理弱乱以致治强,中兴是也。治天下,身处污而放情,怠民事而急酒乐,近顽童而远贤才,亲谄谀而疏正直,重赋税以赏无功,妄加喜怒以伤无辜,故能乱其政以败其民,弊其身以丧其国者,幽、厉是也。

孔子曰:"三人行,必有我师焉。择其善者而从之,其不善者,我则改之。"《诗》美"宜鉴于殷,自求多福"。是故世主诚能使六合之内,举世之人,咸怀方厚之情,而无浅薄之恶,各奉公正之心,而无奸险之虑,则羲、农之俗,复见于兹,麟龙鸾凤,复畜于郊矣。

郑玄学案

郑玄(公元 127 年—公元 200 年),字康成,东汉末年儒家学者、经学大师。面对各家各派尤其是今古文间的争论,面对学习者茫然不知所从的混乱局势,郑玄最大的理想就是要整齐百家,糅合今文古文,创造一种贯通五经、吸取今古文各自的优点、文风简明、便于初学的新经学。郑玄在 40 岁以前,是博学多师的阶段;40 岁以后,是注释经典、建立体系的阶段。从学经的顺序上看,郑玄首先学《京氏易》《公羊春秋》,其次学《周官》《礼记》《左氏春秋》《韩诗》《古文尚书》,最后学《毛诗》。从注经的顺序上看,45 岁被禁锢后,先注纬书,随后注《周官》《礼记》《仪礼》;62 岁时在不其山避难,此后几年注释《古文尚书》《论语》《毛诗》;65 岁时去徐州避难,在南城山注《孝经》;74 岁时至元城,最后注《周易》。

郑玄的后半生,是在动荡战乱和辗转逃难之中度过的,但他从未间断对儒家经典的研究与注释,以总结两汉经学、传承往圣绝学为己志。郑玄的新注本反映了汉代经学的发展规律,在内容上对今、古文经学的优点兼收并取,在形式上采用了简明扼要的阐释文本,郑玄新注本的出现,结束了今古文纷争状态下的经典解说多元、令人无所适从的局面,为天下学者指明了治经的正确道路和方法。自他的《易注》流行,今文经的施、孟、梁丘、京四家《易》随即废止;自他的《古文尚书注》流行,今文经的欧阳、大、小夏侯三家《尚书》即散失;自他的《毛诗笺》流行,今文经齐、鲁、韩三家《诗》遂趋衰微,终至散佚;自他注三《礼》,大小戴之《礼》遂不行;自他的《论语注》流行,齐、鲁《论》遂不传。一时之间,经学界真正成了郑玄的一统天下。

郑学的出现,从总体上建构了今古文融合的归宿,宣告了今文十四博士时代的结束,古文经学也发展到了新的高度。两汉今古文斗争的结晶,就是郑学的诞生;郑学是一种以古文经学为主而包纳今文经学的精华、以

《礼》学为主而对群经进行综合研究的新体系。这一体系，影响了中国的学术文化，乃至政治、经济和社会生活的方方面面。[①]

一、周易郑注(节选)[②]

1. 上经乾传第一[③]

臧在东次为九卷，分题如此。案《隋书》《旧唐书》，郑注《周易》皆九卷，《释文·序录》云："十卷者，录一卷也。"朱子发《汉上丛说》云："郑王本于费氏，康伯卒于辅嗣，则费氏之后，《易经》上下厘为六卷，《系辞》而下合为三卷矣。"臧依王弼九卷之次是也。又《释文》引《七录》云"十二卷"，十二卷之次《正义》云："先儒以《彖》《象》附上下经，为六卷。则上《系》第七、下《系》第八、《文言》第九、《说卦》第十，然则《序卦》第十一、《杂卦》第十二也。"郑原本盖如此，以下各卷题并同。《诗·毛诗·国风》正义云："郑注《周易》大名在下。"

乾卦　乾下乾上

乾，元亨，利贞。

初九，【注】《周易》以变者为占，故称九、称六。《正义》。柳宗元《与刘禹锡论〈周易〉九六说书》云：郑玄注《易》，亦称以变者占，故云九六也。

此条王附《易论》非，丁小疋正之。潜龙勿用。

九二，见龙在田，利见大人。

【注】二于三才为地道，地上即田，故称田也。《集解》【九二利见九五之大人。】《正义》云："郑说。"凡疏有引原文者，有约义者。其不言注云者，皆约义。注文不如所引也，今皆界画别之。

九三，君子终日乾乾，夕惕若，厉无咎。

【注】三于三才为人道，有乾德而在人道，君子之象。《集解》[姚补]惕，惧也。《释文》

---

① 王承略：《郑玄与今古文经学》，山东文艺出版社 2004 年版，第 66—68 页。
② 这里节选的是该书《上经乾传第一》。
③ 林忠军：《周易郑注导读》，华龄出版社 2019 年版，第 46—56 页。

九四,或跃在渊,无咎。

九五,飞龙在天,利见大人。

【注】五于三才为天道。天者,清明无形,而龙在焉,飞之象也。

王无也字。《集解》

上九,亢龙有悔。

【注】尧之末年,四凶在朝,是以有悔,未大凶也。《正义》

用九,见群龙无首,吉。

【注】爻《班传》注作"六爻"皆体乾《班传》注作"龙",群龙之《班传》注无"之"字象《班传》注有"也"字,舜既受禅王"禅"作"道",《班传》注无此句,有"谓"字。禹与稷契咎繇之属,并在《班传》注有"于"字朝。《后汉书·郎颛传》注《班固传》注

《象》曰吕氏《古易音训》曰:郑康成合《彖》《象》于经,故加"象曰""象曰"以别之,诸卦皆然。朱震说亦同。大哉乾元,万物资始,乃统天。【注】资,取也。统,本也。《释文》云行雨施,品物流行,大明终始,六位时成,时乘六龙以御天,乾道变化,各正牲命,保合太和,乃利贞,首出庶物,万国咸宁。

坤卦　坤下坤上

坤,元亨,利牝马之贞,君子有攸往,先迷后得,主利西,南得朋,东北丧朋,安贞吉。

初六,履霜坚冰至。

【注】读履王作"履读"为礼。《释文》臧在东云:郑本经文当作"礼"。郑注之云:"礼"读为"履"。后人依注改经,又依经改注。

六二,直方【注】直也、方也,地之性。此爻得中气而在地上,自然之性,广生万物,故生动直而且方。《礼记·深衣》正义大。不习无不利。

六三,含章可贞,或从王事,无成有终。

六四,括囊,无咎无誉。

六五,黄裳,元吉。

上六,龙战于野,其血玄黄。【注】圣人喻龙,君子喻蛇。《仪礼·乡射礼》疏《三礼图·弓矢》

屯卦　震下坎上

屯,元亨利贞,勿用有攸往,利建侯。

初九,磐桓,利居贞,利建侯。

六二,屯如邅如,乘马般如。《释文》【注】马牝牡曰乘。同上匪寇婚媾同上,【注】媾,犹会。同上《正义》作:"媾,犹会也。"女子贞不字,十年乃字。

六三,即鹿无虞,惟入于林中,君子机【注】机,弩牙也。同上不如舍,往吝。

六四,乘马般如,求婚媾,往吉,无不利。

九五,屯其膏,小贞吉,大贞凶。

上六,乘马般如,泣血涟如。

《彖》曰:屯,刚柔始交而难生。动乎险中,大亨贞。雷雨之动满盈,天造草昧,宜"建侯"而不宁。【注】惠补 造,成也。草,草创。昧《封侯表》注:"创"下有"也"字,不重"昧"字,昧,爽也。《文选·任彦升天监〈三年策秀才文〉》注、《为范尚书让吏部封侯第一表》注读而惠作"而读"曰能,能犹安也。《释文》

《象》曰:云雷,屯。 姚补 君子以经论《释文》:"论,音伦,郑如字。"《正义》云:郑玄云以"纶"为"论"字。今文讹"沦"。【注】姚补 谓论撰书礼乐,施政事。《释文》虽"磐桓",志行正也。以贵下贱,大得民也。"六二"之难,乘刚也。"十年乃字",反常也。"即鹿无虞",以从禽也从,子用反。《释文》"子"旧讹作"于"。案《古易音训》《周易会通》、宋本《释文》皆从"子"。"君子""舍"之,往吝穷也。求而往,明也。"屯其膏",施未光也。"泣血涟如",何可长也。

蒙卦　坎下艮上

蒙,亨。匪我求童蒙,童蒙求我,初筮告,再三渎,渎则不告。利贞。

【注】蒙者,蒙。蒙,物初生形,是其未开著之名也。人幼稚曰童。亨者,阳也。互体震而得中,嘉会礼通。阳自动其中,德于宋本《玉海》"于"作"施",胡本亦同。地道之上,万物应之而萌芽生。教授之师取象焉,修道艺于其室,而童蒙者求为之弟子,非已乎求之也。弟子初问,则告之以事义,不思其三隅相况以反解而筮者,此勤师而功寡,学者之灾也。渎筮则不复告,欲令思而得之,亦所以利义而干事。《公羊传·定公十五年》疏王误多"是也"二字,惠有"也"字。童,未冠之称。 惠补 筮,问。

姚补 渎，亵也。《释文》

初六，发蒙，利用刑人，用说桎梏，【注】木在足曰桎，在手曰梏。《周礼·大司寇》疏以往咎。

九二，苞蒙《释文》【注】苞当作彪。彪，文也。同上吉，纳妇吉，子克家。

六三，勿用取女，见金夫，不有躬，无攸利。

六四，困蒙，吝。

六五，童蒙，吉。

上九，姚补 系蒙同上。不利为寇，利御寇。

《彖》曰：蒙，山下有险，险而止，蒙。"蒙亨"，以亨行，时中也，"匪我求童蒙，童蒙求我"，志应也。"初筮告"，以刚中也。"再三渎，渎则不告"。渎蒙也。蒙以养正，圣功也。

《象》曰：山下出泉，蒙。君子以果行育德。"利用刑人"，以正法也。"子克家"，刚柔接也。"勿用取女"，行不顺也。"困蒙"之"吝"，独远实也。"童蒙"之"吉"，顺以巽也。【注】巽，当作"逊"。《释文》"利用御寇"，上下顺也。

需卦　乾下坎上

需，【注】需，读为秀，阳气秀而不直前者，畏上坎也。《释文》有孚光亨贞吉，《释文》云："郑总为一句。"利涉大川。

初九，需于郊，利用恒，无咎。

九二，需于沚《释文》惠改"沚"为"沙"。《九经古义》云："沚"当为"沙"，与"沙"同。案当为"沙"是也。改作"沙"则非传信之义。今若此类，并仍其旧，【注】惠补 沙，接水者。《诗·凫鹥》正义引作"沙"。小有言，终吉。

九三，需于泥，致戎至。《释文》

六四，需于血，出自穴。

九五，需于酒食，贞吉。

上六，入于穴，有不速之客三人来，敬之，终吉。

《象》曰：需，须也。险在前也。刚健而不陷，其义不困穷矣。需，"有孚光亨贞吉"，位于天位上"位"音"莅"。《释文》以正中也。"利涉大川"，往有功也。

《象》曰:云上于天,需。君子以饮食宴乐。【注】宴,享宴也。《释文》,《音训》作宴享也。"需于郊",不犯难行也。"利用恒无咎",未失常也。"需于沚",衍在中也。"虽小有言",以"吉终"也。"需于泥",灾在外也。"自我致戎",敬慎不败也。"需于血",顺以听也。"酒食贞吉",以中正也。"不速之客"来,"敬之终吉",虽不当位,未大失也。

讼卦　坎下乾上

讼,【注】辩财曰讼。《释文》有孚,咥【注】咥,觉悔貌。同上,案《释文》唯云:马作"咥",郑依马也。惕。中吉。终凶。利见大人,不利涉大川。

初六,不永所事,小有言,终吉。

九二,不克讼,归而逋,其邑人三百户,无眚。【注】小国之下大夫,采地方一成,其定税三百家,故三百户也。《杂记下》正义又见《坊记》正义,无末句。不易之田,岁种之,一易之田,休一岁乃种,再易之田王作"地",休二岁乃种,言至薄也。苟自藏隐不敢与五相敌,则无眚灾。《正义》王作"灾眚"眚,过也。《释文》

六三,食旧德,贞厉,终吉,或从王事,无成。

九四,不克讼,复即命,渝安贞,吉。【注】渝,然也。《释文》

九五,讼,元吉。

上九,或锡之鞶带,【注】鞶带,佩鞶之带。《周礼·巾车》疏不云郑注。终朝三拖之。拖,徒可反。《释文》"可"今本《释文》或作"何",误。项安世《周易玩辞》引郑云:"三拖,三加之也。"似亦非郑原文。

《象》曰:讼,上刚下险,险而健,讼。"讼,有孚咥,惕中吉",刚来而得中也。终凶,讼不可成也。"利见大人",尚中正也。"不利涉大川",入于渊也。

《象》曰:天与水违行,讼。君子以作事谋始。"不永所事",讼不可长也。虽"小有言",其辩明也。"不克讼",归逋窜也。自下讼上,患至惙也惙,涉劣反。《释文》【注】惙,忧也。同上"食旧德",从上吉也。"复即命,渝安贞",不失也。"讼元吉",以中正也。以讼受服,亦不足敬也。

师卦　坎下坤上

师,贞丈人吉,无咎。【注】军二千五百人为师。《周礼·夏官·序官》疏云:"师,贞丈人吉,无咎。"军二千五百人为师。丈之言长也,以法度为人之长，故吉而无咎，谓天子诸侯而主军。丁小疋云：此疏脱"注云"二字。自"军二千五百人"以下，皆郑注也。王伯厚集此注，冠以"军二千五百人为师"句，人多疑所出，唯小疋能通之。多以军为名，次以师为名，少以旅为名。师者，举中之言。《诗·棫朴》正义丈之言长，能御众众衍字，王无此字。有朝当作"幹"。王无此字正人之德，以法度为人之长。此句见《释文》作"能以法度长于人"，又《诗·甫田》正义云"师，贞丈人吉，无咎"，言以礼法长于人，可依仗也，吉而无咎，谓天子诸侯主军者。《春官·天府》疏

初六，师出以律，否臧凶。否，方有反。《释文》

九二，在师中，吉无咎，王三 惠补 赐命。同上

六三，师或舆尸，凶。

六四，师左次，无咎。

六五，田有禽，利执言，无咎。长子帅师，弟子舆尸，贞凶。

上六，大君有命，开国承家，小人勿用。

《彖》曰：师，众也。贞，正也。能以众正，可以王矣。刚中而应，行险而顺，以此毒天下而民从之，吉又何咎矣。

《象》曰：地中有水，师。君子以容民畜众。"师出以律"，失律凶也。"在师中吉"，承天宠也。【注】宠，光耀也。同上"王三赐命"，怀万邦也。"师或舆尸"，大无功也。"左次无咎"，未失常也。"长子帅师"，以中行也。"弟子舆尸"，使不当也。"大君有命"，以正功也。"小人勿用"，必乱邦也。

比卦　坤下坎上

比，吉，原筮，元永贞，无咎，不宁方来，后夫凶。

初六，有孚比之，无咎。有孚盈缶，【注】爻辰在未，上值东井。井之水人所汲，用缶。缶，汲器。《诗·宛邱》正义，《释文》有末句云：汲器也。终来有它，吉。

六二，比之自内，贞吉。

六三，比之匪人。

六四，外比之，贞吉。

九五，显比，王用三驱《释文》，失前禽，【注】王因天下显习兵于蒐狩焉。《左传正义》作"王者习兵于蒐狩"。驱禽而射之，三则已。发《左传》疏作"法"。军礼《左传》疏有"也"字。失前禽者，谓禽在前来者，不逆而射

《左传》疏有"之"字,旁去又不射,唯其《左传》疏作"背"。走者,顺而射之,不中亦《左传》作疏"则"已,是皆《左传》疏作"其"所失之《左传》疏作"所以失之"。用兵之法亦如之。降者不杀,奔者不禁《左传》疏作"御",背敌不杀惠本"敌"为"者",误。《左传》疏作"皆为敌不敌已"。以仁恩养威之道《左传》疏"以"上有"加"字。《秋官·士师》疏《左传·桓四年》正义邑人不诚,吉。

上六,比之无首,凶。

《象》曰:比,吉也。比,辅也。下顺从也。"原筮元永贞无咎",以刚中也。"不宁方来",上下应也。"后夫凶",其道穷也。

《象》曰:地上有水,比。先王建万国亲诸侯。比之"初六",有它吉也。"比之自内",不自失也。"比之匪人",不亦伤乎。外比于贤,以从上也。"显比"之"吉",位中正也。舍逆取顺,"失前禽"也。"邑人不诚",上使中也。"比之无首",无所终也。

小畜卦　乾下巽上

惠补 小畜,许六反。《释文》【注】畜,养也。同上亨,密云不雨,自我西郊。

初九,复自道,何其咎,吉。

九二,牵复,吉。

九三,舆说辐,【注】辐,伏菟。《释文》舆下缚木,舆王作"舆",误轴相连,钩心之木是也。上九《象传》正义夫妻反目。

六四,有孚,血去惕出,无咎。

九五,有孚挛如,富以其邻。

上九,既雨既处,尚德载,妇贞厉。月几望,君子贞凶。

《象》曰:小畜,柔得位而上下应之,曰小畜。健而巽,刚中而志行,乃亨。"密云不雨",尚往也。"自我西郊",施未行也。

《象》曰:风行天上,小畜。君子以懿文德。"复自道",其义"吉"也。"牵复"在中,亦不自失也。"夫妻反目",不能正室也。"有孚惕出",上合志也。"有孚挛如",不独富也。"既雨既处",德积载也。"君子征凶",有所疑也。

履卦　兑下乾上

履虎尾，不 惠补 噬人，亨。 筮，音誓。《文选·西征赋》注【注】噬，惠补 啮也。同上

初九，素履往，无咎。

九二，履道坦坦，幽人贞吉。

六三，眇能视，跛能履，履虎尾，噬人凶，武人为于大君。

九四，履虎尾，愬愬终吉。

九五，夬履，贞厉。

上九，视履考 惠补 详，《晁氏易》【注】惠补 履道之终，考正详备。同上其旋元吉。

《彖》曰：履，柔履刚也。说而应乎乾，是以"履虎尾不噬人"。"亨"，刚中正，履帝位而不疚，光明也。

《象》曰：上天下泽，履。君子以辩上下，定民志。"素履"之往，独行愿也。"幽人贞吉"，中不自乱也。"眇能视"，不足以有明也。"跛能履"，不足以与行也。"噬人"之"凶"，位不当也。"武人为于大君"，志刚也。"愬愬终吉"，志行也。"夬履贞厉"，位正当也。"元吉"在上，大有庆也。

二、孝经郑注(节选)①

1. 开宗明义章②

仲尼居，○谨案释文引郑注居作尻，与《说文》合。经文仍作居，今从之。尻、尻讲堂也。《释文》《正义》。

曾子侍。○卑在尊者之侧曰侍。同上。

子曰："先王有至德要道，以顺天下，民用和睦，上下无怨。女知之乎？"

○禹、三王最先者，至德、孝弟也。要道，礼乐也。《释文》。

曾子避席曰："参不敏，何足以知之？"子曰："夫孝，德之本也，教之所

---

① 这里节选的是该书《开宗明义章》《天子章》《诸侯章》《卿大夫章》《士章》《庶人章》《三才章》《孝治章》等。

② 陈鳣撰集：《孝经郑注》，中华书局 1985 年版，第 1—2 页。

由生也。

○人之行莫大于孝,故为德本。《释文》《正义》。

复坐,吾语女。身体发肤,受之父母,不敢毁伤,孝之始也。

○父母全而生之,己全而归之,故不敢毁伤。《正义》。

立身行道,扬名于后世,以显父母,孝之终也。

○父母得其显誉也。《释文》。

夫孝始于事亲,中于事君,终于立身。

○父母生之,是事亲为始,册强而仕,是事君为中,七十行步不逮,县车致仕,是立身为终也。《释文》《正义》。

《大雅》云:'无念尔祖,聿修厥德。'"

○雅者,正也。《正义》。无念、无忘也。《释文》。

2. 天子章①

子曰:"爱亲者,不敢恶于人;敬亲者,不敢慢于人。爱敬尽于事亲,而德教加于百姓,刑于四海。"

○刑,见也。同上。

盖天子之孝也。○盖者,谦辞。《正义》。

《甫刑》云:"一人有庆,兆民赖之。"○引譬连类,以《书》录王事,故证天子之章以为引类得象。亿万曰兆,天子曰兆民,诸侯曰万民。《五经算术》。

3. 诸侯章②

在上不骄,高而不危。○危,殆也。《释文》。

制节谨度,满而不溢。○费用俭约,谓之制节。慎行礼法,谓之谨度。无礼为娇,奢泰为溢。《释文》《正义》。

高而不危,所以长守贵也。满而不溢,所以长守富也。富贵不离其身,然后能保其社稷,而和其民人。○薄赋敛,省徭役,列士封疆。

盖诸侯之孝也。《诗》云:"战战兢兢,如临深渊,如履薄冰。"○战战,

---

① 陈鳣撰集:《孝经郑注》,中华书局 1985 年版,第 3 页。
② 陈鳣撰集:《孝经郑注》,中华书局 1985 年版,第 3 页。

恐惧。兢兢，戒慎。临深渊恐坠。履薄冰恐陷。义取为君，恒须戒慎。《释文》《正义》。

4. 卿大夫章①

非先王之法服不敢服，○法服，谓日月星辰山龙华虫藻火粉米黼黻绨绣。先王制五服，天子服日月星辰，诸侯服山龙华虫。卿大夫服藻火。士服粉米。皆谓文绣也。田猎卜筮冠皮弁衣累积，百王同之不改易。

非先王之法言不敢道，非先王之德行不敢行。是故非法不言，非道不行；口无择言，身无择行。○礼以检奢。

言满天下无口过，行满天下无怨恶。三者备矣，然后能守其宗庙。○为作宫室。

盖卿大夫之孝也。○张官设府，谓之卿大夫。

《诗》云："夙夜匪懈，以事一人。"○夜，莫也。懈，惰也。《释文》。

5. 士章②

资于事父以事母而爱同；资于事父以事君而敬同。○资者，人之行也。

故母取其爱，而君取其敬，兼之者父也。故以孝事君则忠，○移事父孝以事于君则忠矣。

以敬事长则顺。○移事兄敬以事于长，则为顺矣。

忠顺不失，以事其上，然后能保其禄位，而守其祭祀。○食禀为禄，始为曰祭，别是非。《释文》不全引。

盖士之孝也。《诗》云："夙兴夜寐，无忝尔所生。"

6. 庶人章③

用天之道，○春生夏长，秋收冬藏。《释文》《正义》。

分地之利，○分别五土，视其高下，高田宜黍稷，下田宜稻麦，丘陵阪险宜种枣栗。

---

① 陈鳣撰集：《孝经郑注》，中华书局 1985 年版，第 4 页。
② 陈鳣撰集：《孝经郑注》，中华书局 1985 年版，第 5 页。
③ 陈鳣撰集：《孝经郑注》，中华书局 1985 年版，第 5—6 页。

谨身节用,以养父母,此庶人之孝也。○行不为非,度财为费,什一而出,无所复谦。

故自天子至于庶人,孝无终始,而患不及者,未之有也。○患,祸也。故患难不及其身也。善未之有也。《释文》《正义》。

7. 三才章[①]

曾子曰:"甚哉孝之大也!"○语喟然。

子曰:"夫孝,天之经也,地之义也,民之行也。天地之经,而民是则之。○孝悌恭敬民皆乐之。

则天之明,因地之利,以顺天下。是以其教不肃而成,其政不严而治。○政不烦苛也。

先王见教之可以化民也,○见因天地教化,民之易也。《释文》《正义》。

是故先之以博爱,而民莫遗其亲;陈之以德义,而民兴行。○上好义。《释文》不全引。

先之以敬让而民不争;○上好礼若文王敬让于朝,虞芮推畔于田,则下效之。

导之以礼乐,而民和睦;示之以好恶,而民知禁。《诗》云:'赫赫师尹,民具尔瞻。'"○师尹,若冢宰之属也,女当视民。

8. 孝治章[②]

子曰:"昔者明王之以孝治天下也,○昔,古也。《公羊传序疏》。

不敢遗小国之臣,而况于公侯伯子男乎?○聘问天子无恙,古者诸侯五年一朝,天子使世子郊迎,刍禾百车,以客礼待之,昼坐正殿,夜设庭燎思与相见,问其劳苦也。当为王者侯者候伺,伯者长,男者任也。《释文》不全引。

故得万国之欢心,以事其先王。○诸侯五年一朝天子,天子亦五年一巡狩劳来。

治国者不敢侮于鳏寡,而况于士民乎?○丈夫六十无妻曰鳏,妇人五

---

① 陈鳣撰集:《孝经郑注》,中华书局 1985 年版,第 6—7 页。
② 陈鳣撰集:《孝经郑注》,中华书局 1985 年版,第 7—8 页。

十无夫曰寡也。

故得百姓之欢心，以事其君。治家者不敢失于臣妾，而况于妻子乎？○治家，谓卿大夫。臣，男子贱称。妾，女子贱称。《释文》。

故得人之欢心，以事其亲。○小大尽节养。

夫然，故生则亲安之，祭则鬼享之。○则致其乐。

是以天下和平，灾害不生，祸乱不作。故明王之以孝治天下也如此，《诗》云：'有觉德行，四国顺之。'"○觉，大也。

何休学案

何休是东汉思想界的巨擘,汉代《公羊》学理论的总结者。何休思想的核心是其哲学理论,这一特征决定了他的全部学术活动和理论构建势必紧密地从属于现实社会生活,为回答时代重要政治命题不懈地努力,从而构成中国古代思想史,特别是儒学发展史长链上的一个重要环节。

东汉末年,古文经学在社会上的影响越来越大,黄老之学与刑名之学等社会思潮重新复苏。在这样的时代背景下,一代今文经学大师何休肩负着振兴《公羊》学,为危机之中的汉代统治提供思想武器以挽救时局的重任。何休家学甚笃,从小受到了良好的经学教育,并四处游学、访师求教,增长了见识,丰富了学识。何休不仅精于《易》《京氏易》《尚书》《诗》《韩诗外传》《礼》《左传》《穀梁传》,而且也专于《论语》《孝经》和各类纬书。何休撰有多种著作,除解诂《公羊》之外,还注训《孝经》《论语》,并作《公羊墨守》《左氏膏肓》《穀梁废疾》。

何休以传承《公羊》学而著称于世,面对儒学发展"通儒""通人"的新局面,其在注《公羊》时,既能遵行师法,又能兼通数经,博采百家之学,除了吸纳《公羊》诸家之学外,还吸收《左传》《穀梁传》中有益于己的内容,并引入阴阳算术、河洛图谶等内涵,成为集东汉以前《公羊》学之大成者。何休重视以"例"作"绳墨"整顿、阐发《公羊》义理,其中"义例"的主旨在于"三科九旨"。"三科"是指孔子作《春秋》时所遵循的三条基本原则;"九旨"是指这三条原则共包含着九个概念。何休设制《公羊》"义例",既立足于对历史的总结,又着眼于对现实的匡救,穷尽《春秋》之"微言大义"。何休使得《公羊》学的理论得以系统化、哲理化,从而能够更好地发挥其在借鉴历史经验、指导现实政治运作方面的社会功能,并设计出了未来社会的宏伟蓝图。①

一、春秋公羊传注疏（节选）②

1. 春秋公羊传注疏序③

汉司空掾任城樊何休序〇陆氏《音义》曰："掾，弋绢反。"〇解云：任城者，郡名。樊者，县名。姓何，名休，字邵公。其本传云："休为人质朴讷口，而雅有心思。精研六经，世儒无及者。太傅陈蕃辟之，与参政事。蕃败，休坐废锢。乃作《春秋公羊解诂》，覃思不窥门十有七年"是也。序者，舒也，叙也。舒展己意，以次叙经、传之义，述己作注之意。故谓之序也。

昔者孔子有云：

〇解云：昔者，古也，前也。故《孝经》云"昔者明王"，郑注云："昔，古也。"《檀弓上篇》云"予畴昔，夜梦"，注云："昔犹前也。"然则若对后言之，即言前，若对今言之，即言古。何氏言"前古，孔子有云"。"云"，言也。

"吾志在《春秋》，行在《孝经》。"

〇解云：案《孝经钩命决》云"孔子在庶，德无所施，功无所就。志在《春秋》，行在《孝经》"是也。所以《春秋》言"志在"，《孝经》言"行在"者，《春秋》者，赏善罚恶之书，见善能赏，见恶能罚，乃是王侯之事，非孔子所能行。故但言"志在"而已。《孝经》者，尊祖、爱亲、劝子事父、劝臣事君。理关贵贱，臣子所宜行。故曰"行在《孝经》"也。

此二学者，圣人之极致，〇解云：二学者，《春秋》、《孝经》也。极者，尽也。致之言至也。言圣人作此二经之时，尽己至诚而作之。故曰"圣人之极致"也。

治世之要务也。〇治，直吏反。

〇解云：凡诸经艺等皆治世所须。但此经或是惩恶劝善，或是尊祖爱

---

① 黄朴民：《何休评传》，南京大学出版社 2011 年版，第 63—64、88—93 页。
② 这里节选的是该书《春秋公羊传注疏序》。
③ 何休解诂，徐彦疏，刁小龙整理：《春秋公羊传注疏（上）》，上海古籍出版社 2014 年版，第 1—9 页。

亲,有国家者最所急行。故云"治世之要务也",言治世之精要急务矣。《祭统》云:"凡治人之道,莫急于礼。"礼者,谓三王以来也。若大道之时,礼于忠信为薄。正以孔子修《春秋》,祖述尧、舜,故言此。考诸旧本,皆作"也"字。又且于理亦宜然。若有作世字者,俗误已行。

　　传《春秋》者非一,

　　○解云:孔子至圣,却观无穷,知秦无道,将必燔书。故《春秋》之说,口授子夏。度秦至汉,乃著竹帛。故《说题辞》云:"传我书者,公羊高也。"戴宏《序》云"子夏传与公羊高,高传与其子平,平传与其子地,地传与其子敢,敢传与其子寿。至汉景帝时,寿乃共弟子齐人胡毋子都著于竹帛,与董仲舒。皆见于图谶"是也。故大史公云"董仲舒,广川人也,以治《春秋》,孝景时为博士。下帷讲诵,弟子传以久次相受业,或莫见其面。董生相胶西王,疾免归家,以修学著书为事,终不治产业"是也。又《六艺论》云:"治《公羊》者,胡毋生、董仲舒、董仲舒弟子嬴公、嬴公弟子眭孟、眭孟弟子庄彭祖及颜安乐、安乐弟子阴丰、刘向、王彦。"故曰:"传《春秋》者非一。"旧云"传《春秋》者非一"者,谓本出孔子,而传五家,故曰"非一"。

　　本据乱而作。

　　○解云:孔子本获麟之后,得瑞门之命,乃作《春秋》。公取十二,则天之数。是以不得取周公、成王之史,而取隐公以下。故曰"据乱而作",谓据乱世之史而为《春秋》也。

　　其中多非常异义、可怪之论。○论,卢困反,下"持论"同。

　　○解云:由乱世之史,故有非常异义、可怪之事也。"非常异义"者,即庄四年,齐襄复九世之雠,而灭纪;僖二年,实与齐桓专封是也。此即是非常之异义,言异于文武时。何者,若其常义,则诸侯不得擅灭,诸侯不得专封。故曰"非常异义"也。其"可怪之论"者,即昭三十一年,邾娄叔术妻嫂而《春秋》善之是也。

　　说者疑惑,

　　○解云:此"说者"谓胡毋子都、董仲舒之后,庄彭祖、颜安乐之徒。见经传与夺异于常理,故致疑惑。

　　至有倍经任意、反传违戾者,

　　○解云:此倍读如反背之背,非倍半之倍也。言由疑惑之故,虽解经之理,而反背于经。即成二年逢丑父代齐侯当左以免其主。《春秋》不非而说者非之,是背经也。任意者,《春秋》有三世异辞之言,颜安乐以为:从襄二十一年之后,孔子生讫,即为所见之世,是任意。任意者,凡言见者,目睹其事,心识其理,乃可为见。故《演孔图》云:"文宣成襄,所闻之世也。"而颜氏分张一公而使两属,是其任意也。"反传违戾"者,宣十七年"六月癸卯,日有食之"。案隐三年《传》云:"某月某日朔,日有食之者,食正朔也。其或日或不日者,或失之前,或失之后。失之前者,朔在前也。"谓二日乃食,失正朔于前。是以但书其日而已。"失之后者,朔在后也",谓晦日食,失正朔于后。是以又不书日,但书其月而已。即庄十八年"三月,日有食之"是也。以此言之,则日食之道不过晦、朔与二日。即宣十七年言日不言朔者,是二日明矣。而颜氏以为十四日日食,是反传违戾也。

其势虽问不得不广。

〇解云:言说者疑惑,义虽不是,但其形势已然,故曰"其势"。虽复致问,不得不广引外文,望成其说,故曰"不得不广"也。一说谓颜庄之徒,以说义疑惑未能定其是非,致使倍经任意、反传违戾。是以何氏观其形势,故曰"其势"。维适畏人问难,故曰"维问"。遂恐己说穷短,不得不广引外文望成己说,故曰"不得不广"也。"维"误为"虽"耳。

是以讲诵师言,至于百万,犹有不解。

〇解云:此"师"谓胡、董之前,公羊氏之属也。言由庄、颜之徒解义不是,致他问难,遂尔谬说,至于百万言。其言虽多,犹有合解而不解者,故曰"犹有不解"矣。

时加酿嘲辞,〇让嘲,陟交反。

〇解云:颜安乐等解此《公羊》,苟取顽曹之语,不顾理之是非,若世人云"[雨雪其雱]臣助君虐"之类是也。

援引他经,失其句读,

〇解云:三传之理不同多矣。群经之义,随经自合。而颜氏之徒既解《公羊》,乃取他经为义,犹贼党入门,主人错乱,故曰"失其句读"。

以无为有。

〇解云:《公羊》经传本无以周王为天囚之义,而《公羊》说及庄、颜之徒,以周王为天囚,故曰"以无为有"也。

甚可闵笑者,

〇解云:欲存《公羊》者,闵其愚暗;欲毁《公羊》者,笑其谬妄也。

不可胜记也。

○解云：言其可闵可笑处多，不可胜负，不可具记也。

是以治古学、贵文章者，谓之俗儒，

○解云：《左氏》先著竹帛，故汉时谓之古学。《公羊》，汉世乃兴，故谓之今学。是以许慎作《五经异义》云"古者，《春秋左氏》说；今者，《春秋公羊》说"是也。治古学者，即郑众、贾逵之徒，贵文章者。谓之俗儒者，即《繁露》云："能通一经曰儒生，博览群书，号曰洪儒。则言乖典籍，辞理失所，名之为俗；教授于世，谓之儒。"郑、贾之徒，谓《公羊》虽可教授于世，而辞理失所矣。

至使贾逵缘隙奋笔，以为《公羊》可夺，《左氏》可兴。

○解云：贾逵者，即汉章帝时卫士令也。言"缘隙奋笔"者，庄、颜之徒，说义不足，故使贾逵得缘其隙漏，奋笔而夺之，遂作《长义》四十一条，云《公羊》理短，《左氏》理长。意望夺去《公羊》而兴《左氏》矣。郑众亦作《长义》十九条、十七事，专论《公羊》之短、《左氏》之长，在贾逵之前。何氏所以不言之者，正以郑众虽扶《左氏》而毁《公羊》，但不与谶合，帝王不信，毁《公羊》处少，兴《左氏》不强，故不言之。岂如贾逵作《长义》四十一条，奏御于帝，帝用嘉之，乃知古之为真也，赐布及衣，将欲存立，但未及而崩耳。然则贾逵几废《公羊》，故特言之。

恨先师观听不决，多随二创。

○解云：此先师，戴宏等也。凡论义之法，先观前人之理，听其辞之曲直，然以正义决之。今戴宏作《解疑论》而难《左氏》，不得《左氏》之理，不能以正义决之，故云"观听不决"。"多随二创"者，上文云"至有背经任意、反传违戾者"，与《公羊》为一创。又云"援引他经，失其句读"者，又与《公羊》为一创。今戴宏作《解疑论》，多随此二事，故曰"多随二创"也。而旧云"公羊先师说《公羊》义不著，反与《公羊》为一创，贾逵缘隙奋笔夺之，与《公羊》为二创"，非也。

此世之余事。

○解云：何氏言先师解义，虽曰不是，但有己在，《公羊》必存。故曰："此世之余事。"余，末也。言戴氏专愚，《公羊》未申。此正是世之末事，犹天下闲事也。旧云："何氏云前世之师说此《公羊》，不得圣人之本旨，而犹在世之末说，故曰世之余事也。"

斯岂非守文持论、败绩失据之过哉!

○解云:"守文"者,守《公羊》之文。"持论"者,执持《公羊》之文以论《左氏》,即戴宏《解疑论》之流矣。"败绩"者,争义似战陈,故以败绩言之。"失据"者,凡战陈之法,必须据其险势以自固。若失所据,即不免败绩。若似《公羊》先师欲持《公羊》以论《左氏》,不闲《公羊》、《左氏》之义,反为所穷,己业破散,是失所依据。故以喻焉。

余窃悲之久矣。

○解云:何邵公精学十五年,专以《公羊》为己业。见《公羊》先师失据败绩,为他《左氏》先师所穷,但在室悲之而已,故谓之"窃悲"。非一朝一夕,故谓之"久"。后拜为议郎,一举而起,陵群儒之上,己业得申,乃得公然叹息。

往者略依胡毋生《条例》○毋,音无。多得其正,

○解云:胡毋生本虽以《公羊》经传传授董氏,犹自别作《条例》。故何氏取之以通《公羊》也。虽取以通传意,犹谦未敢言己尽得胡毋之旨。故言"略依"而已。何氏本者作《墨守》以距敌,《长义》以强义,为《废疾》以难《穀梁》,造《膏肓》以短《左氏》,盖在注传之前。犹郑君先作《六艺论》讫,然后注书。故云"往者"也。何氏谦不言尽得其正,故言"多"尔。

故遂隐括,使就绳墨焉。○隐括,古夺反,结也。

○解云:隐谓隐审,括谓检括,绳墨犹规矩也。何氏言已隐审检括《公羊》,使就规矩也。然则何氏最存《公羊》也。而谶记不见者,书不尽言故也。而旧云:"善射者隐括令审,射必能中。何氏自言已隐括《公羊》,能中其义也。凡木受绳墨,其直必矣。何氏自言规矩《公羊》,令归正路矣。"

荀悦学案

  荀悦（公元 148 年—公元 209 年），东汉末年杰出的史学家、思想家。与早期儒生不同，荀悦生活在一个帝国崩溃、儒学衰落的时代，他需要在儒家和非儒家的资源中寻找纠正时代之弊病的补救方法。和汉初的儒生一样，在《汉纪》《申鉴》等著作中，荀悦也构建起了博采众家之说的思想体系。①

  《汉纪》虽然整体上是对《汉书》的剪裁删略，但在体例和内容方面仍有许多改革与创新之处。《汉纪》的问世，不仅使长期无人问津的编年体史书恢复，还弥补了以《左传》为代表的编年体与以《史记》《汉书》为代表的纪传体的缺陷，创立了我国臻于完备的断代编年史体。《申鉴》一书是荀悦和汉献帝、孔融、荀彧等一起旦夕谈论复兴汉王朝时各种观点的归纳和总结，系统地提出了改革时弊、振兴汉室的种种政治措施。史学思想方面，荀悦特别重视史著的历史借鉴作用，把西汉的兴亡盛衰作为一面镜子，认为这是治国为政的头等大事，希望当朝皇帝常引以为鉴。

  在政治经济方面，荀悦以"仁义为本"为原则，认识人民，重视农业生产，并从扶持农桑发展的政策入手，提出了养民、富民和恤民等"以民为本"的措施。与此同时，荀悦对汉代土地政策、货币政策、官俸等问题也有诸多真知灼见，如他一针见血地指出，减少或减免赋税的政策实质上是皇家与豪强的权宜之计。荀悦还重视法制，希望通过法律制度，塑造健康有序的社会环境。

  儒家理性主义注重经典的权威导向作用，但在王朝的后期却难以解决现实问题。除了借鉴道家之"道"来关切社会秩序之外，荀悦极为重视现实主义的法家理论。但值得一提的是，荀悦的法制思想，有着体现仁

---

① 陈启云著，高专诚译：《荀悦与中古儒学》，辽宁大学出版社 2000 年版，第 1—10 页。

义、适时权变及注重与风俗的关系等特点。荀悦不仅注重总结王朝兴衰的经验教训,在哲学思想方面,诸如天人关系、天命关系、人性问题等也都有自己的见解。"天命三势"说作为荀悦突出的哲学思想,旨在解说天人之应、性命之理等不循常规的特殊事项。荀悦以一介学者身份关心民生疾苦,并积极探索国家治理、改革和发展的方法和途径,不仅体现出古代士大夫"志于道"的责任与担当,更彰显出古代士大夫"知其不可而为之"的锲而不舍之精神。①

一、申鉴(节选)②

1. 政体③

夫道之本,仁义而已矣。五典以经之,群籍以纬之,咏之歌之,弦之舞之。前鉴既明,后复申之。故古之圣王,其于仁义也,申重而已。笃序无强,谓之"申鉴"。

圣汉统天,惟宗时亮,其功格宇宙。粤有虎臣乱政,时亦惟荒圮湮,兹洪轨仪。鉴于三代之典,王允迪厥德,功业有尚。天道在尔,惟帝茂止,陟降肤止,万国康止。允出兹,斯行远矣。

立天之道曰阴与阳,立地之道曰柔与刚,立人之道曰仁与义。阴阳以统其精气,刚柔以品其群形,仁义以经其事业,是为道也。故凡政之大经,法、教而已矣。教者,阳之化也;法者,阴之符也。仁也者,慈此者也;义也者,宜此者也;礼也者,履此者也;信也者,守此者也;智也者,知此者也。是故好恶以章之,喜怒以莅之,哀乐以恤之。若乃二端不愆,五德不离,六节不悖,则三才允序,五事交备,百工惟厘,庶绩咸熙。

天作道,皇作极,臣作辅,民作基,制度以纲之,事业以纪之。惟先哲王之政,一曰承天,二曰正身,三曰任贤,四曰恤民,五曰明制,六曰立业。承天惟允,正身惟常,任贤惟固,恤民惟勤,明制惟典,立业惟敦,是谓政体也。

---

① 张建会:《荀悦思想研究》,曲阜师范大学2018年博士论文,第2页。
② 这里节选的是该书《政体》《时事》《俗嫌》《杂言上》《杂言下》等。
③ 荀悦撰,黄省曾注,孙启治校补:《申鉴注校补》,中华书局2012年版,第1—53页。

致治之术，先屏四患，乃崇五政。一曰伪，二曰私，三曰放，四曰奢。伪乱俗，私坏法，放越轨，奢败制。四者不除，则政末由行矣。俗乱则道荒，虽天地不得保其性矣；法坏则世倾，虽人主不得守其度矣；轨越则礼亡，虽圣人不得全其道矣；制败则欲肆，虽四表不能充其求矣。是谓四患。兴农桑以养其生，审好恶以正其俗，宣文教以章其化，立武备以秉其威，明赏罚以统其法，是谓五政。

民不畏死，不可惧以罪；民不乐生，不可劝以善。虽使离布五教，咎繇作士，政不行焉。故在上者先丰民财以定其志，帝耕籍田，后桑蚕宫，国无游民，野无荒业，财不虚用，力不妄加，以周民事，是谓养生。

君子之所以动天地，应神明，而成王治者，必本乎真实而已。故在上者审则仪道，以定好恶。善恶要于功罪，毁誉效于准验，听言责事，举名察实，无或诈伪以荡众心。故事无不覈，物无不切，善无不显，恶无不彰，俗无奸怪，民无淫风。百姓上下睹利害之存乎己也，故肃恭其心，慎修其行，内不讹惑，外无异望，有罪恶者无徼幸，无罪过不忧惧，请谒无所听，财赂无所用，则民志平矣。是谓正俗。

君子以情用，小人以刑用。荣辱者，赏罚之精华也。故礼教荣辱以加君子，化其情也；桎梏鞭朴以加小人，化其形也。君子不犯辱，况于刑乎？小人不忌刑，况于辱乎？若夫中人之伦，则刑礼兼焉。教化之废，推中人而坠于小人之域；教化之行，引中人而纳于君子之途。是谓章化。

小人之情，缓则骄，骄则恣，恣则急，急则怨，怨则畔，危则谋乱，安则思欲，非威强无以惩之。故在上者必有武备以戒不虞，以遏寇虐，安居则寄之内政，有事则用之军旅。是谓秉威。

赏罚，政之柄也。明赏必罚，审信慎令，赏以劝善，罚以惩恶。人主不妄赏，非徒爱其才也，赏妄行则善不劝矣。不妄罚，非徒慎其刑也，罚妄行则恶不惩矣。赏不劝谓之止善，罚不惩谓之纵恶。在上者能不止下为善，不纵下为恶，则治国矣。是谓统法。

四患既蠲，五政既立，行之以诚，守之以固，简而不怠，疏而不失。无为为之，使自施之；无事事之，使自交之。不肃而城，不厌而治，垂拱揖逊，而海内平矣。是谓为政之方也。

惟修六则，以立道经。一曰中，二曰和，三曰正，四曰公，五曰诚，六曰通。以天道作中，以地道作和，以仁德作正，以事物作公，以身极作诚，以变量作通。是谓道实。

惟恤十难，以任贤能。一曰不知，二曰不进，三曰不任，四曰不终，五曰以小怨弃大德，六曰以小过黜大功，七曰以小失掩大美，八曰以奸讦伤忠正，九曰以邪说乱正度，十曰以谗嫉废贤能。是谓十难。十难不除，则贤臣不用，用臣不贤，则国非其国也。

惟察九风，以定国常。一曰治，二曰衰，三曰弱，四曰乖，五曰乱，六曰荒，七曰叛，八曰危，九曰亡。君臣亲而有礼，百僚和而不同，让而不争，勤而不怨，无事惟职是司，此治国之风也。礼俗不一，位职不重，小臣谗嫉，庶人作议，此衰国之风也。君好让，臣好逸，士好游，民好流，此弱国之风也。君臣争明，朝廷争功，士大夫争名，庶人争利，此乖国之风也。上多欲，下多端，法不定，政多门，此乱国之风也。以侈为博，以伉为高，以滥为通，遵礼谓之劬，守法谓之固，此荒国之风也。以苛为密，以利为公，以割下为能，以附上为忠，此叛国之风也。上下相疏，内外相蒙，小臣争宠，大臣争权，此危国之风也。上不访，下不谏，妇言用，私政行，此亡国之风也。故上必察乎国风也。

惟慎庶狱，以昭人情。天地之大德曰生，万物之大极曰死。死者不可以生，刑者不可以复。故先王之刑也，官师以成之，棘槐以断之，情讯以宽之，朝、市以共之，矜哀以恤之，刑斯断，乐不举，刑哉刑哉，其慎矣夫。

惟稽五赦，以绥民中。一曰原心，二曰明德，三曰劝功，四曰褒化，五曰权计。凡先王之攸赦，必是族也。非是族，焉刑兹无赦。

天子有四时，朝以听政，昼以访问，夕以修令，夜以安身。上有师、傅，下有谠臣，大则讲业，小则咨询，不拒直辞，不耻下问，公私不愆，外内不贰。是谓有交。

问："明于治者其统近。""万物之本在身，天下之本在家，治乱之本在左右，内正立而四表定矣。"

问："通于道者其守约。""有一言而可常行者，恕也。有一行而可常履者，正也。恕者，仁之术也；正者，义之要也。至哉，此谓道根，万化存焉尔。是谓不思而得，不为而成，执之胸心之间，而功覆天下也。"

自天子达于庶人，好恶哀乐，其修一也；丰约劳佚，各有其制。上足以备礼，下足以备乐，夫是谓大道。天下国家一体也，君为元首，臣为股肱，民为手足。下有忧民，则上不尽乐；下有饥民，则上不备膳；下有寒民，则上不具服。徒跣而垂旒，非礼也。故足寒伤心，民寒伤国。

问："君以至美之道道民，民以至美之物养君。""君降其惠，民升其功，此无往不复，相报之义也。故太平备物，非极欲也；物损礼阙，非谦约也，其数云尔。"

问人主。"有公赋无私求，有公用无私费，有公役无私使，有公赐无私惠，有公怒无私怨。私求则下烦而无度，是谓伤清。私费则官耗而无限，是谓伤制。私使则民挠扰而无节，是谓伤义。私惠则下虚望而无准，是谓伤正。私怨则下疑惧而不安，是谓伤德。"

问："善治民者治其性也。或曰冶金而流，去火则刚；激水而升，舍之则降。恶乎治？"曰："不去其火则常流，激而不止则常升。故大冶之炉可使无刚，踊水之机可使无降。善立教者若兹，则终身治矣，故凡器可使与颜、冉同趋。投百金于前，白刃加其身，虽巨跖弗敢掇也。善立法者若兹，则终身不掇矣，故跖可使与伯夷同功。"

问："民由水也？""济大川者，太上乘舟，其次泅。泅者劳而危，乘舟者逸而安。虚入水，则必溺矣。以知能治民者，泅也；以道德治民者，舟也；纵民之情谓之乱，绝民之情谓之荒。"曰："然则如之何？"曰："为之限，使勿越也；为之地，亦勿越。故水可使不滥，不可使无流。善禁者，先禁其身而后人；不善禁者，先禁人而后身。善禁之至于不禁，令亦如之。若乃肆情于身而绳欲于众，行诈于官而矜实于民，求己之所有余，夺下之所不足，舍己之所易，责人之所难，怨之本也，谓理之源斯绝矣。自上御下，犹夫钓者焉，隐于手，应于钩，则可以得鱼。自近御远，犹夫御马焉，和于手而调于衔，则可以使马。故至道之要，不于身非道也。睹孺子之驱鸡也，而见御民之方。孺子驱鸡者，急则惊，缓则滞。方其北也，遽要之，则折而过南；方其南也，遽要之，则折而过北。迫则飞，疏则放。志闲则比之，流缓而不安则食之。不驱之驱，驱之至者也。志安则循路而入门。"

太上不空市，其次不偷窃，其次不掠夺。上以功、惠绥民，下以财、力奉上，是以上下相与。空市则民不与，民不与，则为巧诈而取之，谓之偷窃。偷窃则民备之，备之而不得，则暴迫而取之，谓之掠夺，民必交争，则祸乱矣。

或曰："圣王以天下为乐。"曰："否。圣王以天下为忧，天下以圣王为乐。凡主以天下为乐，天下以凡主为忧。圣王屈己以申天下之乐，凡主伸己以屈天下之忧。申天下之乐，故乐亦报之。屈天下之忧，故忧亦及之。天下之道也。"

治世所贵乎位者三，一曰达道于天下，二曰达惠于民，三曰达德于身。衰世所贵乎位者三，一曰以贵高人，二曰以富奉身，三曰以报肆心。治世之位，真位也。衰世之位，则生灾矣。苟高人则必损之，灾也；苟奉身则必遗之，灾也；苟肆心则必否之，灾也。

治世之臣所贵乎顺者三，一曰心顺，二曰职顺，三曰道顺。衰世之臣所贵乎顺者三，一曰体顺，二曰辞顺，三曰事顺。治世之顺，真顺也。衰世之顺，生逆也。体苟顺则逆节，辞苟顺则逆忠，事苟顺则逆道。高下失序则位轻，班级不固则位轻，汉爵卑宠则位轻，官职屡改则位轻，迁转烦渎则位轻，黜陟不明则位轻，待臣不以礼则位轻。夫位轻而政重者，未之有也。圣人之大宝曰位，轻则丧吾宝也。

好恶之不行，其俗尚矣。嘉守节而轻狭陋，疾威福而尊权右，贱求欲而崇克济，贵求己而荣华誉，万物类是已。夫心与言，言与事，参相应也。好恶、毁誉、赏罚，参相福也。六者有失，则实乱矣。守实者益荣，求己者益达，处幽者益明，然后民知本也。

2. 时事①

最凡有二十一首。其初二首，尚知、贵敦也。其二首有申重可举者十有九事，一曰明考试；二曰公卿不拘为郡，二千石不拘为县；三曰置上武之官；四曰议州牧；五曰生刑而死者但加肉刑；六曰德刑并用；七曰避雠有科；八曰议禄；九曰议专地；十曰议钱货；十一曰约祀举重；十二曰天人之应；十三曰月正听朝；十四曰崇内教；十五曰备博士；十六曰至德要道；十七曰禁数赦令；十八曰正尚主之制；十九曰复外内注记者。

盘庚迁殷，革奢即约，化而裁之，与时消息，众寡盈虚不常厥道，尚知贵敦，古今之法也。民寡则用易足，土广则物易生，事简则业易定。厌乱则思治，创难则思静。

或曰："三皇之民至敦也，其治至清也，天性乎？"曰："皇民敦，秦民弊，时也；山民朴，市民玩，处也；桀纣不易民而乱，汤武不易民而治，政也。皇

---

① 荀悦撰，黄省曾注，孙启治校补：《申鉴注校补》，中华书局 2012 年版，第 54—110 页。

民寡,寡斯敦;皇治纯,纯斯清,奚惟性？不求无益之物,不蓄难得之货,节华丽之饰,退利进之路,则民俗清矣。简小忌,去淫祀,绝奇怪,则妖伪息矣。致精诚,求诸己,正大事,则神明应矣。放邪说,去淫智,抑百家,崇圣典,则道义定矣。去浮华,举功实,绝末伎,同本务,则事业修矣。"

谁毁谁誉,誉其有试者,万事之概量也。以兹举者,试其事;处斯职者,考其绩。赏罚失实,以恶反之,人焉饰哉？语曰:"盗跖不能盗田尺寸。"寸不可盗,况尺乎？夫事验必若土田之张于野也,则为私者寡矣。若乱之坠于澳也,则可信者解矣。故有事考功,有言考用,动则考行,静则考守。

公卿不为郡,二千石不为县,未是也。小能其职,以极登于大,故下位竞,大桡其任,以坠于下,故上位慎。其鼎覆刑焉,何惮于降？若夫千里之任不能充于郡,而县邑之功废,惜矣哉。不以过职绌,则勿降,所以优贤也。以过职绌,则降,所以惩恣也。

孝武皇帝以四夷未宾,寇贼奸宄,初置武功赏官,以宠战士。若今依此科而崇其制,置尚武之官,以司马兵法选位,秩比博士,讲司马之典,简蒐狩之事,掌军功爵赏,小统于五校,大统于太尉,既周时务,礼亦宜之。周之末叶,兵革繁矣,莫乱于秦,民不荒殄。今国家忘战日久,每寇难之作,民瘁几尽。不教民战,是谓弃之。信矣。

或问曰:"州牧、刺史、监察御史三制,孰优？"曰:"时制而已。"曰:"天下不既定其牧乎？"曰:"古诸侯建家国,世位权柄存焉,于是置诸侯之贤者以牧,总其纪纲而已,不统其政,不御其民。今郡县无常,权轻不固,而州牧秉其权重,势异于古,非所以强干弱枝也,而无益治民之实。监察御史斯可也。若权时之宜,则异论也。"

肉刑,古也。或曰:"复之乎？"曰:"古者人民盛焉,今也至寡,整众以威,抚寡以宽,道也。复刑非务,必也生刑而极死者复之可也。自古肉刑之除也,斩右趾者死也。惟复肉刑,是谓生死而息民。"

问德刑并用。"常典也。或先或后,时宜。刑教,不行势极也。教初必简,刑始必略,事渐也。教化之隆,莫不兴行,然后责备;刑法之定,莫不避罪,然后求密。未可以备,谓之虚教。未可以密,谓之峻刑。虚教伤化,峻刑害民,君子弗由也。设必违之教,不量民力之未能,是招民于恶也,故谓之伤化;设必犯之法,不度民情之不堪,是陷民于罪也,故谓之害民。莫不兴行,则一毫之善可得而劝也,然后教备;莫不避罪,则纤介之恶可得而禁也,然后刑密。"

或问复雠。"古义也。"曰:"纵复雠,可乎?"曰:"不可。"曰:"然则如之何?"曰:"有纵有禁,有生有杀。制之以义,断之以法,是谓义法并立。"曰:"何谓也?"曰:"依古复雠之科,使父雠避诸异州千里,兄弟之雠避诸异郡五百里,从父、从兄弟之雠避诸异县百里。弗避而报者,无罪。避而报之,杀。犯王禁者,罪也;复雠者,义也,以义报罪。从王制,顺也;犯制,逆也,以逆、顺生杀之。凡以公命行止者,不为弗避。"

或问禄。曰:"古之禄也备,汉之禄也轻。夫禄必称位,一物不称,非制也。公禄贬则私利生,私利生则廉者匮而贪者丰也。夫丰贪、生私,匮廉、贬公,是乱也,先王重之。"曰:"禄可增乎?"曰:"民家财愁,增之宜矣。"或曰:"今禄如何?"曰:"时匮也。禄依食,食依民,参相澹。必也正贪禄,省闲冗,与时消息,昭惠恤下,损益以度可也。"

诸侯不专封。富人名田逾限,富过公侯,是自封也。大夫不专地,人卖买由己,是专地也。或曰:"复井田与?"曰:"否。专地非古也,井田非今也。""然则如之何?"曰:"耕而勿有,以俟制度可也。"

或问货。曰:"五铢之制宜矣。"曰:"今废,如之何?"曰:"海内既平,行之而已。"曰:"钱散矣。京畿虚矣,其势必积于远方,若果行之,则彼以无用之钱市吾有用之物,是匮近而丰远也。"曰:"事势有不得,官之所急者,谷也。牛马之禁,不得出百里之外。若其他物,彼以其钱取之于左,用之于右,贸迁有无,周而通之,海内一家,何患焉?"曰:"钱寡矣。"曰:"钱寡,民易矣,若钱既通而不周于用,然后官铸而补之。"或曰:"收民之藏钱者输之官,收远输之京师,然后行之。"曰:"事枉而难实者,欺慢必众,奸伪必作,争讼必繁,刑杀必深,吁嗟纷扰之声章乎天下矣,非所以抚遗民、成绪熙也。"曰:"然则收而积之与?"曰:"通市其可也。"或曰:"改铸四铢。"曰:"难矣。"或曰:"遂废之?"曰:"钱实便于事用,民乐行之,禁之难。今开难令以绝便事,禁民所乐,不茂矣。"曰:"起而行之,钱不可,如之何?"曰:"尚之、废之弗得已,何忧焉?"

圣王先成民而后致力于神。民事未定,郡祀有阙,不为尤矣。必也举其重而祀之,望祀五岳、四渎。其神之祀,县有旧常,若今郡祀之,而其祀礼物从鲜可也。礼重本,示民不偷,且昭典物,其备物以丰年,日月之灾降异，非旧也。

天人之应，所由来渐矣。故履霜坚冰，非一时也；仲尼之祷非一朝也。且日食行事，或稠或旷，一年二交，非其常也。《洪范传》云"六沴作见"，若是王都未见之，无闻焉尔。官修其方，而先王之礼，保章、视祲，安宅叙降，必书云物，为备故也。太史上事无隐焉，勿寝可也。

天子南面听天下，向明而治，盖取诸离，天之道也。月正听朝，国家之大事也。宜正其仪，以明旧典。

古有掌阴阳之礼之官，以教后宫，掌妇学之法，妇德、妇言、妇功，各率其属而以时御序于王，先王礼也。宜崇其教，以先内政。览列图，诵列传，遵典行。内史执其彤管，记善书过，考行黜陟，以章好恶。男女正位乎外内，正家而天下定矣，故二仪立而大业成。君子之道匪阙，终日造次必于是。

备博士，广太学，而祀孔子焉，礼也。仲尼作经，本一而已。古、今文不同，而皆自谓真本经。古今先师，义一而已。异家别说不同，而皆自谓古今。仲尼邈而靡质，昔先师没而无间，将谁使折之者？秦之灭学也，书藏于屋壁，义绝于朝野。逮至汉兴，收摭散滞，固已无全学矣。文有磨灭，言有楚夏，出有先后。或学者先意有所借定，后进相放，弥以滋蔓。故一源十流，天水违行，而讼者纷如也。执不俱是，比而论之，必有可参者焉。

或曰："至德要道，约尔。典籍甚富，如而博之以求约也？""语有之曰：'有鸟将来，张罗待之。'得鸟者，一目也。今为一目之罗，无时得鸟矣。道虽要也，非博无以通矣。博，其方；约，其说。"

赦令，权也。或曰，"有制乎？"曰："权无制。制，其义；不制，其事。巽以行权，义，制也。权者反经，无事也。"问其象。曰："无妄之灾，大过凶，其象矣。不得已而行之，禁其屡也。"曰："绝之乎？"曰："权曰宜，弗之绝也。"

尚主之制，非古也。厘降二女，陶唐之典；归妹元吉，帝乙之训；王姬归齐，宗周之礼。以阴乘阳，违天；以妇凌夫，违人。违天不祥，违人不义。

古者天子、诸侯有事，必告于庙。朝有二史，左史记言，右史记动。动为春秋，言为尚书。君举必记，臧否成败无不存焉。下及士庶，苟有茂异，咸在载籍。或欲显而不得，或欲隐而名章。得失一朝，而荣辱千载，善人劝焉，淫人惧焉。故先王重之，以副赏罚，以辅法教。宜于今者官以其方，各书其事,岁尽则集之于尚书。各备史官,使掌其典。不书诡常,为善恶则书,言行足以为法式则书,立功事则书,兵戎动众则书,四夷朝献则书,皇后、贵人、太子拜立则书,公主、大臣拜免则书,福淫祸乱则书,祥瑞灾异则书。先帝故事,有起居注,日用动静之节必书焉,宜复其式。内史掌之,以纪内事。

3. 俗嫌①

或问卜筮。曰:"德斯益,否斯损。"曰:"何谓也?""吉而济,凶而救之,谓益。吉而恃,凶而怠之,谓损。"

或问日时群忌。曰:"此天地之数也,非吉凶所生也。东方主生,死者不鲜;西方主杀,生者不寡;南方火也,居之不燋;北方水也,蹈之不沈。故甲子昧爽,殷灭周兴;咸阳之地,秦亡汉隆。"

或问:"五三之位,周应也。龙虎之会,晋祥也。"曰:"官府设陈,富贵者值之,布衣寓焉,不符其爵也。狱犴若居,有罪者触之,贞良入焉,不受其罚也。"或曰:"然则日月可废欤?"曰:"否。曰元辰,先王所用也。人承天地,故动静焉顺。顺其阴阳,顺其日辰,顺其度数。内有顺实,外有顺文。文、实顺,理也,休征之符自然应也。故盗泉、朝歌,孔、墨不由。恶其名者,顺其心也。苟无其实,徼福于忌,斯成难也。"

或曰:"祈请者,诚以接神,自然应也。故精以底之,牺牲、玉帛以昭祈请,吉朔以通之。""礼云礼云,玉帛云乎哉?请云祈云,酒膳云乎哉?非其礼则或愆,非其请则不应。"

或问:"祈请可否?"曰:"气、物应感则可,性命自然则否。"

或问:"避疾厄,有诸?"曰:"夫疾厄何为者也,非身则神,身不可避,神不可逃,可避非身,可逃非神也。持身随天,万里不逸。譬诸孺子,掩目巨夫之掖,而曰逃,可乎?"

或问人形有相。曰:"盖有之焉。夫神气、形容之相包也,自然矣。贰之于行,参之于时。相成也,亦参相败也。其数众矣,其变多矣,亦有上中下品云尔。"

或问神仙之术。曰:"诞哉,末之也已矣。圣人弗学,非恶生也。终

---

① 荀悦撰,黄省曾注,孙启治校补《申鉴注校补》,中华书局 2012 年版,第 111—139 页。

始,运也;短长,数也。运数非人力之为也。"曰:"亦有仙人乎?"曰:"僬侥、桂莽产乎异俗,就有仙人,亦殊类矣。"

或问:"有数百岁人乎?"曰:"力称乌获,捷言羌亥,勇期贲、育,圣云仲尼,寿称彭祖,物有俊杰,不可诬也。"

或问:"凡寿者必有道,非习之功。"曰:"夫惟寿,则惟能用道。惟能用道,则性寿矣。苟非其性也,修不至也。学必至圣,可以尽性;寿必用道,所以尽命。"

或曰:"人有自变化而仙者,信乎?"曰:"未之前闻也。然则异也,非仙也。男化为女者有矣,死人复生者有矣。夫岂人之性哉,气数不存焉。"

或问曰:"有养性乎?"曰:"养性秉中和,守之以生而已。爱亲、爱德、爱力、爱神之谓啬。否则不宣,过则不澹,故君子节宣其气,勿使有所壅闭滞底,昏乱百度则生疾。故喜怒、哀乐、思虑必得其中,所以养神也。寒暄、虚盈、消息必得其中,所以养体也。善治气者,由禹之治水也。若夫导引蓄气,历藏内视,过则失中,可以治疾,皆非养性之圣术也。夫屈者以乎申也,蓄者以乎虚也,内者以乎外也。气宜宣而遏之,体宜调而矫之,神宜平而抑之,必有失和者矣。夫善养性者无常术,得其和而已矣。"

"邻脐二寸谓之关,关者,所以关藏呼吸之气,以禀授四体也。故气长者以关息,气短者其息稍升,其脉稍促,其神稍越,至于以肩息而气舒。其神稍专,至于以关息而气衍矣。故道者常致气于关,是谓要术。""凡阳气生养,阴气消杀。和喜之徒,其气阳也,故养性者崇其阳而绌其阴。阳极则亢,阴极则凝,亢则有悔,凝则有凶。夫物不能为春,故候天春而生。人则不然,存吾春而已矣。药者,疗也,所以治疾也。无疾,则勿药可也。肉不胜食气,况于药乎? 寒斯热,热则致滞阴。药之用也,唯适其宜则不为害。若已气平也,则必有伤。唯针火亦如之。故养性者不多服也,唯在乎节之而已矣。"

或问:"仁者寿,何谓也?"曰:"仁者内不伤性,外不伤物,上不违天,下不违人,处正居中,形神以和,故咎征不至,而休嘉集之,寿之术也。"曰:"颜、冉何?"曰:"命也。麦不终夏,花不济春,如和气何? 虽云其短,长亦在其中矣。"

或问黄白之俦。曰:"傅毅论之当也。燔埴为瓦则可,烁瓦为铜则不可。以自然验于不然,诡哉。歃犬羊之肉以造马牛,不几矣。不其然欤?"

世称纬书仲尼之作也。臣悦叔父故司空爽辨之，盖发其伪也。有起于中兴之前终张之徒之作乎？或曰："杂。"曰："以己杂仲尼乎，以仲尼杂己乎？若彼者以仲尼杂己而已，然则可谓八十一首非仲尼之作矣。"或曰："燔诸？"曰："仲尼之作则否，有取焉则可。曷其燔？在上者不受虚言，不听浮术，不采华名，不兴伪事，言必有用，术必有典，名必有实，事必有功。"

4. 杂言上[①]

或问曰："君子曷敦乎学？"曰："生而知之者寡矣，学而知之者众矣。悠悠之民，泄泄之士，明明之治，汶汶之乱，皆学废、兴之由，敦之不亦宜乎。"

君子有三鉴，鉴乎前，鉴乎人，鉴乎镜。世人镜鉴。前惟顺，人惟贤，镜惟明。夏、商之衰，不鉴于禹、汤也。周、秦之弊，不鉴于群下也。侧弁垢颜，不鉴于明镜也。故君子惟鉴之务。若夫侧景之镜，亡鉴矣。

或问："致治之要，君乎？"曰："两立哉。非天地不生物，非君臣不成治。首之者天地也，统之者君臣也哉。先王之道致训焉，故亡斯须之间而违道矣。昔有上致圣、由教戒、因辅弼、钦顺四邻，故检柙之臣不虚于侧，礼度之典不旷于目，先哲之言不辍于耳，非义之道不宣于心，是邪僻之气末由入也。有间，必有入之者矣。是故僻志萌则僻事作，僻事作则正塞，正塞则公正亦末由入也矣。不任所爱谓之公，惟义是从谓之明。齐桓公中材也，末能成功业，由有异焉者矣。妾滕盈宫，非无爱幸也；群臣盈朝，非无亲近也。然外则管仲射己，卫姬色衰，非爱也，任之也。然后知非贤不可任，非智不可从也。夫此之举弘矣哉。膏肓纯白，二竖不生，兹谓心宁。省阃清净，嬖孽不生，兹谓政平。夫膏肓近心而处阨，针之不逮，药之不中，攻之不可，二竖藏焉，是谓笃患。故治身治国者，唯是之畏。"

或曰："爱民如子，仁之至乎？"曰："未也。"曰："爱民如身，仁之至乎？"曰："未也。汤祷桑林，邾迁于绎，景祠于旱，可谓爱民矣。"曰："何重民而轻身也？"曰："人主承天命以养民者也。民存则社稷存，民亡则社稷亡。故重民者，所以重社稷而承天命也。"

或问曰："孟轲称人皆可以为尧舜，其信矣乎？"曰："人非下愚，则皆可

---

① 荀悦撰，黄省曾注，孙启治校补《申鉴注校补》，中华书局 2012 年版，第 140—181 页。

以为尧舜矣。写尧舜之貌，同尧舜之姓，则否；服尧之制，行尧之道，则可矣。行之于前，则古之尧舜也；行之于后，则今之尧舜也。"或曰："人皆可以为桀纣乎？"曰："行桀纣之事，是桀纣也。尧舜桀纣之事常并存于世，唯人所用而已。杨朱哭岐路，所通逼者然也。夫岐路恶足悲哉！中反焉，若夫县度之厄素，举足而已矣。"

损益之符，微而显也。赵获二城，临馈而忧；陶朱既富，室妾悲号。此知益为损之为益者也。屈伸之数，隐而昭也。有仍之困，复夏之萌也；鼎雉之异，兴殷之符也；邵宫之难，隆周之应也；会稽之栖，霸越之基也；子之之乱，强燕之徵也。此知伸为屈之为伸者也。

人主之患，常立于二难之间。在上而国家不治，难也；治国家则必勤身苦思，矫情以从道，难也。有难之难，暗主取之；无难之难，明主居之。大臣之患，常立于二罪之间。在职而不尽忠直之道，罪也；尽忠直之道焉，则必矫上拂下，罪也。有罪之罪，邪臣由之；无罪之罪，忠臣置之。人臣之义，不曰"吾君能矣，不我须也，言无补也"，而不尽忠。不曰"吾君不能矣，不我识也，言无益也"，而不尽忠。必竭其诚，明其道，尽其义，斯已而已矣，不已则奉身以退，臣道也。故君臣有异无乖，有怨无憾，有屈无辱。人臣有三罪，一曰导非，二曰阿失，三曰尸宠。以非引上谓之导，从上之非谓之阿，见非不言谓之尸。导臣诛，阿臣刑，尸臣绌。进忠有三术，一曰防，二曰救，三曰戒。先其未然谓之防，发而止之谓之救，行而责之谓之戒。防为上，救次之，戒为下。下不钳口，上不塞耳，则可有闻矣。有钳之钳，犹可解也。无钳之钳，难矣哉。有塞之塞，犹可除也。无塞之塞，其甚矣夫！

或曰："在上有屈乎？"曰："在上者以义申，以义屈。"高祖虽能申威于秦项，而屈于商山四公。光武能申于莽，而屈于强项令。明帝能申令于天下，而屈于钟离尚书。若秦二世之申欲而非笑唐虞，若定陶傅太后之申意而怨于郑，是谓不屈。不然，则赵氏不亡而秦无愆尤。故人主以义申，以义屈也。喜如春阳，怒如秋霜，威如雷霆之震，惠若雨露之降，沛然孰能御也。

或问曰难行。曰："若高祖听戍卒，不怀居，迁万乘不俟终日；孝文帝不爱千里马；慎夫人衣不曳地；光武手不持珠玉，可谓难矣。抑情绝欲不如是，能成功业者，鲜矣。人臣若金日磾以子私谩而杀之；丙吉之不伐；苏武之执节,可谓难矣。"

或问厉志。曰:"若殷高宗能茸其德,药瞑眩以瘳疾;卫武箴戒于朝;勾践悬胆于坐,厉矣哉。"

宠妻爱妾,幸矣。其为灾也,深矣。灾与幸同乎?曰:得则庆,否则灾。戚氏不幸,不人豕;赵昭仪不幸,不失命;栗姬不幸,不废;钩弋不幸,不忧殇,非灾而何?若慎夫人之知,班婕妤之贤,明德皇后之德,邵矣哉。

为世忧乐者,君子之志也。不为世忧乐者,小人之志也。太平之世,事闲而民乐遍焉。

使遽者揖让百拜,非礼也。忧者弦歌鼓瑟,非乐也。礼者,敬而已矣;乐者,和而已矣。匹夫匹妇处畎亩之中,必礼乐存焉尔。

违上顺道谓之忠臣,违道顺上谓之谀臣。忠所以为上也,谀所以自为也。忠臣安于心,谀臣安于身。故在上者必察乎违顺,审乎所为,慎乎所安。广川王弗察,故杀其臣。楚恭王察之而迟,故有遗言。齐宣王其察之矣,故赏谏者。

或问人君、人臣之戒。曰:"莫匪戒也。"请问其要。曰:"君戒专欲,臣戒专利。"

或问:"天子守在四夷,有诸?"曰:"此外守也。天子之内守在身旁。"曰:"何谓也?"曰:"至尊者,其攻之者众焉。故便僻御侍攻人主而夺其财,近幸妻妾攻人主而夺其宠,逸游伎艺攻人主而夺其志,左右小臣攻人主而夺其行,不令之臣攻人主而夺其事,是谓内寇。自古失道之君,其见攻者众矣,小者危身,大者亡国。鲧、共工之徒攻尧,仪狄攻禹,弗能克,故唐夏平。南之威攻文公,申侯伯攻恭王,不能克,故晋楚兴。万众之寇凌疆埸,非患也;一言之寇袭于膝下,患之甚矣。八域重译而献珍,非宝也;腹心之人匍匐而献善,宝之至矣。故明王慎内守,除内寇,而重内宝。"

云从于龙,风从于虎,凤仪于韶,麟集于孔,应也。出于此,应于彼,善则祥,祥则福,否则眚,眚则咎,故君子应之。

君子食和羹以平其气,听和声以平其志,纳和言以平其政,履和行以平其德。夫酸咸甘苦不同,嘉味以济,谓之和羹。宫商角徵不同,嘉音以章,谓之和声。臧否损益不同,中正以训,谓之和言。趋舍动静不同,雅度以平,谓之和行。人之言曰"唯其言而莫予违也",则几于丧国焉。孔子曰:"君子和而不同。"晏子亦云:"以水济水,谁能食之?琴瑟一声,谁能听之?"《诗》云:"亦有和羹,既戒且平。奏假无言,时靡有争。"此之谓也。

5. 杂言下^①

衣裳,服者不昧于尘涂,爱也。衣裳爱焉,而不爱其容止,外矣。容止爱焉,而不爱其言行,末矣。言行爱焉,而不爱其明,浅矣。故君子本神为贵,神和德平而道通,是为保真。人之所以立德者三,一曰贞,二曰达,三曰志。贞以为质,达以行之,志以成之,君子哉!必不得已也,守一于兹,贞其主也。人之所以立检者四,诚其心,正其志,实其事,定其分。心诚则神明应之,况于万民乎?志正则天地顺之,况于万民乎?事实则功立,分定则不淫。曰:"才之实也,行可为,才不可也。"曰:"古之所以谓才也本,今之所谓才也末也,然则以行之贵也。无失其才,而才有失。先民有言:'适楚而北辕者,曰:"吾马良,用多,御善。"'此三者益侈,其去楚亦远矣。遵路而骋,应方而动,君子有行,行必至矣。"

或问:"圣人所以为贵者,才乎?"曰:"合而用之,以才为贵。分而行之,以行为贵。舜禹之才而不为邪,甚于矣。舜禹之仁,虽亡其才,不失为良人哉。"

或问:"进谏、受谏孰难?"曰:"后之进谏难也,以受之难故也。若受谏不难,则进谏斯易矣。"

或问:"知人、自知孰难?"曰:"自知者,求诸内而近者也;知人者,求诸外而远者也,知人难哉。若极其数也,明有内以识,有外以暗;或有内以隐,有外以显。然则知人、自知,人则可以自知,未可以知人也,急哉。用己者,不为异则异矣。君子所恶乎异者三,好生事也,好生奇也,好变常也。好生事则多端而动众,好生奇则离道而惑俗,好变常则轻法而乱度。故名不贵苟传,行不贵苟难。权为茂矣,其几不若经;辩为美矣,其理不若绌;文为显矣,其中不若朴;博为盛矣,其正不若约。莫不为道,知道之体,大之至也。莫不为妙,知神之几,妙之至也。莫不为正,知正之,正之至也。故君子必存乎三至,弗至,斯有守无悖焉。"

或问守。曰:"圣典而已矣,若夫百家者,是谓无守。莫不为言,要其至矣。莫不为德,玄其奥矣。莫不为道,圣人其弘矣。圣人之道,其中道

① 荀悦撰,黄省曾注,孙启治校补:《申鉴注校补》,中华书局 2012 年版,第 182—220 页。

乎？是为九达。”

或曰：“辞，达而已矣。”“圣人以文，其隩也有五，曰玄，曰妙，曰包，曰要，曰文。幽深谓之玄，理微谓之妙，数博谓之包，辞约谓之要，章成谓之文。圣人之文成此五者，故曰不得已。”

君子乐天知命，故不忧。审物明辨，故不惑。定心致公，故不惧。若乃所忧惧则有之，忧己不能成天性也，惧己惑之。忧不能免，天命无惑焉。

或问性命。曰：“生之谓性也，形、神是也。所以立生、终生者之谓命也，吉凶是也。夫生我之制，性命存焉尔。君子循其性以辅其命，休斯承，否斯守，无务焉，无怨焉。好宠者乘天命以骄，好恶者违天命以滥，故骄则奉之不成，滥则守之不终。好以取怠，恶以取甚，务以取福，恶以成祸，斯惑矣。”

或问天命、人事。曰：“有三品焉。上下不移，其中则人事存焉尔。命相近也，事相远也，则吉凶殊矣。故曰：穷理尽性以至于命。孟子称性善，荀卿称性恶，公孙子曰性无善恶，扬雄曰人之性善恶浑，刘向曰性情相应，性不独善，情不独恶。”曰：“问其理。”曰：“性善则无四凶，性恶则无三仁。人无善恶，文王之教一也，则无周公、管、蔡。性善情恶，是桀纣无性而尧舜无情也。性善恶皆浑，是上智怀惠，而下愚挟善也。理也未究矣。惟向言为然。”

或曰：“仁义，性也。好恶，情也。仁义常善，而好恶或有恶。故有情，恶也。”曰：“不然。好恶者，性之取舍也。实见于外，故谓之情尔，必本乎性矣。仁义者，善之诚者也，何嫌其常善？好恶者，善恶未有所分也，何怪其有恶？凡言神者，莫近于气。有气斯有形，有神斯有好恶喜怒之情矣。故人有情，由气之有形也。气有白黑，神有善恶。形与白黑偕，情与善恶偕，故气黑非形之咎，情恶非情之罪也。”

或曰：“人之于利，见而好之。能以仁义为节者，是性割其情。性少情多，性不能割其情，则情独行，为恶矣。”曰：“不然。是善恶有多少也，非情也。有人于此，嗜酒嗜肉，肉胜则食焉，酒胜则饮焉，此二者相与争，胜者行矣，非情欲得酒、性欲得肉也。有人于此，好利好义，义胜则义取焉，利胜则利取焉。此二者相与争，胜者行矣，非情欲得利、性欲得义也。其可兼者则兼取之，其不可兼者则只取重焉。若苟只好而已，虽可兼取矣。若二好钧平，无分轻重，则一俯一仰，乍进乍退。”

或曰:"请折于经。"曰:"《易》称'乾道变化,各正性命',是言万物各有性焉,不尽善也。'观其所感,而天地万物之情可见矣',是言情者应感而动者也。昆虫草木皆有性焉,不尽善也。天地圣人皆称情焉,不主恶也。又曰'爻象以情言',亦如之。凡情、意、心、志者,皆性动之别名也。'情见乎辞',是称情也。'言不尽意',是称意也。'中心好之',是称心也。'以制其志',是称志也。惟所宜各称其名而已,情何主恶之有?故曰必也正名。"

或曰:"善恶皆性也,则法、教何施?"曰:"性虽善,待教而成;性虽恶,待法而消。唯上智下愚不移,其次善恶交争,于是教扶其善,法抑其恶。得施之九品,从教者半,畏刑者四分之三,其不移大数九分之一也。一分之中又有微移者矣。然则法教之于化民也,几尽之矣。及法教之失也,其为乱亦如之。"

或曰:"法教得则治,法教失则乱。若无得无失,纵民之情,则治乱其中乎?"曰:"凡阳性升,阴性降,升难而降易。善,阳也;恶,阴也。故善难而恶易。纵民之情,使自由之,则降于下者多矣。"曰:"中焉在?"曰:"法、教不纯,有得有失,则治乱其中矣。纯德无慝,其上善也。伏而不动,其次也。动而不行,行而不远,远而能复,又其次也。其下者,远而不近也。凡此皆人性也。制之者则心也,动而抑之,行而止之,与上同性也。行而弗止,远而弗近,与下同终也。"

君子嘉仁而不责惠,尊礼而不责意,贵德而不责怨。其责也先己,而行也先人。淫惠、曲意、私怨,此三者实枉贞道,乱大德。然成败得失,莫匪由之。救病不给,其竟奚暇于道德哉?此之谓末俗。故君子有常交,曰义也;有常誓,曰信也。交而后亲,誓而后故,狭矣。大上不异古今,其次不异海内,同天下之志者,其盛德乎。大人之志不可见也,浩然而同于道。众人之志不可掩也,察然而流于俗。同于道,故不与俗浮沉。

或曰:"修行者,不为人耻诸神明,其至也乎?"曰:"未也。自耻者,本也。耻诸神明,其次也。耻诸人,外矣。夫唯外,则慝积于内矣。故君子审乎自耻。"

或曰:"耻者,其志者乎?"曰,"未也。夫志者,自然由人,何耻之有?赴谷必坠,失水必溺,人见之也。赴阱必陷,失道必沈,人不见之也,不察之故。君子慎乎所不察。不闻大论则志不弘,不听至言则心不固。思唐、虞于上世,瞻仲尼于中古,而知夫小道者之足羞也。想伯夷于首阳,省四皓于商山,而知夫秽志者之足耻也。存张骞于西极,念苏武于朔垂,而知怀闾室者之足鄙也。推斯类也,无所不至矣。德比于上,欲比于下。德比于上故知耻,欲比于下故知足。耻而知之,则圣贤其可几;知足而已,则固陋其可安也。圣贤斯几,况其为愚乎?固陋斯安,况其为侈乎?是谓有检。纯乎纯哉,其上也。其次得概而已矣。莫匪概也,得其概,苟无邪,斯可矣。君子四省其身,怒不乱德,喜不义也。"

参考文献

一、古籍

1.班固：《汉书》，北京：中华书局，1962年版。

2.孔安国传，孔颖达正义：《尚书正义》，上海：上海古籍出版社，2007年版。

3.司马光：《太玄集注》，北京：中华书局，1998年版。

4.赵岐：《孟子注疏》，上海：上海古籍出版社，1990年版。

5.何休解诂，徐彦疏：《春秋公羊传注疏》，上海：上海古籍出版社，2014年版。

二、著作

1.胡朴安：《中国文字学史》，上海：商务印书馆，1937年版。

2.许维遹：《韩诗外传集释》，北京：中华书局，1980年版。

3.刘建国：《中国哲学史史料学概要》（上），长春：吉林人民出版社，1983年版。

4.陈鳣：《孝经郑注》，北京：中华书局，1985年版。

5.汪继培：《潜夫论笺校正》，北京：中华书局，1985年版。

6.王利器：《新语校注》，北京：中华书局，1986年版。

7.刘文典：《淮南鸿烈集解》，北京：中华书局，1989年版。

8.黄晖：《论衡校释》，北京：中华书局，1990年版。

9.苏舆：《春秋繁露义证》，北京：中华书局，1992年版。

10.中村璋八、安居香山：《纬书集成》，石家庄：河北人民出版社，1994年版。

11.陈立：《白虎通疏证》，北京：中华书局，1994年版。

12. 王云度：《刘安评传》，南京：南京大学出版社，1997 年版。

13. 李维武：《王充与中国文化》，贵阳：贵州人民出版社，2000 年版。

14. 阎振益、钟夏：《新书校注》，北京：中华书局，2000 年版。

15. 周桂钿：《秦汉思想史》，石家庄：河北人民出版社，2000 年版。

16. 陈启云：《荀悦与中古儒学》，沈阳：辽宁大学出版社，2000 年版。

17. 陈其泰、赵永春：《班固评传》，南京：南京大学出版社，2002 年版。

18. 徐兴无：《谶纬文献与汉代文化构建》，北京：中华书局，2003 年版。

19. 王承略：《郑玄与今古文经学》，济南：山东文艺出版社，2004 年版。

20. 顾颉刚：《秦汉的方士与儒生》，上海：上海古籍出版社，2005 年版。

21. 唐雄山：《贾谊礼治思想研究》，广州：中山大学出版社，2005 年版。

22. 金春峰：《汉代思想史》，北京：中国社会科学出版社，2006 年版。

23. 陈鼓应：《黄帝四经今注今译——马王堆汉墓出土帛书》，北京：商务印书馆，2007 年版。

24. 姚振宗：《七略别录佚文·七略佚文》，上海：上海古籍出版社，2008 年版。

25. 朱谦之：《新辑本桓谭新论》，北京：中华书局，2009 年版。

26. 方军：《王符治道思想研究》，合肥：安徽大学出版社，2011 年版。

27. 黄朴民：《何休评传》，南京：南京大学出版社，2011 年版。

28. 孙启治：《申鉴注校补》，北京：中华书局，2012 年版。

29. 陈以凤：《孔安国学术研究》，济南：山东人民出版社，2013 年版。

30. 郭伟宏：《赵岐〈孟子章句〉研究》，扬州：广陵书社，2014 年版。

31. 张同标：《许慎评传》，郑州：中州古籍出版社，2016 年版。

32. 林聪舜：《儒学与汉帝国意识形态》，上海：上海人民出版社，2017 年版。

33. 孙少华：《文本秩序：桓谭与两汉之际阐释思想的定型》，北京：中华书局，2019 年版。

34. 林忠军：《周易郑注导读》，北京：华龄出版社，2019 年版。

35.颜莉:《王充儒道思想评价》,北京:社会科学文献出版社,2020年版。

三、期刊

1.梁宗华:《班固的儒学观对〈汉书〉的影响与制约》,《东岳论丛》1999年第 3 期。

2.孙少华:《孔安国及其孔臧的生卒与学术》,《中国社会科学院研究生院学报》2007 年第 6 期。

3.唐明贵:《孔安国〈论语孔氏训解〉探微》,《古籍整理研究学刊》2010年第 4 期。

4.朱汉民:《〈白虎通义〉:帝国政典和儒家经典的结合》,《北京大学学报(哲学社会科学版)》2017 年第 4 期。

四、硕博论文

1.艾春明:《〈韩诗外传〉研究》,博士学位论文,东北师范大学2008 年。

2.张建会:《荀悦思想研究》,博士学位论文,曲阜师范大学 2018 年。

图书在版编目(CIP)数据

中国儒学通志. 两汉卷. 学案篇 / 臧明著. —杭州：
浙江大学出版社，2023.1
ISBN 978-7-308-23605-8

Ⅰ．①中… Ⅱ．①臧… Ⅲ．①儒学－研究－中国－汉
代 Ⅳ．①B222.05

中国国家版本馆 CIP 数据核字(2023)第 051956 号

中国儒学通志·两汉卷·学案篇

主编　苗润田　冯建国
本册作者　臧　明

出 版 人	褚超孚
策　　划	袁亚春　陈　洁
统　　筹	陈丽霞　宋旭华　王荣鑫
责任编辑	周挺启
责任校对	吴　超
责任印制	范洪法
封面设计	项梦怡
出版发行	浙江大学出版社
	（杭州市天目山路 148 号　邮政编码 310007）
	（网址：http://www.zjupress.com）
排　　版	浙江时代出版服务有限公司
印　　刷	杭州钱江彩色印务有限公司
开　　本	710mm×1000mm　1/16
印　　张	21
字　　数	323 千
版 印 次	2023 年 1 月第 1 版　2023 年 1 月第 1 次印刷
书　　号	ISBN 978-7-308-23605-8
定　　价	154.00 元